本书是2022年度国家社科基金一般项目："北京鲁迅博物馆藏稀见及未刊文献整理与研究"【批准文号：22BZW133】的阶段性成果

谨以此书献给为六家鲁迅纪念馆的建立和发展做出过贡献的人们！

鲁迅研究文丛

从博物馆藏品认识鲁迅：

北京鲁迅博物馆藏品研究

葛　涛｜著

光明日报出版社

图书在版编目（CIP）数据

从博物馆藏品认识鲁迅：北京鲁迅博物馆藏品研究 /
葛涛著 . -- 北京：光明日报出版社，2024. 10.
ISBN 978 - 7 - 5194 - 7940 - 4

Ⅰ. G269. 268；I210
中国国家版本馆 CIP 数据核字第 2024LV5339 号

从博物馆藏品认识鲁迅：北京鲁迅博物馆藏品研究
CONG BOWUGUAN CANGPIN RENSHI LUXUN：BEIJING LUXUN BOWUGUAN
CANGPIN YANJIU

著　　者：葛　涛	
责任编辑：郭玫君	责任校对：房　蓉
封面设计：中联华文	责任印制：曹　净

出版发行：光明日报出版社

地　　址：北京市西城区永安路 106 号，100050

电　　话：010-63169890（咨询），010-63131930（邮购）

传　　真：010-63131930

网　　址：http：// book. gmw. cn

E － mail：gmrbcbs@ gmw. cn

法律顾问：北京市兰台律师事务所龚柳方律师

印　　刷：三河市华东印刷有限公司

装　　订：三河市华东印刷有限公司

本书如有破损、缺页、装订错误，请与本社联系调换，电话：010-63131930

开　　本：170mm×240mm	
字　　数：356 千字	印　　张：22. 5
版　　次：2024 年 10 月第 1 版	印　　次：2024 年 10 月第 1 次印刷
书　　号：ISBN 978 - 7 - 5194 - 7940 - 4	

定　　价：99. 00 元

代序：努力做好鲁迅文化遗产的保护、研究和传播工作

我们应该坚定文化自信，努力做好新时代鲁迅文化遗产的保护、研究和传播工作。党的十八大以来，习近平总书记多次就文化工作发表重要讲话，为我们做好新时代的鲁迅研究工作指明了方向。我主要汇报一下关于推动鲁迅在国外传播与研究的一些感想和体会。

第一，要继续推动以鲁迅为代表的中国优秀文化走向世界。

鲁迅的影响遍及全世界，从 1909 年日本报刊刊登介绍鲁迅兄弟翻译出版《域外小说集》的消息至今，鲁迅在国外的传播、翻译与研究也有了 110 多年的历史。鲁迅研究是国外中国学研究的一个重要组成部分，日本、韩国、美国、苏联等国家都有一批重要的鲁迅研究学者。但是，进入 21 世纪以来，国外的鲁迅研究队伍已经基本断层。

习近平总书记在主持中央政治局第三十次集体学习时强调："要更好推动中华文化走出去，以文载道、以文传声、以文化人，向世界阐释推介更多具有中国特色、体现中国精神、蕴藏中国智慧的优秀文化。"[①]

鲁迅是我们提升文化软实力的重要资源，因此，应当结合国家推动中国文化走出去的战略，从国家层面采取有效措施继续推动鲁迅在国外的传播与研究工作。

第二，要推动鲁迅研究服务构建人类命运共同体的国家战略。

鲁迅重视各国之间的"文字之交"，希望通过文学作品的翻译来促进不同国家人民之间的交流和理解。鲁迅一生共翻译了 15 个国家的 110 位作者的

---

① 习近平. 加强国际传播能力建设，展示真实、立体、全面的中国 ［M］//习近平. 习近平谈治国理政：第四卷. 北京：外文出版社有限责任公司，2022：317.

244 种作品，为促进中外文化交流做出了卓越的贡献。

习近平总书记在亚洲文明对话大会上强调："文明因多样而交流，因交流而互鉴，因互鉴而发展。我们要加强世界上不同国家、不同民族、不同文化的交流互鉴，夯实共建亚洲命运共同体、人类命运共同体的人文基础。"①

鲁迅是中俄文化交流的先驱。为纪念鲁迅诞辰 140 周年暨《中俄睦邻友好合作条约》签署 20 周年，我们和陕西师范大学高研院国际鲁迅研究中心邀请中俄两国学者共同编辑了《俄罗斯鲁迅研究精选集》一书，把俄罗斯一些代表性的鲁迅研究论著首次翻译成中文，由光明日报出版社出版。俄罗斯联邦国家杜马第一副主席、俄中友好协会会长伊万·梅利尼科夫，俄罗斯联邦驻中国大使安德烈·杰尼索夫为这本书的出版发来贺信，指出这本书是今年中俄两国人文交流的重要成果之一，有助于推动两国的文化交流并增进两国人民的友谊。

第三，要努力引导、支持外国鲁迅研究学者讲好鲁迅的故事。

鲁迅属于中国，鲁迅学属于世界，毋庸讳言，国外鲁迅研究领域也曾出现过一些歪曲乃至攻击鲁迅的言论。

习近平总书记在视察敦煌研究院时指出："敦煌文化属于中国，但敦煌学是属于世界的"，要"努力掌握敦煌学研究的话语权"，"要引导支持各国学者讲好敦煌故事，传播中国声音"。②

习近平总书记的重要论述对于鲁迅研究工作同样具有指导意义。随着中国日益走近世界舞台中央，我们要勇于在国际鲁迅研究领域发出中国学者的声音，引导支持外国学者讲好鲁迅的故事。

第四，要抢救性搜集、整理百年以来鲁迅在国外传播与研究的文献。

首先，鲁迅从 1909 年开始在世界各国传播与研究的文献资料至今未能被系统、全面地搜集、整理与研究，急需中国学者牵头组建由数十个语种的学者组成的研究团队，抢救性地开展这项工作，用习近平总书记倡导的文明互鉴的思想来研究百年以来外国翻译的鲁迅作品、研究鲁迅的论著的价值及不

① 习近平.深化文明交流互鉴，共建亚洲命运共同体［M］//习近平.习近平谈治国理政：第三卷.北京：外文出版社有限责任公司，2020：468.
② 习近平.在敦煌研究院座谈时的讲话［J］.求是，2020（3）：3.

足。其次，通过研究鲁迅在世界各国传播与接受的状况，可以从全球史的角度总结百年以来以鲁迅为代表的中国优秀文化在国外传播的经验与教训，为当前推动中国文化走出去、增强中华文化软实力的国家战略提供研究参考。

（原刊《文艺报》2021 年 9 月 29 日）

目　录
CONTENTS

革命文物研究

鲁迅友人研究

鲁迅域外传播研究

藏品捐献者研究/中外鲁迅研究学者研究

鲁迅佚文研究

新发现的两个署名周树人的通告考证

有关鲁迅在广东的资料，已经出版过《鲁迅在广东》（钟敬文编辑，北新书局 1927 年出版）、《鲁迅在广州》（中山大学中文系编辑，广东人民出版社 1976 年出版。按：这本资料集实际上是李伟江、饶鸿竞、吴宏聪共同编辑的，但是在 20 世纪 70 年代中后期的时代背景下，没有署这三位学者的名字，而是署名为"中山大学中文系"）、《鲁迅生平资料汇编（第四辑）·鲁迅在广州》（李伟江、饶鸿竞、吴宏聪编辑，天津人民出版社 1983 年出版）等几本资料集，其中尤以《鲁迅生平资料汇编（第四辑）·鲁迅在广州》最为全面。

李伟江在《"鲁迅在广东"研究的回顾与前瞻》一文中指出：

> 李伟江、饶鸿竞、吴宏聪编写的《鲁迅在广州》，编入《鲁迅生平资料汇编》第四辑，是注释《而已集》的副产品，也是此前印行的《鲁迅在广州》的改编本。本书着重收集当年发表或存档的原始资料，对回忆材料和调查资料的选择相当严格，并作订正，图片比较丰富，且加附录，可以说是目前最完备的一本"鲁迅在广东"的资料集。但限于篇幅和见闻，仍存遗珠之憾，而且也有小错。增订本编好因缺乏经费而未能出版。①

很遗憾，李伟江等学者主编的《鲁迅在广州》的"增订本"迄今下落不明（笔者在 2019 年 2 月请教负责编辑《鲁迅粤港时期史实考述》一书的张钊贻教授，得知李伟江教授留下的文献资料中并没有《鲁迅在广州》的"增订本"。），所以也无法知道"增订本"所增补的具体内容。不过，笔者认为，

---

① 李伟江."鲁迅在广东"研究的回顾与前瞻［M］//李伟江著，张钊贻、李桃编.鲁迅粤港时期史实考述.长沙：岳麓书社，2007：13.按：该文文末注明写作时间：一九九三年十月上旬初稿；一九九五年八月中旬修改于广州。……定稿收入《世纪之交的民族魂》，广东人民出版社一九九六年八月初版。

如果李伟江等学者主编的《鲁迅在广州》的"增订本"中有新发现的材料，肯定会通过文章的形式先行发表出来。

笔者在搜集"鲁迅在广东"的相关资料时，注意到《国立中山大学日报》刊登的两则署名"国立中山大学教务处主任周树人黎国昌"的"通告"没有被收入《鲁迅生平资料汇编（第四辑）·鲁迅在广州》一书。关于鲁迅在中山大学执教期间所参加的会议和签发的通告的情况，李伟江在《鲁迅与中山大学》一文中对此进行了详细地梳理，指出：

鲁迅任职期间，主持过第一至第七次教务会议，都已记录在案，时间依次为：二月十日、二月十五日、二月二十一日、二月二十五日午后二时、三月十一日下午二时、三月二十五日、四月十四日午后二时。六次会议纪事录均载《国立中山大学校报》，第四次会议录只列目录而无正文，另收入《国立中山大学十五年度教务会议纪事录》中，这是研究鲁迅在中大教育思想的一个重要依据。他还参加过第一次考试委员会会议、文史科第一和第二次教授会议、组织委员会第一次会议、预科第三次国文教务会议，时间分别为二月十日、二月十二日、二月二十四日、三月三十一日下午四时半、四月十三日下午二时半。

至于草拟文告，在补考与开学前后理应不少，但目前只发现《教务处布告》一份，写于二月二十三日，签署"主任周树人"，是专为补行第二次编级试验而公布各科系应考科目的。这是迄今为止尚未编入鲁迅各种集子的一篇佚文。另有一篇《本校教务处概况报告》，约写于二月底三月初，没有署名，是否鲁迅所作，尚待研究；不过报告中同情并支持被压迫学生，体现了鲁迅的思想，亦有可能出于他的手笔。①

很显然，除了上述的署名"周树人"的《教务处布告》外，李伟江没有提到《国立中山大学日报》刊登的两则署名"周树人黎国昌"的中山大学教务处的通告。这两则"通告"的具体内容如下：

1.《国立中山大学日报》，民国十六年五月十一日（星期三），"通告"栏：

本校第八次教务会议通告

---

① 李伟江．鲁迅与中山大学［M］//李伟江著，张钊贻、李桃编．鲁迅粤港时期史实考述．长沙：岳麓书社，2007：16-17．按：该文文末注明写作时间：一九八一年阳春三月修改于广州中山大学。

本月十一日下午二时半在本校会议室，开第八次教务会议，相应函请届时出席。

国立中山大学教务处主任周树人

黎国昌

十六年，五月九日

2.《国立中山大学日报》，民国十六年五月十四日（星期六），"通告"栏：

教务处通告

本月十六日下午三时在本校会议室开第九次教务会议，相应函请届时出席。

国立中山大学教务处主任周树人假

黎国昌

五月十三日

据鲁迅日记，鲁迅在 4 月 29 日致函中山大学委员会正式提出辞职并退还了中山大学的聘书①，那么应该如何看待这两则署名为"周树人黎国昌"签发，但是日期分别是"五月九日"和"五月十三日"的"教务处通告"呢？

另据鲁迅日记，鲁迅虽然在 4 月 29 日正式向中山大学委员会提出辞职，但是中山大学委员会试图挽留鲁迅，直到 6 月 6 日才正式致函鲁迅同意他辞职②，所以，在 4 月 29 日鲁迅提出辞职之后，到 6 月 6 日中山大学委员会正式同意鲁迅辞职的这一时间段内，鲁迅在名义上仍然是中山大学教务处主任。从《国立中山大学日报》刊登的如下两则消息中也可以看出鲁迅在 5 月仍然被中山大学聘为中山大学教务处主任和中山大学组织委员会委员。

1.《国立中山大学日报》，民国十六年五月十三日（星期五）"通告"栏目：

《国立中山大学各行政机关主任人员一览表》

---

① 鲁迅.日记十六［M］//鲁迅.鲁迅全集：第十六卷.北京：人民文学出版社，2005：14.

② 鲁迅.日记十六［M］//鲁迅.鲁迅全集：第十六卷.北京：人民文学出版社，2005：21.

国立中山大学委员会委员长　戴季陶

教务处主任　周树人　黎国昌

……

中国语言文学系主任　周树人

2.《国立中山大学日报》，民国十六年五月十六日（星期一）"专载"栏目：

本校各委员会一览表

组织委员会

主席　杨子毅

委员　饶炎　黎国昌　傅斯年　周树人

……

需要特别指出的是，"五月九日"发布的"本校第八次教务会议通告"署名为"周树人　黎国昌"，"五月十三日"发布的"教务处通告"署名为"周树人假黎国昌"，这两次的署名的不同之处即"五月十三日"的署名在"周树人"之后多了一个"假"字。"假"有"代理"的意思，这说明鲁迅在辞职未获中山大学委员会正式批准的情况下，实际上是在代理中山大学教务处主任。因为用中山大学教务处的名义发布的"通告"在程序上需要由中山大学教务处主任签发，而鲁迅在 4 月 29 日正式提出辞职的情况下，估计是不到中山大学教务处上班了，但是中山大学教务处还要继续运转，所以还要继续使用中山大学教务处主任"周树人"的名义来签发一些公文和"通告"。另外，据鲁迅日记，时任中山大学教务处副主任的黎国昌在 5 月 3 日夜访鲁迅①。黎国昌这次来访估计是和鲁迅商量中山大学教务处在鲁迅不去上班的情况下如何继续运转的问题，他可能得到了鲁迅的同意，用"周树人"的名义继续签发中山大学教务处的一些公文和"通告"。另外，笔者也发现了一封由中山大学教务处在 5 月 5 日发出的致社会科学科的公函②，在这封公函的后面有中山大学教务处主任周树人（署名为：周树人假）和副主任黎国昌的亲笔签名，这也充分说明鲁迅在 4 月 29 日正式向中山大学委员会提出辞职之后，

---

① 鲁迅. 日记十六［M］//鲁迅. 鲁迅全集：第十六卷. 北京：人民文学出版社，2005：21.

② 详见笔者的文章《新发现的四封署名周树人的公函考证》（未刊稿）。

仍然在一定时期内代理中山大学教务处主任的一些公务。

此外，《鲁迅生平资料汇编（第四辑）·鲁迅在广州》一书收录了鲁迅作为中山大学教务处主任主持召开的七次教务处会议的"纪事录"，而《国立中山大学校报》还刊登了教务处第八、第九、第十、第十一次的教务处会议的"纪事录"，具体内容如下：

《国立中山大学校报》第十四期（中华民国十六年五月三十日出版）"会议录"栏：

本校第八次教务会议纪事录
（五月十一日）

主席　黎国昌

出席人……

缺席人周树人（假）　何思源　陈原喜

……

议决案

（1）本年大学毕业，及高师毕业，考试日期及方法案。

……

（2）本年第一届大学毕业会，请给学位，文凭考选留学案。

……

（3）本年暑假本科招生简章案。

……

本校第九次教务会议纪事录
（五月十六日）

主席　黎国昌

出席人……

缺席人周树人（假）　邝崇龄

……

议决案

（1）续议本年本科招生简章案。

……

《国立中山大学校报》第十五期（中华民国十六年六月十三日出版）"会议录"栏：

本校第十次教务会议纪事录
（五月二十一日）

主席　黎国昌

出席人……

缺席人周树人　何思源

……

议决案

（1）本年大学毕业，及高师专门部毕业，应由何处办理案。

……

（2）社会科学科修正本届拟招插班生应考科目。

……

本校第十一次教务会议纪事录
（五月二十七日）

主席　黎国昌

出席人……

缺席人周树人（假）　陈宗南　黄巽　何思源

……

议决案

（1）本届毕业，各科堂下试验科目案。

……

（2）更议本届毕业试验办理机关案。

……

（三）本校学生会，请求暂时变通执行旷课条例；及考试办法案。

议决

A. 由党部证明，确系服务，且曾经准予请假者，方得参加考试。

B. 毕业试验，仍照决议案办理。

C. 毕业论文，准延至六月十号前缴交。

……

从上述"纪事录"的内容可以看出，这四次会议的主席均为黎国昌，缺席人一栏都有"周树人"的名字，其中在第八、第九、第十一次教务处会议的缺席人注明:"周树人(假)"。(鉴于第八、第九、第十一次教务处会议的纪事录在"周树人"名字后都有"假"字,笔者推测第十次教务会议"纪事录"可能在刊登时在"周树人"名字之后漏掉了"假"字。)那么,此处的"假",是"请假"的意思还是"代理"的意思呢?鉴于这几次教务会议都有多位应当出席的人员没有参加,而这些未出席会议的人员的名字后面都没有"假"字,只有周树人(鲁迅)的名字后面有"假"字,所以,笔者认为此处的"假"字不应当理解为"请假"的意思,而应当视为"代理"的意思。因为如果把此处的"假"字理解为"请假"的意思,那么其他未出席会议的人员的名字后面也都应当有一个"假"字,很显然这些未出席会议的人员都是因为各种原因未出席会议,但估计都是请假了。因此,这几次教务处的会议,周树人作为代理教务处主任因提出辞职而未出席,所以都由教务处主任黎国昌(据5月13日出版的《国立中山大学校报》所刊登的《国立中山大学各行政机关主任人员一览表》,可以看到黎国昌与鲁迅一起被聘为教务处主任,排名在鲁迅之后,但已经不是副主任了)作为主席召开。在某种程度上也可以说,周树人(鲁迅)在这一段时间内实际上仍然没有完全脱离中山大学,在名义上仍然是中山大学教务处的代理主任,所以也照常领取中山大学的薪水。而这也可以从鲁迅在6月30日的日记得到证明:"收中山大学送来五月分薪水泉五百。"①

综上所述,虽然鲁迅在4月29日正式向中山大学委员会提出了辞职并退还聘书,但是鲁迅在6月6日收到中山大学委员会正式同意他辞职的信函之前,鲁迅在名义上仍然是中山大学教务处的代理主任,并且要代理一些中山大学教务处的公务,因此,《国立中山大学日报》上刊登的这两则署名"周树人"的教务处"通告"应当被视为鲁迅的文字并收入《鲁迅全集》的"附录"部分,因为这两则"通告"是得到鲁迅的同意用"周树人"的署名发布的。

(原刊《现代中文学刊》2019年第4期,《人大复印资料·中国现当代文学研究》2019年11期全文转载)

---

① 鲁迅.日记十六[M]//鲁迅.鲁迅全集:第十六卷.北京:人民文学出版社,2005:27.

新发现的四封署名周树人的公函考证

笔者在搜集鲁迅在广东的相关资料时，偶然在一些档案资料中发现四封署名"中山大学教务处主任周树人"的公函，鉴于这四封公函（从笔迹来看，应当不是鲁迅亲笔书写的，不过这四封公函都有周树人的亲笔签名，其中三封公函还盖有周树人的个人名章，因此都应当被视为周树人签发的公函）既没有被《鲁迅在广东》（钟敬文编辑，北新书局 1927 年出版）、《鲁迅在广州》（中山大学中文系编辑，广东人民出版社 1976 年出版。按：这本资料集实际上是李伟江、饶鸿竞、吴宏聪共同编辑的，但是在 20 世纪 70 年代中后期的时代背景下，没有署这三位学者的名字，而是署名为"中山大学中文系"。）、《鲁迅生平资料汇编（第四辑）·鲁迅在广州》（李伟江、饶鸿竞、吴宏聪编辑，天津人民出版社 1983 年出版。）等几本关于鲁迅在广东的资料集收录，也没有被研究鲁迅在广东时期的学者提到过，不仅是新发现的周树人（鲁迅）署名的公函，而且也是学术界首次发现鲁迅在中山大学担任教务主任期间亲笔签发的公函，对于研究鲁迅在广东期间的工作具有重要的参考价值，特此略加整理（公函原文无标点，笔者参考民国时期的公文格式，试加了标点）公布如下。

一、关于正式启用中山大学教务处公章的三封公函

《中山大学与鲁迅有关的会议资料》① 一文收录了鲁迅在中山大学执教期间所参加的有关会议的有关内容，从中可以看出鲁迅参与中山大学教务处会议的一些情况：1927 年 2 月 10 日，鲁迅被正式任命为中山大学文学系主任兼教务主任，主持召开了第一次教务会议；2 月 15 日，主持召开了第二次教务会议；2 月 21 日，主持召开了第三次教务会议；2 月 25 日，主持召开了第四

① 李伟江，饶鸿竞，吴宏聪编.中山大学与鲁迅有关的会议资料［M］//薛绥之主编.鲁迅生平史料汇编：第四辑.天津：天津人民出版社，1983：248-266.

次教务会议；3 月 11 日，主持召开了第五次教务会议；3 月 25 日，主持召开了第六次教务会议；4 月 14 日，主持召开了第七次教务会议；4 月 21 日，鲁迅提出辞职；4 月 29 日，鲁迅致函中山大学委员会正式辞去一切职务并退还中山大学的聘书；6 月 6 日，中山大学委员会同意鲁迅辞职。鲁迅在担任中山大学教务处主任期间（大约四个月），因为工作关系，肯定会以中山大学教务处主任的名义签发过一些公函，但是遗憾的是，此前尚未发现鲁迅担任中山大学教务处主任期间签名发布的有关公函。笔者这次新发现的四封周树人（鲁迅）署名的公函中有三封是关于启用"中山大学教务处"印章的公函。

（1）中山大学教务处 1927 年 3 月 31 日致国立中山大学委员会公函

这封公函使用的信笺在抬头位置印有：国立中山大学用笺；公函的右上角有毛笔书写的文字：阅；公函的右侧在"事由"栏内有毛笔书写的如下文字：教务处函报于四月一日启用新牙章；公函的左侧"中华民国　年　月　日"栏内有毛笔书写的如下文字：十六年三月卅一日。

这封公函的正文如下：

迳启者：前奉

　　刊发牙章一颗，篆曰：国立中山大学教务处，当经收到，并拟订于四月一日正式启用。在案。兹准。函因，相应函覆，希烦察照为荷。此致

国立中山大学委员会

国立中山大学教务处（国立中山大学教务处印）

主任　周树人（周树人印）

副主任　黎国昌（黎国昌印）

（2）中山大学教务处 1927 年 4 月 1 日致国立中山大学委员会公函

这封公函使用的信笺在抬头位置印有：国立中山大学用笺；公函的右上角有毛笔书写的如下文字：民国十六年四月一日　字第 1000 号，另外，还有毛笔书写的文字：阅；公函的右侧在"事由"栏内有毛笔书写的如下文字：教务处函报于本日正式启用新印章；公函的左侧"中华民国　年　月　日"栏内有毛笔书写的如下文字：十六年四月一日。

这封公函的正文如下：

敬启者：前准

刊发牙章壹颗，篆曰：国立中山大学教务处，当经收到。在案。兹谨订于本日正式启用，除布告分行外，相应函达，希烦察照备案为荷。此致

国立中山大学委员会

国立中山大学教务处（国立中山大学教务处印）

主任　周树人（周树人印）

副主任　黎国昌（黎国昌印）

（3）中山大学教务处1927年4月1日致中山大学事务管理处主任的公函

这封公函使用的信笺在抬头位置印有：国立中山大学用笺；公函的右上角有毛笔书写的如下文字：十六年四月一日　字第1023号；公函的右侧在"事由"栏内有毛笔书写的如下文字：教务处函报于本日启用新牙章；公函的左侧"中华民国　年　月　日"栏内有毛笔书写的如下文字：十六年四月一日。

这封公函的正文如下：

迳启者：前准

国立中山大学委员会刊发牙章一颗，篆曰：国立中山大学教务处，当经收到。在案。兹谨订于本日正式启用，除布告分行外，相应函达，希烦查照［按："查照"与"察照"都是公文中常用语，意思相近。］为荷。此致

事务管理处主任

国立中山大学教务处（国立中山大学教务处印）

主任　周树人（周树人印）

副主任　黎国昌（黎国昌印）

鲁迅在1927年3月31的日记中记载："下午开组织委员会。"[1] 据《本校组织委员会第一次会议纪事录》（原刊1927年4月18日《国立中山大学校报》第九期），可以看出本次组织委员会的会议内容：

---

[1]　鲁迅. 日记十六［M］//鲁迅. 鲁迅全集：第十六卷. 北京：人民文学出版社，2005：14.

（三月三十一日下午四时半举行）

出席者　饶炎　黎国昌　周树人　傅斯年　杨子毅

恭读总理遗嘱

决议案如下：

1. 先根据各处科部之办事细则，拟定教务处及事务管理处通则；教务处办事通则，由本会议决后，送大学委员会，转送教务会议议决，送还委员会核定施行。关于事务管理处办事通则，由本会议决，送大学委员会核定施行。教务处办事通则，请周树人，傅斯年两委员担任整理。事务管理处办事通则，请饶炎，杨子毅两委员担任整理。

2. 由本会函催各处科部于一星期内，将办事细则，编妥送会。

3. 各科请加教务助理员月薪问题，俟通则定后，名称统一，再行提议。

4. 下次会议日期，由拟通则之委员，将通则拟妥时，通函召集。①

大约正是因为这次组织委员会的召开，鲁迅作为中山大学教务处主任，负责与傅斯年一起拟定教务处的办事通则。而教务处开展相关的业务工作，就迫切需要一枚公章。由此，在得到国立中山大学委员会批准启用公章的情况下，周树人（鲁迅）作为中山大学教务处主任就和教务处副主任黎国昌联名并用"中山大学教务处"的名义分别致函国立中山大学委员会、中山大学事务管理处等机构，通报在 4 月 1 日正式启用"中山大学教务处"印章的消息。

二、关于中山大学教务处致中山大学社会科学科（五位学生准假）的公函

这份档案的封面有毛笔书写的如下文字：

副本

二十四年五月一日抄

国立中山大学十五年度处分 C. Y. 案

"C. Y."即中国共产主义青年团的英文简称，由此可知这份档案是当时的国立中山大学委员会处理中山大学学生中的中国共产主义青年团成员的相

---

① 佚名．本校组织委员会第一次会议纪事录［M］//薛绥之主编．鲁迅生平史料汇编：第四辑．天津：天津人民出版社，1983：266.

关资料。

　　另外，这封公函使用的信笺在抬头位置印有：国立中山大学用笺；右侧印有如下文字：第　页；左侧印有如下文字：中华民国　年　月　日。这封公函共有3页，在第3页左侧有毛笔填写的日期：十六年五月五日

　　这封公函的正文如下：

迳启者：案准十六五六

　　本校委员会函开：现准

　　国民革命军总司令部政治部函开：本党此项肃清危害党国之中国共产党份子，目前最要工作厥为对民众宣传□□［按：这两个字不清晰，疑似：讲明］真象，本部特召集本市各校学生组织□□［按：这两个字不清晰，疑似：清党］宣传队，相应函达贵校长，请烦查以准。后开各生于每日下午三时至五时，以两星期为限，出发演讲时给予公假，实为党便。各生姓名，计开如表。等由。计送名表一纸过校。准此，除函复以办外，相应抄录名表函达，希为查以转知。计附抄送名表一纸，等因。

　　又准，广东特别委员会宣传委员会宣传科函开：案同前情。请给公假两星期者，加入吴钦克（文科）郑建楠（预科）莫炯焜（预科）费志伟（高师英语部）廖言扬（文科）等五同志。等因。准此，自应依以□［按：这个字不清晰，疑似：转］，除径分函各生，准予以给公假外，合亟函达，希烦查以为荷。此致

社会科学科

国立中山大学教务处

主任　周树人　假

副主任　黎国昌

　　需要特别指出的是，这封公函不仅没有加盖中山大学教务处的公章，而且周树人和黎国昌两人虽然都亲笔签名，但都没有加盖个人的名章。另外，周树人签名的下面还有一个"假"字。"假"字具有"代理"的意思，这主要是因为周树人（鲁迅）已经在4月29日正式向中山大学委员会辞去一切职务并退还了中山大学的聘书，但是中山大学委员会在几次挽留周树人（鲁迅）未果的情况下，直到6月6日才正式同意周树人（鲁迅）辞职。因此，在6

月 6 日之前，周树人（鲁迅）在名义上还是中山大学的教务处主任，在被中山大学委员会正式免去教务处主任的职务之前，他还要作为中山大学教务处的主任签发中山大学教务处的一些公函或文件。顺便提及，据 5 月 13 日出版的《国立中山大学校报》所刊登的《国立中山大学各行政机关主任人员一览表》①，可以看到黎国昌与鲁迅一起被聘为教务处主任，排名在鲁迅之后，但已经不是副主任了。从 5 月 13 日之后，到 6 月 6 日中山大学委员会同意周树人（鲁迅）辞职前，都是由黎国昌作为排名第二的教务处主任在主持教务处的工作。

另外，这封公函第三页所标明的日期是"十六年五月五日"，而鲁迅估计从 4 月 29 日正式向中山大学委员会提出辞职后就已经不到中山大学上班了，那么他为何还要在这封公函上签名呢？鲁迅在 5 月 3 日的日记中记载："寄中山大学委员会信并还聘书。（中略）晚黎国昌来。黎翼墀来。"② 黎国昌当时是中山大学教务处的副主任，他这次登门拜访鲁迅，很可能是讨论在鲁迅不去学校上班的情况下，教务处如何继续工作的问题。黎翼墀当时是中山大学文科教务助理员，他登门拜访鲁迅很可能是关于鲁迅所承担的文科课程如何处理的问题。此外，黎国昌也很可能是特地登门请鲁迅在这封公函上签名，因为这封公函事关重大，涉及国民革命军总司令部政治部征调中山大学的五位学生参加"清党"宣传队，而这五位学生参加"清党"宣传队的宣传活动需要向所在的社会科学科请假两周。关于学生请假，中山大学教务处第七次教务会议有如下的规定：

本校第七次教务会议纪事录

（四月十四日午后二时）

主席　周树人

……

议决：

（甲）学生请假，照前广大学生请假及旷课规则草案修正公布，严格执

① 佚名. 国立中山大学各行政机关主任人员一览表［N］. 国立中山大学校报，1927-05-13（2）.

② 鲁迅. 日记十六［M］//鲁迅. 鲁迅全集：第十六卷. 北京：人民文学出版社，2005：21.

行，修正条文如下：

标题：本校学生请假规则

第一条，本校除例假，及特别放假外，学生缺课，均须请假。

第二条，除因病不能行动外，学生缺课，必须自向该主任办事处请假，事后补请者无效。

第三条，凡学生于每一科目内，缺席钟点，在该科目规定钟点五分之一以上者（但预科六分之一），不得参与该科目之考试。

第四条，因事或病，须缺课至一星期以上者，须有确实之证据（如医生发给之患病证明单，药方，或家长来书之类），以便核定。

第五条，未经请假，擅自旷课者，将缺席时间，作双倍算（如一时作两小时）。①

（原刊 1927 年 5 月 16 日《国立中山大学校报》第十二期）

根据中山大学教务处第七次教务会议所制定的这个关于学生请假的规定，鉴于这五位学生需要请假两周参加"清党"宣传队，属于"须缺课至一星期以上者"，所以需要履行向学校请假的手续，否则就会影响到这五位学生的日常考勤和学期考试等。而学生请假的工作是由国民革命军总司令部政治部、广东特别委员会宣传委员会宣传科分别发公函给中山大学委员会，再由中山大学委员会发公函给中山大学教务处负责执行的，因此就需要由当时在名义上还是中山大学教务处主任的周树人（鲁迅）签发教务处的公函给社会科学科来为这五位学生办理请假手续。

最后需要特别指出的是，周树人（鲁迅）签发教务处的公函为这五位参加"清党"宣传队的学生办理请假手续，不仅不代表着周树人（鲁迅）支持这五位学生参加"清党"宣传队，而且也不代表周树人（鲁迅）支持当时广州的国民革命军总司令部的"清党"暴行，严格来说，他只是作为中山大学名义上的教务处主任暂时履行教务处主任的事务工作。另外，从周树人（鲁迅）只在这封公函上签名，并没有盖个人名章的行为来看，他在很大程度上是在敷衍这件事。

① 佚名. 本校第七次教务会议纪事录［M］//薛绥之主编. 鲁迅生平史料汇编：第四辑. 天津：天津人民出版社，1983：259-260.

三、结语

这四封周树人（鲁迅）亲笔签名（其中有三封同时还盖有"周树人"的个人名章）用中山大学教务处的名义发出的公函，从严格的意义上来说，不能算作他的创作性文字，只能算作他的公函，但是，这四封公函因为有鲁迅本人的亲笔签名，所以也可以被视为鲁迅的职务作品。鉴于鲁迅的这四封公函都有他本人的亲笔签名，虽是吉光片羽，但也弥足珍贵，对于了解鲁迅在担任中山大学教务处主任期间的事务工作有重要的文献价值。因此，笔者建议有关机构在重编《鲁迅全集》时把这四封公函作为"附录"的文字收入《鲁迅全集》之中。

（原刊《文艺争鸣》2021 年第 3 期）

鲁迅 1936 年 2 月 9 日致姚克的书信考释

人民文学出版社 2005 年出版的《鲁迅全集》收录了鲁迅在 1936 年 2 月 9 日致姚克的一封信，内容如下：

莘农先生：

前日挂号寄奉王君信，想已达。

日本在上海演奏者，系西洋音乐，其指挥姓近卫，为禁中侍卫之意，又原是公爵，故误传为宫中古乐，其实非也。

专此布达，并颂

春禧。

迅　顿首　二月九日①

因为《鲁迅全集》没有对这封信做出注释，所以读者就可能不了解这封信所提到的一些信息。

查阅北京鲁迅博物馆收藏的鲁迅的这封书信的原件，发现鲁迅在这封信中还附了一个英文的音乐会的节目单，而这个音乐会的节目单正是鲁迅在信中所说的日本人在上海指挥的那场西洋音乐会的节目单，由此可以知道鲁迅在这封信中所说的西洋音乐会的相关内容。

一、英文音乐会节目单的内容

这份英文的音乐会节目单是一个 32 开的小册子，共有 11 个页码。[其中还包含了两份广告，一个有 3 个页码，扉页是哥伦比亚唱片公司的唱片广告，封三和封底是"贝内特学院"（英国谢菲尔德）职业技术培训招生广告。这只是因为上海工部局乐团长期存在经费困难，所以在节目单中也刊登了一些广告来弥补乐团经费的不足。]从中可以看出，这次音乐会是上海工部局乐团

---

① 鲁迅 . 360209 致姚克：[M]//鲁迅 . 鲁迅全集：第十四卷 . 北京：人民文学出版社，2005：23.

于 1936 年 2 月 9 日下午 5 点 15 分在兰心大剧院演出的"特别交响音乐会",由乐队的首席指挥梅百器(Mario Paci,1878—1946,意大利人)和来访的日本著名指挥家近卫秀麿子爵(Konoye Hidemaro,1898—1973)轮流指挥。演出的音乐曲目上半场有:莫扎特的《魔笛》序曲和《四重协奏曲》,贝多芬的《F 大调第 8 交响曲》;下半场有近卫秀麿由日本传统宫廷音乐改编成管弦乐曲的《平调越天乐》,以及由近卫秀麿改编的穆索尔斯基的组曲《图画展览会》。节目单中还有对上述曲目内容的介绍文字(但是没有对《四重协奏曲》的介绍文字),具体内容翻译如下:

上海工部局乐团

兰心大剧院

指挥:梅百器大师

1936 年 2 月 9 日,星期日,下午 5 点 15 分

特别交响音乐会

由著名日本指挥家近卫秀麿子爵领衔

曲目

1. 《魔笛》序曲 ⋯⋯⋯⋯⋯⋯⋯⋯⋯⋯⋯⋯⋯ 莫扎特

2. 《四重协奏曲》

为双簧管、单簧管、圆号、低音管和管弦乐团而作 ⋯⋯⋯⋯⋯ 莫扎特

(a) 快板 (b) 柔板 (c) 带有 10 个变奏的小行板

独奏者:G. 吉拉德洛　V. 德拉米斯　W. 施洛特　C. J. 凡　海斯特先生

3. 《F 大调第 8 交响曲》,作品号:93 ⋯⋯⋯⋯⋯⋯⋯ 贝多芬

(a) 活泼的快板　　(c) 小步舞曲速度

(b) 谐谑的小快板　(d) 活泼的快板

幕间休息

4. 《平调越天乐》日本传统宫廷音乐

(8 至 9 世纪)

管弦乐编曲　近卫秀麿

5. 组曲《图画展览会》 ⋯⋯⋯⋯⋯⋯⋯⋯⋯⋯⋯ 穆索尔斯基

1. 漫步:"侏儒"

2. 漫步:"古堡"

3. 漫步："杜伊勒里花园"

4. "牛车"

5. 漫步："雏鸡在蛋壳里的芭蕾舞"

6. "萨缪尔·戈登伯格与施穆勒"

7. "利摩日的市集"

8. "墓穴"

9. "女巫的小屋"

10. "基辅之门"

作品分析

1. 《魔笛》序曲…………………………………………………………… 莫扎特

《魔笛》是莫扎特创作的最后一部歌剧，它完成于 1791 年 12 月 5 日，距离莫扎特去世仅有 3 个月。早在这一年的春天，莫扎特的友人席卡内德——时任维也纳郊区（威登）的一家小剧院的经理，前去拜访莫扎特，请求他为席卡内德已完成大部分剧本的一部童话歌剧作曲。席卡内德在剧本中暗示了共济会——后者当时正在成为维也纳的一股势力，因此他的请求获得了相当认同共济会理念的莫扎特的同意。

作曲随即开始，但因莫扎特接受为匈牙利国王创作一部歌剧（《狄托的仁慈》）的委托而被打断。不过，莫扎特在夏天回到维也纳，继续为《魔笛》作曲，他在剧场（该剧院比一间稍大的店铺大不了多少）所在的公园中的一个小阁楼里写作了该作品的很多部分。

序曲差不多是整个作品最后完成的部分，据说莫扎特只花费了一天左右的时间谱曲。序曲完成仅两天后，1791 年 9 月 30 日，《魔笛》迎来首演。

莫扎特用钢琴亲自担任首演的指挥。

序曲从一段简短的柔板开始，以庄严的和弦为引子，其间小号加入管乐的演奏。随后小提琴宣示了优雅的主题，之后是由无与伦比的技巧和源源不绝、优雅精致的乐句所构成的四声部赋格。乐曲短暂地回到神秘的柔板和弦，之后赋格再度出现，转为小调。乐曲在生气勃勃和光辉中发展，直至一个完美的高潮结束。

3. 《F 大调第 8 交响曲》，作品号：93 ……………………………… 贝多芬

第 8 交响曲，在创作时间上几乎与第 7 交响曲（A 大调）同时，是在古怪的不愉快环境中创作的。1812 年夏，与前一年一样，贝多芬出于健康考虑，

前往位于波希米亚的特普利采的温泉疗养。在返回维也纳之前，他前往访问他最小的弟弟约翰，一位定居于多瑙河畔的林茨的药剂师。他的这位弟弟，几年后赚够了足够的钱养老，移居至维也纳，在写给贝多芬的卡片上这样署名："约翰·凡·贝多芬，拥有土地者"，贝多芬立即回复，在卡片上署名："路德维希·凡·贝多芬，拥有智慧者"。贝多芬前往林茨的目的（以上为原件内页第二页）是约束他弟弟的女佣（译者注：约翰和这名女佣有感情纠葛），尽管没有出现暴力场面和争吵，但贝多芬的目的未能实现。在这样不愉快的氛围中，他写下了"F大调的小交响曲"，他称之为"i"（译者注："i"在字母排序中为第8），作品却表达了欢悦和高昂的情绪。显然，我们必须探究当时他的创作灵感的源泉。在林茨逗留之前，他在特普利采度过了愉悦的数周，与范哈根·冯·恩瑟夫妇、贝蒂娜·冯·阿尔尼姆、贝蒂娜的哥哥克莱门斯·布伦塔诺以及其他前往该波希米亚温泉圣地的才华横溢的游客相处甚欢，其间他还陷入了与"美好的艾米丽"（泽巴尔特）的一段被动的爱情插曲。

对于该交响曲最有趣的分析之一，是柴可夫斯基在《俄罗斯新闻报》上发表的。"贝多芬的第8交响曲"，他说道，"不同于他之前的交响曲，也有别于其后的那一首——伟大的'合唱交响曲'。它具有异常简洁的形式、自始至终的欢快和节日性。这是一位倾诉人间忧伤和无助的歌手最后显示的明朗笑容，也是他对面向生命欢乐这一号召所做的最后呼应。第8交响曲充满了安宁与无限的喜悦。它刻画了人的灵魂未被邪恶、猜忌与失望摧毁时的安详的世俗愉悦。"

1. 第一乐章（活泼的快板）没有任何引子，第一主题以乐队全奏揭示，并由单簧管继续。转调（从F大调转为D大调）突如其来，由此引入了第二主题。这两个主题的呈示是直截了当的、简洁的。在弦乐部的伴奏下，双簧管和长笛奏出第三旋律。随即在一个迅疾的弦乐琶音段落之后，连续的鼓声带来了一处中断。这导向了第一部分的终结。在第一次重奏后，弦乐的八度和声开始反复奏出八分音型的颤音，同时管乐器则演奏第一主题的第一小节。对于该主题与八度和声伴奏的处理是活泼而幽默的，引人注目。在乐曲的发展中，第二主题没有出现。再现部分从第一主题开始，由低音弦乐重奏，同时木管乐器消失了。之后回到了插入旋律，最后第二主题被再次唤起。乐章在具有神秘色彩的寂静和对开场主题的回溯中走向终结。

2. 第二乐章（谐谑的小快板）与第7交响曲中著名的小快板（译者注：即第7交响曲第二乐章）同样受人欢迎，但它是明快优雅的——与作品的整体情绪保持一致，全然没有后者近乎行板的挽歌性质。第一主题由第一小提琴部在管乐的断音伴奏下宣示，由低音弦乐承接，以G小调完结。在伴奏中管乐的运用是相当独特的。第二主题，在本质上更为世俗，由弦乐奏出。此乐章的匠心独运之处主要体现于弦乐部演奏轻快近乎幽默的旋律时的管乐配器，同时低音部以近似音句予以强有力的对答。所有这些，都是出人意表、引人入胜的。

3. 小步舞曲速度。出于某些无法解释的原因，贝多芬在此放弃了他自己对于谐谑曲的革新，在结构和乐思上回到了海顿式的朴素的小步舞曲。在最初的两个小节中，弦乐与低音管强调了节奏，之后小提琴——随后又有低音管加入——宣示了一个短小的四音节主题，该主题被立刻重奏。在三重奏（尽管贝多芬未做此指示）中（以上为原件内页第三页），单簧管和圆号有一段迷人的对话，弦乐则以拨弦伴奏。小步舞曲被反复重奏。

4. 活泼的快板。末乐章的长度超过了前三个乐章的总和。柴可夫斯基是这样描述它的："这一乐章是贝多芬最伟大的交响曲名篇之一，其中出奇而幽默的乐段、对位与和声、多变的转调、精巧的交响效果纷至沓来。我必须指出，在不同乐部对第一主题的渐弱演奏之后，动人的升C调乐团齐奏突然终结，转为C大调。鼓和低音管重复两次合奏八分音符的F音——以通常的间隔和断奏方式演奏，达成了相当的幽默效果。末乐章充满了这些有趣的细节。"

4.《平调越天乐》日本传统宫廷音乐

（8至9世纪）

管弦乐编曲　近卫秀麿

名为"越天乐"的日本传统音乐的创作时代大致是在8至9世纪。该音乐可能传自中国，据说是由某位皇帝作曲的。但是，这一皇帝作曲的假说并没有历史证据。

这是一首庄严的序曲，在日本宫廷中演奏了上千年。其缓慢流动的旋律，在竹箫、定音鼓和大鼓的伴奏下，按照现代音乐的布局，以六声部（6个小提琴部）和声方式演奏。

编曲者保持了该乐曲的传统形式，但改用现代乐器配器，他试图保持乐曲的原有音色。

5. 组曲《图画展览会》 ……………………………… 穆索尔斯基
管弦乐编曲 近卫秀麿子爵

这些音乐小品的创作灵感源自穆索尔斯基参观 V·哈特曼的绘画展览。哈特曼是一位英年早逝的天才建筑家，他的建筑规划大多停留在了纸面上。哈特曼是批评家维拉基米尔·斯塔索夫的挚友——穆索尔斯基将《图画展览会》组曲题献给了斯塔索夫，同时也与许多新兴的民族乐派作曲家的好友，这些作曲家将哈特曼视为艺术上的同道。在哈特曼死后一年，即 1874 年，他的朋友们举办了一场哈特曼的代表性原创设计与他在国外绘制的水粉素描的展览。穆索尔斯基一直在致力于扩大自己现实主义音乐的影响力，非常（以上为原件内页第四页）想以音乐形式重现其中一些绘画。他对于自己友人作品的音乐复写究竟有多大程度的成功，这一点只有熟知原作的人才能评判，但他确实写出了一部非常有趣的组曲，其原始版本是由钢琴独奏的。（译者按：《图画展览会》原本是为钢琴所作的，此次演奏的是近卫秀麿改编的管弦乐团版。）

1. 漫步："侏儒"

在漫步中，作曲家展现了作品是多么生动自然。乐曲在一连串的节奏变化中发展，时而是 5/4 拍，时而是 6/4 拍，作曲家对本曲的标记是"适度的快板，俄罗斯风格"。我们跟随观众从一幅绘画走到另一幅，有时是悠闲的，有时因某些绘画吸引了注意力而迅速穿过房间，有时是果断而热烈的，以至于我们怀疑某些亢奋的决定是同时做出的。漫步迎来了一个情感炽烈的终结，观众——无疑就是斯塔索夫和穆索尔斯基本人——在一幅绘画"侏儒"前停下了脚步。它描绘了一个跛足的侏儒以蹒跚的步态笨拙前行，痛苦而缓慢，跌跌撞撞，又试图加快脚步。八度和声的乐段似乎是在问："为什么我生来如此——又丑又瘸？为什么我不能像精灵和仙女那样步履轻盈？"在乐曲的尾部，和弦以颤音和十六分音交替出现，仿佛就像侏儒走路时拖着伤残的那条腿。最终他快速地消失了。

2. 漫步："古堡"

一座中世纪城堡，一名吟游诗人在城堡前歌唱。

3. 漫步："杜伊勒里花园"

（孩子们在游戏后争吵）

我们可以很轻松地理解穆索尔斯基是怎样被这幅绘画所吸引的，他非常喜欢孩子，在《育儿室》（译者注：穆索尔斯基的声乐套曲）已经充分表现了这一点。不管怎样，这些小孩子没有巴黎式的优雅，他们用俄语争吵，而不是法语。在一开始的小节中，我们可以清楚地听出孩子们在令人烦躁地尖厉哭喊——"保姆，保姆"（由小提琴独奏表现），很快我们又听到温和的乐句，它在暗示："我现在没事了。"但是平静没有维持多久，争吵又开始了，这首随想曲在类似刮擦的声音中结束了。

4. "牛车"

"bydlo"在波兰语中指一种重型牛车。在此曲中，我们可以听到，甚至可以说看到了它，音乐暗示将场景完全展现在了我们眼前——在阴郁的夕阳笼罩下，牛车在横贯原野的崎岖道路上行进，发出吱吱嘎嘎的声响。定音鼓和低音大鼓坚定的敲击模拟了在泥泞道路上牛车车顶发出的沉郁的连续重响。在这之上，在这首小品的中间部分，我们还能听到木管乐器、小提琴、中提琴奏出的劳动者欢乐的歌声。之后，沉重的连续低音变得缓慢柔和，好似这辆大车和车夫缓慢沉重地前行，逐渐消失在人们视野之中，在炫目的夕照中，远处传来它们行进的声音。

5. 漫步："雏鸡在蛋壳里的芭蕾舞"

这首轻松幽默的小品无须任何解释。它再现了哈特曼为芭蕾舞剧《软毡帽》所画的舞台素描，在乐曲的一开始，先是小提琴，然后是木管乐器，在木琴纤弱的伴奏下，奏出温软的小鸡鸣叫声和萌动。这里的管弦乐编曲是非常现实主义的，同时又相当诙谐。在接下来的三重奏中，有一处尖锐的颤音，似乎是在表现小鸡第一眼看到世界时发出的惊讶叫声。然后是一段小谐谑曲，在重奏谐谑曲之后，作品以一个四小节的结尾乐段结束。

6. "萨缪尔·戈登伯格与施穆勒"

关于萨缪尔·戈登伯格与施穆勒（一个富有的犹太人和一个贫穷的犹太人），任何一个曾经在东欧旅行过的人聆听这首乐曲，都不难感觉曲子将这两种典型的人物形象表现得活灵活现。出于某些目的，穆索尔斯基研究过犹太人的性格，他富于表现力的合唱作品《约书亚》和《希伯来人之歌》表明了这一点，但他同时看到犹太人人生的喜剧性与悲剧性，而本曲是他最杰出的幽默音乐小品之一。作品中的两个主题据说取自希伯来文化的本源：一个浮夸傲慢，用来表现富有的萨缪尔·戈登伯格，用《诗篇》的话来说，他无疑具有"高傲的眼和贪婪的胃口";另一个结结巴巴、卑怯、低声下气。戈登伯格主题由低音提琴和木管乐器奏出,低音单簧管赋予了该主题所必需的油滑腔调。施穆勒主题使用双簧管、英国管和加弱音器的圆号演奏。高音鼓持续击打出富于韵律的乐旨,象征着这个中风老人的踉跄步伐。这个贫穷的犹太人东摇西晃,试图吸引住那个刚刚咒骂着拒绝了自己请求的富人的目光(此处使用了三连三十二分音符的旋律)。

7."利摩日的市集"

此曲中可以听到市井的一片嘈杂,妇女们在推销自己的商品,或是讨价还价,曲子将这一切逼真地表现出来。首先由木管乐器奏出嘈杂的市井交谈,然后由弦乐承接,最终全乐团都加入了生气勃勃的喧闹中。一个渐慢乐段和最后的终止直接将乐曲带入下一乐章。

8."墓穴"

《墓穴》,哈特曼在这幅画中描绘了自己在巴黎时打着灯笼进入墓穴内部探险的经历。在最初的手稿中,穆索尔斯基对这首B小调行板有如下标记:"已故的哈特曼的创造精神引导我向骷髅走去,向骷髅发出呼唤,骷髅里发出了暗淡的红光。"

("墓穴",其副标题是"罗马的圣教墓窟",由一系列连续和弦组成,时而"很弱",时而"很强"。之后的曲子标题为"以死亡的语言与死者对话",这是"漫步"的打乱节奏的变形。——卡尔沃科雷西的评论。)

9."女巫的小屋"

这是哈特曼为钟表设计的图案,使用了著名女巫巴巴亚加的站在两只鸡脚上的小屋的形象。(以上为原件内页第六页)在几个引子性小节后,乐曲以一个着重加强的、节奏感很强的旋律表现女巫在空中飞翔。根据民间传说,巴巴亚加坐在一个由杵推进的臼上长途飞翔,她会毁灭所经过的田野与森林。当描写女巫的狂暴骑行的乐段逐渐停歇时,我们迎来了一个短小的慢板乐段,在此可以听到远处传来的庄严的教堂钟声,预示了接下来乐曲的庄严盛大,音乐将不做任何停顿,直接进入下一部分。

10."基辅之门"

哈特曼的设计图是古俄罗斯风格的,具有一个古代斯拉夫头盔式的拱顶。(译者注:这首曲子所对应的哈特曼原图是他为基辅设计的门楼图案,其修建目的是纪念1866年被暗杀的沙皇亚历山大二世。)在管风琴的配合下,乐团齐奏出一个庄严的主题（作者标记此段的情绪为"庄严的，壮丽的"），以表现战士们列队穿过城门，进入城市的场面。之后，一个F小调的教堂唱诗段落被引入，整个盛大场面在开篇出现的进行曲速度的和弦（以猛然爆发的最强音方式）中结束，仿佛所有声部和乐器都汇聚在"首都基辅"一般。

二、关于这次音乐会的考证

鲁迅在信中说："日本在上海演奏者，系西洋音乐，其指挥姓近卫，为禁中侍卫之意，又原是公爵，故误传为宫中古乐，其实非也。"这里的"近卫""西洋音乐"或"宫中古乐"就是指近卫秀麿和他改编的《越天乐》。

1. 关于近卫秀麿和《越天乐》

近卫秀麿是日本著名的指挥家、音乐家，出身于日本公卿中家格最高的"五摄关家"的近卫家，其长兄为二战时期的日本首相近卫文麿。这首管弦乐《越天乐》后来被著名的唱片公司拿索斯（Naxos Records，1987年创立于香港，是目前全球最畅销的三大古典唱片名牌之一）选入《最受欢迎的日本管弦乐作品选》（*Japanese Orchestral Favourites*，卡号：Naxos8.555071，收入6位日本著名作曲家的6首代表作。）佐耳在《听拿索斯〈最受欢迎的日本管弦乐作品选〉CD》一文中对近卫秀麿及其《越天乐》有如下的介绍（按：他把"近卫秀麿"译成"近卫秀吕"）：

近卫秀吕（Hidemaro Konoye）：**越天乐**（Etenraku）

日本作曲家近卫秀吕出身贵族（其兄是二战期间的日本首相），他曾在20世纪30年代来上海指挥过一支外国管弦乐队，并承诺送一部钢琴给中国音乐家萧友梅创办的音专（后因日本发动侵华战争萧拒绝接受）。他曾师从山田耕作学习作曲，也曾随克莱伯学习过指挥，在日本音乐界享有盛名。他还曾指挥过柏林爱乐、美国国家广播交响乐等，与富特文格勒，理查·施特劳斯也有很好的交往。战后他仍在日本从事指挥和音乐活动。在作曲领域，他的成就似乎主要表现在改编方面。他曾将穆索尔斯基的《图画展览会》和舒伯特的《C大调弦乐五重奏》等改编成管弦乐。这部《越天乐》也是首改编曲，原曲是一首同名的雅乐。雅乐有属日本本土的音乐，也有唐代流传到日本的，经融合发展，成为日本皇室的传统音乐。这首作品是近卫1931年编曲，并由他本人指挥，在莫斯科首演。后又在世界各地演出，颇受好评。当时指挥大师斯托科夫斯基也经常演出该作。乐曲为三段式，以木管乐器、打击乐器和拨奏的弦乐器演奏。乐曲基调为五声音阶，曲调舒缓，使用的也是传统的雅乐乐团阵容，旋律古朴典雅，但近卫使用了高明的编曲技巧，经他编配后，这首乐曲演奏起来同时带有现代音乐的特质，音乐织体丰富，表现力强，既适合在迎宾婚礼等仪式上登上"大雅之堂"，也适用于各种音乐会上演奏。①

综合上述内容，可以看出鲁迅在信中所说的"故误传为宫中古乐，其实非也"这个判断是正确的，因为这次音乐会演奏的是被近卫秀麿改编为管弦乐的《越天乐》，该曲目在形式上是"西洋音乐"，已经不是日本传统的宫廷音乐《越天乐》了。

2. 关于这次音乐会

关于日本指挥家近卫秀麿在1936年在上海与上海工部局乐团合作举办的音乐会的情况，汤亚汀在《帝国流散，世界主义的城市空间与上海西方音乐史：日本音乐家与上海音乐协会交响乐团（1942—1945）个案研究》一文中有简单的介绍（按：他把"近卫秀麿"译成"近卫秀磨"）：

1936年，日本的近卫秀磨子爵（亦是著名作曲家，来自东京新交响乐团）应邀来到上海，指挥了几场音乐会，他们还赞赏了乐队的高水准。近卫2月9日的曲目有贝多芬的第八交响曲，穆索尔斯基的《图画展览会》，以及他自编曲的《越天乐》，当时的市长吴铁成和梅兰芳还到后台会见他。2月13日他又在虹口歌舞伎座为日本侨民举办了一场音乐会，演出了贝多芬第五交响曲，拉罗的《西班牙交响曲》，《富华独奏》②，他的《越天乐》，以及各国国歌与进行曲。他认为工部局乐队可以跻身欧洲一流，胜过日本新交响乐团，其管乐独为出色。③

鲁迅之所以在这封信中和姚克说到这次音乐会，大约又是姚克邀请鲁迅欣赏这次在当时引起文化界广泛关注的音乐会，但是鲁迅以前在姚克的邀请

---

① 佐耳. 听拿索斯《最受欢迎的日本管弦乐作品选》CD［J］. 视听技术，2002（11）：66-67.

② 富华（Arrigo Foa，1900—1981）是意大利人，当时是上海工部局乐团的首席小提琴手，后来兼任乐团的副指挥。

③ 汤亚汀. 帝国流散，世界主义的城市空间与上海西方音乐史：日本音乐家与上海音乐协会交响乐团（1942—1945）个案研究［J］. 音乐艺术，2013（1）：53.

下已经欣赏了一次上海工部局乐团演奏的音乐会，并留下"后二种皆不见佳"的评价，所以这次没有去欣赏上海工部局乐团演奏的音乐会。

三、鲁迅欣赏过上海工部局乐团演奏的音乐会

查阅鲁迅日记，可以看出鲁迅在 1933 年 5 月 20 日曾经欣赏过上海工部局乐团的音乐会，当天的日记内容如下：

雨。（中略）午后得王志之信。得姚克信并大光明［戏］院试演剧券二，下午与广平同往，先为《北平之印象》，次《晴雯逝世歌》独唱，次西乐中剧《琴心波光》，A. Sharamov 作曲，后二种皆不见佳。①

另外，《鲁迅全集》对 A. Sharamov 做了如下的注释：

A. Sharamov 应为 Avshalomov，通译阿甫夏洛穆夫（？—1965），犹太作曲家。三十年代从俄罗斯移居上海，1947 年去美国。②

附带指出，上述注释不够准确和全面。Aaron Avshalomov，通译阿隆·阿甫夏洛穆夫，1894 年 11 月 11 日出生于西伯利亚东部地区的尼古拉耶夫斯克（Nikolaievsk-on-amur，此地原是中俄边境的黑龙江省庙街，后被割让给俄罗斯），1916 年侨居中国，1925 年创作了第一部中国题材的歌剧《观音》，1931 年 10 月 17 日到上海继续从事音乐创作，陆续创作了交响诗《北平胡同印象记》，舞剧《琴心波光》等。1935 年 5 月为田汉作词、聂耳作曲的《义勇军进行曲》配器，1944 年创作歌剧《孟姜女》（英文名为《万里长城》）。1947 年 10 月 6 日为联系他创作的音乐剧《孟姜女》在美国演出的事宜而赴美，后作为无国籍者滞留美国并加入美国国籍。1965 年 4 月 26 日逝世于美国。

关于这次音乐会，赵晓红在《工部局乐队及其对上海的影响》一文中有如下的介绍：

工部局乐队举办的音乐演出在华人中引起热烈的反响，尤以有华人参与的演奏为盛。1930 年 12 月 23 日，在梅百器的指挥下，工部局管弦乐队在大光明首演黄自的作品《怀旧曲》。这是乐队演奏的第一部中国作品，盛况空

---

① 鲁迅. 日记二十二 ［M］//鲁迅. 鲁迅全集：第十六卷. 北京：人民文学出版社，2005：378.

② 鲁迅. 日记二十二 ［M］//鲁迅. 鲁迅全集：第十六卷. 北京：人民文学出版社，2005：380.

前。1933 年 5 月 20 日，工部局管弦乐队举行了一场中西合璧的音乐会，由梅百器指挥，梅兰芳登台介绍节目。具体演出内容，有大同乐会的古乐，卫仲乐的琵琶独奏《淮阴平楚》，阿隆·阿甫夏洛穆夫的交响诗《北平的印象》，刘经芳独唱的《晴雯逝世歌》，以及舞剧《琴心波光》等。同年 5 月 21 日正式公演，吸引了 1800 名观众，成为当年观众最多的一场音乐会。①

从上述介绍可以看出鲁迅在当天的日记中没有记载的一些信息，如演出的曲目是中西合璧，有中国传统的音乐，也有阿甫夏洛穆夫创作的中国题材的音乐曲目，另外，梅兰芳登台介绍这次音乐会的曲目，这大约也可以算作鲁迅亲自聆听梅兰芳的一次演讲了。

需要指出的是，鲁迅在 5 月 20 日欣赏的是上海工部局乐团试演的音乐会。这次音乐会在 5 月 21 日正式演出。衣慎思在《阿甫夏洛穆夫与〈孟姜女〉命运的沉浮》一文中也介绍了这次音乐会正式演出的情况：

1931 年 10 月 17 日，阿隆来到上海，开始步入他音乐创作的成熟时期。其代表作交响诗《北平胡同印象记》正式完成于此。在这曲子中，"把北方剃头匠所使用的大音叉等加入西弦音乐，一同演奏，很为特色，使人可以从音乐中感想到北平胡同生活的一斑"。之后，阿隆又接连创作出一批有强烈个人风格的作品，如独唱曲《晴雯绝命辞》，舞剧《琴心波光》。1933 年 5 月 21 日，在大光明戏院内举行的"工部局乐队特奏中国戏曲"音乐会上（Grand Chinese Evening），阿隆的这三部作品作为正场音乐会的第二、三节登台，由工部局乐队梅百器指挥演奏。而以哑剧形式展现在观众面前的《琴心波光》还得到了梅兰芳的支持与赞助。在当时的观者看来，"以公演的成绩而论，可以说是成功的"。在《北平胡同印象记》奏毕时，"掌声四起"；而《琴心波光》一看则"舞法极纯属，与音乐的节奏，丝丝入彀"，舞毕之后"掌声雷动，都很满意"。亦有观者认为，从《北平胡同印象记》中可以看出阿隆对中国民间音乐造诣极深，且展现了一个异国客眼中那"生动如万花筒般丰富的东方生活全景"。而观看了此次演出的傅雷，对阿隆的音乐作品评价甚高，指出其"改用西洋乐器、乐式及和声、对位的原理，同时保存中国固有的旋律与节奏（纯粹是东方色彩的），以创造新中国音乐的试验"。认为阿隆的成功

① 赵晓红，胡楠. 工部局乐队及其对上海的影响［J］. 文化艺术研究，2011（2）：172-173.

基于两项原则："一、不忘传统；二、返于自然。"①

从当时报刊所报道的情况来看，上海工部局乐团在5月21日正式演出的这场音乐会取得了较好的社会反响，但是，鲁迅在欣赏过5月20日试演的这场音乐会之后，却对阿甫夏洛穆夫创作的《晴雯逝世歌》（独唱）、《琴心波光》（舞剧）评价不高，这或许显示出鲁迅独特的音乐审美观，对于外国人创作的中国题材的西洋音乐评价不高。大概正是基于这次音乐会的观感不佳，从鲁迅日记中可以看出鲁迅没有再次欣赏上海工部局乐团的演出。

值得一提的是，由上海工部局乐团演奏的俄罗斯人阿甫夏洛穆夫创作的中国题材音乐会和日本人近卫秀麿改编的日本传统音乐《越天乐》与西方音乐《图画展览会》的音乐会在上海演出前后都引起了较为强烈的社会反响，上海文化界的一些知名人士如梅兰芳、傅雷等都纷纷前去欣赏，笔者推测，鉴于姚克曾经寄送门票邀请鲁迅欣赏1933年5月20日由上海工部局乐团演出的阿甫夏洛穆夫创作的中国题材音乐会，估计姚克也再次寄送音乐会的门票和节目单邀请鲁迅欣赏上海工部局乐团在1936年2月9日演出的近卫秀麿改编曲目的音乐会。大约是因为鲁迅对一些外国人改编的音乐评价不高，所以就推辞了，并通过书信把上海工部局乐团在1936年2月9日举行的音乐会的这份英文的节目单退回了姚克。

四、结语

综上所述，这份英文的音乐会节目单包含了一些重要的信息，可以弥补鲁迅在1936年2月9日致姚克书信的内容。而《鲁迅全集》在收录这封信时删掉了这个音乐会节目单就在一定程度上破坏了这封信的完整，使读者不了解鲁迅在信中所说的那些话的背景和细节，所以建议有关方面在重新修订《鲁迅全集》时能够把这个音乐会节目单的主要内容作为鲁迅在1936年2月9日致姚克书信的附件收入《鲁迅全集》之中。

（本文与石祥合作，原刊《太原学院学报》2019年第2期）

---

① 衣慎思. 阿甫夏洛穆夫与《孟姜女》命运的沉浮［J］. 音乐研究，2014（1）：46-47.

鲁迅致茅盾的九封书信发现始末

一、茅盾提出的问题："现在发现的几封信也不知道是怎么保存下来的。"

1937 年 1 月，许广平在《中流》杂志发表了《许广平为征集鲁迅先生书信启事》，茅盾在得知许广平征集鲁迅的书信的消息之后，就积极响应，从家中找出一些鲁迅书信，并在 1937 年 2 月 18 夜致许广平的信中说：

> 周先生的信，我找了一下，不多。去年——哦，不，是前年了，前年的不知搁到什么地方去了，现在先将已得者奉上。其中有二三封是讲《海上述林》之校印的，发表了也许将引起喧哗，但现在也一并奉上。①

许广平编辑的《鲁迅书简》（鲁迅全集出版社，1946 年出版）一书中收录了鲁迅致沈明甫（茅盾）的八封书信，由此可知，茅盾这次一共寄给许广平八封鲁迅的书信。

42 年后，茅盾在《答〈鲁迅研究年刊〉记者的访问》一文中再次提到了鲁迅给他所写的书信的问题，有关内容如下：

> 外国研究鲁迅的人，以日本为较多。外国能直接阅读鲁迅著作的人，对鲁迅的若干杂文还是不能完全理解其写此杂文时的时代的和历史的背景。《鲁迅全集》注释好了，可能对他们有所帮助。要注释清楚鲁迅书信和日记中提到的人名，就很困难。比如鲁迅给我的信中提到的"少奶奶"，指的是杨之华同志。杨之华当时在上海坚持地下工作，为了迷惑敌人，打扮得像个"少奶奶"，我和鲁迅就用"少奶奶"作为杨之华的代号，别人是不知道的。我在上海收到鲁迅的信都烧了，我给鲁迅的信他也烧了，这是我们共同约好的，惟恐出了事情牵连别人。现在发现的几封信也不知道是怎么保存下来的。②

---

① 茅盾. 1937 年 2 月 18 夜致许广平信［M］//周海婴编. 鲁迅、许广平所藏书信选. 长沙：湖南文艺出版社，1987：342.

② 茅盾. 答《鲁迅研究年刊》记者的访问［M］//西北大学鲁迅研究室编. 鲁迅研究年刊（1979）. 西安：陕西人民出版社，1979：1.

鉴于 1977 年出版的《鲁迅研究资料》第 2 辑（文物出版社 1977 年 11 月出版，内部发行）刊登了新发现的鲁迅致茅盾的九封书信（茅盾应该刊编辑的邀请对这九封书信的部分内容做了注释，如对鲁迅在 1936 年 2 月 3 日书信中提到的"少奶奶"就注释为杨之华），茅盾在这里提到的"现在发现的几封信也不知道是怎么保存下来的"，显然是指这九封新发现的书信不知道是怎么保存下来的。因为 1981 年出版的《鲁迅全集》总共收入鲁迅致茅盾的十七封书信，其中有八封鲁迅书信是茅盾寄给许广平的，余下的就是《鲁迅研究资料》第 2 辑所刊登的九封书信。茅盾显然是不清楚在 1977 年发表的这九封鲁迅书信是如何保存下来的。

通过对比茅盾在 1937 年 2 月 18 日夜致许广平书信的内容和茅盾在 1979 年《答〈鲁迅研究年刊〉记者的访问》的内容，可以看出茅盾在 1979 年所说的"我在上海收到鲁迅的信都烧了"这一说法显然不准确，一方面茅盾在 1937 年 2 月 18 日把找到的鲁迅在 1936 年 8 月至 10 月间的八封书信寄给许广平，另一方面也说道"去年——哦，不，是前年了，前年的不知搁到什么地方去了"，这都充分说明茅盾并没有把收到的鲁迅书信都烧了。而茅盾"不知搁到什么地方去了"的那些鲁迅书信有九封被幸运地保存下来。

二、鲁迅致茅盾的九封书信发现始末

鲁迅研究室编的《鲁迅研究资料》第 2 辑首次发表了鲁迅在 1935 年和 1936 年致茅盾的九封书信：[一九三五年]十二月廿三夜、[一九三六年]一月八日、[一九三六年]一月十七日夜、[一九三六年]二月二夜、[一九三六年]二月三日、[一九三六年]二月十四日、[一九三六年]二月十八日、[一九三六年]三月七日、[一九三六年]四月十一日。这九封信的抬头都是"明甫先生"，八封信的落款都是"树"，只有[一九三六年]二月三日的信署名"迅"。

编者在《关于以下九封信的说明》中介绍了这九封信的发现经过：

一九六八年，在轰轰烈烈的"无产阶级文化大革命"中，革命群众发现了鲁迅致明甫（茅盾）的九封书信手稿。阶级异己分子姚文元得知后，立即指令将九封信手稿取走，扣押在自己手里，达九年之久。直至"四人帮"被粉碎后，才从姚文元黑窝里查找到七封手稿，后又找到一封手稿照片，另外一封还在继续查找中。这是"四人帮"破坏鲁迅书信出版的又一罪证。

除一九三六年一月十七日信根据手稿抄件排印（可能有个别地方抄错）外，其余八封书信均据手稿抄录。

我们请茅盾同志对九封书信作了注释，谨此致谢！①

幸运的是，鲁迅在一九三六年一月十七日致茅盾的信的原件不久也被找到。鲁迅研究室编的《鲁迅研究资料》第3辑刊登了这封信的内容。编者特地撰写了如下的按语：

本刊第二辑刊载的被姚文元扣压达九年之久的鲁迅致沈雁冰的九封信，那时八封据手稿排印，一封原件未找到，据抄件排印。所缺的一页手稿，现在也找到了，为订正抄件中的错误，将这封信重新刊载。信中最后所说"近得转寄来自南京中央狱一邮片"，我们从鲁迅收藏的书信中找出，原收信人的姓名被涂去。寿昌是谁，与鲁迅什么关系，我们还不清楚。现将"邮片"（明信片）内容附录于信后，供读者研究。②

那么，这九封书信是如何被革命群众在"文革"中发现的呢？笔者从鲁迅博物馆的资料室中看到了闵奇若在1968年撰写的一份交代材料，从中可以知道这九封信被发现的详细经过。

最高指示

"我们应当相信群众，我们应当相信党，这是两条根本的原理，如果怀疑这两条原理，那就什么事情也做不成了。"

关于几封信的交代

抗日战争胜利前，我曾在中国经济研究会工作，会址当时在南京路成都路转角。该会建立主要依靠当时上海各家银行以及一些较大的厂捐款办的，专门搞些出版。有《中国经济》，每月约一册，分送各银行及厂，也有专题的单行本，分送捐款的会员单位参考。我被分配在该会当时新成立的化工组内，在组长徐善祥（在之江大学曾教过书，我是由他直接介绍入中国经济研究会工作的人）指导下曾将报刊书籍现成旧资料凑成一篇《中国酸[碱?]工业的过去、现在与将来》，经他修改后，印成少量单行本。抗日战争刚胜利，当时只听说该会因捐款来源很困难，决定解散，那时大家最后再到各房间去看

① 编者. 关于以下九封信的说明［M］//北京鲁迅博物馆编. 鲁迅研究资料：第2辑. 北京：文物出版社，1977：72.

② 编者. 鲁迅致沈雁冰书信按语［M］//北京鲁迅博物馆编. 鲁迅研究资料：第3辑. 北京：文物出版社，1978：24.

看各张办公桌子里还有东西没有，因为这些桌子椅子都是听说从［经？］各银行里借来用的，现在要还给人家，所以要查看一下，整理时，这些桌子里实际都已经空了，从我回忆的印象上，我好像是在统计组（组的负责人记得大概是叫盛灼三）的一个房间里（记忆中那时该室内已没有什么人，桌子放得很乱），我偶然拉开一张办公空桌子的抽斗（不知该桌子是谁坐的），在抽斗后面空隙处，匆促间，发现了几张折着的白纸，取出打开一看，都是信，没有信封，信下面具名是草字，看起来好像是"树人"二字，因为当时我对新文学新小说和草体字都不熟悉，好像曾听说过鲁迅，又有个名字叫"树人"，大家提起，总很敬仰，因此我想如果真是鲁迅写的话，作为乱纸弃去很是可惜，当时我便和爱好艺术文物一样，将它保藏起来。胜利后，我进入商办闸北水电公司后，不久我便将它贴在与同事凑合自印的几张纸上，和报贴放在一起，堆在书堆里，很多年一直未去翻过，思想上也完全忘了。

直到1966年9月14日，我爱人单位来我家帮助扫四旧，在取去东西的单子上见到有夹子一只，经我事后整理余物和细细回忆，我才想起取去的大概是那只报贴的夹子，我再想想夹子里除一些报贴外，还有几封以前曾认为可能是鲁迅的信。因此，我便立刻向包承忠同志口头汇报情况和自己的回忆，并写过我得到几封信的经过，交与当时的组织，后来又在1966年10月我的自我检查中作了书面交代。并在我所革命造反派夺权后，将经过情况另写过给陆鸣盛同志。在我爱人单位将东西交还我后，我才确知有九页上述的信。最近市内有同志提及，我便在6月12日将该九页信交给李亦娥同志，转请她交给革委会处理。

对我在抗日战争前，曾在中国经济研究会工作，以前在闸北水厂都曾向组织交代过。原来中国经济研究会里的人，自从抗日战争胜利后，解散到现在二十多年，都已不知去向。对该会情况可能知道一些的，想起一个名叫程克勤的，他当时在会里管总务的，后来听说在闸北水电公司阿瑞里工作，现在不知在哪里工作，有可能仍在电业系统工作。

闵奇若

1968/6/19

综合上述内容可以看出鲁迅在1935年和1936年致茅盾的这九封书信的流转过程：这九封信不知何时从茅盾手中到了被中国经济研究会借用的某银行的办公桌中；当时在中国经济研究会工作的闵奇若在1945年抗战胜利前偶

然从这个办公桌中发现了这九封书信并收藏在家中，"文革"中造反派从闵奇若家中抄走这九封书信；闵奇若在 1968 年向单位革委会报告这九封信可能是鲁迅的书信并写了发现这九封书信的经过材料；这九封书信在"文革"中又辗转到了姚文元的手中；"文革"后从姚文元家中发现这九封书信并转交鲁迅博物馆收藏至今。

关于闵奇若的情况，笔者从网络中检索到如下的资料。秦钧业在 2009 年发表在个人博客中的《我在上海市自来水公司四十年——纪实文学》一文中这样介绍闵其若：

5. 闸北水厂化学工程师闵奇若

闵先生中等身材，戴一副金丝眼镜，细毛胡子，一口苏州音，他是苏州大学全国著名园艺家、文学家周瘦鹃的学生，他学化学的，他的爱好是唱京戏，是唱旦角，爱好摄影，他的传统书法功底很深，我们成了师徒俩。1950 年"二·六"轰炸，国民党飞机轰炸闸北水电公司，轰炸残景是他私人所拍。1950 年能有照相机的人很少，只有高级人员才有照相机，他拿照片讲解给我听，当时进水车间一角，厂况淀池炸穿，炸了一个洞。会议室是开董事会议的地方，震落一片残迹。老师教我在摄影中如何构思，是非常重要的，我是无家可归的人，老师叫我帮他画技术曲线图，要画一年，365 张，曲线图中，有每日气温、潮汐、水量、电基、余氯，用多种彩笔画，打开曲线图，展示一年丰采。我们水厂，凝聚剂是家用明矾的，后来改用山东精制硫酸铝，制水原料紧张，由精铝改用粗制硫酸铝，到 1958 年更困难，粗制不能保证供应，水厂急了，闵奇若开动脑筋，进行技术攻关，电厂有大量煤渣，在煤渣中提取有效成分，老师做化验，我做助手，成功了，化验煤渣中含铝，老师的科技成功，助了我的写作成功，我文稿也成了，"只要有决心，煤灰变成金"由局报转向市报，从此闸北水厂凝聚剂由铝灰与废酸代替。①

从上述内容可以看出，闵奇若虽然专业是学化学的，但是热爱文艺，不仅爱唱京戏，传统书法的功底也很深，这也是他偶然发现这九封书信并保存下来的原因之一。

---

① 秦钧业. 我在上海市自来水公司四十年——纪实文学［EB/OL］．［2017-08-02］．http：//blog. sina. com. cn/qinjunye36.

三、鲁迅致茅盾书信的余波

2007 年，孔昭琪在《周建人为何毁掉了鲁迅给他的 300 多封信》一文中再次提到了茅盾保存鲁迅书信的事，具体内容如下：

此外，对于那些与鲁迅通信的名家的来信，我们也很想有所了解，比如茅盾（沈雁冰）的信。（中略）茅盾先生轻描淡写地说"现在发现的几封信也不知道是怎么保存下来的"，而实际上，新版《鲁迅全集》所收鲁迅致沈雁冰的信不是简单的几封，而是多达 17 封！而且其中不乏重大政治内容，如不止一次提到当时牺牲不久的瞿秋白烈士的夫人杨之华同志（虽是用暗语），这要担多大的政治风险！"是怎么保存下来的"呢？我以为只有一种解释，那就是出于对鲁迅的尊重和对历史的责任感，茅盾先生冒着极大的政治风险保存下来的。然而，茅盾致鲁迅的信我们却一封也见不到，可见确是"都烧了"。为什么茅盾能保存鲁迅的信，而鲁迅却不能保存茅盾的信呢？难道鲁迅的处境比茅盾还要险恶吗？由此推而广之，《鲁迅全集》中那 1400 多封信的受信者的来信也都荡然无存，岂不同样都有一个不公平的问题吗？历史总会留下这样那样的遗憾，而有些遗憾是永远也无法弥补的。①

很显然，孔昭琪没有注意到《鲁迅全集》收录的鲁迅致茅盾的十七封书信中只有八封是茅盾保存并在 1937 年 2 月 18 日寄给许广平的，另外九封书信（包括提到"少奶奶"即杨之华的书信）茅盾虽然没有烧毁，但他本人在 1979 年时也不知道是怎么保存下来的。而这九封书信能保存下来首先要感谢闵奇若。

（原刊《鸭绿江》2018 年 11 期）

---

① 孔昭琪. 周建人为何毁掉了鲁迅给他的 300 多封信［N］. 中华读书报，2007－09－21（14）.

史天行伪造鲁迅的《大众本〈毁灭〉序》考

史天行（化名有史济行、齐涵之等）在现代文学史上留下了"文坛骗子"的恶名，他不仅成功地骗取过鲁迅的一篇文稿，而且还多次写文章编造一些关于鲁迅的掌故、佚文，以此来博取名利。

鲁迅在1936年4月11日撰写的《关于〈白莽遗诗序〉的声明》（刊登在5月出版的《文学丛报》月刊第二期，收入《且介亭杂文末编》时题目改为《续记》）一文中揭露了史济行化名"齐涵之"骗走《白莽遗诗序》的经过，并在文章最后指出："我从来不想对于史济行的大事业讲一句话，但这回既经我写过一篇序，且又发表了，所以在现在或到那时，我都有指明真伪的义务和权利。"①

另外，景宋（许广平）在《关于鲁迅的作品·故里·逸事》一文中，林辰在《辟史天行关于鲁迅的几篇文章》[原载1948年7月15日《文讯》（月刊）（上海）第九卷第一期。]一文中都对史天行编造鲁迅逸闻，伪造鲁迅佚文的行为予以揭露和批评。

但是，史天行在景宋、林辰的上述两篇文章发表后不久所伪造的《大众本〈毁灭〉序》（载《文艺丛刊》第6期，范泉编辑，1948年7月出版）一文却没有被后来发表的揭露史天行伪造鲁迅文稿的文章（如丁景唐、丁言模《三四十年代的文氓史济行》（载《江淮论坛》1989年第2期），丁言模《史济行两次伪造的鲁迅佚文》（载《鲁迅研究资料》第23辑，天津人民出版社1992年出版）所提到并予以揭露。

从现有研究资料来看，钦鸿在《〈文艺春秋〉对鲁迅的纪念与研究》一文中首先对《大众本〈毁灭〉序》的真实性提出疑问：

当然，《文艺春秋》在对鲁迅的纪念与研究方面，也有其不足之处。（中

---

① 鲁迅.续记[M]//鲁迅.鲁迅全集：第六卷.北京：人民文学出版社，2005：514-515.

略）此外，1948 年 7 月《文艺丛刊》第 6 集《残夜》编发的《大众本〈毁灭〉（葛涛按：此处脱"序"）》一文，纵然署着"鲁迅"的大名，但看来大半是篇伪作；编发这篇文章，应是被小人钻了空子。

钦鸿在文后对"伪作"有如下的注释：

该文据同期发表的史行《鲁迅与"泱泱社"》一文称，系鲁迅为卓治编的《大众本〈毁灭〉》所作之序。但我以为这种说法漏洞太多，第一，据查核，该文其实乃是鲁迅发表在 1930 年 4 月 1 日［日］《萌芽》月刊第 1 卷第 4 期《〈毁灭〉第二部一至三章译者附记》，只不过文字上有所增删和改动而已。将一篇旧作略加改动以付友人为序之嘱，在鲁迅似无前例。第二，尽管该文在开头加上"《毁灭》改编为大众本，是一件很有意义的事情"之句，但全文所谈，却与"大众本"无涉，而且该文仅就作品的一部分发表议论，绝不像为整部作品所作之序。这种牛头不对马唇的文字和做法，很难设想会出自鲁迅之手。第三，该文末"一九三一，七，九，鲁迅序之于沪上之且介亭"的落款，也很可疑。鲁迅在 1935 年出版《且介亭杂文》集之前，从未用过"且介亭"的斋名，这一落款，明显是对鲁迅《且介亭杂文·序言》落款的模仿。由此可以基本断定，所谓《大众本〈毁灭〉序》是一篇伪作。至于"史行"其人，尚待考证。不过其名其行，却很容易令人想起文坛著名扒手史济行。谨记一笔在此，以待识者赐正。①

总之，钦鸿虽然指出史行的《鲁迅与"泱泱社"》一文中存在三处明显的漏洞，并由此推断《大众本〈毁灭〉序》一文"大半是一篇伪作"，但是他没有找到确切的材料可以证明《大众本〈毁灭〉序》是一篇伪作。只好"谨记一笔在此，以待识者赐正"。

二十多年后，管冠生又在《关于鲁迅的几篇研究资料》一文中认为不能完全否定"史行"的叙述：

鲁迅的《大众本〈毁灭〉序》见载同刊同期。主要内容实为《〈溃灭〉第二部一至三章译者附记》（《鲁迅全集》第 10 卷）。仅有几处不同：（下略）

查鲁迅 1931 年 7 月 9 日日记，（中略）。并无写作之事。但也有这种可能：鲁迅这篇序本不是一篇新的真正的创作，只是情面难却，敷衍了事而已。（中略）对于所谓的大众本，鲁迅似乎并没有什么兴趣。

---

① 钦鸿.《文艺春秋》对鲁迅的纪念与研究［J］. 鲁迅研究月刊，1990（6）：46-47.

关键的问题是，"史行"这个人是谁？他会不会是"史济行"呢？如果是，他的叙述可靠吗？（中略）

我的意思是，即便"史行"是史济行的一个化名，即便他拿鲁迅做过招牌，也不要完全否定他的叙述。

总之，不管这个"史行"是谁，他的文章还是提供了一些很有价值的信息，要甄别对待，同时需要更多的其他的资料来证明。①

从上述内容可以看出，管冠生认为《大众本〈毁灭〉序》有可能是鲁迅"情面难却"的情况下，用旧作来"敷衍了事"所写的序言。不过，笔者同意管冠生的上述观点，对于"史行"的文章，"要甄别对待，同时需要更多的其他的资料来证明"。

综上所述，可以说研究者还没有发现相关的史料来确定《大众本〈毁灭〉序》是一篇伪作。

一、"史行"就是史天行

近日，笔者拜读香港学者林曼叔编著的《1927—1949 香港鲁迅研究资料汇编》（香港文学评论出版社 2017 年 10 月出版）一书，发现书中收录了署名"史天行"的《鲁迅与泱泱社》（载香港《星岛日报》"文艺"第三十期，1948 年 6 月 21 日）一文和署名"鲁迅遗作"的《〈毁灭〉序》（载香港《星岛日报》"文艺"第三十一期，1948 年 6 月 28 日）一文，把这两篇文章与刊登在《文艺丛刊》第 6 期的署名"史行"的《鲁迅与"泱泱社"》和署名鲁迅的《大众本〈毁灭〉序》进行对比，可以发现，《文艺丛刊》版的《鲁迅与"泱泱社"》是《星岛日报》版的《鲁迅与泱泱社》一文的删节版。《星岛日报》版的《鲁迅与泱泱社》主要分为两大部分，前半部分主要叙述"我"（史天行）与鲁迅交往的经过，后半部分主要叙述鲁迅与"泱泱社"成员的交往。这后半部分的内容与《文艺丛刊》版的《鲁迅与"泱泱社"》一文的主要内容基本一致，甚至把"泱泱社"成员卓治都误写为"卓冶"，由此也可以证明这两篇文章的作者是同一个人，即"史行"就是史天行。而《星岛日报》版的《〈毁灭〉序》与《文艺丛刊》版的《大众本〈毁灭〉序》在内容上也基本一致。

---

① 管冠生. 关于鲁迅的几篇研究资料［J］. 鲁迅研究月刊，2012（5）：68-69.

那么，为何《星岛日报》和《文艺丛刊》几乎同时刊登了两篇相似的文章呢？

这主要是因为《星岛日报》"文艺"版的编者和《文艺丛刊》的主编都是范泉，身在上海的范泉通过航空邮寄的方式为香港的《星岛日报》编辑"文艺"版，所以就出现了同一篇文章先后或几乎同时在《星岛日报》和《文艺丛刊》分别刊登的情况。一个相似的例子就是范泉曾经在《文艺春秋》和《星岛日报》上发表好友陈烟桥的文章和美术作品。钦鸿在《范泉与陈烟桥半生的友谊》一文中描述了范泉为好友陈烟桥在《文艺春秋》和《星岛日报》发表文章和美术作品的情况：

陈烟桥的到来，自然为范泉及其主编的《文艺春秋》注入了新鲜的血液。从《文艺春秋》第二卷起，他先后为刊物提供了《艺术的使命与艺术家的任务》（2卷3期）、《鲁迅怎样指导青年木刻家》（2卷4期）、《关于艺术的兴衰底问题》（2卷5期）、《论艺术与物质基础》（2卷6期）、《鲁迅与中国新木刻——中国新木刻的产生发展和在抗战期间的活动》（3卷4期）、《关于艺术家》（4卷5期）等六篇论文，和《耕耘》（2卷2期）、《鲁迅像》（2卷3期）、《鲁迅与高尔基》（2卷4期）、《阻挠》（4卷5期）等四幅木刻作品。

（中略）进入1948年以后，陈烟桥没有再在《文艺春秋》发表艺术论文，应该与他当时的境遇有关。（中略）不过，陈烟桥即使在"病"中，也并未放下手中的画笔，并仍不时有作品见诸报刊，范泉斯时以航空寄递方式为香港《星岛日报》主编《文艺》副刊，便先后为陈烟桥发表了四幅画作：木刻《戴棘冠的作家》（1948年6月14日第29期）、墨画《在写作中》（7月12日第33期）、木刻《群像》（8月2日第36期）和《照亮（鲁迅画像）》（9月20日第43期）。范泉就是这样，以自己的方式从精神和经济上支援了处于贫困之中的老友陈烟桥。①

综上所述，从范泉分别在《文艺丛刊》（按：范泉主编的《文艺春秋》杂志出版过6期的《文艺丛刊》）和《星岛日报》上发表主要文字相同的《鲁迅与"泱泱社"》一文，可以确定这两篇文章的作者是同一人，即"史行"就是史天行。

---

① 钦鸿. 范泉与陈烟桥半生的友谊［N］. 人民政协报，2012-04-19（7）.

二、《大众本〈毁灭〉序》是一篇伪作

在判定《大众本〈毁灭〉序》是一篇伪作之前，先来看看史天行在《鲁迅与泱泱社》一文中对这篇序言来历的说明。因为香港《星岛日报》"文艺"版刊登的《鲁迅与泱泱社》一文比《文艺丛刊》刊登的《鲁迅与"泱泱社"》更详细，所以本文引用港版的相关内容如下：

"泱泱社"曾在北新书局出版过二期的《波艇月刊》，社员有梅川、采石、俞念远、陈梦韶、卓冶等，鲁迅自己，在这个刊物上每期写《厦门通讯》。至于这些文字后来有否收入他的全集，则不得而知。

"泱泱社"完全是鲁迅先生所领导的，所以他离开厦门后就无行解散了。直到一九二九年，他们集合在上海蜕变成"朝华社"，曾出过多期的《朝华旬刊》，也出过好几种丛书，社员除有"泱泱社"的旧社员外，又添了一位柔石和鲁迅夫人许遐（景宋），他们的社址，似乎附设在一家合记教育出版社中。鲁迅先生当也替《朝华旬刊》写过不少的文章，并且特地介绍西洋木刻画。

因为"泱泱社"和后来的"朝华社"里面的几位都是我的熟友，所以这里，我可以把他们和鲁迅先生的关系，简要地叙述一下。

梅川（中略）

采石（中略）

俞念远（中略）

陈梦韶（中略）

卓冶原籍浙江，但不知何县人。厦大读后，又随鲁迅至广州中山大学。他曾将鲁迅翻译《毁灭》一书改编为大众本，名称也改作《碧血桃花》。因为在卓编之先，已有何毂天所编的大众本在光华书局出版，所以卓编的一本，始终没有印出。原稿我曾看过，以文字言，似乎卓编得更是通俗，更是明白晓畅，那时鲁迅且为之作序，这篇序文卓曾抄出寄我，我一直保留到现在。因为是发表的文字，这里就顺便一并发表出来。（编者按：见本期另文）①

史天行的上述文字存在几个文字上的错误："朝华社"应为"朝花社"，"卓冶"应为"卓治"，"《朝华旬刊》"应为"《朝花旬刊》"，另外，鲁迅

---

① 史天行. 鲁迅与泱泱社［M］//林曼叔编. 1927—1949 香港鲁迅研究资料汇编. 香港：香港文学评论出版社，2017：400-401.

和陈梦韶都不是"泱泱社"的成员。

不过，判定《星岛日报》"文艺"版刊登的《〈毁灭〉序》即《文艺丛刊》版的《大众本〈毁灭〉序》一文是伪作的关键是史天行对该文来源的说明是否造假，主要是如下两个说法的真伪：（1）史天行说卓治曾经把鲁迅翻译的《毁灭》改编为大众本，并更名为《碧血桃花》。（2）史天行说"那时鲁迅且为之作序，这篇序文卓曾抄出寄我，我一直保留到现在。因为是发表的文字，这里就顺便一并发表出来"。

但是目前还没有发现可以确证这两种说法的相关史料，既没有史料可以证明卓治曾经把《毁灭》改编为大众本并更名为《碧血桃花》；也没有史料证明鲁迅曾经为卓治改编的《毁灭》的大众本撰写过序言。因此，史天行的上述说法是可疑的。

林辰在 1948 年 6 月 4 日撰写的《辟史天行关于鲁迅的几篇文章》［原载 1948 年 7 月 15 日《文讯》（月刊）（上海）第九卷第一期］中揭露了史天行伪造鲁迅作品的一种方法：

在《鲁迅用日文写的作品》里，提到鲁迅为日译本《中国小说史略》作的那篇序言，他说："友人俞念远君，曾将此序译出，本打算发表在我编的一种刊物上，后以刊物流产，此序便久藏我处，今天写这短文，顺便附载于此……"其实，这篇序曾经在史天行编的所谓"汉出"《人间世》第二期发表过，并且前面还附有一行声明："本篇原是我为日译本《支那小说》写的卷头语……"乃是模拟鲁迅的语气，冒充鲁迅翻译的。然而"仅止一页的短文，竟充满着错误和不通"。鲁迅已在《续记》里指出过了。不料现在史天行竟说因刊物流产而未发表，想用以掩饰他的冒充鲁迅欺蒙读者的招摇撞骗的丑行。他难道以为鲁迅的文字已经消亡了吗？其实，只要鲁迅的文字在，这依然是没有用处的。[①]

附带指出，史天行在这里所说的俞念远是"泱泱社"成员，当时在日本九州帝国大学留学，曾在史天行主编的《西北风》（半月刊）第 2 期（1936 年 5 月 16 日出版）发表了《我所记得的鲁迅先生》一文，文中说：

他［鲁迅］的《中国小说史略》，已经翻译为日文了。他的小说集，在

---

①　林辰.辟史天行关于鲁迅的几篇文章［M］//中国社会科学院文学研究所鲁迅研究室编.1913—1983鲁迅研究学术论著资料汇编（4）.北京：中国文联出版公司，1987：681.

日本已有两种译本。最近在《日本评论》上原胜氏的《一轩邻的鲁迅先生》一文中说："鲁迅先生是世界的天才！"为日本文人所敬仰，［自］不待言了。①

　　结合史天行的叙述，可以看出，"汉出"《人间世》第二期所刊登的《日译本〈中国小说史略〉序》，虽然没有翻译者的署名，但很可能就是俞念远翻译成中文的。这篇译文后来又被史天行再次伪造成鲁迅的文章在《鲁迅用日文写的作品》一文中再次发表。另外，从《西北风》多次刊登俞念远的文章和译文（《西北风》"追念鲁迅特辑"刊登了鲁迅的《大众本〈毁灭〉序》，同期还刊登了俞念远的译文《杜思退益夫斯基——同时代人对他的印象》）来看，史天行和俞念远应当联系较多，所以通过俞念远知道了一些关于"泱泱社"的事情。

　　受到林辰的研究方法的启示，笔者查阅了史天行主编的《西北风》杂志，发现史天行也使用了类似的方法伪造了《大众本〈毁灭〉序》一文，只不过史天行这次谎称该文来自"泱泱社"的另一位成员卓治，是鲁迅为卓治所改编的大众本《毁灭》所写的序言。

　　史天行主编的《西北风》第十一期（1936年11月5日出版）设立了"追念鲁迅特辑"，其中有署名鲁迅的《关于〈毁灭〉》一文。在该文的开头有题目：第十一章至第十四章的杂感。对照《关于〈毁灭〉》和《大众本〈毁灭〉序》，可以发现《大众本〈毁灭〉序》比《关于〈毁灭〉》一文多了开头的一段话和文后的落款文字，具体内容如下：

　　《大众本〈毁灭〉序》开头的一段话：

　　《毁灭》改编为大众本，是一件有很大意义的事情，对于本书，我不想说什么，只就第十章至第十四章，随便写些感想。我认为这几章是很紧要的，可以宝贵的文字，是用生命的一部分或全部换来的东西，非身历战斗的战士不能写出。

　　《大众本〈毁灭〉序》文后的落款文字：

　　一九三一，七，九，鲁迅序于沪上之且介亭②

①　俞念远. 我所记得的鲁迅先生［J］. 西北风（半月刊）1936（2）：15.
②　鲁迅. 大众本《毁灭》序［J］. 文艺丛刊，1948（6）：6-7.

可以说，这两篇文章除了开头的一段话和文后的落款文字之外，其余的文字基本相同，实际上就是一篇文章。值得注意的是，该文后面附录了如下的一段文字：

鲁迅先生的这一篇文字，是胡今虚兄寄来的。他预备把它放在他所改编的《毁灭》通俗小说上面，因而原文中所引的人名，为统一起见，都依照改编本了。国内改编《毁灭》成大众读物的有两种，第一种为何毅天先生所编的大众本，在光华书局出版。第二种就是胡今虚兄所编，或许将在本刊分期发表？以文字言，似乎胡今虚所编得更为通俗，更为明白畅晓。

天行附记①

从上述"附记"的内容可以看出，《西北风》杂志刊登的《关于〈毁灭〉》一文是胡今虚寄给史天行的，而书名鲁迅的这篇《关于〈毁灭〉》一文原本是准备放在胡今虚改编的《毁灭》大众本之中作为序言的。

关于胡今虚把《毁灭》改编为大众本的事情，从鲁迅致胡今虚的两封书信中可以看出相关的信息。鲁迅在1933年9月29日致胡今虚的信中说：

至于改编《毁灭》，那是无论如何办法，我都可以的，只要于读者有益就好。何君所编的，我连见也没有见过。

我的意见，都写在《后记》里了，所以序文不想另作。但这部书有两种版本，大江书店本是没有序和后记的。我自印的一本中却有。不知先生所买的，是那一种。后面附我的译文附言，自然无所不可。②

鲁迅在1933年10月7日致胡今虚的信中说：

《轻薄桃花》系改编本，我当然无所不可的（收入丛书）。但作序及看稿等，恐不能作，因我气力及时间不能容许也。③

从上述两信的内容可以看出，鲁迅同意胡今虚把《毁灭》改编为大众本并更名为《轻薄桃花》，但是因为"气力及时间不能容许"，所以推辞为胡今虚改编的大众本《轻薄桃花》"作序及看稿"，不过同意胡今虚把"译文附言"即《〈毁灭〉第二部一至三章译者附记》收入胡今虚的改编本之中。胡

① 鲁迅. 关于《毁灭》[J]. 西北风（半月刊），1936（11）：25.

② 鲁迅. 330929致胡今虚 [M]//鲁迅. 鲁迅全集：第十二卷. 北京：人民文学出版社，2005：449.

③ 鲁迅. 331027致胡今虚 [M]//鲁迅. 鲁迅全集：第十二卷. 北京：人民文学出版社，2005：471.

今虚得到了鲁迅的同意之后，为了全书人名的统一，把鲁迅的《〈毁灭〉第二部一至三章译者附记》中的人名都改为大众本《毁灭》即《轻薄桃花》中的人名，并把这篇改动后的序言投给史天行主编的《西北风》杂志发表。

综上所述，史天行故技重演，把胡今虚修改后并发表于 1936 年第 11 期《西北风》杂志上的《关于〈毁灭〉》一文，模拟鲁迅的语气加上了开头的一段文字，并加上了文后的落款文字（按：这一句落款文字也是模仿鲁迅《白莽作〈孩儿塔〉序》的落款文字："一九三六年三月十一夜，鲁迅记于上海之且介亭。"），并伪造说该文是鲁迅为卓治改编的大众本《毁灭》即《碧血桃花》（按：史天行把胡今虚改编本《轻薄桃花》误为《碧血桃花》）所写的序言，卓治曾经将这篇序言抄寄给他并保存下来。这充分证明了署名鲁迅的《大众本〈毁灭〉序》即署名"鲁迅遗作"的《〈毁灭〉序》是史天行伪造的一篇鲁迅作品。

林辰在《辟史天行关于鲁迅的几篇文章》一文的最后说：

然而这位时而化名史济行，时而化名齐涵之，时而彳亍，时而天行，时而史岩（中略）却狡诈得可以。直到现在，鲁迅已经逝世了快十二年，而他也还要啰啰唆唆地纠缠着死人，以作他"自炫"和"卖钱"的工具。他又不像苏雪林、郑学稼之流那样明白地诬蔑谩骂，而是有一副看去似无恶意的伪装的，这就更使读者们不能个个都认清他的荒谬恶劣——他的一篇篇的大著作，不是还有期刊给他登载吗？以后他的关于鲁迅的文字大概还要层出不穷吧？所以，我们不能因为他不值一嘘而保持沉默，这倒并非为了对付史天行，而是为了许多真诚的鲁迅著作的读者。①

诚哉斯言！对于伪造鲁迅文章的恶行，我们要像鲁迅那样"都有指明真伪的义务和权利"。并希望《鲁迅全集》在修订时，在注释"史天行"时要指出他还有一个鲜为人知的化名"史行"，并伪造了一篇署名鲁迅的《大众本〈毁灭〉序》。

（原刊《现代中国文化与文学研究》，2019 年下半年刊）

---

① 林辰. 辟史天行关于鲁迅的几篇文章［M］//中国社会科学院文学研究所鲁迅研究室编.1913—1983 鲁迅研究学术论著资料汇编（4）. 北京：中国文联出版公司，1987：681.

鲁迅为刘青霞题写过"才貌双全"这幅字吗?

一、鲁迅为刘青霞题写的这幅"才貌双全"是伪造的

笔者在两年前到河南省开封市参加会议的间隙,曾经参观过刘青霞故居纪念馆,初步了解了刘青霞(1877—1923)的生平事迹,但当时并没有看到鲁迅为刘青霞题写的"才貌双全"这幅字。引起我关注鲁迅为刘青霞题写"才貌双全"一事,是最近在微信上看到一位友人转发的一张题为"鲁迅为刘青霞题字"(拍摄于尉氏县方志馆)的照片,照片中有如下文字:

赠马青霞 才貌双全 一九一八年九月二十六日 鲁迅

另外,从照片上面的文字也可以看出,这张图片是一本介绍开封历史的图书中选用的插图。

作为从事鲁迅研究的专业人员,我们仅从照片就基本可以断定这幅鲁迅的题字很可能是仿冒的。首先,笔迹有疑点,这几个字不像鲁迅的笔迹。其次,署名有疑点。"鲁迅"这个名字是当时在教育部担任佥事的周树人在1918年5月15日出版的《新青年》杂志四卷五号上发表小说《狂人日记》时首次使用的笔名,周树人当时很少对外人透露他就是《狂人日记》的作者"鲁迅"(鲁迅在当年8月20日致好友许寿裳的书信中才告知许寿裳"《狂人日记》实为拙作"①),因此,周树人很难在首次使用"鲁迅"这个笔名的几个月之后,就以"鲁迅"为名为与秋瑾齐名的刘青霞女士题写"才貌双全"这几个字。再次,内容有疑点。"才貌双全"的意思是才学和相貌都很好。很难想象时为政府中级官员的周树人会把"才貌双全"这样的文字题写给一位比自己年龄还大的知名的女士(而且还是孀妇)。最后,鲁迅为刘青霞题写"才貌双全"的事,并没有可以证明的文字材料。鲁迅在1918年9月26日的

---

① 鲁迅.180820致许寿裳[M]//鲁迅.鲁迅全集:第十一卷.北京:人民文学出版社,2005:365.

日记中记载："晴。上午寄王式乾信。下午收本月奉［俸］泉百五十。晚杜海生来，交与泉二元，曾吕仁母寿屏资也。夜子佩来。作《随感录》一篇，4叶［页］。"① 不仅 9 月 26 日的日记中没有记载鲁迅为刘青霞题字的事，而且，查阅鲁迅当年的日记，甚至鲁迅在北京时期的日记，都没有提到过"刘青霞"或"刘马青霞""马青霞"这三个人名。（据刘菊英在《我的祖母刘青霞》一文中回忆："我的祖母刘青霞……本姓马，嫁到尉氏县刘家后，印鉴名即用'刘马青霞'，但在报刊上发表文章时用'刘青霞'，是同盟会员。"② ）

二、鲁迅为刘青霞题字是虚构的故事

笔者通过网络检索了鲁迅与刘青霞的相关内容，不仅看到了河南籍传记作家张耀杰撰写的题为《鲁迅为她题字"才貌双全"，孙中山送她匾额"巾帼英雄"，46 岁她在绣楼上去世》的文章，而且，也发现河南出版的一些关于刘青霞的书籍中如《天下为公马青霞》（邓叶君著，河南文艺出版社，2010年出版）、《辛亥女杰刘青霞》（郑旺盛著，河南文艺出版社，2011 年出版）、《马青霞》（杨贵生著，河南人民出版社，2011 年出版）都写到了鲁迅与刘青霞的交往情况，其中有一些书籍还写到了鲁迅为刘青霞题写"才貌双全"的事。此外，电影《马青霞》（北京科学教育电影制片厂 2013 年出品），电视专题片《这里是河南·尉氏映像（四）：辛亥女杰——刘青霞》也都有鲁迅与刘青霞交往的内容。如电影《马青霞》中有刘青霞在日本会见一位貌似鲁迅的青年的场景，并配有这样的解说词："多年以后，已经成名的鲁迅用'才貌双全'形容他在日本留学期间见过的马青霞"③；再如电视专题片《这里是河南·尉氏映像（四）：辛亥女杰——刘青霞》有这样的解说词："在与《河南》杂志往来的过程中，鲁迅对这位侠肝义胆、文笔出众的女性颇为赞赏，并亲笔为刘青霞题字：才貌双全。"④

在上述文章、图书和影视作品中，以张耀杰的这篇文章的影响最大，该

---

① 鲁迅 . 戊午日记［M］//鲁迅 . 鲁迅全集：第十五卷 . 北京：人民文学出版社，2005：第 341.

② 刘菊英 . 我的祖母刘青霞［M］//政协尉氏县委员会文史资料研究委员会编印 . 尉氏县文史资料第二辑（刘青霞女士史料专辑）. 1987：116.

③ 杨涛导演 . 电影《马青霞》，北京科学教育电影制片厂，2013 年出品。

④ 河南卫视 . 这里是河南·尉氏映像（四）：辛亥女杰——刘青霞（电视专题片）［EB/OL］. ［2020-05-03］. https://v.qq.com/x/page/l0300sdrvmc.html.

文不仅被《作家文摘》《文汇读书周报》等报刊转载过，而且也收入张耀杰所著的《民国红粉》（新星出版社，2014 年出版）一书之中。据张耀杰在北京师范大学举行的题为《民国红颜的悲与乐》的演讲中所说，"所谓'红粉'，指的主要是在历史上留下故事传奇的知名女性"，这本书的大部分文章来自他在 2012 年在人民日报社旗下的《环球人物》杂志开设的"民国红粉"专栏，2013 年 6 月曾以《红粉民国：政学两界的女权传奇》为名在台湾出版过。①

张耀杰撰写的"民国红粉"专栏中就有《马青霞：豪门富孀的财富传奇》一文，后来被《文汇读书周报》转载时题名改为《鲁迅为她题字"才貌双全"，孙中山送她匾额"巾帼英雄"，46 岁她在绣楼上去世》②，其中有如下的内容：

鲁迅题字"才貌双全"

在马氏庄园"思无邪斋"的右边墙壁上，张贴有马青霞亲笔书写的《告四万万男女同胞书》全文，以及马青霞加入中国同盟会的宣誓词。在下面的展览橱窗里面，有马青霞的《祭秋瑾文》，以及鲁迅为马青霞题写的"才貌双全"的条幅。条幅的落款时间是 1918 年 9 月 26 日。但是，这幅题字并不足以证明鲁迅与马青霞之间有过较为密切的直接交往。

当时的鲁迅是《新青年》同人中唯一坚持匿名写作的一个人，他很忌讳别人知道鲁迅就是教育部佥事周树人。1918 年 9 月 26 日的鲁迅日记"晚杜海生来，交与泉二元，曾吕仁母寿屏资也"一句话，证明刚刚通过《新青年》杂志成名成家的鲁迅，私底下也是经营有偿题字的业务的。只是现在已经难以考证，41 岁的马青霞到底是通过什么方式和什么渠道，从比自己年轻 4 岁的鲁迅那里求得"才貌双全"的题字的。假如鲁迅知道马青霞就是当年在日本东京创办《河南》月刊的金主，他是不可能不告诉周作人的。假如周作人知道马青霞就是当年出钱办《河南》月刊的"富家寡妇"，他在晚年的《知堂回想录》里，是不会把马青霞仅仅当作一种传说来加以回忆的。

---

① 张耀杰．民国红颜的悲与乐［EB/OL］．（2014-05-21）［2020-05-03］．https：//www.yangfenzi.com/wenxue/42571.html.

② 张耀杰．鲁迅为她题字"才貌双全"，孙中山送她匾额"巾帼英雄"，46 岁她在绣楼上去世［EB/OL］．2020-02-28．［2020-05-03］．https：//whb.cn/zhuzhan/dushu/20200228/328981.html.

不管怎么说，鲁迅"才貌双全"的题字，对于马青霞来说还是名副其实的。

首先必须指出，张耀杰文中存在的硬伤，即"1918年9月26日的鲁迅日记'晚杜海生来，交与泉二元，曾吕仁母寿屏资也'一句话，证明刚刚通过《新青年》杂志成名成家的鲁迅，私底下也是经营有偿题字的业务的"。杜海生和曾侣人（曾吕仁）都是鲁迅的友人，据鲁迅在1918年2月3日的日记记载："至傍晚往洙邻兄寓饭，坐中有曾侣人、杜海生，夜归。"① 查《鲁迅全集》的注释可以看出：

杜海生（1876—1955），1910年任绍兴府中学堂监督，曾聘请鲁迅往该校任教，1917年参加教育部临时会议。1926年任上海开明书店经理。②

曾侣人（1879—1945），日记又作曾、曾吕仁、曾丽润，浙江绍兴人。寿洙邻的内弟。曾在陕西作幕友。民国初年在北京绍兴县馆任董事。③

鲁迅给杜海生二元，是为了给当时担任绍兴县馆董事的友人曾吕人的母亲祝寿一起献寿屏的，并不是私底下经营有偿题字业务的。鲁迅当时还住在绍兴县馆，出资二元为担任绍兴县馆董事的曾侣人的母亲祝寿也是人之常情。何况，曾侣人也是鲁迅在三味书屋读书时的老师寿洙邻的内弟。因此，张耀杰说鲁迅"私底下也是经营有偿题字的业务的"，这种说法不仅没有读懂鲁迅上述日记中的文字内容，而且也是缺乏基本的常识的。

张耀杰先是错误地认为鲁迅私底下经营有偿题字业务，进而认为豪门富媚马青霞（笔者按：马青霞，在嫁入中原首富刘家之后，亦名刘马青霞、刘青霞）是花钱请鲁迅题写"才貌双全"的，然后又说"只是现在已经难以考证"出马青霞"到底是通过什么方式和什么渠道"，从鲁迅那里求得这幅"才貌双全"题字的，最后又推测鲁迅如果知道马青霞就是当年资助创办《河南》杂志的金主就一定会告诉周作人，周作人也就不会在60年代撰写的《知

① 鲁迅 . 戊午日记 [M] //鲁迅 . 鲁迅全集：第十五卷 . 北京：人民文学出版社，2005：318.
② 鲁迅 . 鲁迅全集：第十七卷 [M]. 北京：人民文学出版社，2005：86.
③ 鲁迅 . 鲁迅全集：第十七卷 [M]. 北京：人民文学出版社，2005：237.

堂回想录》中把马青霞当作一种传说来回忆。

很显然，张耀杰的上述文字都是建立在鲁迅为马青霞题写的这幅"才貌双全"是真实的基础上的，所以产生了上述待解的问题。如果确认这幅字是伪造的，那么这些问题也就可以迎刃而解了。

三、鲁迅在日本没有见过刘青霞

刘青霞在 1907 年年初东渡日本考察学务，1908 年正月从日本回国。[①] 刘青霞在日本期间捐款 2 万银圆给河南同乡会出版了《河南》杂志。《河南》杂志第一期的出版日期是 1907 年 12 月 19 日，在 1908 年 12 月 20 日出版第九期后停刊。鲁迅先后在《河南》杂志第一期上发表了《人间之历史》（收入杂文集《坟》时改名为《人间历史》），在第二、第三期上发表了《摩罗诗力说》，在第五期上发表了《科学史教篇》，在第六期上发表了《文化偏至论》在第七期上发表了《裴彖飞诗论》（译文）和《裴彖飞诗论前记》，在第八期上发表了《破恶声论》（未载完）等 6 篇文章。大约就是因为刘青霞曾经捐款出版《河南》杂志，而鲁迅在《河南》杂志发表过 6 篇文章，因此上述的一些关于刘青霞的文章、图书和影视作品就虚构了刘青霞和鲁迅在日本相识的情节，并演绎出鲁迅后来在 1918 年 9 月 26 日为刘青霞题写"才貌双全"书法作品的故事。

据笔者调查，最早写到刘青霞与鲁迅在日本相识的是时任尉氏县文化局副局长的于中华撰写的《刘青霞传》一文："在日本游历、考察期间，起初青霞迷恋于异国风光，注重观光游玩，耗资甚巨，曾得到过她在日本结识的鲁迅先生的帮助与指导。自此以后，她着眼政治，开始与同盟会接触。""鲁迅先生之所以能在《河南》上发表文章，这与刘青霞的作用无不有关"。[②]

此后，一些关于刘青霞的图书虚构了鲁迅与刘青霞在日本会见的情节，如邓叶君所著的《天下为公马青霞》，郑旺盛所著的《辛亥女杰刘青霞》都虚构了刘青霞与鲁迅在日本会见的场景，而杨贵生所著的《马青霞》，不仅虚构了刘青霞与鲁迅在日本会见的场景，甚至虚构了鲁迅在北京为刘青霞题写"才貌双全"的事。此外，一些文章甚至把刘青霞称作鲁迅作品的第一个"责

---

① 李玉洁.辛亥女革命家刘马青霞评传［M］.北京：科学出版社，2012：102。

② 于中华.刘青霞传［M］//政协尉氏县委员会文史资料研究委员会编印.尉氏县文史资料第二辑（刘青霞女士史料专辑）.1987：6-7.

任编辑"①。实际上，《河南》杂志第二期出版于 1908 年 2 月初，而刘青霞也在 1908 年正月（阳历 2 月）从日本回国，所以，关于刘青霞在日本会见前来杂志投稿的鲁迅，并拍板在《河南》杂志发表鲁迅的 4 篇文章的说法②，完全是杜撰的。

但是据周作人在 1960 年 6 月 21 日致吴海发的书信，他和鲁迅在当时不仅没有见过刘青霞，而且与《河南》杂志也没有直接的交往：

> 承问《河南》杂志的事情，我所知亦有限，因当时系间接交涉，不深知道内容。我们为《河南》写文章，纯粹由我的友人孙竹丹介绍，孙系安徽人，后因搞革命，为清廷所害，大概因革命关系与河南人程克相识，程在辛亥后为议员，当时在日本留学，为《河南》杂志的经理人。我们与程克也不相识，不曾见面，始终由孙竹丹收稿付款。亦不知杂志社设在何处。编辑人为刘申叔，刘名光汉，系江苏人，与河南无关，不过因其学问闻名，且其时亦搞革命，故请其担任编辑。据说河南留学生其时不多，且无甚能写文章的，适有富人的儿子在故乡因受亲戚人敲诈逃至日本求学，其嫡母亦同来，愿意捐款于同乡会办公益事业，且求庇护。同乡会因拟仿照各省的例，办起杂志来，此即《河南》刊行的来由。③

从周作人的上述回忆中可以看出，鲁迅和刘青霞在日本没有见过面。因此，上述的一些文章、图书和影视作品中出现的鲁迅与刘青霞在日本会见的情节，都是虚构的。

至于鲁迅在北京与刘青霞会见并为刘青霞题写"才貌双全"的事情，目前还没有可以印证的材料。

四、不能用伪造的展品宣传历史名人

刘青霞是民国时期与秋瑾齐名的巾帼英雄，当时号称"南秋瑾，北青霞"。进入 21 世纪之后，政府加强了对辛亥女杰刘青霞的宣传和纪念工作，

---

① 刘晨芳. 鲁迅作品的第一个"责任编辑"[J]. 新闻爱好者（上半月刊），2011（9）：90-91.

② 邓叶君. 天下为公马青霞 [M]. 开封：河南文艺出版社，2020：135.

③ 吴海发. 说我珍藏的周作人先生的来信 [J]. 鲁迅研究动态，1987（9）：23.

不仅把刘青霞在开封市的故居"刘家宅院"建成刘青霞故居纪念馆，而且也把刘青霞在安阳市的老家建成旅游景点"马氏庄园"对观众开放。2006 年，国务院公布的第六批全国重点文物保护单位名单中有"刘青霞故居"，由位于开封市的"刘家宅院"和位于尉氏县的"师古堂"（东院）及西院共同组成。2011 年 3 月，"马氏庄园"因为曾经在 1947 年 5 月作为刘邓大军的指挥所而被政府确定为"全国红色旅游经典景区"。

尉氏县方志馆和尉氏县刘青霞纪念馆就设立在"师古堂"（刘青霞在尉氏县城所建的住宅）内，而这张所谓的鲁迅为刘青霞题写的"才貌双全"的书法作品就在尉氏县刘青霞纪念馆（按："鲁迅为刘青霞题字"的照片，拍摄于尉氏县方志馆，疑误，有可能是拍摄于尉氏县刘青霞纪念馆）中展出。另外，据张耀杰的文章所说，安阳市"马氏庄园"中的刘青霞卧室中也展示了一幅鲁迅为刘青霞题写的"才貌双全"的书法作品。很显然，尉氏县刘青霞纪念馆或尉氏县方志馆和"马氏庄园"所展示的这两幅一模一样的鲁迅为刘青霞题写的"才貌双全"可能都是伪造的，也就是说作为全国重点文物保护单位的"师古堂"和作为"全国红色旅游经典景区"的"马氏庄园"向观众展示的展品中有伪造的鲁迅题字。

近年来，随着鲁迅手稿屡成拍卖市场的热点，一些别有用心的人士就开始仿制鲁迅的手稿，希望以此来获得暴利；而一些旅游景点为了吸引游客，也杜撰一些名人的轶事，乃至花边新闻。希望有关文博机构能加强打假的力度，及时澄清社会上流传的关于鲁迅的不实的信息，鉴别拍卖市场多次出现的假冒的鲁迅手稿等，为促进鲁迅在社会上的传播做出贡献。

值得表扬的是，位于开封市的刘青霞故居纪念馆在 2011 年 11 月正式对外开放，在 2012 年被开封市委宣传部命名为开封市爱国主义教育基地，在 2015 年被河南省委宣传部命名为河南省爱国主义教育示范基地，另外，刘青霞故居纪念馆也被开封市政府命名为"红色旅游景区"，为纪念和宣传刘青霞，以及对观众进行爱国主义教育，发挥了重要的作用。刘青霞故居纪念馆虽然在展览中也用专门的版面展示了刘青霞与鲁迅的联系，但主要展示的是鲁迅在刘青霞资助出版的《河南》杂志发表的文章的情况，并没有展示所谓的鲁迅为刘青霞题写"才貌双全"的书法作品。这也显示出该馆在布置刘青霞生平展览时对所展示的内容进行了较为认真的考证，没有把鲁迅为刘青霞题写"才貌双全"等杜撰的故事放进展览之中。总之，公立文博机构的展览内容，特别是"全国红色旅游经典景区"的展示内容，不能展出伪造的展品，只有充分尊重史实的展览内容，才能发挥出公立文博机构和"全国红色旅游经典景区"所承担的社会职能，传播出历史人物的正能量。

（本文的删节稿《鲁迅题写过"才貌双全"吗？》，刊登于《光明日报》，2021 年 3 月 26 日）

《鲁迅全集》中的一处注释错误

笔者近日在整理未名社的相关史料，偶然发现人民文学出版社 1981 年版《鲁迅全集》（以下简称"81 版《鲁迅全集》"）关于未名社的一个注释出现了错误，而这一错误在人民文学出版社 2005 年版《鲁迅全集》（以下简称"05 版《鲁迅全集》"）中继续存在，鉴于人民文学出版社已经启动了新版《鲁迅全集》的编辑工作，希望新版《鲁迅全集》能改正这一注释错误。

一、"81 版《鲁迅全集》"对鲁迅在 1933 年 3 月 10 日致李霁野的书信所做的注释

人民文学出版社 1981 年版《鲁迅全集》第 12 卷收录了鲁迅在 1933 年 3 月 10 日致李霁野的书信，全文如下：

霁野兄：

挂号信早到，广告[1]已登三天，但来信所说之登有广告之北平报，却待至今日，还未见寄到。我近日用度颇窘，拟得一点款子，可以补充一下，所以只好写这一封信，意思是希望那一种报能够早点寄给我，使我可以去试一试，虽然开明书店能否爽直的照付[2]，也还是一个问题。

迅 上 三月十日①

《鲁迅全集》第 12 卷对这封信第一行中的"广告"做了如下的注释：

[1] 指一九三三年二月二十八日至三月二日《申报》所载未名社声明："现经全体社员议决，将未名社及未名社出版部名义完全取消，由社员韦素园、曹靖华、台静农、李霁野、韦丛芜将出版部印刷发行事务完全委托上海开明书店办理，所存书版亦归该店承受。至本社社员欠人之款，概归未名社结束处自理，与开明书店无涉，特此声明，北平未名社启。"②

---

① 鲁迅.330310 致李霁野//鲁迅.鲁迅全集：第十二卷.北京：人民文学出版社，1981：159.

② 鲁迅.鲁迅全集：第十二卷［M］.北京：人民文学出版社，1981：160.

笔者请友人帮助从民国报刊数据库下载了未名社在《申报》刊登的这份《启事》，通过对比文字，发现"81版《鲁迅全集》"对"广告"的注释文字出现了明显的错误。《申报》从1933年2月28日至3月2日连续三次刊登的《北平未名社启事》的全文转引如下：

北平未名社启事

本社全体社员共同议决将未名社及未名社出版部名义取消由社员韦素园曹靖华台静农李霁野韦丛芜与上海开明书店订立契约将本社原办出版发行事务完全委托该店办理 并将存货并归该店承受 所有本社出版部人欠欠人之款概归本社结束处自理 与上海开明书店无涉 特此声明 北平未名社启①

很显然，上引的《申报》所刊登的未名社"启事"的文字，与"81版《鲁迅全集》"注释文字所转引的《申报》所刊登的未名社的"声明"，存在明显的文字差异，也就是说，"81版《鲁迅全集》"所引用的那些文字实际上并非从未名社在《申报》所刊登的"启事"中引用的，即"81版《鲁迅全集》"对这封书信中的"广告"所做的注释的内容是错误的。此外，注释文说"《申报》所载未名社声明"，显然此处用"声明"，不如用"启事"更准确。

二、王景山早在80年代初就指出未名社在北平《晨报》与上海《申报》刊登的"启事"存在文字差异

人民文学出版社1981年版《鲁迅全集》书信部分的注释工作由两个大学承担，北京师范学院（现名首都师范大学）承担鲁迅在1904年至1933年期间致中国人士书信的注释工作，上海师范大学（现名华东师范大学）承担鲁迅在1934年至1936年致中国人士的书信和致外国人士的书信的注释工作。时任北京师范学院中文系教师的王景山先生是鲁迅在1904年至1933年期间致中国人士书信的主要注释者，他将自己在注释鲁迅书信的过程中利用所搜集到的史料撰写的60多篇考证文章编成《鲁迅书信考释》一书，由文化艺术出版社在1982年出版，其中《未名社的什么"广告"？》一文就指出了未名社在北平《晨报》与上海《申报》刊登的"启事"存在文字差异（按：这两份《启事》中的文字在报纸刊登时均无标点，下面这段引文中两份《启事》中

---

① 未名社. 北平未名社启事［N］. 申报，1933-02-28（10）.

的标点均由王景山先生添加。）：

　　什么"广告"，如此郑重其事。原来鲁迅送到《申报》登了三天的并非一般广告，而是《北平未名社启事》。原文如下：

　　本社全体社员共同议决：将未名社及未名社出版部名义取消。由社员韦素园、曹靖华、台静农、李霁野、韦丛芜与上海开明书店订立契约，将本社原办出版发行事务完全委托该店办理，并将存货并归该店承受。所有本社出版部人欠欠人之款归本社结束处自理，与上海开明书店无涉。特此声明。

北平未名社启

　　"广告稿"自北平来，北平却晚登了七日，是登在3月6、7、8三天的《晨报》上的。题为《启事》，内容也略有不同，为便于对照，亦将原文录引如下：

　　现经全体社员议决，将未名社及未名社出版部名义完全取消，由社员韦素园、曹靖华、台静农、李霁野、韦丛芜将出版部印刷发行事务完全委托上海开明书店办理，所存书版亦归该店承受。至本社人欠欠人之款，概归未名社结束处自理，与开明书店无涉。特此声明。

　　北平未名社启。①

　　（按：这份"启事"的文字与"81版《鲁迅全集》"对"广告"注释的文字有几个字不同，笔者因没有找到《晨报》原刊，所以无法判断出现几个不同字的具体原因。）

　　王景山先生的这篇文章是他利用注释鲁迅书信时所搜集的资料撰写的，也就是说他通过查阅原刊，知道未名社在北平《晨报》与上海《申报》刊登的"启事"存在文字差异，但是他在注释鲁迅在1933年3月10日致李霁野的书信中"广告"一词时却出现了明显的错误，通过对比文字，可以看出他在注释内容中引用的未名社的"声明"中的文字，和未名社在北平《晨报》刊登的"启事"的文字基本一致，也就是说，他在注释中说"广告"是"指一九三三年二月二十八日至三月二日《申报》所载未名社声明……"接着就应当引用未名社在上海《申报》刊登的"启事"中的文字，却错误地引用了

---

　　①　王景山. 鲁迅书信考释（增订本）［M］. 北京：文化艺术出版社，2013：172-173.

未名社在北平《晨报》刊登的"启事"中的文字。而这一错误不仅没有被王景山先生发现，也没有被负责"81版《鲁迅全集》"审稿的编辑和专家发现。可以说，王景山先生虽然发现了未名社在北平《晨报》和上海《申报》所刊登的"启事"的文字存在差异，但很可能是一时疏忽，把两份"启事"的文字混淆了，从而造成这一错误。附带指出，王景山先生引用《申报》刊登的《北平未名社启事》时，在"归本社结束处自理"一句之前漏掉一个"概"字。而他引用的《晨报》刊登的《启事》中"至本社人欠欠人之款"一句，也与《鲁迅全集》第12卷的注释文字引用的"至本社社员欠人之款"一句，存在文字差异。笔者因为没有找到《晨报》所刊登的《启事》，所以暂时无法判断哪一句引文是正确的。相对来说，《鲁迅全集》第12卷的注释文字所引用的那一句可能更准确一些。

另外，王景山先生在为这两份《启事》添加标点符号时，也存在不一致的情况，如在给《申报》刊登的《北平未名社启事》添加标点符号时，在"本社全体社员共同议决"后添加了冒号，在"将未名社及未名社出版部名义取消"之后添加了句号；而在给《晨报》刊登的《启事》添加标点符号时，在"现经全体社员议决"后添加的是逗号，在"将未名社及未名社出版部名义完全取消"之后添加了逗号。笔者不了解王景山先生在给这两份《启事》添加标点符号时为何对大致一样的句子添加了明显不同的标点符号，相对来说，笔者认为王景山先生给《晨报》刊登的《启事》添加的标点符号更准确。

三、注释《鲁迅全集》要有精益求精的精神

"05版《鲁迅全集》"出版之后，王景山先生作为"81版《鲁迅全集》"书信部分的主要注释者，特地在2006年2月16日撰写了《〈鲁迅全集〉注释随感》一文，指出：

再一个二十多年过去，第三部《鲁迅全集》十八卷本的新注释本于2005年出版（以下简称"2005版"），注释的质和量无疑又有新的提高和加大。在注释质量较好的"1981版"《鲁迅全集》的基础上，进行修订，有有利条件。但对原有全部注释要严格负责审阅，发现问题，要认真考虑并进行补充、增减、改写、纠误……以求精益求精，我虽没有参加这一次的注释工作，其繁难程度是可想而知的。

　　《鲁迅全集》一再出版新的注释本，力求完美，成绩巨大，但同时也说明了前一次的注释本必有不够完美的地方。"2005 版"的《鲁迅全集》最新注释本，随着时间的推移，恐怕仍会发现一些可以斟酌之处。因为单从注释这一项来说，就需要大量信实的史料做后盾，主客观条件的局限都难以完全避免。①

　　王景山先生的上述意见是很正确的，但令人遗憾的是，笔者将"05 版《鲁迅全集》"对鲁迅这封书信中的"广告"一词的注释文字，与"81 版《鲁迅全集》"对鲁迅这封书信中的"广告"一词的注释文字进行比对，发现这两次注释的文字完全相同，也就是说担任"05 版《鲁迅全集》"书信部分注释工作的陈漱渝先生在注释鲁迅的这封书信时，应当没有亲自去查阅刊登未名社"启事"的北平《晨报》和上海《申报》的原刊，可能仅凭阅读感觉就认为"81 版《鲁迅全集》"对鲁迅这封书信中的"广告"一词的注释文字是完全正确的，没有能够从"81 版《鲁迅全集》"对这封鲁迅书信的注释文字中"发现问题"，因此就没有对这些注释文字进行修订，在"05 版《鲁迅全集》"中继续全部照搬这些注释文字，从而也就延续了这一错误。笔者在此也希望新版《鲁迅全集》的注释者能够在新版《鲁迅全集》的注释文字中改正这一错误。

四、《申报》刊登的《北平未名社启事》的文字应经过鲁迅的修改

　　鲁迅在 1933 年 3 月 11 日致开明书店的信中说：

　　径启者：前得北平未名社广告稿一纸，嘱登沪报，即于二月廿八至三月二日共登《申报》紧要分类广告栏三天。顷复得该社员寄来北平《晨报》一张，内有同样广告；又收据一纸，计洋五百九十六元七角七分，嘱向贵局取款。此款不知于何时何地见付，希速赐示，以便遵办为荷。此请

　　开明书店台鉴

鲁迅　三月十一日

　　通信处：北四川路底，内山书店转周豫才收。②

　　从这封信中可以看出，《申报》刊登的《北平未名社启事》是鲁迅收到

---

① 　王景山. 鲁迅书信考释（增订本）[M]. 北京：文化艺术出版社，2013：246-247.
② 　鲁迅. 鲁迅全集：第十二卷 [M]. 北京：人民文学出版社，1981：160.

未名社寄来的"广告稿"即《启事》之后，再转寄给《申报》刊登的，并不是由未名社从北平直接寄给《申报》刊登的。查阅《申报》，可以看出1933年2月28日的《申报》在《自由谈》栏刊登了鲁迅的杂文《对于战争的祈祷》（署名：何家干），在该版的下方的广告栏中就有《北平未名社启事》。在上海《申报》上刊登的《北平未名社启事》的文字之所以与未名社在北平《晨报》刊登的《启事》存在文字差异，是因为鲁迅收到未名社寄来的《启事》之后，感到《启事》中的一些文字的表述不太严谨，所以就做了修改，并添加了一些重要的文字，然后才交给《申报》刊登，因此这篇《北平未名社启事》也可以被视为鲁迅修改定稿的文字。在某种意义上也可以被视为一篇鲁迅的佚文。

（原刊《中华读书报》，2023年12月20日）

鲁迅翻译手稿研究

鲁迅翻译普列汉诺夫文论的手稿研究

一、鲁迅翻译普列汉诺夫文论的手稿概况

北京鲁迅博物馆收藏有鲁迅（1881—1936）在 1930 年翻译的俄国文艺理论家普列汉诺夫（Георгий Валентинович Плеханов，1856—1918）所著的《车勒芮绥夫斯基的文学观》（今译《车尔尼雪夫斯基的文学观》）第二章前半部分的手稿，这份手稿共 14 页，用毛笔书写在 16 开的稿纸上，总字数约 1 万字。据笔者初步统计，鲁迅在这份手稿上对译文的字、词、句、段以及标点符号等方面做了 155 处修改（包含 6 处完全涂掉原来的文字，已辨认不清的地方，另外，还有两处标点符号的修改。这些修改不纳入本文的研究之中）。因为这份手稿是国家一级文物，查阅不易，加之至今也没有公开发表过，所以还没有研究者对这份手稿进行过研究。

据汝信在《〈尼·加·车尔尼雪夫斯基〉译者前言》① 中的介绍，普列汉诺夫所著的《尼·加·车尔尼雪夫斯基》一书共有三个版本：1890—1892 年发表在《社会民族党人》杂志的四篇论文；1894 年出版的德文版《尼·加·车尔尼雪夫斯基：文学和历史的研究》；1909 年出版的俄文版《尼·加·车尔尼雪夫斯基》。目前在鲁迅的藏书目录中没有发现上述三个版本的《尼·加·车尔尼雪夫斯基》，也没有发现日文版的《尼·加·车尔尼雪夫斯基》，不过从当时鲁迅通过日语转译普列汉诺夫的文艺理论著作以及其他的马克思主义文艺理论的情况来看，鲁迅应当是从日语翻译的《车勒芮绥夫斯基的文学观》，具体所依据的日语版本还有待进一步查证。据日本九州大学秋吉收教授的考证，20 世纪 20 年代，日本的左翼理论家藏原惟人曾经从俄语翻译过普列汉诺夫的多部著作，其中也包括这一部《车尔尼雪夫斯基的文学观》（普列

---

① ［俄］普列汉诺夫. 尼·加·车尔尼雪夫斯基［M］. 汝信，译. 上海：上海译文出版社，1981：2.

汉诺夫著《车尔尼雪夫斯基他的哲学·历史以及文学观（上）》，丛文阁，东京，1929），结合鲁迅在 1930 年 6 月出版过他从日语转译的，由藏原惟人和外村史郎翻译并编辑的苏联的《文艺政策》一书，笔者推测，鲁迅受限于自身俄语、德语的水平，很可能是把藏原惟人从俄语翻译成日语的《车尔尼雪夫斯基的文学观》一书再从日语转译成中文，介绍给中国的读者。笔者后来辗转向研究鲁迅译作源本的浙江工商大学日语系的陈红博士请教，她以前就认为鲁迅的这篇译文译自日本藏原惟人的《车尔尼雪夫斯基他的哲学·历史以及文学观（上）》，这次又特地对照了藏原惟人的日译本和鲁迅的中译本，认为从翻译的角度可以确认鲁迅是把藏原惟人的日语版《车尔尼雪夫斯基他的哲学·历史以及文学观（上）》翻译成中文的《车勒芮绥夫斯基的文学观》。

二、鲁迅翻译普列汉诺夫文论的手稿中的字、词、句修改状况及分析

总的来说，鲁迅在《车勒芮绥夫斯基的文学观》第二章前半部分的翻译手稿上的修改可以大致归为如下几类：

1. 修改译稿中的笔误

鲁迅在翻译过程中出现了一些笔误，主要是漏掉了一些字词，或拼写错了一些英文单词，从而使译稿产生了明显的文字错误。

例如，"虽是贵族的最有教养的部分，也未必肯将自己的利益，来供农民的牺牲，这是可以用了完全的确实，来豫言的罢。这样的豫言，全不必有实践底证据的必要"。

这句中的"农民"原写作"农"字，从上下文来看，是明显的笔误，所以添加"民"字。另外，藏原惟人的日译本原文是"农民"①。由此也可以看出鲁迅在翻译时出现了明显的失误。

再如，"Hegel 是只要他还忠实于自己的辩证法，就完全地承认着'否定的历史底权利'的。这只要一看他用了那样的肯定，来讲 Socrates 似的否定者的关于历史哲学的讲义，就知道"。

---

① ［俄］普列汉诺夫. 车尔尼雪夫斯基他的哲学·历史以及文学观（上）［M］.［日］藏原惟人，译. 东京：丛文阁，1929：374.

这句话中的英文单词 "Socrates"，其中的字母 "c"，原作 "n"，后改为 "o"，最后改为 "c"，这主要是笔误所造成的单词拼写错误，所以修改。

另外需要指出的是，鲁迅在翻译这篇文章时，把日文译文中出现的用日文拼写的外国人名和地名都翻译为英文名字，而不是音译成中文。笔者推测鲁迅在把这些外国人名、地名翻译成英文时，可能查阅了英文词典来确定这些外国人名、地名的英文拼写方式。

2. 删去译稿中的衍字

例如，"他说——现实的概念得了定义，加入科学之中，是始于极近时，即由我们的同时代者，说明了只在具体底的现实之中，可见真实这一个先验哲学的暗晦的暗示的时候的"。

这句中的"概念"原来写作"概念念"，明显衍了一个"念"字，所以删去了一个"念"字。另外，藏原惟人的日译文原文也是"概念"①，由此也可以看出，鲁迅在翻译这句时出现了明显的失误。

再如，"于此所必要的时候和处所的条件，在俄国，当 Belinski 不能给那否定的观念放下基础"。

这句中的"那否定"之前原来有"否定那"这几个字，很明显此处的"否定那"这几个字是多余的，所以删去。另外，藏原惟人的日译文原文是"否定の观念"②，由此也可以看出，鲁迅在翻译这句时出现了明显的失误。

3. 修改翻译错误的词语

鲁迅在翻译过程中，也翻译错了一些词语，在发现后又做了修改。

例如，"但是，倘其如此，便自然而然地由此现出一个结论，就是作为科学的一部门地美学的任务，也在于现实的复位，以及和人类底表象的空想底要素相斗争之中了"。

这句中的"科"原写作"诗"，结合前面出现的"科学"这个词和后面出现的"美学"这个词来看，此处的"诗学"与"美学"是并列的两个学

---

① ［俄］普列汉诺夫. 车尔尼雪夫斯基他的哲学·历史以及文学观（上）［M］.［日］藏原惟人，译. 东京：叢文閣，1929：357.
② ［俄］普列汉诺夫. 车尔尼雪夫斯基他的哲学·历史以及文学观（上）［M］.［日］藏原惟人，译. 东京：叢文閣，1929：362.

科，并且两者的意思接近，鲁迅很明显翻译错了，所以改成"科学"。需要指出的是，藏原惟人的日译本原文是"科学"①，由此也可以看出鲁迅在翻译时出现了明显的失误。

另外，汝信从俄文翻译的这句话的内容如下："作为科学的一个部门的美学的任务，也是恢复现实的地位并和人类观念中的幻想成分作斗争。"② 把鲁迅从日语译本转译成中文的内容与汝信从俄文原著翻译成中文的内容进行对比，可以看出两者的意思接近。

再如，"这是由于 Feuerbach 所提给研究者的要求，含着如下的两层性质而起的，第一，向他们命令了对于现实的十分注意的态度。然而第二，则以这同一的十分注意的态度之名，劝他们执拗地和空想底虚构作精力的斗争"。这句中的第一个"注意"之前加"十分"，之后删去"甚浅"，第二个"注意"之前加"十分"，之后删去"甚深"，这样修改一方面是因为后面出现了"同一的十分注意的态度之名"，对照上下文，可以看出此处的"注意甚浅"是翻译错了，另一方面也是为了词语的前后一致。陈红指出，藏原惟人的日译本原文是：「注意深い」③，意为"小心地"。由此也可以看出鲁迅此处的最初翻译内容是错误的，后来修改后的内容基本正确。

另外，汝信从俄文翻译的这句话的内容如下："这种情况之所以发生，是因为费尔巴哈向研究者提出的要求具有两重性：首先，他要求研究者对现实采取十分关心的态度，而其次，为了要采取这种关心的态度，他执拗地建议研究者向虚幻的臆想进行坚决的斗争。"④ 把鲁迅从日语译本转译成中文的内容与汝信从俄文原著翻译成中文的内容进行对比，可以看出两者的意思有明显的差异，这可能与藏原惟人在从俄文翻译成日文时出现的翻译错误有关。

---

① ［俄］普列汉诺夫. 车尔尼雪夫斯基他的哲学·历史以及文学观（上）［M］.［日］藏原惟人，译. 东京：丛文阁，1929：360.
② ［俄］普列汉诺夫. 尼·加·车尔尼雪夫斯基［M］. 汝信，译. 上海：上海译文出版社，1981：218.
③ ［俄］普列汉诺夫. 车尔尼雪夫斯基他的哲学·历史以及文学观（上）［M］.［日］藏原惟人，译. 东京：丛文阁，1929：362.
④ ［俄］普列汉诺夫. 尼·加·车尔尼雪夫斯基［M］. 汝信，译. 上海：上海译文出版社，1981：219.

4. 修改译稿中不太恰当的字词

鲁迅在翻译过程中发现译稿中有些字词不太恰当，所以做了修改。

例如，"我们在别处说过，——如果以 Belinski 为我们的'启蒙者'的始祖，那么 Chernyshevski 便是那最伟大的代表者。倘要明白这事，首先第一，应该知道我们在怎样的意义上，以 Belinski 为我们'启蒙者'的始祖"。

这句中的"明白"原作"申明"，但"申明"的意思是"郑重说明"①，而"明白"的意思之一是"内容、意思等使人容易了解；清楚；明确"等，所以把"申明"改为"明白"，比较准确。② 藏原惟人的日译本原文是：「明らかにする」③，意为"弄清楚"。陈红认为，鲁迅修改后的"明白"这个词语更符合日译本的原意。

此外，这句中的"意义"原作"义意"，这两个词的意思虽然相近，但是"义意"比较突出"义"的含义，而"意义"则比较突出"意"的含义，带有主观因素，这样的修改可以更准确地表达出原文的意思。藏原惟人的日译本原文是"意味"④，鲁迅把日译本中的"意味"翻译成"意义"，显然比"义意"更接近日文原文的意思。

另外，汝信从俄文翻译的这句话的内容如下："我们在别处说过，如果说别林斯基是我们'启蒙运动者'的鼻祖，那么车尔尼雪夫斯基便是他们最伟大的代表。为了使人易于理解这一点，必须先提一下在什么意义上我们认为别林斯基是我们'启蒙运动者'的鼻祖。"⑤ 把鲁迅从日语译本转译成中文的内容与汝信从俄文原著翻译成中文的内容进行对比，可以看出两者的意思接近。

---

① 中国社会科学院语言研究所词典编辑室编. 现代汉语词典（2002 年增补本）[M]. 北京：商务印书馆，2002：1118.
② 中国社会科学院语言研究所词典编辑室编. 现代汉语词典（2002 年增补本）[M]. 北京：商务印书馆，2002：888.
③ ［俄］普列汉诺夫. 车尔尼雪夫斯基他的哲学·历史以及文学观（上）[M].［日］藏原惟人，译. 东京：丛文阁，1929：351.
④ ［俄］普列汉诺夫. 车尔尼雪夫斯基他的哲学·历史以及文学观（上）[M].［日］藏原惟人，译. 东京：丛文阁，1929：351.
⑤ ［俄］普列汉诺夫. 尼·加·车尔尼雪夫斯基 [M]. 汝信，译. 上海：上海译文出版社，1981：212.

5. 删掉意思重复的字词

鲁迅在翻译过程中，在译稿中出现了意思重复的字词，在发现后做了修改。

例如，"而且在那论文里，他在和那新的哲学底确信完全一致之中，这样说，——'倘我们问，为现代俄罗斯文学的特征者，是什么呢？那么，我们将回答道，——与生活，现实的更加接近，向成熟及壮年期的更加接近。'"

这句中的"他在"之后删去了"完全"两字，主要是因为此处的"完全"与后面出现的"完全"两字产生了重复，所以删去。藏原惟人的日译本原文是"完全一致"①，由此也可看出鲁迅在翻译该句时出现了明显的失误。

另外，汝信从俄文翻译的这句话的内容如下："就在那篇文章里，他表示完全赞同自己新的哲学信仰而说道：'如果有人问我们，什么是现代俄国文学的特性，我们就会回答说：它的特性就是越来越密切地接近生活，接近现实，越来越接近于成熟和壮大。'"② 把鲁迅从日语译本转译成中文的内容与汝信从俄文原著翻译成中文的内容进行对比，可以看出两者的意思接近。

再如，"怀了满足，指点出我国的杂志近来论及现实的日见其多，Belinski说到——'现实的概念，全然成为新的东西了。'"

这句中的"论及"原作"愈加多谈"，因为"愈加多谈"与后面的"日见其多"在意思上存在重复，所以把"愈加多谈"修改为"论及"。陈红翻译藏原惟人的日译本的原文是："Belinski 指出，俄国杂志近来论及现实的日见其多，对此他十分满意并说道：'现实的概念，全然成为新的东西了。'"

另外，汝信从俄文翻译的这句话的内容如下："别林斯基满意地指出，我们的杂志现在谈论得最多的便是现实，他说：'现实这个概念完全是新的。'"③ 把鲁迅从日语译本转译成中文的内容与汝信从俄文原著翻译成中文的内容进行对比，可以看出两者的意思接近。

---

① ［俄］普列汉诺夫. 车尔尼雪夫斯基他的哲学·历史以及文学观（上）［M］.［日］藏原惟人，译. 东京：丛文阁，1929：351.
② ［俄］普列汉诺夫. 尼·加·车尔尼雪夫斯基［M］. 汝信，译. 上海：上海译文出版社，1981：214.
③ ［俄］普列汉诺夫. 尼·加·车尔尼雪夫斯基［M］. 汝信，译. 上海：上海译文出版社，1981：216.

6. 删掉后又恢复所删掉的文字

鲁迅在翻译过程中因为对一些翻译内容没有把握，出现了删掉一些文字后来又恢复的现象。

例如，"一看之下，这两个思想家好像说着同一的事，而那时，为什么在 Feuerbach 发见了它，以为是全然明了的那 Hegel 思想之中，Chernyshevski 却只看见了暗晦的暗示呢，这令人觉得惊异。然而，事实是下文那样的"。这句中的"呢"字删去后又恢复，因为通过添加语气助词"呢"，可以在疑问句的末尾表达出疑问的语气，所以最后恢复了"呢"字。藏原惟人的日译本原文是：「一見した所では、この二人の思想家は同じことを云ってゐるかに見える、そしてその時、何故チェルヌイシェフスキイが、フォイエルバッハはそれを見出して全然明瞭なものであると考へた所のそのヘーゲル思想の中に暗い暗示をのみ見たかと云ふことが、不思議に思はれる。しかし事実は次の通りであるのだ。」① 陈红指出，藏原惟人的日译本中原有的单词"か"的中文译文就是"呢"字，由此也可以看出鲁迅的译文保留了日译本的句子语气。

另外，汝信从俄文翻译的这句话内容如下："骤然看来，似乎这两位思想家说的是同一回事，这就令人觉得奇怪：为什么车尔尼雪夫斯基在黑格尔的这个思想中只看到模糊的暗示而在费尔巴哈那里看到这个思想后，却认为它是十分明晰的。但问题也正在于此。"② 把鲁迅从日语译本转译成中文的内容与汝信从俄文原著翻译成中文的内容进行对比，可以看出两者的意思有明显的差异，陈红认为藏原惟人这一段话的日译文与上文中汝信的译文在意思上基本一致，不过鲁迅的译文虽然在句法、语序上和藏原惟人的译文一致，但是鲁迅没有完全看懂日译本的这句话原文的意思，所以出现了翻译错误。

再如，"惟这诗的激情，是对于人类因此而高尚，而强力的一切的火焰一

---

① ［俄］普列汉诺夫. 车尔尼雪夫斯基他的哲学·历史以及文学观（上）［M］.［日］藏原惟人，译. 东京：丛文阁，1929：360.

② ［俄］普列汉诺夫. 尼·加·车尔尼雪夫斯基［M］. 汝信，译. 上海：上海译文出版社，1981：222.

般的同感"。这句中的"因"字原作"藉"，"此"字删去后又恢复，"藉"同"借"①，具有"凭借、利用"的意思②，"因此"的意思是"因为这个"③，把"藉此"改为"因"不妥，改为"因此"，才可以使句子通顺。

另外，汝信从俄文翻译的这句话的内容如下："这种诗的感染力就在于热烈地同情一切使人高尚的和有力的东西。"④ 把鲁迅从日语译本转译成中文的内容与汝信从俄文原著翻译成中文的内容进行对比，可以看出两者的意思有明显的差异，这可能与藏原惟人在从俄文翻译成日文时出现的翻译错误有关。

7. 修改一些词语的搭配顺序

鲁迅在翻译过程中，对一些字词的翻译没有把握，从而做了反复的修改。

例如，"当 Chernyshevski 说这是由现代的思想家从先验哲学的暗晦的暗示所造出的时候，他是将 Feuerbach 放在脑里的。他并且完全正当地祖述着关于现实的 Feuerbach 的概念"。这句中的"关于现实的 Feuerbach 的"原作"Feuerbach 的关于现实的"，通过比较，还是使用原来翻译的"Feuerbach 的关于现实的"更好，可以使句子比较通顺。藏原惟人的日译本原文是：「そして彼は現実に関するフォイエルバッハの概念を全く正常に祖述してゐる。」陈红认为从日语句法结构来看，鲁迅修改之后的译文保留了日译本的语序。

另外，汝信从俄文翻译的这句话的内容如下："在讲到这个概念是现代思想家从先验哲学的模糊暗示中得出的时候，车尔尼雪夫斯基指的是费尔巴哈。他也完全正确地叙述了费尔巴哈关于现实的概念。"⑤ 对照汝信从俄文原文翻译成中文的意思，可以看出鲁迅原来翻译的"Feuerbach 的关于现实的"是正确的，修改后的翻译内容反而是不准确的，这与藏原惟人的日译本出现的错

---

① 中国社会科学院语言研究所词典编辑室编. 现代汉语词典（2002 年增补本）［M］. 北京：商务印书馆，2002：653.
② 中国社会科学院语言研究所词典编辑室编. 现代汉语词典（2002 年增补本）［M］. 北京：商务印书馆，2002：652.
③ 中国社会科学院语言研究所词典编辑室编. 现代汉语词典（2002 年增补本）［M］. 北京：商务印书馆，2002：1497.
④ ［俄］普列汉诺夫. 尼·加·车尔尼雪夫斯基［M］. 汝信，译. 上海：上海译文出版社，1981：222.
⑤ ［俄］普列汉诺夫. 尼·加·车尔尼雪夫斯基［M］. 汝信，译. 上海：上海译文出版社，1981：218.

误有关。

8. 修改一些词语，使之在词语搭配方面前后统一

鲁迅在翻译过程中，还对一些词语做了修改，从而使这些词语在搭配方面前后一致。

例如，"假若在那青年期，在那热中于 Schiller 的第一期，Belinski 便已为他的《群盗》所感动，那么，——现在他就随随便便地，用了侮蔑来对那些想使 Karl Moore 穿上吉嘎斯的外套，Lear 和 Childe Harold 披起大法厅的制服，描写出来的作家们了"。

这句话中的"吉嘎斯"原作"Chilkash"，修改为音译词后，"吉嘎斯的外套"可以与后面的"大法厅的制服"在词语搭配方面显得一致。藏原惟人的日译本原文是：「で若しもその青年期に於いて、そのシルレルの熱中の第一期に於いて、ベリンスキイが彼の「群盗」に心を惹かれたとするならば、——今や彼は手軽に、カール・ムーアをチェルケッスの外套を着せ、リールやチャイルド・ハロルドを大法厅の正服を着せて描き出さうとした作家達に対して侮蔑をもって対したのである。」① 陈红认为鲁迅的这一段译文与藏原惟人的日译本基本一致，不过，日译本中的「チェルケッス」这个单词是藏原惟人拼写错了，而鲁迅把这个词先译成英语单词"Chilkash"，后又改为音译为"吉嘎斯"，就可能是不知道这个单词的含义，所以采用了音译的方法。

另外，汝信从俄文翻译的这句话的内容如下："如果说别林斯基在青年时代，在他仰慕席勒的初期，曾经倾慕过席勒的《强盗》，那么他现在已经带着轻蔑态度来看待那些由于马尔林斯基幸运地开其端而顺利地'忽而描写身穿切尔卡斯毡外套的卡尔·摩尔们，忽而描写身穿公务员制服的李尔王们和蔡尔德·哈罗尔的们'的作家了。"② 把鲁迅从日语译本转译成中文的内容与汝信从俄文原著翻译成中文的内容进行对比，可以看出两者的意思有明显的差异，这可能与藏原惟人在从俄文翻译成日文时删节了俄文原著中的部分内容

① ［俄］普列汉诺夫．车尔尼雪夫斯基他的哲学·历史以及文学观（上）［M］．［日］藏原惟人，译．东京：丛文阁，1929：353.

② ［俄］普列汉诺夫．尼·加·车尔尼雪夫斯基［M］．汝信，译．上海：上海译文出版社，1981：214.

有关。

再如，"但总之，他并未枉然经过了 Hegel 的学派，——在他那里，对于'打了红脸的戏子一般，挥着纸剑，骑着竹马的冗长的理想主义'的嫌恶，是永久地遗留着的"。

这句话中的"纸"之后删去"糊的"这两个字，不仅可以使语言更简洁，而且也可以与下文出现的"竹马"相对应，使句子在词语的搭配方面显得统一。

藏原惟人的日译本原文是：「しかしとも角も彼は無駄にヘーゲルの学派を過ぎて来はしなかった、——彼には「赤く塗った役者のやうにボール紙の剣を振り廻してゐる所の、竹馬に乗った長ったらしい理想主義」に対する嫌悪が永久に残されたのである。」① 陈红认为，鲁迅翻译的这句话在意思上和结构上均与日译本基本一致，不过翻译错了"竹马"的意思，因为"竹马"这个单词在日语中有"踩高跷"和"骑竹马"两个意思，在本句中应该翻译为"踩高跷"的意思。

另外，汝信从俄文翻译的这句话的内容如下："但是他毕竟不是白白地经过了黑格尔的学校：他始终厌恶'挥舞纸剑、活像涂脂抹粉的演员那样的牵强而矫揉造作的唯心主义'。"② 把鲁迅从日语译本转译成中文的内容与汝信从俄文原著翻译成中文的内容进行对比，可以看出两者的意思有明显的差异，这可能与藏原惟人在从俄文翻译成日文时出现的翻译错误有关。

9. 增加连接性的字词，使句子通顺

因为鲁迅采用"硬译"的方法从日文翻译《车勒芮绥夫斯基的文学观》，所以造成很多翻译成中文的句子不通顺，不过，鲁迅在翻译过程中也对一些不太通顺的句子进行了修改。

例如，"这和在他的学位论文中之所说，是全然统一的"。

这句中的"全然"之前加"是"，不仅可以使这个句子补上了缺失的谓语，显得语气通顺，而且也可以起到强调的作用。

---

① ［俄］普列汉诺夫. 车尔尼雪夫斯基他的哲学·历史以及文学观（上）［M］.［日］藏原惟人，译. 东京：叢文閣，1929：352.
② ［俄］普列汉诺夫. 尼·加·车尔尼雪夫斯基［M］. 汝信，译. 上海：上海译文出版社，1981：214.

另外，汝信从俄文翻译的这句话的内容如下："这同他的学位论文中所说的完全一样。"① 对照汝信从俄文原文翻译成中文的意思，可以看出鲁迅此处的翻译内容与汝信的译文在意思上是基本一致的。

再如，"所以我们讲着 Chernyshevski，与其举这思想的证据，倒不如接触那实例来"。

这句中在"倒"这个字的位置上删去某字后（按：此字被涂掉，辨认不出来），添加"倒"字，与前面出现的"与其"组成一个"与其……倒不如……"的句式，可以起到加强语气的作用。

另外，汝信从俄文翻译的这句话的内容如下："因此，在讲到车尔尼雪夫斯基的时候，我们所要援引的与其说是对这种思想的证明，不如说是对这种思想的说明。"把鲁迅从日语译本转译成中文的内容与汝信从俄文原著翻译成中文的内容进行对比，可以看出两者的意思有明显的差异，这可能与藏原惟人在从俄文翻译成日文时出现的翻译错误有关。

10. 调整一些字词和句子的顺序，使句子更加通顺

例如，"'……社会也是或种现实底的东西，非由脑中所想象，随意成为它的本质者，就不独衣裳和头发，而也是道德，习惯，概念，关系等等了。'到晚年，那智底发展，进向西欧哲学思想的发展了的那方向的 Belinski，则从 Hegel 移向了 Feuerbach 去"。

这句中的"也是"原作"是也"，而"是也"这两个字在此句中会使句子显得不通顺，可能是笔误，所以修改为"也是"。"非"前面删去"而"，可以避免与下一句中的"而"字重复。

另外，汝信从俄文翻译的这句话的内容如下："'社会也是某种现实的东西，而不是想象的东西，所以它的本质不是单由服装和发式构成的，而且也是由风俗、习惯、概念、关系等等构成。'在别林斯基一生的最后几年内，他的智力发展朝着西欧哲学思想发展的同一个方向进行，即从黑格尔过渡到费尔巴哈。"② 把鲁迅从日语译本转译成中文的内容与汝信从俄文原著翻译成中

① ［俄］普列汉诺夫. 尼·加·车尔尼雪夫斯基［M］. 汝信，译. 上海：上海译文出版社，1981：217.

② ［俄］普列汉诺夫. 尼·加·车尔尼雪夫斯基［M］. 汝信，译. 上海：上海译文出版社，1981：214.

文的内容进行对比，可以看出两者的意思接近。

再如，"说及 Schliier 时，往往好像他是理想家·空想家一样，往往且敢于微露其意，说他是感伤更多于才能"。

这句中的"他是"原作"是他"，而"是他"这两个字在此句中会使句子显得不通顺，所以调整文字的顺序，修改为"说他是感伤更多于才能"。

另外，汝信从俄文翻译的这句话的内容如下："他们有时以瞧不起的态度说席勒是一个理想家兼幻想家，有时则甚至敢于暗示说，他的感伤多于他的才能。"① 把鲁迅从日语译本转译成中文的内容与汝信从俄文原著翻译成中文的内容进行对比，可以看出两者的意思接近。

11. 修改一些略显啰唆的句子，使句子更简洁

例如，"为了表明 Chernyshevski 怎样忠实地支持着这方向，他对自己的伟大的前辈的'启蒙者'底遗言，是怎样地忠实起见，且来引用些从关于俄国诗人所译的 Schliier 的著作的他那新刊绍介底札记上所摘取的，对于 Schliier 的他的见解罢。"

这句中，"从"之后初加"他那"，后又删去；"他"初删去，后又恢复，"那"原作"从"。删去前面的"他那"是因为与后面出现的"他那"存在文字重复的问题，所以删去；后面的"从"改为"那"，也是因为与前面出现的"从"存在文字重复的问题，所以修改。

另外，汝信从俄文翻译的这句话的内容如下："为了说明车尔尼雪夫斯基怎样彻底地朝着这个方向，以及他怎样忠实于他的伟大前辈的'启蒙运动'遗教，我们要援引他对席勒的看法。我们是从他对于俄国诗人所译的席勒著作的书评（载《同时代人》杂志），一八五七年第一期）中采用这个看法的。"② 把鲁迅从日语译本转译成中文的内容与汝信从俄文原著翻译成中文的内容进行对比，可以看出两者的意思接近。

再如，"但是，虽在这一切的主观底欲求的理性的规范中，Hegel 却看见了这些欲求和社会的客观底发展的合法则底历程之间的一致，而且当 Belinski

---

① ［俄］普列汉诺夫. 尼·加·车尔尼雪夫斯基［M］. 汝信，译. 上海：上海译文出版社，1981：221.

② ［俄］普列汉诺夫. 尼·加·车尔尼雪夫斯基［M］. 汝信，译. 上海：上海译文出版社，1981：221.

以'理性底现实'之名，从'抽象底理想'回转身去时，本能底地感到了的他（Hegel）的哲学的伟大的力，就正在这里面"。

这句中的"而且"之后删去了"他在这里面"，因为这几个字与后面的"就正在这里面"出现了重复的问题，所以删去。"当"之后删去"有着"，这个词本来是与前面的"他在这里面"联系在一起的，所以一并删去。

另外，汝信从俄文翻译的这句话的内容如下："但是，尽管如此，在黑格尔看来，主观意图与合乎规律的客观社会发展进程相符合乃是这种主观意图是否合理的标准。他的哲学的巨大力量也正在于此，别林斯基为了'合理的现实'而厌弃'抽象的理想'的时候，就本能地感到了这种巨大力量。"① 把鲁迅从日语译本转译成中文的内容与汝信从俄文原著翻译成中文的内容进行对比，可以看出两者的意思有明显的差异，这可能与藏原惟人在从俄文翻译成日文时出现的翻译错误有关。

12. 增加一些字词，使句子内容更准确

鲁迅在翻译的过程中，注意到译文中缺少一些词语，所以又添加了一些词语，从而使译文更准确一些。

例如，"他们是忘却了'发怒的 Visarion（Belinski 的名——译者）'自己在生活的晚年时，所说就常常据着这教说的精神了"。

这句话中的"Belinski"之后添加了"的名"这两个字，可以起到补充说明的作用。

再如，"这文章，是写于一七九五年，即不但德意志的政治底独立或随从（的解决系于此），便是德意志民族的内底日常生活的诸问题的解决，也系于此的普法战争的时代的"。

这句中的"系于此"之前添加"的解决"这几个字，结合"不但……便是……"这一句式，特别是后面的"诸问题的解决"这几个字，可以看出此处缺失"的解决"这几个字，所以补上。

另外，汝信从俄文翻译的这句话的内容如下："这部著作写于一七九五年，即写于法国战争的年代，那时不仅德国的政治独立或受人管辖取决于法

---

① ［俄］普列汉诺夫. 尼·加·车尔尼雪夫斯基［M］. 汝信，译. 上海：上海译文出版社，1981：219.

国战争的结果，而且德国各部族的内部生活问题的解决也取决于法国战争的结果。"① 把鲁迅从日语译本转译成中文的内容与汝信从俄文原著翻译成中文的内容进行对比，可以看出两者的意思有明显的差异，这可能与藏原惟人在从俄文翻译成日文时出现的翻译错误有关。

13. 补上漏译的文字

鲁迅在翻译过程中，可能是因为不小心而漏译了一些内容，所以在发现后重新补译。

例如，"凡启蒙者，——如在我们所指的任何'启蒙'期里，我们都可以看见那样，——于那时代的诸关系的批判，通常是总从一种抽象底原则出发的"。

鲁迅出现了明显的失误，漏译了这一小节的内容，所以在手稿的空白处补充了漏译的上述文字。

再如，"所以，能够不将不愉快招给你们，并且来管那些大抵是谈着消闲的一切事的麻烦么，最好的办法——是什么事也不开手，因为一切事情，都带着不便和麻烦，现在也不会有好事情，况且上面已经说过，因为他们对于这个，是毫未等候，也未尝期待的，等等"。

这段话中，"将"之前添加"能够不"。"，并且来管那些大抵是谈着"原作"的事，是不愿意的。"这句话的原文是："将不愉快招给你们的事，是不愿意的。"很明显，漏译了一些词语，所以补充修改为现在的译文。

另外，汝信从俄文翻译的这句话的内容如下："他们不愿给你找烦恼，而且难道真的可以为那些闲着无事才谈谈的一切去操心吗，最好还是什么也不干，因为一切都同麻烦与不便联系在一起，现在任何好处也不会有，因为，已经讲过，他们无论如何没有想到也没有料到，等等。"② 把鲁迅从日语译本转译成中文的内容与汝信从俄文原著翻译成中文的内容进行对比，可以看出两者的意思有明显的差异，这可能与藏原惟人在从俄文翻译成日文时出现的翻译错误有关。

---

① ［俄］普列汉诺夫．尼·加·车尔尼雪夫斯基［M］．汝信，译．上海：上海译文出版社，1981：221-222.
② ［俄］普列汉诺夫．尼·加·车尔尼雪夫斯基［M］．汝信，译．上海：上海译文出版社，1981：224.

三、结语

鲁迅留学日本多年，可以说他比较熟悉的外语就是日语了。鲁迅用直译的翻译方法从日语转译俄国文艺理论家普列汉诺夫的文章《车勒芮绥夫斯基的文学观》，虽然译文还存在一些语言文字方面的问题，但是鲁迅基本上把这篇日译的文章较为准确地翻译成中文。不过，笔者不懂日语和俄语，尚不能确定鲁迅所依据的藏原惟人的日译本在从俄文翻译成日文时对原文的译介情况，如删节、误译、改译等，这也使笔者无法把鲁迅所依据的日文译本和鲁迅的中文译文，以及俄文原文进行对比研究。不过，笔者对比了鲁迅从日语翻译的译文和汝信从俄语翻译的译文，可以看出鲁迅的译文缺失了一些内容（汝信译文中有些内容不见于鲁迅的译文之中，由此也可以推测鲁迅所依据的日文译本在从俄语翻译成日语时可能存在删节部分内容的情况。），此外还有一些翻译错误的内容，不过从整体上来说，鲁迅的译文还是能够表达出普列汉诺夫俄文原文的主要意思。

另外，通过对鲁迅翻译的《车勒芮绥夫斯基的文学观》第二章前半部分的手稿上的修改类型的粗略分析，也可以得出如下的结论：

1. 从翻译内容的准确性也即译文的"信"这一角度来说，虽然鲁迅的翻译态度是比较认真的，但是这篇译文在修改后仍存在多处语言问题乃至一些明显的翻译错误，可以说在文章内容方面的翻译在整体上没有达到"信"。

从这篇译文手稿上的修改痕迹可以看出，鲁迅不仅修改了译文中出现明显错误的一些字、词、句和标点符号，而且也反复修改了译文中的一些词语，努力使译文更准确。这都体现出他比较认真的翻译态度。

但是，仔细阅读这篇译文的手稿，也可以看出这篇译文中仍然存在一些问题，如使用了一些不恰当的词语；漏译了某些词语；把一些词语和句子翻译错了；等等。

使用不恰当的词语的例子如："Turgeniev 以及别的有教养的'四十年代的人们'，断言了 Chernyshevski 及其同意见者的教说，有违于 Belinski 的批评的遗言的时候，他们是忘却'发怒的 Visarion'（Belinski 的名——译者）自己在生活的晚年时，所说就常常据着这教说的精神。"这一句中的两个"教说"，如果改为"说教"就会更准确，而且"说教"这个词语在中文中显然比"教说"更常用。另外，藏原惟人的日译本原文是"教说"①，鲁迅在这里直接采用日译本的词语，也可以说没有翻译成中文就直接使用了。类似的例子还有直接使用日译本中的"拔萃"② 等词语。

翻译中出现错误的句子如："在社会底政治底方面，Belinski 的思想的这新方向，——他在个人的抽象底概念上的支点之探索——，在空想底社会主义和文学底方面，——是将他引到他刚在宣言为人类的高贵的辩护士的 Schiller 的复位去了。但总之，他并未枉然经过了 Hegel 的学派，——在他那里，对于'打了红脸的戏子一般，挥着纸剑，骑着竹马的冗长的理想主义'的嫌恶，是永久遗留着的。"

汝信从俄文翻译的这句话的内容如下："从社会政治方面来说，别林斯基思想的这个新方向——他到抽象的个性概念中去寻找立脚点——使他走向了空想社会主义，而从文学方面来说，则使他为席勒恢复名誉，他现在宣布席勒是崇高的人类代言人了。但是他毕竟不是白白地经过了黑格尔的学校：他始终厌恶'挥舞纸剑、活像涂脂抹粉的演员那样的牵强而矫揉造作的唯心主义'。"③ 把鲁迅从日文译本转译成中文的内容与汝信从俄文原著翻译成中文的内容进行对比，可以看出两者的意思有明显的差异，不过鲁迅译文出现的错误可能与藏原惟人在从俄文翻译成日文时出现的翻译错误有关。

翻译中出现漏译内容的例子如："其实，倘若我们的'仁慈的''有教养的'人们的大多数，和这 Tuegenev 的小说的主人公相像，恰如两滴的水一样，则将他们招到这样的行动里来，是没有益处，没有意思的，——但倘若于此怀了兴味，则非将他们的性格的构成之所系的诸条件，向较好的方向，加以变化不可。"

汝信从俄文翻译的这句话的内容如下："真的，如果说我们大多数'仁慈的''有教养的'人，和屠格涅夫中篇小说中的主人公，就像两滴水那样完全相似；如果说他们全都举止笨拙和犹疑不决，因为他们不能去从事聪明而坚

①　[俄] 普列汉诺夫. 车尔尼雪夫斯基他的哲学・历史以及文学观（上）[M].[日] 藏原惟人，译. 东京：丛文阁，1929：356.

②　[俄] 普列汉诺夫. 车尔尼雪夫斯基他的哲学・历史以及文学观（上）[M].[日] 藏原惟人，译. 东京：丛文阁，1929：356.

③　[俄] 普列汉诺夫. 尼・加・车尔尼雪夫斯基 [M]. 汝信，译. 上海：上海译文出版社，1981：214.

决的行动，那么似乎就能得出结论说，号召他们去从事这样的行动，既是无益的也是不合算的。如果要使他们对这样的行动感兴趣，那就应当使他们的性格所依赖的条件变得好些。"① 把鲁迅从日文译本转译成中文的内容与汝信从俄文原著翻译成中文的内容进行对比，可以看出鲁迅的翻译内容中缺少了一些词语，由此也造成了鲁迅译文的句子不太完整。不过，这个问题也可能与藏原惟人在从俄文翻译成日文时删节了部分内容有关。

总的来说，这篇译文中存在的一些明显的问题和错误，决定了这篇译文不太成功。

2. 从翻译文字的流畅性也即"达"这一角度来说，鲁迅希望用"直译"的翻译方法较为准确地翻译出外国文艺理论的内容，但是用"直译"的方法进行翻译也造成了这篇译文意思的曲折难懂，可以说这篇译文的文字在整体上没有达到"达"。

鲁迅在翻译外国文艺理论时，因为采用"直译"的方法进行翻译，由此造成句子曲折，不通顺，意思也难于理解，所以遭到梁实秋等一些翻译家和作家的批评，乃至嘲笑，被讥为"硬译"，但是鲁迅认为"直译"的方法在当时的社会背景下仍然具有价值，所以坚持使用"直译"的翻译方法进行翻译。

从这篇译文的手稿中如下的一些例句可以看出，鲁迅在整体上仍然采用了"直译"的方法进行翻译。

例如，"乘 Grinka 的书《Borodino 之战的概况》的机会，我在那论文里，所竭力使之发展的那观念，——他说，——在那根本上，是不错的"。

汝信从俄文翻译的这句话的内容如下：他说："我在关于格林卡的《鲍罗金诺战役的概念》一书所写的文章里竭力发挥的观念，在原则上是正确的。"② 把鲁迅从日语译本转译成中文的内容与汝信从俄文原著翻译成中文的内容进行对比，可以看出两者的意思接近，只是鲁迅译文的句子是对日文原文句式的直译，在中文语境下显得不通顺。

再如，"怀了满足，指点出我国的杂志近来论及现实的日见其多，Belinski

---

① ［俄］普列汉诺夫. 尼·加·车尔尼雪夫斯基［M］. 汝信，译. 上海：上海译文出版社，1981：225.

② ［俄］普列汉诺夫. 尼·加·车尔尼雪夫斯基［M］. 汝信，译. 上海：上海译文出版社，1981：213.

说到——'现实的概念，全然成为新的东西了。'将这他的记载，引用在那《Gogol 时代的概观》第七章里的 Chernyshevski，——是认这为完全正确的"。

汝信从俄文翻译的这句话的内容如下："别林斯基满意地指出，我们的杂志现在谈论得最多的便是现实，他说：'现实这个概念完全是新的。'车尔尼雪夫斯基在《果戈理时期概观》第七章中引用了别林斯基的意见，并认为它完全正确。"① 把鲁迅从日语译本转译成中文的内容与汝信从俄文原著翻译成中文的内容进行对比，可以看出两者的意思接近，只是鲁迅译文的句子是对日文原文句式的直译，在中文语境下显得不通顺。

值得一提的是，鲁迅在同期翻译普列汉诺夫的文艺理论著作《艺术论》时也采用了"直译"的翻译方法，他在 1930 年 5 月 8 日撰写的《〈艺术论〉译本序》中说："但自省译文，这回也还是'硬译'，能力只此，仍须读者伸指来寻线索，如读地图：这实在是非常抱歉的。"②

鲁迅曾经对于自己坚持用"直译"的翻译方法来翻译外国文艺理论的原因做过说明，他在 1930 年 4 月 12 日夜晚撰写完成的《〈文艺政策〉后记》中重申他坚持"直译"的原因：

我曾在《"硬译"与"文学的阶级性"》》中提到一点大略，登在《萌芽》第三本上，现在就摘抄几段在下面——

"但我自信并无故意的曲译，打着我所不佩服的批评家的伤处了的时候我就一笑，打着我自己的伤处了的时候我就忍疼，却决不有所增减，这也是始终'硬译'的一个原因。自然，世间总会有较好的翻译者，能够译成既不曲，也不'硬'或'死'的文章的，那时我的译本当然就被淘汰，我就只要来填这从'未来'到'较好'的空间罢了。"③

很显然，鲁迅对于自己坚持的"直译"的翻译方法的局限性有着明确的认识，在没有条件翻译出公认的"较好"的译本之前，不妨先采用"直译"或"硬译"的翻译方法，用原文的句式结构来保持国外论著的原汁原味，试图"决不有所增减"地输入国外的文化。

---

① ［俄］普列汉诺夫．尼·加·车尔尼雪夫斯基［M］．汝信，译．上海：上海译文出版社，1981：216．

② ［俄］蒲力汗诺夫．艺术论［M］．鲁迅，译．上海：光华书局，1930：21．

③ 鲁迅．后记［M］//［日］藏原（惟人），外村（史郎）辑．文艺政策．鲁迅，译．上海：水沫书店，1930：6．

另外，鲁迅还在 1933 年 8 月 2 日撰写的《关于翻译》一文中指出了"硬译"的价值：

注意翻译，以作借镜，其实也就是催进和鼓励着创作。但几年以前，就有了攻击"硬译"的"批评家"，搔下他旧疮疤上的末屑，少得像膏药上的麝香一样，因为少，就自以为是奇珍。而这风气竟传布开来了，许多新起的论者，今年都在开始轻薄着贩来的洋货。比起武人的大买飞机，市民的拼命捐款来，所谓"文人"也者，真是多么昏庸的人物呵。

我要求中国有许多好的翻译家，倘不能，就支持着"硬译"。理由还在中国有许多读者层，有着并不全是骗人的东西，也许总有人会多少吸收一点，比一张空盘较为有益。而且我自己是向来感谢着翻译的，例如关于萧的毁誉和现在正在提起的题材的积极性的问题，在洋货里，是早有了明确的解答的。①

客观地说，鲁迅所采取的这一翻译方法和翻译策略是当时的权宜之计，虽然鲁迅的愿望很好，但是因为译文的文字生硬和意思的曲折难懂，可能传播效果不太理想。

3. 从翻译与创作的互文性这一角度来说，鲁迅终止这篇文章的翻译并不标志着鲁迅在文艺理论上与普列汉诺夫的文艺理论的疏离，因为鲁迅后来的文艺观仍然在一定程度上受到普列汉诺夫的文艺理论的影响。

除《车勒芮绥夫斯基的文学观》这篇文章之外，鲁迅还翻译过普列汉诺夫的著作《艺术论》，由此也可以看出他对普列汉诺夫的文艺理论的欣赏。鲁迅在 1929 年 6 月 19 日夜撰写的《论文集〈二十年间〉第三版序·译者附记》（原载《春潮》月刊第一卷第七期，1929 年 7 月 15 日出版）一文中对普列汉诺夫的文艺理论做出了高度的评价，认为普列汉诺夫的文艺理论对中国读者具有参考意义：

Georg Valentinovitch plekhanov（1857—1918）是俄国社会主义的先进，社会主义劳动党的同人，日俄战争起，党遂分裂为多数少数两派，他即成了少数派的指导者，对抗列宁，终于死在失意和嘲笑里了。但他的著作，则至于称为科学底社会主义的宝库，无论为仇为友，读者很多。在治文艺的人尤当

---

① 鲁迅. 关于翻译［M］//鲁迅. 鲁迅全集：第四卷. 北京：人民文学出版社，2005：568-569.

注意的，是他又是用马克斯主义的锄锹，掘通了文艺领域的第一个。

　　这一篇是从日本藏原惟人所译的《阶级社会的艺术》里重译出来的，虽然长不到一万字，内容却充实而明白。如开首述对于唯物论底文艺批评的见解及其任务；次述这方法虽然或被恶用，但不能作为反对的理由；中间据西欧文艺历史，说明憎恶小资产阶级的人们，最大多数仍是彻骨的小资产阶级，决不能僭用"无产阶级的观念者"这名称；临末说要宣传主义，必须豫先懂得这主义，而文艺家，适合于宣传家的职务之处却很少：都是简明切要，尤合于介绍给现在的中国的。①

　　可以说，鲁迅正是因为对普列汉诺夫文艺理论著作的兴趣才翻译了《车勒芮绥夫斯基的文学观》这篇文章。《车勒芮绥夫斯基的文学观》这篇文章的全文共两章，鲁迅翻译的《车勒芮绥夫斯基的文学观》的第一章刊登于《文艺研究》季刊第一卷第一期②，这一章的翻译手稿已经佚失。《文艺研究》季刊在第一卷第一期出版后即因为国民党政府的查禁而停刊，鲁迅可能是因为该刊停刊，就停止了翻译《车勒芮绥夫斯基的文学观》的第二章后半部分的工作。从现存鲁迅翻译的《车勒芮绥夫斯基的文学观》的第二章前半部分的手稿来看，虽然这篇译文手稿的最后标注着"——未完——"，但是好像鲁迅后来也没有继续完成这篇文章的第二章后半部分的翻译工作。需要进一步指出的是，从现有的材料来看，鲁迅后来不仅没有发表过已经翻译好的这篇文章的第二章前半部分的内容，而且也没有再翻译过普列汉诺夫的论著，这似乎在一定程度上表明，因为社会环境的变化，特别是国民党政府对左翼出版

---

① 鲁迅．论文集《二十年间》第三版序·译者附记［M］//北京鲁迅博物馆编．鲁迅译文全集：第五卷．福州：福建教育出版社，2008：232。

② 附带指出，《鲁迅译文全集》第八卷对这篇文章的注释说这一期杂志出版于1930年2月15日，这个说法无疑是错误的。人民文学出版社2005年版《鲁迅全集》第八卷在《〈文艺研究〉例言》一文之后这样注释《文艺研究》："《文艺研究》，季刊，鲁迅编辑，上海大江书铺发行。版权页印1930年2月15日出版，实际出版时间约在4月底5月初。仅出一期。"应当说这个注释是比较符合历史实际的。另外，从鲁迅日记中也可以找到《文艺研究》（季刊）第一期出版的相关信息：在1930年4月25日的日记中记载："夜阅《文艺研究》第一期原稿讫。"在5月3日的日记中记载："收《文艺研究》第一期译文豫支版税三十。"由此可以推断出，《文艺研究》第一期在4月25日还没有出版，再结合鲁迅拟定的《〈文艺研究〉例言》中对该刊出版日期的预告："《文艺研究》于每年二月，五月，八月，十一月十五日各印行一本"，因此该刊的实际出版日期应当在1930年5月15日。

物的查禁，鲁迅已经对普列汉诺夫的论著失去了翻译的兴趣，但是这份《车勒芮绥夫斯基的文学观》的第二章前半部分的手稿并不能表明鲁迅在思想上疏离普列汉诺夫。事实上，鲁迅后来仍然受到普列汉诺夫的文艺观的影响。孙郁曾经指出："他（鲁迅）后来在论述原始艺术、文字的产生的时候，就借用了普列汉诺夫的思想。比如，1934 年的《门外文谈》讲到汉字的产生，其实就是普氏《艺术论》的翻版。"①

总的来说，鲁迅翻译的《车勒芮绥夫斯基的文学观》的第二章前半部分的手稿，反映出了普列汉诺夫的这篇文艺论著理论旅行的路线：从俄语翻译成日语，再从日语翻译成汉语，也就是从俄罗斯到达日本，再从日本到达中国。从鲁迅在这篇文章的翻译手稿上的修改状况可以看出，他用直译的方法，反复地修改译文中的一些字、词、句，就是希望能"决不有所增减"地从日本输入俄国文艺理论家普列汉诺夫的这篇文章，供国内读者参考学习，而对照鲁迅从日文重译的译文和汝信从俄文直接翻译的译文，可以说鲁迅的译文和汝信的译文在主要内容方面大致相同，基本上翻译出了普列汉诺夫的这篇文章的主要意思。但是，因为鲁迅所采用的直译的翻译方法使译文曲折难懂，加之，鲁迅的译文本身还存在一些语言方面的翻译错误，所以鲁迅的这篇译文从"信"和"达"这两方面来说还不能算作一次成功的翻译。

（原刊《鲁迅研究月刊》2017 年第 10 期。浙江工商大学日语系陈红博士提供了藏原惟人的日译本并帮助分析了本文提到的一些日文的例句，特此致谢！）

---

① 孙郁. 鲁迅与俄国 [M]. 北京：人民文学出版社，2015：264-265.

鲁迅翻译《俄罗斯的童话》的残余手稿研究

高尔基（1868—1936）的《俄罗斯的童话》的单行本出版于 1918 年，但鲁迅不懂俄语，所以他选择的译本是收入日本改造社出版的《高尔基全集》第十四本中的《俄罗斯的童话》（日文译者是高桥晚成）。从鲁迅日记中可以看出鲁迅翻译《俄罗斯的童话》的大致经过：1934 年 9 月 14 日"译戈理基作《童话》二篇讫，约四千字"，9 月 19 日"夜译《童话》（三）讫，约万字"。① 1935 年 3 月 22 日"夜译《俄罗斯童话》三则讫"，4 月 17 日"午译《俄罗斯童话》全部讫，共十六篇"。②

《俄罗斯的童话》全书共有 16 篇童话，其中鲁迅翻译的第 1 到 9 篇童话的译文分四次连载于《译文》月刊第 1 卷第 2 至 4 期和第 2 卷第 2 期，但是"高尔基已有《童话》，第三期得检查老爷批云：意识欠正确。所以从第五期起，拟停登数期"③。[附带指出《鲁迅全集》第 10 卷第 442 页上对《俄罗斯的童话》的注释存在的错误："《俄罗斯的童话》高尔基著，发表于一九一二年，一九一八年出版单行本。鲁迅于一九三四年九月至一九三五年四月间译出。前九篇曾陆续发表于《译文》月刊第一卷第二至第四期及第二卷第二期（一九三四年十月至十二月及一九三五年四月）。后七篇则因'得检查老爷批云意识欠正确'，未能继续刊登。后来与已发表过的九篇同印入单行本，于一九三五年八月由上海文化生活出版社出版，列为《文化生活丛刊》之一。"上述注释内容中"得检查老爷批云意识欠正确"这一句话的原文在"云"之后有冒号，所以应当遵照原文添加冒号。另外，福建教育出版社在 2008 年出版

---

① 鲁迅. 日记·二十三 ［M］//鲁迅. 鲁迅全集：第十六卷. 北京：人民文学出版社，2005：473.

② 鲁迅. 日记·二十四 ［M］//鲁迅. 鲁迅全集：第十六卷. 北京：人民文学出版社，2005：522-527.

③ 鲁迅. 341204 致孟十还 ［M］//鲁迅. 鲁迅全集：第十三卷. 北京：人民文学出版社，2005：272.

的《鲁迅译文全集》第 6 卷第 402 页的"说明"中抄录《鲁迅全集》的上述
注释的大部分文字："后七篇则因'得检查老爷批云意识欠正确',未能继续
刊登。"可以说也犯了同样的错误。] 所以,后面的 7 篇童话的译文未能在
《译文》月刊刊出,后收入上海文化生活出版社出版的单行本《俄罗斯的童
话》之中。鲁迅在 1935 年 8 月 8 日夜为该书撰写的《小引》中说:"然而第
九篇以后,也一直不见登出来了。记得有时也写有《后记》,但并未留底稿,
自己也不再记得说了些什么。写信去问译文社,那回答总是含含胡胡,莫名
其妙。不过我的译稿却有底子,所以本文是完全的。"① 遗憾的是,鲁迅翻译
《俄罗斯的童话》的手稿未能全部保存下来,幸存的 14 页手稿被保存在北京
鲁迅博物馆。这部分手稿包括该书第 13 篇童话(手稿 1~7 页),第 14 篇童话
(手稿 8~11 页)和第 15 篇童话的大半部分(手稿 12~14 页)。这些手稿至今
没有公开发表,也没有研究者对此进行研究。

一、鲁迅在《俄罗斯的童话》残余手稿上的修改状况及分析

据笔者统计,鲁迅在这 14 页手稿上共有 48 处修改(其中有 3 处修改是
完全涂黑,已经辨认不出原字),具体的修改类型如下:

1. 修改译稿中的笔误

这个类型的修改主要有如下 4 处:

(1) 第 3 页第 11 行:在平时,是大家彼此鸣不平。

在此句中,"大家彼不平"显然不通顺,所以在"彼"后加了"此鸣",
使句子通顺准确;另外,日语原文也是相互鸣不平的意思,修改后可以使译
文与日语原文的意思一致。

(2) 第 5 页 1 行:仿佛是害羞。

此句中"仿佛是羞",显得有些不通顺,所以在"羞"之前加"害"字,
使句子更通顺。

(3) 第 12 页 9 行:总把实行的自然的法则延期。

此句显然不通顺,所以在"期"之前添加"延"字。

(4) 第 7 页 5 行:可以俭省得多的。

---

① 鲁迅.《俄罗斯的童话》小引 [M] //鲁迅.鲁迅全集:第十卷.北京:人民文学出版
社,2005:442.

此句中的"得"原作"的"，出现明显的搭配错误，修改后可以使词语搭配更准确。

2. 删去译稿中的衍字

这个类型的修改主要有如下 3 处：

（1）第 4 页 2 行：但是，有有谁的一支鸭。

此句中的第一个"有"是衍字，所以删去。

（2）第 4 页 4 行：总还是没有够够！

此句中的第一个"够"是衍字，所以删去。

（3）第 2 页第 8 行：先前是——一卢布

此句中第一个"一"字是衍字，所以删去。

3. 修改翻译错误的词语

这个类型的修改主要有如下 5 处：

（1）第 5 页 2 行：向着那一边的岸上说话。

此句中的"说话"原作"大声"，显然不通顺，所以修改。

（2）第 5 页 7 行：别的人是忧郁着在叹气。

此句中的"是"原作"似"。"似"，带有不确定性，这样就会在程度上形成明显的差异，所以修改后用"是"表达肯定的语气。

（3）第 7 页 6 行：抱住对方的姑娘，使她乏了力，还偷对方的马匹，互相拥抱。

此句中在"抱"之前删去"拥"字，"抱"和"拥抱"在意思方面有些差异，因为下文有"使她乏了力"，所以在此处用"抱"更准确。

（4）第 12 页 10 行：每天就总给他下面那样之类的简短指令。

"那样之"原作"一"，因为下文有两种指令，所以把"一类"修改为"那样之类"，会更符合日语原文的意思。

4. 修改一些不太恰当的字词

这个类型的修改主要有如下 10 处：

（1）第 2 页 7 行：就撑开钱袋，大叫道——

此句中的"撑"原为"打"，修改为"撑"可以更形象地刻画出商人的形象。

（2）第 8 页 2 行：是拼命的做了事情。

此句中的"拼命"原作"在使劲"，修改后可以更突出凡尼加辛苦劳动的程度。

（3）第 14 页 10 行：他把手伸进自己怀中，拉出约摸一百万卢布。

此句中"伸进"原作"摸着"，修改后"伸进"与后面的"拉出"，形成前后呼应的关系。

（4）第 14 页 11~12 行：没有警官，上司也不是真货色，是各处的杂凑，谁也不足惧，这是不好的，异样的。

此句中的"异样"原作"不平常"，修改后可以更好地呼应上文"一切都不像先前"的意思。

（5）第 11 页 9 行：他跑出去，开手施救了。

此句中的"施"原作"来"，修改后的"施救"比原来的"来救"更突出凡尼加拯救欧罗巴的主动性。

（6）第 11 页 11 行：凡尼加吃了一惊，于是举起手来，要去搔搔后脑壳，但是，在他那里，却并没有头！

此句中的"头"原作"脑袋"，虽然这两个词意思基本相同，但是日语原文中使用的是"头"，所以把"脑袋"修改为"头"。

（7）第 12 页 1 行：他不能像样的过活。

此句中的"像样"原作"满足"，"满足"更侧重内在的心理感受，"像样"更侧重外在的社会评价。这样修改后可以突出米开式加追求社会地位的心理。

（8）第 14 页 10 行：使长眠者和众圣一同安息罢。

此句中的"长"原作"死"，虽然两个词的意思相近，但是修改可以更符合宗教中永生的说法。

（9）第 10 页 9 行：什么也不给我一点吗？

此句中的"吗"原作"么"，修改为"吗"可以表达出疑问的语气。

（10）第 14 页 4 行：但也到市场的衣料店里去。

此句中"市场"之后原有的"里"字与"衣料店里"的"里"字略显重复，所以删去前面的"里"，并在句末添加"去"，从而使句子更通顺。

5. 增加连接性的字词，使句子通顺

这个类型的修改主要有如下 4 处：

（1）第 1 页第 4 行：拼命相咬，各决输赢，于是来计算那得失。

此句中在"于是"之后添加"来"，可以起到承上启下的作用，从而使句子通顺。

（2）第8页6行：因为想做好梦，把右侧向下，躺着，一睡就是二百年。

此句原作"右侧向下的躺着"，是对日语原文的直译。修改后在"右"之前添加"把"字，并删去"下"之后的"的"字，从而更突出"躺着"这个动作。

（3）第14页8行：但如果要怕，那也就不一定。

此句中在"也"字之前添加"那"，可以使句子表达出假设的结果存在不确定性。

（4）第11页11行：但是，在他那里，却并没有头！

此句中在"并"之前添加"却"来表达意思的转折。

6. 添加漏译的一些字词

这个类型的修改主要有如下9处：

（1）第3页10行：活人原是一文也不值的，但要打死他，却愈加贵起来了！

此句中在"是"前添加"原"，可以起到强调的作用。

（2）第7页2行："即使你们是流氓，总之，还是和和气气的大家过活罢。"

此句中在"和"之前添加"还是"，可以与前半句的意思形成呼应的关系，从而使句子更通顺。

（3）第7页5行："可以俭省得多的。"

此句中在"俭省"之前添加"可以"，这样就与前一句话形成呼应："兄弟似的过活罢，那么，恐怕可以俭省得多了！"

（4）第12页3行：但他是一个顽固的没有决断力的懒人，所以头发也不梳，身子也不洗，生着蓬蓬松松的乱发。

此句中在"头"之后添加"发"，从词语搭配的角度来说，可以与后面的"梳"形成准确的搭配。

（5）第12页10行：对于米开式加，每天就总给他下面那样之类的简短指令。

"就"后添加"总"，可以起到强调程度的作用。

（6）第13页1行："应沉默，有违反本令者，子孙七代，俱受行政上之扑灭处分。"

此句中"违"之前添加"有",可以与下文形成条件句,使句子更通顺。

(7)第13页3行:或者是——"应诚心爱戴上司,有不尊本令者处以极刑"。

此句中"处以"原作"也处",因为前一句是"应沉默,有违反本令者,子孙七代,俱受行政上之扑灭处分",这样的话,"也处极刑"就会与前一句在意思方面形成含混,所以改为"处以极刑"。

(8)第13页10行:他把手摸着自己怀中,拉出约摸一百万卢布。

此句中在"一"后添加"百","一万"与"一百万"在数额方面的差别巨大,修改之后才与日语原文的意思相同。

(9)第14页11行:不知怎的,一切都没有意思,一切都不像先前。

此句中在"没"后添加"有",可以使句子更通顺。

7. 删掉一些不恰当的语气助词

这个类型的修改主要有如下4处:

(1)第2页1行:"那卢启支人一个的实价,是七戈贝克,但打死他却要化一卢布六十戈贝克,这是怎么的呀?"

此句中的"呀"原作"呢",修改后可以表达出吃惊的语气。

(2)第2页12行:十六卢布了哩!

此句中在"了"字之后删去"哩"字,可以使句子更简洁。

(3)第3页4行:更为发达了起来!

此句中在"发达"之后删去"了"字,可以使句子更简洁。

(4)第12页5行:多么丑呵,多么脏呵!

此句中在"丑"之后删去"呵"字,可以使句子更简洁。

8. 删掉一些助词

这个类型的修改主要有如下4处:

(1)第1页3行:只要有一点什么不如意的事,立刻嚷嚷的相打。

此句中在"事"之前删去"的"字,可以使句子更简洁。

(2)第2页6行:"有添造兵器的必要,那么,仗就打得快,杀人的价钱也会便宜的。"

此句中在"便宜"之后删去"的"字,可以使句子更简洁。

(3)第12页2行:各种的妖魔都来戏弄他。

此句中在"各种"之后删去"的"字,可以使句子更简洁。

（4）第 14 页 7 行：咱们夏谟临的市民。

此句中在"夏谟临"之后删去"的"字，可以使句子更简洁。

9. 修改一些词语的搭配顺序

这个类型的修改主要有如下 1 处：

第 3 页 3 行：下了这样的决心。

这句话原作"这样的下了决心"，修改后可以更符合日语原文的意思。

10. 修改后仍存在错误

这个类型的修改主要有如下 1 处：

第 1 页 4 行：莽撞的胡乱的斗了的人，利益是很少的——

此句中"莽撞的胡乱的斗了的人"原作"莽撞的乱斗的人"，修改后在意思方面仍与日语原文存在一些差异。此句的日语原文是：全く手荒に無茶苦茶に闘ったものは、利益が少ないのだ。翻译成中文的意思是：粗暴的胡闹的打斗，并没有得到多少好处。这与鲁迅的译文存在一些意思上的差别。

三、结语

鲁迅在为《俄罗斯的童话》撰写的《小引》中说："我很不满于自己这回的重译，只因别无译本，所以姑且在空地里称雄。倘有人从原文译起来，一定会好得远远，那时我就欣然消灭。这并非客气话，是真心希望着的。"①

那么，鲁迅翻译《俄罗斯的童话》的译文的水平究竟如何呢？笔者请留学日本十多年的徐晓红博士逐字逐句地核对了鲁迅翻译的《俄罗斯的童话》中的第 13 篇、第 14 篇和第 15 篇童话的译文与日语原文，从日语原文的角度来说，鲁迅的这部分译文与原文在意思方面有 50 多处差异，但基本都是鲁迅所使用的直译方法以及当时语言表达不规范的原因造成的，可以确认有 12 处明显的翻译错误。如第 14 篇童话中，鲁迅译文："这之后，又睡了一百年，做着好的梦。"这句话的日语原文是："尚百年間働いて寝た。"应当翻译成："又工作了百年，睡着了。"如第 15 篇童话中，鲁迅的译文："从不惯变了无聊。"这句话的日语原文是："で、不慣れからして退屈になった。"应当翻译成："因为不习惯，所以感到了无聊。"再如第 15 篇童话中，鲁迅的译文：

---

① 鲁迅.《俄罗斯的童话》小引［M］//鲁迅.鲁迅全集：第十卷.北京：人民文学出版社，2005：442.

"给我，一百万卢布算什么？别人还要多呢！"这句话的日语原文是："俺にとって、百万留が何んだ？他の人はもっと沢山持っている！"应当翻译成："对我而言，一百万卢布又怎样？其他人拥有得更多！"

总之，从鲁迅的这14页翻译手稿中可以看出，鲁迅翻译时还是较为认真地修改译文的，虽然在译文中出现了一些翻译错误，但是还是较好地翻译出《俄罗斯的童话》的主要内容，从而把高尔基写作这本童话集的目的传达给中国的读者。

鲁迅在翻译《俄罗斯的童话》中的第一篇童话之后，特地撰写了《后记》，他指出："这《俄罗斯的童话》，共有十六篇，每篇独立；虽说'童话'，其实是从各方面描写俄罗斯国民性的种种相，并非写给孩子们看的。"①另外，鲁迅在为《俄罗斯的童话》撰写的广告中指出："短短的十六篇，用漫画的笔法，写出了老俄国人的生态和病情，但又不只写出了老俄国人，所以这作品是世界的；就是我们中国人看起来，也往往会觉得他好像讲着周围的人物，或者简直自己的顶门上给扎了一大针。但是，要全愈的病人不辞热痛的针灸，要上进的读者也决不怕恶辣的书！"②很显然，鲁迅对高尔基在这本童话集中所揭示的"俄罗斯国民性的种种相"产生了共鸣，并把这本童话集翻译成中文介绍给中国的读者，希望中国的读者能从高尔基的《俄罗斯的童话》中，感受到"俄罗斯国民性的种种相"，并受到启发，进而认识到中华民族的国民性，最终实现改造国民性的目的。

（原刊《鲁迅研究月刊》2019年2期。日本九州大学秋吉收教授提供了日本改造社出版的《俄罗斯的童话》，中国海洋大学中文系徐晓红博士帮助核对了鲁迅的译文与日语原文，特此致谢！）

---

① 鲁迅.《俄罗斯的童话》［M］//鲁迅.鲁迅全集：第八卷.北京：人民文学出版社，2005：515.
② 鲁迅.《俄罗斯的童话》［M］//鲁迅.鲁迅全集：第八卷.北京：人民文学出版社，2005：515.

鲁迅翻译《运用口语的填词》的手稿研究

1927 年 1 月 6 日，已经辞职并准备离开厦门大学的鲁迅翻译了《运用口语的填词》一文，这是日本著名的中国文学研究学者铃木虎雄（1878—1963）所著的《支那文学研究》中的一个章节，译文发表于 1927 年 2 月 25 日出版的《莽原》（半月刊）第 2 卷第 4 期，后收入《译丛补》。这篇译文的手稿写在"未名社"的稿纸上，左起竖行书写，共 5 页 9 面（稿纸的正反面都书写），现保存在北京鲁迅博物馆。粗略统计，鲁迅在这些手稿中有 40 多处修改，下面就依次对这些在字、词、句方面的修改情况进行分析。

一、手稿中字、词、句修改情况分析

1. 手稿第一面的修改部分如下：

（1）第 3 行：支那（原为：中国）文学中纯用口语者，在古代并没有。

修改分析：日语原文是"支那"，鲁迅把"支那"翻译为"中国"，后修改为"支那"。这可能是为了符合日本作者的习惯用法。

（2）第 4~5 行：以我所知，殆（增加：殆）当以战国时楚（删去：的）庄辛所引的（增加：的）越的舟人之歌，全篇皆用方言，载于《说苑》的《善说篇》中者，为惟一之作。

修改分析：日语原文中有大概的意思，所以增加"殆"。在"楚"后删去"的"字，在"引"后添加"的"字，可以使句子更通顺。

（3）第 10 行：降至晋（增加：晋）、宋之时。

修改分析：日语原文是：降て六朝晋宋の頃には（到了六朝晋宋之时），应当译为："六朝晋宋"，但鲁迅只补上"晋"，仍然漏译了"六朝"。

（4）第 11 行：有《子夜四时歌》，其中多用口语，即使并非全篇都用俗语，那语气却几乎是（删去：殆）俗语的语气。试举俗语的几个例（原为：举几个例）。

修改分析：在"几乎是"后面删去"殆"字，因为该字与前面的"几乎"在意思上重复，所以删去。把"举几个例"，修改为"试举俗语的几个例"，因为日语原文中有"俗语"，所以补上"俗语"，从而使句子的意思与原文的意思一致。

2. 手稿第二面的修改部分如下：

（1）第 8 行：文章家不欲于（增加：于）文中用诗语者，说是诗语易带俗意，虽不是照样地径用俗语，也怕很害了文的品格。

修改分析：在"不欲"之后增加"于"字，可以起到补充的作用，明确范围和对象，从而使句子更通顺。

（2）第 10 行：然而（原作：说）诗还是貌（原作：近于）为古雅的东西，和俗语（增加：语）有很大的悬隔。

修改分析：把"说"改为"然而"，可以与前面的句子联系起来，形成意思转折的关系。把"近于"改为"是貌"，是因为两词的意思明显不同，"近于"的意思更突出在实际上"接近"，而"是貌"则更突出在表面上"近似"，修改后更符合原文的意思。从日语原文来看，"俗"后有"语"字，所以添加"语"字，构成词组"俗语"，可以使句子通顺，意思准确。

（3）第 10 行：待到"词"出，俗语与文（原作：便渐）学的关系，便逐渐深起来了。

修改分析：在日语原文中，这些词语的顺序是："渐""俗语""文学""关系""深"，通过修改，添加漏译的"文"字。组成词语"文学"，从而使译文与原文的意思一致，语句通顺。

（4）第 12 行："词"是盛于中唐以后的，但温庭筠的作品中（增加：中），已有很用口语者。

修改分析：日语原文是"温庭筠の作中"，所以增加"中"字，可使语句通顺，意思准确。

3. 手稿第三面的修改部分如下：

（1）第 5 行：但在唐及五代，词的品致优雅，口语不过偶尔应用，以供（增加：供）焕发精神而已，未尝专（原作：并不）以口语为本体。

修改分析：在"以"后添加"供"字，可以使句子更通顺。把"并不"字改为"未尝专"，因为日语原文中有"未"字，修改后更符合日语原文的意思。

（2）第 7 行：运用口语的宋词中，也可分为（一）几乎全篇都用，（二）比较的多用，（三）略用少许（删掉：许），等。

修改分析：此处的"许"字是衍字，所以删掉。

（3）第 8~10 行：作者在南宋则以（原作：有）秦观（少游）、黄庭坚（山谷）、赵长卿、吕渭老、周邦彦（美成）等为主；在南宋则以辛弃疾（稼轩）、刘过（改之）、杨无咎、杨炎、石孝友、蒋捷（竹山）等为主（增加：为主）。

修改分析：日语原文的句末有"为主"两字，所以把"有"改为"以"，并在句末添加"为主"，构成"以……为主"的句式，从而使句子的意思与日语原文一致。日语原文中有这些词人的字号，所以补上这些词人的字号，从而与原文一致。译文原稿为"吕渭老、赵长卿"，后调整顺序为"赵长卿、吕渭老"，从而与日语原文一致。另外，此句中还出现了笔误，日语原文中是"北宋"，却错误地翻译成"南宋"。

（4）第 11 行：属于（二）者，北宋以柳永、苏轼（东坡）、晁补之（无咎）、毛滂为主。

修改分析：日语原文中有这些词人的字号，所以补上这些词人的字号，从而与原文一致。

4. 手稿第四面的修改部分如下：

（1）第 1 行：我姑且定为三种，也只是有些程度之差，或者分为全篇运用口语和（原作：或）夹用若干口语这两种，也可以的。

修改分析：因为此句的意思是分为"全篇运用口语""夹用若干口语""这两种"，所以把"或"改成"和"，从而使意思更准确。

（2）第 4 行：因为凡是全用口语的词，作者当创作时，并不诚恳〔较之制作（原作：作那）以雅语为本体的词的时候〕，大抵是要（增加：要）说些滑稽，鄙亵的时候所（原作：才）制作的。

修改分析：把"作那"改为"制作"，是为了和后一句中出现的"制作"一词前后呼应。增加"要"字，并把后半句中的"才"字修改为"所"字，因为后半句中使用了"才"字就构成了条件句，而日语原文并不是条件句，所以修改为"所"字，从而使句子更通顺。

（3）第 5 行：然而关于恋爱的作品，则虽然很露骨，却也有（？）有着（添加：着）真情者（原作：者，后修改为：的，最后恢复为：者）。

修改分析：第一个"有"字之后，删去某字，但已经被完全涂黑，辨认不出。第二个"有"字之后添加"着"字，句末的"者"字，原作"者"

字，修改为"的"字，最后又恢复为"者"字。

（4）第5行：惟全篇都用口语（删去：的）之作，现在或已难解其意义。

修改分析："口语"之后"的"字是赘字，删去就可以使句子更通顺。

（5）第9行：禁（删去：禁）禁止不得泪，忍管不得闷。

修改分析："禁"是衍字，所以删去。

5. 手稿第五面的修改部分如下：

第7行：君须是，（按：此处涂黑，看不清）做些儿相度，莫待临时。

修改分析：这首词的原文是："君须是做些儿相度"，这可能出现笔误，多写了一个字，所以删去。

6. 手稿第六面的修改部分如下：

（1）第7行：又只恐你（删去：的）背盟誓似风过，共别人，忘著我。

修改分析：这首词的原文是："又只恐你背盟誓似风过"，这可能出现笔误，多写了一个"的"字，所以删去。

（2）第7行：把洋澜左都卷尽也（原作：杀）杀不得这心头火。

修改分析：这首词的原文是："把洋澜左都卷尽也杀不得这心头火"，这可能出现笔误，多写了一个"杀"字，所以把"杀"字改为"也"字。

（3）第8行：前揭诸作，虽不无可观之处，但较之使用雅语者（原作：的），则作者并非诚恳地向这一方面努力，只不过偶然作了这样的东西。

修改分析：从句子的意思来看，"使用雅语的"，这一词组的意思不完整，应当是"使用雅语的作品"，所以把"的"修改为"者"，可以更准确。

（4）第11行：如（增加：如）柳永所作（删去：的，增加：逗号），有名的《晓风残月》，即如此。

修改分析：前一句是："大抵称为词的名篇者，以用雅语为本体的居多，用口语者少。"这一句紧承前一句的意思，举出柳永的例子，所以增加"如"字。

（5）第12行：这些居于几乎（增加：几乎）全用口语的作品的中间，雅语六分，口语四分的程度的东西，宋词中却不少佳作。

修改分析：日语原文中此处有表示程度的副词"殆"，所以添加"几乎"，使意思与日语原文一致。

7. 手稿第七面的修改部分如下：

（1）第2行：柳永的词当时很流行，相传直到西夏方面，倘是掘井饮水之地，即（添加：即）都在（原作：被）歌唱，这大约就（初添加：是，后改为：就）因为那情致和用语，（删去："很"字）与普通人很相宜。

修改分析：因为日语原文中有表示假设语气的"苟"字，所以添加"即"字，与前面的"倘"字形成一个假设的语句，从而与原文的意思一致。把"都被歌唱"改为"都在歌唱"，用"在"字可以更准确地表达出柳永的词作被普通人吟唱的状况。添加语气副词"就"字，可以起到强调的作用。"很"与后面的"很相宜"形成重复，所以删去。

（2）第4行：一面以雅语为本体，在（增加：在）紧要（删去：要）处，适当地点缀一点口语者，佳作最多。

修改分析：添加"在"字，可与后面的"处"字组成"在……处"，用来表示范围。第二个"要"是衍字，所以删去。

（3）第6行：（删去：以）元曲虽然（原作：的即使）怎样被称（原作：推）为名作（删去：者），但（增加：但）也并非因为单用口语俗语，所以成为名作的。

修改分析：删去"以"字，前半句中增加"虽然"，后半句前增加"但"字，构成转折句式，表示意思转折，从而与原文的意思一致。"者"字为赘字，所以删去。"推为"与"称为"的意思相近，但在日语原文中是"称"为，所以修改。

（4）第7行：兼用雅言，在万不得已的紧要处，处处用些口语，吹进活的精神去，于此遂生所以为名作的价值。

修改分析："些"字前删去一个字，但该字被完全涂黑，辨认不出。

（5）第10行：其次，（删去：我）对于词和曲的用语上的关系，我再来说几句罢。

修改分析：前半句中的"我"与后半句中的"我"形成重复，所以删去。

8. 手稿第八面的修改部分如下：

（1）第2~3行：加（原作：又）以只是（原作：只在）叙情叙景者，在调子上，虽然与曲有别，在（原作：至于）外形，则词和曲几乎难于区别者，也往往有之。

修改分析：这一句是对前面内容的补充，所以用"加以"来承接前文。"只是"与"只在"的意思相近，但从词语搭配的角度来说，"只是叙事叙景者"比"只在叙事叙景者"更准确。因为前面的句子是"在调子上,虽然与曲有别,"所以"在外形,则词和曲几乎难于区别者,也往往有之",所以把"至于"修改为"在",使句子前后呼应。

(2)第3~4行:从内容说起来,则(增加:则)先有诗的本句,而词却将(原作:往往)这利用,加以铺排者很不少。

修改分析:前一句是:"在外形,则词和曲几乎难于区别者,也往往有之。"这一句中添加连接副词"则"字,可与前面的句子中的"则"字在句子结构上形成前后照应。因为"往往"与后面的"这利用"在语句上不通顺,所以把"往往"修改为"却将",从而与原文的意思一致。

(3)第5行:(删去:而)这就是要知词必须诗,要知曲必须词的缘故。

修改分析:这一句在意思上紧承前文,带有总结的含义,"而"字带有转折的语气,因此删去。

(4)第7行:当说话的结末,用以表示语气的话里面,有也啰,则个等,这是屡见于元、明人的曲文中的,而在(增加:在)宋词中已经有过(删去:了)。

修改分析:增加"在"字,与后面的"中"字组成"在……中"的短语,表示范围。"了"是语气助词,可以删去。

9. 手稿第九面的修改部分如下:

(1)第1行:由他,不由他之由,为使的意思,和古(原作:语)文的"使"字,俗语的"教"字相当的交字。

修改分析:日语原文是"古语",另外,"语文"与"古文"的意思差别较大,所以修改。

(2)第3行:少见的字如搊就(强相亲近,见《西厢记》)偝僽(说坏话,见《琵琶记》)(增加:见《琵琶记》)等,宋词中也屡屡有之。

修改分析:日语原文中有这些词语的出处,所以补上,从而与原文的意思一致。

(3)第6行:揭举于此者,不过其一端,此外还可以知道种种言语,宋以来就存在。"语录"之外,宋词也成为俗语的一部汇(原作:结)集的。

修改分析:日语原文是"汇集","汇集"与"结集"意思有所区别,前者指"聚集"①，后者指"把单篇的文章编在一起"或"编成集子"②。另外，从句子的意思来看，"汇集"也比"结集"更准确，所以修改。

二、结语

综上所述，可以看出鲁迅在翻译《运用口语的填词》一文的手稿上的修改大致有如下几类：修改笔误的文字，删去衍字、赘字，添加漏译的文字，调整词语的前后顺序，修改语气不通顺的句子等，修改后的译文与日语原文的意思基本一致，只有几处文字出现了翻译错误或不准确的情况。另外，把这份手稿与《运用口语的填词》一文的初刊本和初版本进行对照校勘，在文字和标点符号方面也基本一致。总的来说，鲁迅翻译《运用口语的填词》一文是较为成功的。

那么，鲁迅为何在厦门大学时翻译《运用口语的填词》一文？这与鲁迅在厦门大学执教时所讲授的文学史课程有一定的关系。

据鲁迅 1926 年的书帐记载："支那文学研究一本，六·七　二月二十三日。"③ 由此可以看出，这本书是鲁迅在北京购买，并带到厦门大学的。此外，鲁迅 1926 年下半年在厦门大学上课时所用的讲义《汉文学史纲要》（鲁迅 1927 年上半年在中山大学上课也使用这个讲义）所附录的各章节的参考书目中，就有两次列出了铃木虎雄所著的《支那文学研究》：《汉文学史纲要》的第四篇《屈原及宋玉》，后附的参考书目有"《支那文学之研究》（日本铃木虎雄）卷一《骚赋之生成》"④，第十篇《司马相如与司马迁》，后附的参考书目有"《支那文学之研究》（日本铃木虎雄）第一卷"⑤，由此也可以看出鲁迅对铃木虎雄所著的《支那文学研究》的重视，而鲁迅翻译《运用口语的填词》一文也是为了把铃木虎雄的研究成果介绍到中国。

除了翻译《运用口语的填词》一文之外，鲁迅还保存了多本铃木虎雄的

① 中国社会科学院语言研究所词典编辑室编 . 现代汉语词典（2002 年增补本）[M] . 北京：商务印书馆，2002：564.

② 中国社会科学院语言研究所词典编辑室编 . 现代汉语词典（2002 年增补本）[M] . 北京：商务印书馆，2002：646.

③ 鲁迅 . 日记十五 [M] //鲁迅 . 鲁迅全集：第十五卷 . 北京：人民文学出版社，2005：653.

④ 鲁迅 . 鲁迅全集：第九卷 [M] . 北京：人民文学出版社，2005：389.

⑤ 鲁迅 . 鲁迅全集：第九卷 [M] . 北京：人民文学出版社，2005：436.

著作。从《鲁迅手迹与藏书目录》① 中可以看出，鲁迅的藏书中除《支那文学研究》之外，还有如下几本铃木虎雄的著作：《支那诗论史》（大正十四年/1925，京都弘文堂，精装）、《业间录》（昭和三年/1928，京都弘文堂，精装）、《赋史大要》（昭和十一年/1936，东京富山房，精装）、《中国古代文艺论史（上）》（铃木虎雄著，孙俍工译，1928 年，上海，北新书局，初版）。

　　另外，鲁迅还在演讲中引用过铃木虎雄的学术观点。例如，鲁迅于 1927 年 8 月在广州所做的题为《魏晋风度及文章与药及酒之关系》的演讲中，提到了魏晋时期是中国"文学的自觉时代"："用近代的文学眼光看来，曹丕的一个时代可说是'文学的自觉时代'，或如近代所说是为艺术而艺术（Art for Art's Sake）的一派。"② 因为《鲁迅全集》只对"为艺术而艺术"这一说法做了注释，但大约是不知道"文学的自觉时代"这一说法的出处，所以没有对这一说法进行注释，这也导致一些人甚至误认为魏晋时期是中国"文学的自觉时代"的说法是鲁迅提出的。③ 其实，铃木虎雄在 1920 年出版的《艺文》杂志上发表的《魏晋南北朝时代的文学论》一文中就提出了"魏的时代是中国文学的自觉时代"的观点，鲁迅在 1927 年所做的题为《魏晋风度及文章与药及酒之关系》的演讲记录稿中特意把"文学的自觉时代"这一说法加上引号，就充分表明魏晋时代是中国"文学的自觉时代"的这一说法是引用别人的，后来的学者考证出魏晋时代是中国"文学的自觉时代"这一说法其实就来源于铃木虎雄。④

　　（原刊《鲁迅研究月刊》2020 年第 8 期。中国海洋大学人文学院徐晓红博士帮助翻译了日文资料，特此鸣谢！）

① 北京鲁迅博物馆编.鲁迅手迹与藏书目录（3）［M］.北京：北京鲁迅博物馆油印本，1959：27-28.
② 鲁迅.魏晋风度及文章与药及酒之关系［M］//鲁迅.鲁迅全集：第三卷.北京：人民文学出版社，2005：526.
③ 张晨.鲁迅与铃木虎雄的"文学的自觉"说——兼谈对海外中国文学研究成果的借鉴［J］.求是学刊，2003（6）：110.
④ 张晨.鲁迅的"文学的自觉"说辨［J］.复旦学报（社会科学版），2004（2）：135-136.

鲁迅翻译《文学者的一生》的译文手稿研究

1927 年 1 月 5 日，鲁迅翻译了日本武者小路实笃的文章《文学者的一生》，译文手稿共 6 页，双面书写，现存北京鲁迅博物馆，至今尚未公开发表。译文发表于 1927 年 2 月出版的《莽原》（半月刊）第 2 卷第 3 期，后收入《壁下译丛》。

查阅这份译文手稿，可以看到手稿上有大约 80 处的文字修改，此外尚有近十处已经完全涂黑辨认不出原来字词的修改。

一、鲁迅在《文学者的一生》译文手稿上的修改类型及例句分析

总的来说，鲁迅在这篇翻译手稿上的修改大致可以归为如下几类：

1. 修改译文中的笔误

如手稿第 4 页第 1 面第 10 行：

即使受着感化和影响，然而有（原作：总）时总完全（添加：能）消化，全成了自己的东西。

修改分析：此处出现笔误，此外"总时总完全"也不通顺，所以把"总时"改为"有时"。在"完全消化"之间添加"能"字，可以使句子通顺。

再如手稿第 5 页第 1 面第 3 行：

无论政治家们怎（原作：看）样害怕，也没有法。

修改分析：此处出现笔误，所以把"看"修改为"怎"，组成词语"怎样"。

2. 删去译文中的赘字

如手稿第 3 页第 1 面第 9 行：

世上倘没有文（删去：的）学者，便寂寞，就是为此。

修改分析：此处"的"字是赘字，所以删去。

再如手稿第 5 页第 2 面第 12 行：

在日本，真懂得文学（删去：这事）的人并不多。

修改分析："这事"是赘字，所以删去。

3. 添加漏译的字、词

如手稿第 1 页第 1 面第 9 行：

媚悦（添加：悦）公众的是娱乐。

修改分析：漏译了"悦"字，所以补上，使句子更通顺。

再如手稿第 1 页第 2 面第 12 行：

只要顺着这人的精神的趋向，*全心被夺于想要*（增加前面斜线文字）更深地，更确地，更全力底地，更注意地，更真实地抒（增加：抒）写出来的努力。

修改分析：因为漏译了"*全心被夺于想要*"，所以添加上述文字。在"写"之前添加"抒"组成词语"抒写"，带有"表达和描写"的意思，修改后更符合原文的意思。

4. 改正一些翻译错误的词语

如手稿第 4 页第 1 面第 4 行：

文学（原作：少年）底质素很（增加：很）贫弱的人，本来就不能任性到底。

修改分析：此处出现了翻译错误，日语原文的意思是"文学"，所以把"少年"改为"文学"。

再如手稿第 4 页第 1 面第 4 行：

而且，倘不生（原作：执拗地）发了自己，便执拗的不放手。

修改分析：此处出现了翻译错误，前半句中的"执拗地"与后半句中的"执拗的"形成重复，所以修改。

另外，这一句话的翻译也出现错误。日语原文是：そして執拗く自分を生かしきらないではやまない。应当翻译为：非要坚持将自己的才能发挥至极。

5. 添加标点符号

如手稿第 1 页第 2 面第 4 行：

音乐师为了给公众听而弹钢琴（删去：一，增加：逗号），一弹。

修改分析："一"是衍字，所以删去并添加逗号。

再如手稿第 3 页第 2 面第 3 行：

凡是好的文学，并非在余暇中做成的，作家的全精神，（增加：逗号）都集注在这里；作家的全生活的结晶，都在这里显现。

修改分析：在日语原文中此处没有逗号。在此处添加逗号，可以使前一分句与后一分句在句式结构上一致。

另外，此句的翻译存在错误。日语原文是：作家の全精神が其処に集注されている。作家の全生活の結晶が其処に顕わされている。应当翻译为：作家全部的精神均聚集在那里，作家所有生活的结晶也呈现在那里。

6. 修改译稿中不太恰当的字词

如手稿第 1 页第 1 面第 7 行：

而文学，却不是（原作：莫非）这样的东西。

修改分析："不是"带有否定语气，"莫非"带有疑问语气，修改后更符合原文的意思。

再如手稿第 2 页第 1 面第 4 行：

文学是一种征服工作（原作：事业）。

修改分析："工作"的含义有："职业"（433 页）。"事业"的含义："人所从事的，具有一定目标、规模和系统而对社会发展有影响的经常活动"。

7. 添加连词、助词，使句子更通顺

如手稿第 1 页第 2 面第 2 行：

读者须是自然而然地有起（增加：起）来，作者写作的时候，普通是不记得读者的。

修改分析：在"有来"之间添加副词"起"作为补语，可以使句子更通顺。

再如手稿第 2 页第 2 面第 1 行：

然而一旦看起来，心里却怦怦地（增加：地）震动，

修改分析：添加助词"地"，使句子更通顺。

8. 删掉意思重复的字词

如手稿第 3 页第 1 面第 7 行：

但是虽然（原作：到了）到了，却不知道主人的所在，就无聊。

修改分析：此处出现笔误，形成"虽然到了到了"这样的分句，所以删去一个"到了"。

再如手稿第 6 页第 1 面第 7 行：

但在日本，可以自称为真的文学者的人，却一个也还（增加：还）没有，

都是未成品，要不然，就是半而不结的（删去：材料）货色。

修改分析：添加"还"，可以使句子更通顺。"材料"与"货色"在意思上形成重复，所以删去。

另外，此句的翻译存在错误。日语原文是：皆未成品だ。さもなければ半出来でくさりかけた代物だ。应当翻译为：都不纯粹，要么就是半吊子、腐朽的货色。

9. 删除一些字词后又恢复

如手稿第 1 页第 1 面第 11 行：

而是怎么办，便可以将（原作：便可以，删去后改为：便可以将）自己的意志传给公众。

修改分析：恢复"便可以"，并添加介词"将"，可以使句子更通顺。

再如手稿第 3 页第 1 面第 5 行：

各式各样的人，公开着各式各样（原作：样，删去后又添加）的世界，所以使人高兴。

修改分析："各式各样"是一个固定的词语，所以在删去"样"之后又恢复。

10. 修改译文中不太通顺的句子

如手稿第 3 页第 1 面第 2 行：

即使（原作：虽说）是默退林克和斯忒林培克（A. Strindberg）的东西，如果单是这些，就没有意思。

修改分析：把"虽说"改为"即使"，可以组成假设句。

再如手稿第 3 页第 1 面第 10 行：

有天才，（删去：倘）使自己的世界尽是生发（原作：活），一想到这些（原字不清楚，改为：些）人们的事，便可以收回对于人的爱和信用。

修改分析："倘使"通常用于假设句，此处并不是假设的句子，所以删去"倘"字。把"生活"改为"生发"，可以与日语原文的意思一致。在"这……人们的事"之间添加"些"字，可以使句子更通顺。

另外，此句的翻译也出现错误。日语原文是：天才がいてくれて自分の世界を生かせるだけ生かしてくれているので、その人達のことを思うと人間にたいする愛と信用をとり戻すことが出来る。应当翻译为：正是因为有天才的存在，他们在自我的天地里活出了精彩，所以当人们想起了这些人，便会恢复对人的爱与信赖。

11. 修改一些略显啰唆的句子

如手稿第 1 页第 2 面第 11 行：

在最确的路上进行就（原作：是?，后改为：可以，最后又删去：可以）可以。

修改分析：原文"就是可以"，删去"是"字，可以使句子更简洁。

12. 调整词语的顺序，使句子更通顺

如手稿第 4 页第 2 面第 11 行：

个性（原作：全然）全然生发了的时候（原作：后），这作家对于"时光"，即不必（原作：即使有）畏惧（删去：时光的心）。

修改分析：此处出现笔误，日语原文是"个性"，所以把第一个"全然"修改为"个性"。把"后"修改为"时候"，更符合日语原文的意思。把"这作家即使有畏惧时光的心"修改为"这作家对于'时光'，即不必畏惧"，可以使句子通顺，更符合日语原文的意思。

再如手稿第 6 页第 1 面第 8 行：

便是西洋，无聊的文学是多的，然而真的文学者（增加：者）偶然也有，大约现在也有十来个人（原作：大约十来个，现在是有的）罢。

修改分析：在"文学"之后添加"者"字，符合日语原文的意思。调整词语的顺序，可以使句子更通顺。

13. 为译稿中的一些外文单词增加中文说明

如手稿第 2 页第 2 面第 12 行：

有一时，在日本曾经接续着弄着萧（增加英文名：Bernard Shaw）的东西。

修改分析：在"萧"之后添加其英文名，可以使读者明白这个作家是谁。另外，在日语原文中，一些外国人的名字后面并没有英文名字，鲁迅在翻译时添加了几位外国人的英文名字。

二、结语

鲁迅对于翻译的态度比较认真，他翻译的《文学者的一生》的译文虽然仅有大约 5000 个汉字，但在译文手稿上对译文的字、词、句和标点符号等语言方面的修改有大约 80 处（此外尚有近十处被完全涂掉之处）。通过对鲁迅在这篇翻译手稿上的修改内容的概述和分析，可以说鲁迅通过对译文的修改，已经改正了在翻译过程中出现的一些语言方面的错误，但是对照日语原文，可以发现鲁迅的译文中仍然存在如下的一些问题：

1. 仍然存在一些字、词方面的翻译错误

如手稿第 1 页第 2 面第 1 行：

所以，凡文学者，总是任性的居多；而生发（原作：活出）自己的事，便成为第一义。

修改分析：把"活出"修改为"生发"，出现了错误。"而生发自己的事，便成为第一义"此句的日语原文是：そして自分を生かすということが一番大事なことになる。应当翻译为：由此活出自我变得尤为重要。

再如手稿第 5 页第 2 面第 1 行：

别人又作别论，我是喜欢斩钉截铁（原作：直截）作品的。

修改分析："斩钉截铁"与"直截"在意思上近似。这一句的翻译出现错误。日语原文是：煮えきった。应当翻译为：充分入味，或充满个性。

2. 仍然存在一些翻译得不太恰当的字词

如手稿第 1 页第 2 面第 8 行：

一任了（原作：自然着）必然的演奏着。

修改分析：这一句的翻译出现错误。日语原文是：必然のままやっている。应当翻译为：就如按部就班似的演奏着，或像是冥冥中都安排好了似的，进行演奏着。

再如手稿第 2 页第 2 面第 6 行：

文学并不是只为取悦于这（原作：讨）人生（删去：喜欢）的，文学不是无（添加：生气）的，文学是更不顾虑读者的东西。

修改分析：在"无的"之间添加"生气"，组成词语"无生气的"，可以使句子更通顺。但是这一句的翻译出现错误。日语原文是：文学は息ぬきではない。文学はもっと読者を顧慮しないものだ。应当翻译为：文学不是消闲，文学是最不需要考虑读者的。

3. 仍然存在一些翻译错误的句子

如手稿第 3 页第 2 面第 10 行：

从读者那一方面说，也还是作家始终任性的好。还是将（增加：还是将）别的世界，一任（原作：使之）别人，而使自己的世界尽量地生发（原作：

活）起来的（增加：的）好。

修改分析："还是别的世界"与日语原文不符，所以添加"将"字，可以使句子通顺。"使之别人"，有些不通顺，所以改为"一任别人"。"生活"不符合日语原文的意思，所以改为"生发"。添加助词"的"，可以使句子通顺。

另外，这一句的翻译出现错误。日语原文是：他の世界は他の人に任せて、自己の世界を何處までも生かせるだけ生かしてくれる方がいい。应当翻译为：他人的世界任由他人决定，只要在自己的世界里尽兴地发挥就好。

再如手稿第 6 页第 1 面第 4 行：

所以，现在的日本，文学是权威也没有，什么也没有，（原作：文学是没有权威，也没有什么）若有若无的样子。

修改分析：调整词语的顺序，可以起到强调的作用。另外，这一句的翻译出现错误。日语原文是：だから今の日本では文学は権威も何にもない。应当翻译为：因此在现今的日本，文学并没有所谓的权威。

（原刊《长江学术》2020 年第 4 期。中国海洋大学人文学院徐晓红博士帮助翻译了日文资料，特此鸣谢!）

追求语言的"信"与"达"：鲁迅对所译的三篇契诃夫小说的翻译手稿中的字、词、句的修改分析

1935 年 3 月 24 日的晚上，鲁迅翻译完了契诃夫的小说《波斯勋章》《难解的性格》和《阴谋》，后来把这三篇翻译稿投给《译文》杂志。《难解的性格》和《阴谋》这两篇小说的译稿在 4 月 16 日出版的《译文》二卷二期刊登出来，但是《波斯勋章》的译稿则因为没有通过"中宣会图书杂志审委会"的审查而未能一起发表出来，后来发表于 1936 年 4 月 8 日出版的《大公报·文艺副刊》第 124 期。不过，鲁迅翻译这三篇小说的手稿都保存下来，现在收藏于北京鲁迅博物馆。从这些手稿的右上角可以看出译者为这三篇手稿所编的页码，其中《波斯勋章》的翻译手稿共 8 页，页码从 1 到 8；《难解的性格》的翻译手稿共 3 页，页码从 9 到 11；《阴谋》的翻译手稿共 7 页，页码从 13 到 19。其中只有《难解的性格》的翻译手稿不全，缺少第 12 页。顺便指出，北京鲁迅博物馆在 1959 年编印的《鲁迅手迹和藏书目录》一书中不知何故没有记载《难解的性格》这篇小说的翻译手稿，这可能会使研究者以为这篇小说的翻译手稿已经不存在世上了。

一、三篇手稿中修改字、词和句子的概况及分析

1. 《波斯勋章》的手稿中修改字、词和句子的概况及分析

手稿第 1 页修改部分如下：

（1）第 1 行：有波斯（增加"的"字）贵族（"族"改为"人"）拉哈·海兰住在扶桑旅馆里了。

修改分析：对照朱逸森和郑文樾伉俪从俄文所译的译文，此处的"贵人"

在俄文小说的原文中是"高官"①。在汉语中，"贵人"与"贵族"的含义不同，前者指"尊贵的人"②，后者指"奴隶社会或封建社会以及现代君主国家里统治阶级的上层，享有特权"③。译者把"贵族"一词修改为中国化的名称"贵人"，而在汉语中"达官"与"贵人"常连在一起使用，有"达官贵人"（达官：旧时指职位高的官吏④）这一词语，这样的修改不仅符合拉哈·海兰作为波斯高官的身份，而且也突出了拉哈·海兰对于市长的重要性，有助于中国读者理解市长的心理。

（2）第2~4行：一个波斯人来了，什（"什"改为"甚"）么事呀？只有市长斯台班·伊凡诺维支·古斤一个（增加"一"）从衙门（"衙门"改为"衙门里"）的秘书听说了（"说了"改为"到那"）东方人的到来，却（"却"改为"就"）在想来想去……

修改分析：在汉语中，"什"和"甚"可以通用，都表示疑问的含义，但读音不同，后者第四声，含有更强的反问语气，译者改用"甚"也是为了突出别人对波斯贵人到来这件事的漠不关心，从而与市长对波斯贵人到来的高度重视的态度形成对比。而译者用"一……就……"句式可以突出市长对这件事的重视。另外，译者把"衙门"改为"衙门里"，可以使句子的表达更准确。

手稿第2页的修改部分如下：

（1）第1行：市长从公署（"公署"改为"衙门"）回家……

修改分析：对照朱逸森和郑文樾伉俪从俄文所译的译文，此处的"衙门"在俄文小说的原文中是"参议会"⑤，译者把"公署"改为"衙门"，一方面是与上文中出现的"衙门"这一名称统一，另一方面使用"衙门"这一中国古代常用的名称，而非中国在民国以后才出现的"公署"这一名词，不仅符

---

① ［俄］契诃夫.契诃夫幽默小说选［M］.朱逸森、郑文樾，译.北京：人民文学出版社，2007：122.

② 中国社会科学院语言研究所词典编辑室编.现代汉语词典（2002年增补本）［M］.北京：商务印书馆，2002：477.

③ 中国社会科学院语言研究所词典编辑室编.现代汉语词典（2002年增补本）［M］.北京：商务印书馆，2002：477.

④ 中国社会科学院语言研究所词典编辑室编.现代汉语词典（2002年增补本）［M］.北京：商务印书馆，2002：223.

⑤ ［俄］契诃夫.契诃夫幽默小说选［M］.朱逸森，郑文樾，译.北京：人民文学出版社，2007：122.

合小说的创作年代的历史情况，而且也可以有助于中国读者的理解。

（2）第2~3行：这高贵的波斯人的入境，很（按：译者在此处涂掉三个文字，看不清楚具体是何字）打动了他的野心。他相信，这拉哈·海兰是运命送到了他这里来的，（增加"实现"）他的（删去"的"）渴求梦想的希望，正到（增加"了"）突发（先把"突发"改成"实现"，后又删去"实现"）的极好的时刻（"刻"改为"机"）了。

修改分析：译者把"实现"两字调整到"他渴求梦想的希望"之前，可以承接上句中的"他相信"，使语句更加通顺。另外，译者把"刻"字改为"机"，是因为"时机"是指"具有时间性的客观条件，多指有利的条件"，而"时刻"则指"时间"或"每时每刻，经常"①，这样的修改不仅使译文更准确，而且也更符合市长当时的心理。

（3）第3行：古斤已经有了两个徽章，一个斯丹（"丹"改为"坦"）尼斯拉夫三等勋章……

修改分析：译者把"丹"改为"坦"，使人名更符合汉语中通用的译名。

（4）第4~6行：此外他还自己做了一个表链的挂件，是用六弦琴和黄（删去"黄"字）金色枪（增加"枝"）交叉起来的，从他制服的扣子洞里拖了出来，远远望去，就见得不平常，很像是（删去"是"字）光荣的记号。

修改分析：译者删去"黄"字，是因为在"黄金色枪"中，"黄"字和"金"字的意思重复，删去"黄"字，可以使文章更简洁。译者增加"枝"字，组成"枪枝"这个词，可以使翻译的内容更准确。译者删去"是"字不仅可以使句子更简洁，而且也可以更突出像的程度。

（5）第6~7行：如果谁有了徽（"徽"改为"勋"）章和徽章，越有，就越想多，那是一定的，——市长就（删去"就"字）久已想得一个波斯的勋章（删去"勋章"两字）"太阳和狮子"勋章的了……

修改分析：译者把"徽"章改为"勋"章是因为笔误，因为下文紧接着的就是"徽章"两字。译者删去"就"字可以使文章更简洁。另外，译者删去"勋章"两个字是因为与下文出现的"'太阳和狮子'勋章"中的"勋章"

---

① 中国社会科学院语言研究所词典编辑室编. 现代汉语词典（2002年增补本）[M]. 北京：商务印书馆，2002：1143.

一词重复了。

（6）第10~11行：他的运气也真好，当他跨进波斯贵族（"族"改为"人"）的屋子（"屋子"改为"房间"）里面的时候，他（"他"先改为"贵族"，后改为"贵人"）恰只一个人，而且波斯人也不巧（删掉"波斯人也不巧"）正闲着。

修改分析：译者把"贵族"改为"贵人"，是与上文出现的名称统一。译者把"屋子"改为"房间"，更符合旅馆房间的实际情况，从而使所译的内容更准确。另外，译者把"他"先改为"贵族"，又改为"贵人"，并删掉"波斯人也不巧"，不仅可以用"贵人"这一名称再次突出波斯人对于市长的重要性，而且也可以使文章更简洁。

手稿第3页的修改部分如下：

（1）第3~4行：将（"将"改为"认"）您阔（"阔"改为"个"）人认（删去"认"字）为所谓亲善的邻邦的代表者，我总以为（"总以为"改为"觉得"）这是我的义务的（删去"的"字）。

修改分析：译者把句中的"认为"两字拆开，把"认"字移到句首，起到强调的作用。译者把"阔人"改为"个人"起到掩饰市长渴望结交波斯贵人心理的作用。另外，译者把"总以为"改成"觉得"不仅可以使句子更简洁，而且也能更准确地表达出市长的主观心理。

（2）第5~6行："波斯的国界"，古斤仍说他准备好（增加"了"字）的欢迎词，"（增加"和"字）我们的广大的祖国的国界，是接触的极其密切的……"

修改分析：译者在句中增加了"了"和"和"两个字，可以连接前后句，从而使句子更通顺。

（3）第8~9行：高贵的波斯人站起来了，又说了一点什么敲木头（增加"似"字）的话。古斤，他（删去"他"字）是什么外国话也没有学过的。

修改分析：译者增加"似"字，并删去"他"字，可以使句子更通顺。

（4）第12行：古斤于是把日报上见过的所刻（"刻"改为"有"）外国字母（删去"母"字），都搬了出来。

修改分析：译者把"刻"字改为"有"字，用"所有"两字可以起到强调的作用。同时，译者删掉"字母"中的"母"字，用"字"与下文市长所说的外国单词相统一，更形象地表达出市长急于用所见过的外国单词和波斯贵人说话的情景。

手稿第 4 页的修改部分如下：

（1）第 1~3 行："我是市长……"他吃吃的说。"这就是 lord—maine（增加"市长"）……Municipale（增加"市的"），……Wui（增加"怎样？"）kompnene，（增加"懂么"）？"他要（"要"改为"想"）用言语和手势来说（说：改为"表"字）明他的（删去"的"字）社会的地位，但不知道（增加"要"字）怎么办才好。

修改分析：契诃夫在小说中使用不太准确的法语单词是为了刻画市长的丑态，译者在市长所说的外国单词后面加上中文含义，可以方便中国读者理解市长所说的内容。译者把"要"改为"想"，可以更准确地描述市长当时的心理。译者把"用言语和手势来说明"中的"说"字改为"表"字，可以使语言更准确，因为在汉语中，用"手势"来"说明"是一个错误的搭配。译者增加一个"要"字，可以使句子更通顺。

（2）第 5~6 行：波斯人一点也不动，但也微笑着说道："Bon"（增加"好"）……

修改分析：译者在波斯贵人所说的外国单词后面加上中文含义，可以方便中国读者理解他所说的内容。

（3）第 8~9 行："kompnene？Wui？（增加"做"）lord—maine 和 Municipale，……我请您去 Prnomenade（散步）（增加"一下"）……kompnene，Prnomenade？"

修改分析：译者在市长所说的外国单词后面加上中文含义，可以方便中国读者理解他所说的内容。

手稿第 5 页的修改部分如下：

（1）第 2 行："照俄国的习惯，这是不妨事的……我想：Puree（增加"肉饼"），entie—cate（增加"炸排骨"）……chanpagne（增加"香槟酒，"）之类……"

修改分析：译者在市长所说的外国单词后面加上中文含义，可以方便中国读者理解他所说的内容。

（2）第 7~8 行：他用叉刺着熏鱼，点点头说："好！Bien（增加"好"）！"

修改分析：译者在波斯贵人所说的外国单词后面加上中文含义，可以方便中国读者理解他所说的内容。

（3）第12行：而且很满足地带着波斯人看市里的大街，看市场，还显（"显"改为"指"）点名胜给他看……

修改分析："显"与"点"在汉语中不能组成一个词，显然是译者的笔误，所以修改为"指点"。

手稿第6页的修改部分如下：

（1）第6行：第二天早上，市长就到官衙（"到官衙"改为"上衙门"）来……

修改分析：译者把"到官衙"改为"上衙门"，一方面是符合汉语中的常用说法，另一方面也与上文中出现的"衙门"这一名称相统一。

（2）第8行："波斯人是有这样的习俗（"习俗"改为"风俗"）的……"

修改分析：译者把"习俗"改为"风俗"，其实在汉语中，这两个词的含义较为接近，"风俗"是指"社会上长期形成的风尚、礼节、习惯等的总和"①，而"习俗"则指"习惯和风俗"②。译者这样修改可能是为了更突出"风俗"一词中所具有的"长期形成的礼节"这一含义。

（3）第12行："为了尊敬（把"尊敬"先改为"作为"，后又改为"尊重"）俄罗斯和伊朗（"伊朗"改为"波斯"）的钦善的表记"（删去"钦善的表记"）。

修改分析：译者把"尊敬"先改为"作为"，后又改为"尊重"，虽然在汉语中，"尊敬"和"尊重"的意思相近，但是"尊重"还带有"尊敬，敬重"③的含义。从下文来看，译者选择"尊重"可以更突出"敬重"的含义，从而使翻译的内容更准确地表达出市长的心理。另外，译者把"伊朗"改为"波斯"，不仅是为了与上下文中出现的"波斯"这一译名相统一，而且也是为了译名更符合历史情况，因为在契诃夫创作这篇小说时还没有"伊朗"这一国名，波斯国王礼萨·汗在1935年才宣布国名改称伊朗。

---

① 中国社会科学院语言研究所词典编辑室编. 现代汉语词典（2002年增补本）[M]. 北京：商务印书馆，2002：377.
② 中国社会科学院语言研究所词典编辑室编. 现代汉语词典（2002年增补本）[M]. 北京：商务印书馆，2002：1348.
③ 中国社会科学院语言研究所词典编辑室编. 现代汉语词典（2002年增补本）[M]. 北京：商务印书馆，2002：1683.

手稿第 7 页的修改部分如下：

（1）第 1 行：彼此亲善的表记。

修改分析：译者在上一页手稿中删掉了"亲善的标记"，在此页手稿上改为"彼此亲善的表记"，使译文更准确地表达出两个国家之间的友谊。需要说明的是，译者是在一个纸条上写下上述文字后贴在原稿中的，原先翻译的内容已经无法看到。

（2）第 5 行：市长（增加"在"）心里觉得不舒服，然而也并不久。

修改分析：译者在"心里"一词前面加上"在"字，一方面使用方位词"在"可以使译文更准确，另一方面也可以使句子更通顺。

（3）第 8 行：大约是市长要（增加"想"）请客人看一出稀奇的把戏罢，便（增加"从上面"）向着在下面走来走去（增加"的"）值班人，从上面（删去"从上面"）大声叫喊道……

修改分析：译者在"要"字后面增加一个"想"字，可以更准确地反映出市长的心理活动。译者把"从上面"这几个字调整位置，并增加"的"字，可以使句子更通顺。

手稿第 8 页的修改部分如下：

（1）第 5 行：他廠（"廠"改为"敞"）开外套，一直走到晚……

修改分析："廠"字是"厂"的繁体字，也写作"厰"，译者此处是笔误，所以把"廠"字改为"敞"字。

（2）第 7 行：他气闷，肚里火（"火"改为"好像火"）在烧，他的心跳个不住；现在他（"他"改为"是"）在想得塞尔维亚的泰可服勋章了。

修改分析：译者把"肚里火在烧"改为"肚里好像火在烧"，可以使语言更准确，句子更通顺。另外，译者把"他"字改为"是"字，不仅是为了与上文衔接，使句子更简洁，而且也可以起到强调的作用，从而突出市长当时的心理状态。

（3）第 9 行：（一八八七年原作）（删去"原"字）

修改分析：契诃夫是在一八八七年写作这篇小说，译者删去"原"字，用"一八八七年作"来标明小说写作的时间，可以使译文更准确。

2.《难解的性格》的手稿中修改字、词和句子的概况及分析

手稿第 9 页的修改部分如下：

（1）第4行：她对面坐着一位省长（增加"的"）特任（"任"改为"委"）官，牠（删去"牠"）是年青的新作家，在省署时报上发表（增加"他"）描写上流社会的短篇小说的……

修改分析：译者把"省长特任官"改为"省长的特委官"，虽然在汉语中，"委"和"任"含义有所不同，"委"的含义是"把事交给别人去办"①，"任"的含义是"任用"②，但是"委"和"任"可以组成一个词，译者这样修改或许是为了突出这位小说家是省长委任的官员。另外，译者删去"牠"字，同时在下文中增加一个"他"字，一方面可以使句子更通顺，另一方面是因为"牠"字是指代人之外的事物，相当于后来简化字中的"它"，用在此句中显然是一个错别字。

（2）第7~8行："啊，我懂得您的!"那特（增加"委"）官在她的（删去"的"字）手镯近旁（增加"的手上"）接着吻，说。"您那敏感的，灵敏的精神，在寻一条走出迷宫的去路呀……一定是的! 这是一场可怕（"可怕"改为"厉害"）的，吓人的斗争……"

修改分析：译者在"特官"中间加上一个"委"字，是与上文出现的"特委官"这一名称统一。另外，译者在"手镯近旁"后加上"的手上"，并删去"的"字不仅可以使译文更准确，而且也可以使句子更通顺。译者把"可怕"改为"厉害"，是因为此处的"可怕"与后面的"吓人"一词在意思上重复了。

（3）第11行："但那主要的（"主要的"改为"要点"）是在我的不幸!"

修改分析：译者把"主要的"改为"要点"，可以使语言更简洁。

手稿第10页的修改部分如下：

（1）第2行："您讲罢! 我恳求您，请您讲出（增加"来"）罢!"

修改分析：译者在"讲出"后添上"来"字，可以使句子更通顺。

（2）第3~4行："您听罢。我是生在（增加"一家"）贫穷的仕宦之家的。我的父亲是一个好人，也聪明，但是……时代和环境的精神……vous

---

① 中国社会科学院语言研究所词典编辑室编. 现代汉语词典（2002 年增补本）［M］. 北京：商务印书馆，2002：1312.

② 中国社会科学院语言研究所词典编辑室编. 现代汉语词典（2002 年增补本）［M］. 北京：商务印书馆，2002：1067.

compeneg（您明白的），我（增加"并"）不想责备我那可怜的父亲。"

修改分析：译者在"贫穷的仕宦之家的"前面增加"一家"两字，可以使句子更通顺，译文更准确。另外，译者在"不想"之前增加一个"并"字，可以起到强调的作用。

（3）第6行："那可怕（"可怕"改为"吓人"）的学校教育……"

修改分析：在汉语中，"可怕"和"吓人"的意思相近，译者这样修改，是因为后者带有"使害怕"① 的含义，可以更为准确地表达出原意。

（4）第10行："我急于要如（"如"改为"成"）一个人！是的！要成为一个人！"

修改分析：译者把"如"改为"成"，可能是因为"我急于要如一个人！"这一句子在汉语中有点不通顺，但是译者把"如"改为"成"之后，"我急于要成一个人！"这一句子同样也不太通顺，应当把"如"字改为"成为"，或在"人"前加上"独立的"，这样的话，句子才比较通顺。

（5）第11~12行："我并不是在吻您，您这出奇的人物，我是（增加"在"）吻人类的苦恼！您记得拉斯可里涅可夫么？他（增加"是"）这样的接吻的。"

修改分析：译者在句子中分别添加了"在"字和"是"字，不仅可以起到强调的作用，而且也可以使句子更通顺。

手稿第11页的修改部分如下：

（1）第3行："……在我的前途（"前途"改为"路上，"）我遇到了一个很富（"富"改为"有钱"）的老将军……"

修改分析：译者把"前途"改为"路上"，前者"原指前面的路程，比喻将来的光景"②，后者意思是"在路途中"③，带有"人生道路上"的含义，这样的修改可以使译文更准确。另外，译者把"很富"改为"很有钱"，可以突出金钱对于女主人公的吸引力。

---

① 中国社会科学院语言研究所词典编辑室编. 现代汉语词典（2002 年增补本）［M］. 北京：商务印书馆，2002：1359.

② 中国社会科学院语言研究所词典编辑室编. 现代汉语词典（2002 年增补本）［M］. 北京：商务印书馆，2002：1011.

③ 中国社会科学院语言研究所词典编辑室编. 现代汉语词典（2002 年增补本）［M］. 北京：商务印书馆，2002：825.

（2）第5~6行："……但是，这将军的拥抱，在我是觉得怎样的难堪和卑污呵，虽然别一面，他在战争上曾经显得很大的勇敢，也只好一任牠（"一任牠"改为"任他去"）。有时候——（增加"那是"）可怕的时候（增加"呀！"）然而安慰我的是这一种思想，这老头子不是今天，就是明天便会死（增加"掉"）的……"

修改分析：译者把"一任牠"改为"任他去"，一方面，"牠"字是指代人之外的事物，相当于后来简化字中的"它"字，用在此处显然是错别字，另一方面也可以使句子更通顺。另外，译者在"可怕的时候"改为"那是可怕的时候呀！"，可以起到突出和强调的作用。译者在"死"后增加"掉"字，组成词语"死掉"，这样可以使句子更通顺。

3.《阴谋》的手稿中修改字、词和句子的概况及分析

手稿第13页的修改部分如下：

（1）第1行：二，讨论十月（按：译者在此处涂掉一个字，改为"二"）日事件。

修改分析：译者可能出现了笔误，所以涂掉这个字，并改为"二"，从而与下文出现的时间统一。

（2）第5~8行：十月二日事件的张本人医师夏列斯妥夫，正在准备（增加"着"）赴会；他站在镜子前面已经好久了，竭力要给自己的脸上显（"显"改为"现"）出疲劳的（"劳的"改为"倦"）模样来。如果它显着兴奋的，紧张的，红红的或是苍白的脸相去赴会罢，（按：此处涂去两个字，看不清楚）他的敌人会一场（"会一场"改为"是要当作他对于"）他们的（增加"阴"）谋，给与了重大的意义（增加"的"），然而，假使他的脸是冷（增加"淡"）不动声色……

修改分析：译者添加一个"着"字，可以使句子更通顺。译者把"显出"改为"现出"，是因为，虽然在汉语中"显"和"现"意思相近，并且可以组成"显现"这个词，但是"现"字的含义之一是"表露在外面，使人可以看见"①，从下文来看，"现"字可以更准确地表达出夏列斯妥夫的心理。

---

① 中国社会科学院语言研究所词典编辑室编.现代汉语词典（2002年增补本）[M].北京：商务印书馆，2002：1367.

在汉语中，"疲劳"的含义是"因体力或脑力消耗过多而需要休息"①，而"疲倦"带有"疲乏，困倦"②含义。译者把"疲劳"改为"疲倦"，不仅可以突出夏列斯妥夫的"疲乏，困倦"的精神状态，而且也可以更准确地反映出夏列斯妥夫的心理。另外，译者把"他的敌人会一场他们的谋"修改为"他的敌人是要当作他对于他们的阴谋"，不仅可以使句子更通顺，而且也可以更准确地表达出夏列斯妥夫猜测对手的心理。译者可能是因为笔误，所以在"冷"字后面增加一个"淡"，组成一个词"冷淡"，从而使句子更通顺。

手稿第 14 页的修改部分如下：

（1）第 1 行：他要没有声响的走进会场去，（增加"用"）惰洋洋的手势摸一下头发，对谁也不看，坐在桌子的边上（删去"边上"）末一头。

修改分析：译者增加"用"字，可以使句子更通顺。另外，译者删去"边上"，可能是因为该词的含义与"末一头"有所重复，删去之后，可以使句子更简洁。

（2）第 3 行：大家是说话，争论，激昂，彼此叫要（"要"改为"着"）守秩序……

修改分析：译者把"要"改为"着"字，不仅可以使句子更通顺，而且也可以用"叫着"一词来突出当时混乱的场面。

（3）第 4 行：他才把（"把"先改为"向同僚抬起"，后增加了一个"们"字，改为"向同僚们抬起"）他那懒懒的疲倦的眼睛，很不愿意的开口道……

修改分析：译者删去"把"字，并增加"向同僚们抬起"，可以使句子更通顺，译文更准确。

（4）第 7 行：在前一次的会议上，几位可敬的同们（"们"改为"事"）已经发表……

修改分析：译者出现了笔误，所以把"同们"修改为"同事"。

（5）第 11~12 行：会同诊断的时候，他发出大声，以及不管别人（增加"在旁，"）打断同事的说话……

---

① 中国社会科学院语言研究所词典编辑室编. 现代汉语词典（2002 年增补本）[M]. 北京：商务印书馆，2002：966.
② 中国社会科学院语言研究所词典编辑室编. 现代汉语词典（2002 年增补本）[M]. 北京：商务印书馆，2002：966.

修改分析：译者在"以及不管别人"后面添加"在旁，"可以使句子更通顺。

手稿第 15 页的修改部分如下：

（1）第 2 行：然而，什么缘（增加"故"）呢?

修改分析：译者出现了笔误，所以把"缘"修改为"缘故"。

（2）第 3 行：就是每一回会诊，同事们的知识程度之低，不得不使他夏列斯妥夫诧（"诧"改为"惊"）异。

修改分析：译者把"诧异"修改为"惊异"，是为了突出夏列斯妥夫惊讶的程度。因为在汉语中，虽然这两个词的含义相近，但是"诧异"是指"觉得十分奇怪"①，而"惊异"则指"惊奇诧异"②，相对来说，"惊异"比"诧异"多了一个"惊奇"的含义。

（3）第 9 行：夏列斯妥夫却毫（"毫"改为"置之"）不（增加"理"）合他一点心意（删去"合他一点心意"）继续地说到……

修改分析：译者把"毫不合他一点心意"修改为"置之不理"，可以使译文更简洁。

（4）第 10 行：可敬的同事希拉把女优绥米拉米提娜的（增加"游走"）肾脏（删去"脏"）误诊为脓疡……

修改分析：译者在肾的前面添加"游走"两字，并删掉"脏"字，这是因为"游走肾"是一个医学中的专业名词，指肾脏不在正常的肾脏位置，这样修改可以使译文更准确。

手稿第 16 页的修改部分如下：

（1）第 1 行：可敬的同事台儿（按：此处涂掉一个字，改为"哈"）良支先生……

修改分析：译者出现了笔误，把原来的错字改为"哈"，从而使上下文中的人名相统一。

（2）第 3 行：她的下巴（"巴"改为"颚"）骨脱了臼……

修改分析：译者把"下巴"修改为"下颚"，可能是符合医学中的专业

---

① 中国社会科学院语言研究所词典编辑室编 . 现代汉语词典（2002 年增补本）［M］. 北京：商务印书馆，2002：133.

② 中国社会科学院语言研究所词典编辑室编 . 现代汉语词典（2002 年增补本）［M］. 北京：商务印书馆，2002：666.

称呼。因为在汉语中，"下巴"和"下颚"意思相近，"下巴"是"下颌的通称"①，"下颚"是指"脊椎动物的下颌"②，两者都可以指"下颌"。

（3）第8~9行：他在大佐夫人德来锡金斯凯耶命名（增加"日"）庆祝的席上，竟在说，和我们的可敬的会长夫人有关系的，并非可罗派理台勒尼，倒是我！

修改分析：译者出现了笔误，因为"命名日"是指和本人同名的圣徒纪念日，主要在一些天主教、东正教国家庆祝。另外，从上文出现过的人名来看，译者在"可"字前漏掉"斯"字。

（4）第11行：是（译者在"是"后先添加了一个字，后又涂掉，已经看不清楚）谁呀？

修改分析：译者此处出现了笔误，所以涂掉一个字。

手稿第17页的修改部分如下：

（1）第1行：一个普鲁士的奸细——这已经确是 ultima ratio（至高的结论）了！（"至高"改为"惟一"）

修改分析：ultima ratio 在英语中是习惯用语，意思是"最后的结论，最后的手段"，从上下文来看，译者把 ultima ratio 翻译成"至高的结论"，显得有些不准确。译者把"至高"修改为"惟一"，不仅使译文相对来说更准确，而且也可以起到强调的作用。

（2）第3行：凡有医师们，倘要显出自己的聪明和是干练的雄辩家来，就总是用这两词（删去"词"）句腊丁话……

修改分析：译者此处出现了笔误，"这两词句腊丁话"在汉语中显然不通顺，所以译者结合下文的内容，删去"词"字。

（3）第6行：可敬的同事们从席（"席"改为"座位"）上跳起来……

修改分析：译者把"席"改为"座位"，可以使译文更准确。虽然在汉语中，"席"也有"坐位，席位"③的含义，和"座位"的含义相近，但是

---

① 中国社会科学院语言研究所词典编辑室编. 现代汉语词典（2002年增补本）[M]. 北京：商务印书馆，2002：1356.

② 中国社会科学院语言研究所词典编辑室编. 现代汉语词典（2002年增补本）[M]. 北京：商务印书馆，2002：1357.

③ 中国社会科学院语言研究所词典编辑室编. 现代汉语词典（2002年增补本）[M]. 北京：商务印书馆，2002：1348.

考虑到上下文，还是用"座位"一词可以使该词和前后的文字的搭配比较好。

（4）第9行：所有的事都趋在（"趋在"改为"靠着"）阴谋了（删去"了"）。

修改分析：译者把"趋在"改为"靠着"，因为"趋在"虽然有"趋向"的含义，但是在汉语中不是一个词语，这样修改可以使译文更准确。译者删去"了"字，可以使译文更简洁。

（5）第11~12行：在不可以言语形容的喧嚣和哄（"哄"改为"轰"）动里，开始选举会长了。望·勃隆公司拼命的给普莱西泰勒出力……

修改分析：译者的此处修改可能是其习惯用法，因为在汉语中，"哄动"和"轰动"意思相同，可以互用，都指"同时惊动很多人"①。

手稿第18页的修改部分如下：

（1）第4行：可敬的同事摩西教徒（"可敬的同事摩西教徒"改为"摩西教派的可敬的同事们"）又聚作一堆，（增加"在"）嚷叫着（删去"着"）……

修改分析：译者把"可敬的同事摩西教徒"改为"摩西教派的可敬的同事们"，不仅可以突出这些同事都是摩西教派的宗教身份，而且也可以使译文更准确。另外，译者在"嚷叫"前添加一个"在"字，删掉一个"着"字，不仅可以突出摩西教派的同事们当时的状态，而且也可以使句子更通顺。

（2）第7~10行：摩西教派的可敬的同事们应该出去！和他自己的一派，要弄到待（"待"改为"一"）到正月，就再不剩一点阴谋。他先是刷新了协会里的外来病人诊治室（"室"改为"所"）的墙壁，还挂起一块"严禁吸烟"的牌示；于是把男女的救护生（"生"改为"医员"）都赶走，药品是不要格伦美尔的了，去取赫拉士舍别支基的，（增加"医师们还提议倘"）不经过他的鉴定，就不得施行手术等等。

修改分析：译者把"待"改为"一"，可以与后面的"就"字组成"一……就……"句式，可以起到强调的作用。译者把"诊治室"改为"诊治所"，是因为在汉语中，前者主要是一个地点的名称，而后者更像一个机构的名称。译者把"救护生"改为"救护医员"，可能是"救护生"没有"救

---

① 中国社会科学院语言研究所词典编辑室编.现代汉语词典（2002年增补本）［M］.北京：商务印书馆，2002：519.

护医员"更符合"诊治所"这一医疗地点的人员的名称，从而使译文更准确。另外，译者增加"医师们还提议倘"这几个字，不仅可以使译文更准确，而且也可以使句子更通顺。

手稿第 19 页的修改部分如下：

（1）第 1~3 行：他从好梦里醒转，赶紧要使他的脸显出疲倦的表情来，但那脸却不愿意依从他，只成了一种酸酸的钝钝的表情，像受冻的小狗儿一样；他想牠再分（"牠再分"改为"脸再分"）明些，但（删去"但"）然而又不见得牠（删去"牠"）长（增加"了起来，"）模糊下去……

修改分析：译者把"他想牠再分明些"修改为"他想脸再分明些"，突出"脸"的地位，可以使指代更明确。译者删去"但"字，是因为该字与后面的"然而"在意思上重复了。另外，在汉语中，"然而又不见得牠长模糊下去……"，这句话不通顺，所以译者删去"牠"字，并在"长"的后面添加"了起来"这几个字和逗号，从而使句子更通顺。

（2）第 3 行：他顺下眼皮，细一细眼睛，鼓一鼓面（先改为"脸"，后又删去）颊，皱一皱眉头（"眉头"改为"前额"）

修改分析：在汉语中，"脸颊"指"脸的两旁部分"[1]，而"面颊"指"脸蛋"[2]。结合上下文来看，译者如果用"脸颊"的话，会更准确。另外，译者把"眉头"修改为"前额"，可以使译文更准确。因为在汉语中，"眉头"是指"两眉附近的地方"[3]，而"额"是指"人的眉毛以上头发以下的地方"，"通称额头"[4]。

（3）第 4~5 行：大约这脸的天（增加"然"）的特色就是一种，奈何牠不得的。前额是低的，两只小眼睛（增加"好"）像狡猾（增加"的"）女商人，一样（删去"一样"）轮来轮去……

修改分析：译者出现笔误，所以在"天"后面增加一个"然"字，组成

---

① 中国社会科学院语言研究所词典编辑室编 . 现代汉语词典（2002 年增补本）[M]. 北京：商务印书馆，2002：786.

② 中国社会科学院语言研究所词典编辑室编 . 现代汉语词典（2002 年增补本）[M]. 北京：商务印书馆，2002：879.

③ 中国社会科学院语言研究所词典编辑室编 . 现代汉语词典（2002 年增补本）[M]. 北京：商务印书馆，2002：861.

④ 中国社会科学院语言研究所词典编辑室编 . 现代汉语词典（2002 年增补本）[M]. 北京：商务印书馆，2002：328.

词语"天然"，从而使句子更通顺。另外，译者在句中增加"好"字和"的"字，删去"一样"两字，可以使句子更简洁更通顺。

（4）第7~8行：夏列斯妥夫看了自己的脸，气忿了，觉得这脸对他也在玩（"玩"改为"弄"）阴谋。他走到前厅，准备着（删去"着"）出去，又觉得连那些外套，橡皮（增加"套"）靴（增加"和"）帽子，也在对他弄着阴谋。

修改分析：在汉语中，"玩"的意思是"使用（不正当的方法、手段等）；用不严肃的态度来对待；轻视；戏弄"①，"弄"的意思是"做；干；办；搞；耍；玩弄"②。"玩"和"弄"可以组成"玩弄"这一词语，译者把"玩"字改成"弄"字，可以更突出"做"的含义。另外，译者删去"着"字，可以使句子更简洁。译者把"橡皮靴帽子"修改为"橡皮套靴和帽子"，可以使译文更准确。

（5）第13行：（一八八七年一月作）（删去"一月"两字）

（鲁迅译）（删去"鲁迅译"）

修改分析：译者删去"一月"，可能是与前几篇小说在结尾所署的日期一致，都只标出写作年份，而没有标出月份。另外，译者删去"鲁迅译"这几个字，主要是为了与另外的两篇小说的格式统一，那两篇小说的译稿都没有在小说末尾标明"鲁迅译"。

二、结语

虽然鲁迅翻译的契诃夫的这三篇小说大约只有8000个汉字，但是鲁迅在翻译手稿上的修改达到127处（此外尚有多处被完全涂掉之处）。通过对鲁迅在这三篇翻译手稿上的修改内容的概述和分析，可以得出如下的结论：

1. 从鲁迅对这三篇翻译手稿的修改可以看出，鲁迅在翻译过程之中注重对字、词、句和标点符号的使用，努力做到译文的"信""达"，从而方便中国读者的阅读。

总的来说，鲁迅在这三篇翻译小说的手稿上的修改可以大致归为如下几

---

① 中国社会科学院语言研究所词典编辑室编．现代汉语词典（2002年增补本）［M］．北京：商务印书馆，2002：1297.

② 中国社会科学院语言研究所词典编辑室编．现代汉语词典（2002年增补本）［M］．北京：商务印书馆，2002：937.

类：（1）修改译稿中的笔误。如手稿第 15 页第 2 行："然而，什么缘呢？"鲁迅此处出现了笔误，所以把"缘"修改为"缘故"。（2）修改译稿中不太通顺的句子。如手稿第 8 页第 7 行："他气闷，肚里火在烧。"鲁迅把"肚里火在烧"改为"肚里好像火在烧"，可以使语言更准确，句子更通顺。（3）修改译稿中不太恰当的字词。如手稿第 6 页第 12 行："为了尊敬俄罗斯和伊朗的钦善的表记。"鲁迅把"尊敬"先改为"作为"，后又改为"尊重"，从下文来看，译者选择"尊重"可以更突出"敬重"的含义，从而使翻译的内容更准确地表达出市长的心理。（4）为译稿中的一些外文单词增加中文说明。如手稿第 5 页第 7~8 行：他用叉刺着熏鱼，点点头说："好！Bien！"鲁迅在波斯贵人所说的外国单词后面加上中文含义，可以方便中国读者理解他所说的内容。（5）把一些人名修改为通用的中文译名。如手稿第 2 页第 3 行："古斤已经有了两个徽章，一个斯丹尼斯拉夫三等勋章。"译者把"丹"改为"坦"，使人名更符合汉语中通用的译名。（6）把一些词语修改为专业的医学名词。如手稿第 15 页第 10 行："可敬的同事希拉把女优绥米拉米提娜的肾脏误诊为脓疡。"译者在肾的前面添加"游走"两字，并删掉"脏"字，这是因为"游走肾"是一个医学中的专业名词，指肾脏不在正常的肾脏位置，这样修改可以使译文更准确。（7）把三篇小说中的写作时间等一些细节问题统一。如手稿第 19 页第 13 行：（一八八七年一月作）（鲁迅译）。译者删去"一月"，可能是与前几篇小说在结尾所署的日期一致，都只标出写作年份，而没有标出月份。另外，译者删去"鲁迅译"这几个字，主要是为了与另外的两篇小说的格式统一，那两篇小说的译稿都没有在小说末尾标明"鲁迅译"。

2. 从鲁迅的这三篇翻译手稿中可以看出，在鲁迅修改后的手稿中仍然存在一些语言方面的错误。

需要指出的是，鲁迅虽然对这三篇小说的翻译稿做了大量的修改，但是在这些翻译手稿中仍然存在一些问题，具体种类如下：（1）仍然存在一些笔误。如手稿第 16 页第 9 行："并非可罗派理台勒尼，倒是我！"从上文出现的人名来看，鲁迅在"可"前漏掉了"斯"字。另外，手稿第 17 页第 12 行中的"公司"应当是"公开"。（2）仍然存在一些不太恰当的字词。如手稿第 17 页第 1 行："一个普鲁士的奸细——这已经确是 ultima ratio（至高的结论）了！"译者把 ultima ratio 这个英文习惯用语先翻译成"至高的结论"，后来又把"至高"修改为"惟一"，但是，ultima ratio 的意思是"最后的结论，最后的手段"，从上下文来看，译者把 ultima ratio 翻译成"惟一的结论"，仍然显得有些不准确。（3）仍然存在一些不太通顺的句子。如手稿第 10 页第 10 行："我急于要如一个人！"鲁迅虽然把"如"改为"成"，但是在汉语中，这个句子仍然不太通顺。（4）仍然存在一些错误的标点符号。如手稿第 17 页第 10 行："我以为是我的义务："从上下文来看，此处的冒号应当为句号。

　　对于鲁迅翻译手稿中存在的这些明显的错误，特别是其中的一些错误还被后来的不同发表版本沿用，我们应当用理校的方法纠正这些错误，在鲁迅译稿的正文中保留这些错误字词的同时，还要在注释之中把明显错误的字词改正过来。

　　3. 从鲁迅的这三篇翻译手稿中也可以看出，鲁迅的翻译观点和翻译实践并不太一致，我们要结合具体情况对鲁迅所倡导的翻译观点和他的翻译实践进行辨析。

　　众所周知，鲁迅提倡"直译"的翻译方法，他在写于 1935 年 6 月 10 日的《"题未定"草（一至三）》一文中表明了自己翻译《死魂灵》等外国讽刺小说的观点：

　　如果还是翻译，那么，首先的目的，就在博览外国的作品，不但移情，也要益智，至少是知道何地何时，有这等事，和旅行外国，是很相像的：它必须有异国情调，就是所谓洋气。其实世界上也不会有完全归化的译文，倘有，就是貌合神离，从严辨别起来，它算不得翻译。凡是翻译，必须兼顾着两面，一当然力求其易解，一则保存着原作的丰姿，但这保存，却又常常和易懂相矛盾：看不惯了。不过它原是洋鬼子，当然谁也看不惯，为比较的顺眼起见，只能改换他的衣裳，却不该削低他的鼻子，剜掉他的眼睛。我是不主张削鼻剜眼的，所以有些地方，仍然宁可译得不顺口。只是文句的组织，无须科学理论似的精密了，就随随便便，但副词的"地"字，却还是使用的，因为我觉得现在看惯了这字的读者已经很不少。①

　　如果把鲁迅的上述翻译观点对照他的这三篇翻译手稿的内容，可以看出鲁迅的上述翻译的观点在这三篇翻译手稿的内容中有一定程度的体现。但是，

---

① 鲁迅 ."题未定"草（一至三）［M］//鲁迅 . 鲁迅全集：第六卷 . 北京：人民文学出版社，2005：364-365.

鲁迅在翻译契诃夫的这三篇小说的过程中不仅大量采用"直译"的翻译方法，而且也适当采用"意译"的翻译方法，并采用了一些中国化的词语，由此可以看出他的翻译观点和翻译实践并不太一致。

鲁迅在用"直译"的翻译方法来"保存着原作的丰姿"的同时还要"力求其易解"，这就不可避免地造成翻译过程中的困难，使得他只好在一些地方采用"意译"的翻译方法。如手稿第 15 页第 9 行："夏列斯妥夫却毫不合他一点心意继续地说到……"鲁迅把"毫不合他一点心意"修改为"置之不理"，就是采用了"意译"的方法，这样可以使译文更简洁。

另外，鲁迅还强调翻译要"必须有异国情调，就是所谓的洋气"①，但是从《波斯勋章》的翻译手稿中可以看出，鲁迅还使用了一些中国化的机构名称，如鲁迅在手稿中先后使用了"衙门"和"公署"这两个词来表明市长所在的官方机构的名称，并且又把"公署"修改为中国化的名称"衙门"，但是这个单词在契诃夫的俄文小说的原文中是"参议会"，毫无疑问，"参议会"这一西方化的机构名称比"衙门"这一中国化的机构名称更有"异国情调"。类似的例子还有鲁迅在《阴谋》的翻译稿中把"一月"翻译成"正月"（"正月"显然是中国农历中的名称），在《波斯勋章》的翻译稿中把"日本"翻译成"扶桑"（虽然中国古代把日本称为扶桑，但是很显然俄国并不把日本称为扶桑国）。由此可见，鲁迅在具体的翻译实践中也并不都像他所倡导的那样把译文译得富有"异国情调"。

---

① 鲁迅."题未定"草（一至三）［M］//鲁迅. 鲁迅全集：第六卷. 北京：人民文学出版社，2005：364.

鲁迅照片研究

两张被注错了四十年的鲁迅照片

自文物出版社在 1976 年 8 月出版《鲁迅 1881—1936》（照片集）以来，国内陆续出版了多部关于鲁迅的照片集，以及多部关于鲁迅的图文书等，虽然这些关于鲁迅的照片集和图文书都是一些著名的鲁迅研究专家或者是各地的鲁迅纪念馆等权威机构编撰的，但是遗憾的是，有两张鲁迅的照片经常被注错了拍摄时间和拍摄者，这个错误从 1976 年算起，也有 40 年了，但是一直没有得到充分的重视。

一、北京鲁迅博物馆在 1976 年编辑并出版的《鲁迅 1881—1936》（照片集）中首先注错了两张照片

文物出版社在 1976 年 8 月出版了《鲁迅 1881—1936》（照片集）①，署名是北京鲁迅博物馆编辑，但实际的编辑者是周海婴和裘沙。在该书的"照片说明"部分，对第 100 幅和第 102 幅照片做了如下的注释：

100 大病初愈后在大陆新邨寓所门前所摄之一（5.5×4）②

1936 年 3 月 23 日摄于上海　　　　　　　　　　　　　史沫特莱摄

三月"二日昙。……下午骤患气喘，即请须藤医生来诊，注射一针。"

"八日星期。晴。风。上午内山君来访，并赠花二盆，未见。……须藤医生来诊，云已痊愈。"

"十一日雨。……为白莽诗集《孩儿塔》作序。"

"二十三日清。上午收《改造》（四月分）一本。……下午史女士（注：史沫特莱）及其友来，并各赠花。得孙夫人信，并赠糖食三种，茗一匣。夜译自作日文。"

《鲁迅日记》

---

① 北京鲁迅博物馆编. 鲁迅 1881—1936［M］. 北京：文物出版社，1976. 按：该书没有页码。

② 北京鲁迅博物馆编. 鲁迅 1881—1936［M］. 北京：文物出版社，1976.

"倘能生存，我当然仍要学习；……"

《且介亭杂文末编·答徐懋庸并关于抗日统一战线问题》

102 大病初愈后在大陆新邨寓所门前所摄之二（5.5×4）①

1936 年 3 月 23 日摄于上海　　　　　　　　　　　　　　史沫特莱摄

编者在"后记"中说：

本书汇辑了鲁迅的一一四帧照片（包括局部放大的十二帧）。考虑到这些照片的极其珍贵和保存之不易，编辑过程中，除个别照片有所剪裁外，即使同一时间、地点而只是拍摄角度有少许差异者也尽量收入。为了有助于理解这些照片的背景和意义，在现存鲁迅手稿中选录了部分段落影印；并根据《鲁迅日记》和有关资料，对每帧照片的拍摄时间、地点等作了初步的调查和考证，作为照片说明供读者查阅。②

因为这部《鲁迅 1881—1936》（照片集）是国内首次出版的关于鲁迅的照片全集，加上又是权威的鲁迅研究机构北京鲁迅博物馆编辑的，所以该书影响广泛，其中的一些鲁迅照片经常被各种图书转载。例如编号 100 和 102 的两幅照片不仅被各种关于鲁迅的图书广泛引用，而且也常在各地鲁迅纪念馆制作的鲁迅展览中进行展示。

二、陆晓燕在 1982 年发表的《鲁迅和浅野要》一文首先纠正了鲁迅和浅野要合影照片剪掉浅野要的错误，并在 1984 年发表的《紧邻鲁迅先生》一文的"译者后记"中再次纠正了这两张照片的注释错误

北京鲁迅博物馆的陆晓燕以"晓燕"为名在 1982 年 7 月 27 日出版的《人民日报》上发表了《鲁迅与浅野要》一文（同时在该文的左边配发了鲁迅和浅野要的合影照片），指出：

鲁迅先生与日本学者浅野要先生的友谊，过去一直不为人所知，鲁迅与浅野要的这张合影也因此在发表时，仅剩下了鲁迅一人。最近笔者查阅了 1936 年的《日本评论》杂志，在其中不仅找到了浅野要的形象，确认左边的这张合影中，站在鲁迅身旁的就是浅野先生，而且还找到了浅野要以原胜署名发表的《紧邻鲁迅先生》一文。

---

① 北京鲁迅博物馆编. 鲁迅 1881—1936［M］. 北京：文物出版社，1976.

② 北京鲁迅博物馆编. 鲁迅 1881—1936［M］. 北京：文物出版社，1976.

……

1936 年 1 月，当浅野先生离开上海前夕，鲁迅曾亲笔抄录了杜牧的七绝《江南春》一首相送；而浅野先生则把自己为鲁迅所照的像片和他们一起合影的像片送给鲁迅留作纪念。

浅野先生回国后，立即在《日本评论》杂志十一卷四号（1936 年 4 月）上，发表了他为鲁迅拍摄的照片，鲁迅赠送的墨迹以及他自己的回忆文章。①

虽然《人民日报》在 80 年代初拥有广泛的影响力，但是不知何故，陆晓燕的这篇文章很少被鲁迅研究者提到，因此，她对《鲁迅 1881—1936》（照片集）中那张被剪掉浅野要的合影照片的更正也就没有能够在鲁迅研究界传播开来。

1984 年 11 月，陆晓燕又在北京鲁迅博物馆编辑的《鲁迅研究资料》第 14 辑上发表了译文《紧邻鲁迅先生》，并在这篇译文后面附录的"译者后记"中介绍了这篇文章的原作者日本人原胜和鲁迅交往的情况，特别指出《鲁迅 1881—1936》（照片集）中第 100 幅和第 102 幅照片都注错了拍摄时间和拍摄者：

本文作者浅野要先生（笔名原胜），1908 年出生于日本东京。在旧制松山高中学习期间，因为参加左翼运动而中途退学。以后，他研究中国的政治经济问题，曾任日本改造社驻中国的特派员。在上海时期，他曾住在施高塔路大陆新村八号，与鲁迅先生成了一壁之隔的紧邻，并且常来常往。

鲁迅先生与浅野先生的这段友谊，在国内一直鲜为人知。《紧邻鲁迅先生》一文，是 1936 年 4 月，浅野先生发表在《日本评论》杂志十一卷四号上的回忆文章，与此篇文章同时发表的，还有本文作者为鲁迅先生拍摄的照片一幅，以及鲁迅先生赠与的录唐朝诗人杜牧的七绝《江南春》墨迹一幅。

很清楚，刊登在《日本评论》杂志上的这一幅鲁迅墨迹，正是《鲁迅日记》1936 年 1 月 9 日提到的"下午浅野君来，为之写字一幅"；而鲁迅照片，却正是 1977 年文物出版社出版的《鲁迅》像册中的第 100 幅照片。两幅照片的不同之处在于，《日本评论》杂志上发表的鲁迅像的左侧，有手写体的"鲁迅"二字。

《鲁迅》像册中第 100 幅照片旁的说明判断此照片为鲁迅"大病初愈后"，

---

① 晓燕. 鲁迅与浅野要［N］. 人民日报，1982-07-27（12）.

"1936年3月23日摄于上海"；在册后的《照片说明》中又进一步说明此照为"史沫特莱摄"。以上这些说明文字均不确。根据《日本评论》杂志上记载，此照应为浅野先生摄，而且摄于"昭和十一年一月"，即1936年1月。这时候的鲁迅先生尚未大病。

又，像册中的第102幅照片旁的编者说明，与第100幅的相同。事实上，这是一张鲁迅先生和浅野先生的合影。浅野先生在前文中提到他已经收拾好行装准备回日本，文末署明的日期为三月五日，那么他应该在2月底以前离开上海。再则，根据1936年10月12日的鲁迅日记记载，当浅野先生又一次到上海来的时候，并没有见到鲁迅先生。因此这张合影不应晚于1936年2月底。不过，根据第100幅照片与第102幅照片上鲁迅先生的服装相同，而且地点也相同这一点判断，两张照片很可能摄于同一天。①

应当说，陆晓燕已经正确地指出了《鲁迅1881—1936》（照片集）中的这两张照片注错了拍摄时间和拍摄者，但是，很遗憾，这个更正虽然发表在鲁迅研究领域的重要刊物上，但是依然没有得到鲁迅研究界应有的重视，以致《鲁迅1881—1936》（照片集）对这两张照片的错误的注释直到现在仍然被一些关于鲁迅的图书引用（如林贤治于2003年在中国社会科学出版社出版的《鲁迅的最后10年》一书中，不仅用鲁迅在大陆新邨寓所门口的留影作为封面，而且又在该书第199页再次选用这张照片作为插图，该书对这张照片的说明文字是：1936年3月23日，鲁迅大病后摄于大陆新邨寓所门口②），甚至也被北京鲁迅博物馆和上海鲁迅纪念馆现在正在展示的鲁迅生平基本陈列引用（如北京鲁迅博物馆现在的鲁迅生平陈列中对这张照片的说明文字如下：1936年3月23日，大病初愈后在大陆新邨寓所门前所摄，史沫特莱摄。上海鲁迅纪念馆现在的鲁迅生平基本陈列中对这张照片的说明文字如下：1936年3月，大病初愈后在大陆新村寓所门前所摄）。

三、周海婴和裘沙在1997年发表的回忆这本《鲁迅1881—1936》（照片集）出版过程的文章中指出了编号100照片剪掉了浅野要

人民文学出版社张小鼎编审在1997年7月30日的《中华读书报》上发

---

① 陆晓燕.《紧邻鲁迅先生》"译者后记"［M］//北京鲁迅博物馆编.鲁迅研究资料：第14辑.天津：天津人民出版社，1984：259-260.

② 林贤治.鲁迅的最后10年［M］.北京：中国社会科学出版社，2003：199.

表了《真假照片背后的故事》一文，指出文物出版社在 1976 年出版的《鲁迅
1881—1936》（照片集）中有三幅照片分别剪掉了林语堂、伊罗生、孙福熙，
并做了订正。对此，《鲁迅 1881—1936》（照片集）的实际编者周海婴和裘沙
在 1997 年 9 月 4 日的《中华读书报》上发表了《一部在逆境中诞生的文献》
一文对《鲁迅 1881—1936》（照片集）的编辑和出版过程进行了介绍，并说
明书中有 8 幅照片进行了剪裁：

> 这部照片集，经剪裁和涂抹的照片共 8 张，占全集 102 张的 7.8%。被去
> 掉的合影者共 7 人，除张小鼎先生文章所列举的林语堂、孙福熙、伊罗生、
> 姚克和周作人这 5 人之外，尚有李济之和日本友人浅野要等 2 人。其中林语
> 堂被去掉 3 次，周作人 2 次，其余 5 人各 1 次，共 10 人次。这 8 张照片，按
> 照被处理情况可分三类。一类，因需要去掉的人在照片的一边，就干脆把照
> 片的那一部分剪掉了。这样处理的照片一共 4 张。它们是，第 29 图和第 30 图
> 那两张鲁迅和爱罗先珂等人的合影，都是因为有周作人而被切掉的；第 89 图
> 剪掉了姚克；第 102 图剪掉了浅野要（因当时怎么也查不到他的姓名，剪掉
> 了以防万一）。一类是需要去掉的人物在照片上的位置，不是剪刀可以解决
> 的，只好把这个人从照片"修"掉。这样处理的照片共 3 张，也就《中华读
> 书报》公布的那 3 张。……最后一类是剪刀和喷笔兼用的第 81 图，那幅鲁迅
> 和杨杏佛的合影，原是一张横幅的三人照。过去由于没有人知道这位合影者
> 的姓名，无论是在鲁迅博物馆的展览中陈列，还是在书刊包括人民美术出版
> 社 1957 年出版的《鲁迅图片集》中刊用，都是未经剪裁的，待到我们考证出
> 这位合影者，正是在台湾故宫博物馆任职的考古学家李济之时，那就只好在
> 照片上消失了，不但把横幅剪成了竖幅，而且把剪不干净的他那挨着杨杏佛
> 的半拉手臂，"修"成了几根篱笆。这 8 张照片，说它在全集中是少数，应该
> 说是比较符合实际的。我们在这里，所以要把它们和盘托出，是为了在纠正
> 它的负面效应时，避免产生另一种负面效应：看不到蚂蚁时，以为没有蚂蚁，
> 一看到蚂蚁，又以为全是蚂蚁，因而造成连那 94 张未经剪裁和涂抹的照片都
> 不敢用了的局面，这是完全可能并且是有过先例的（《鲁迅 1881—1936》（照
> 片集）就因这 6 张照片的删改，曾于 1981 年被排除在历年纪念鲁迅的出版物

之外①，但《鲁迅》照片集却没有因此而沉寂，这正是它作为文献而存在的特殊的魅力）。而迄今为止，《鲁迅1881—1936》（照片集）还是收集鲁迅照片最多的一个集子，经订正和增补的《鲁迅1881—1936》（照片集），出版又如此之难，很可能今后相当一段时间，人们还只能靠这部有缺陷的"畸形儿"来满足选用鲁迅照片的需要。我们认为，《鲁迅1881—1936》（照片集）虽然有考证上的个别失误（指鲁迅在日本仙台的几幅照片，因当年无法向日本进行调查而造成的失误，后由日本朋友作了订正），有极"左"路线的痕迹，但仍不失为一部珍贵的文献，而且是一部在逆境中诞生的文献。去年它被列为鲁迅博物馆成立四十周年的科研成果之一，不是没有道理的。②

从上述内容可以看出，周海婴和裘沙在1976年编辑和出版《鲁迅1881—1936》（照片集）时，之所以把鲁迅和浅野要的合影剪掉浅野要，是"因当时怎么也查不到他的姓名，剪掉了以防万一"。但是，周海婴和裘沙虽然在1997年发表《一部在逆境中诞生的文献》这篇文章时已经知道这个和鲁迅合影的人是浅野要，不过他们只说明了鲁迅和浅野要合影的这张照片剪掉浅野要的事情，没有意识到他们所注释的这张照片的拍摄时间和拍摄者也是错误的。

四、《鲁迅家庭大相簿》《鲁迅影像故事》《鲁迅像传》等图书在收录这两张照片时都存在一些错误

周海婴撰文的《鲁迅家庭大相簿》在第54页收录了鲁迅和浅野要的合影，并对此照片做了如下的说明：父亲与某记者合影。③ 很显然，这个注释是不太准确的，因为周海婴和裘沙在1997年发表的《一部在逆境中诞生的文献》就已经说明这张照片中与鲁迅合影的人是浅野要，因此，这张照片的文字说明应当是：父亲和日本记者浅野要合影。另外，在该书第71页还收录了鲁迅在大陆新邨寓所门前的照片，并对此照片做了如下的说明：父亲的病有

① 陈漱渝，张小鼎，孙瑛，叶淑穗编. 鲁迅画传 [M]. 北京：人民美术出版社，1981：137.

② 周海婴，裘沙. 一部在逆境中诞生的文献 [N]. 中华读书报，1997-09-04（5）.

③ 周海婴撰文，上海鲁迅文化发展中心编著. 鲁迅家庭大相簿 [M]. 北京：同心出版社，2005：54.

了些许的缓和，便在 1936 年 3 月 23 日大陆新邨寓门口留影。① 需要指出的是，这张照片的说明文字不仅拍摄时间是错的，而且说明中的"父亲的病有了些许的缓和"这些文字也不对，因为鲁迅在 1936 年 1 月 9 日拍摄这张照片时从鲁迅日记中可以看出鲁迅这时没有生病。

赵瑜撰文的《鲁迅影像故事》收录了鲁迅的这两张照片。该书在第 223 页收录了鲁迅和浅野要的合影，说明文字为：1935 年，鲁迅与某记者合影。② 该书虽然收录了这张照片，但是大约赵瑜不知道这张照片中的"某记者"是谁，所以并没有在书中介绍这张照片背后的故事。需要指出的是，该书在这张照片的说明文字中所注明的拍摄时间是错误的，应当是 1936 年 1 月 9 日，鲁迅和日本记者浅野要合影。

另外，该书在第 228 页收录了鲁迅在大陆新邨寓所门前的照片，又在第 229 页收录了这张照片的局部放大的照片，所附的说明文字相同，内容如下：1936 年 3 月 23 日，鲁迅病情些许的缓和后，在大陆新邨寓所门前留影。③ 由此，作者用《病中的鲁迅先生》为题用一个章节来介绍这张照片背后的故事：

1936 年 3 月中下旬开始，鲁迅因为胃口不好，体重下降得厉害，在《鲁迅日记》里须藤医生看病的记录几乎每天都有。正是此时，美国女记者史沫特莱请来了美国医生托马斯·邓来珍视，最后美国医生的结论是鲁迅先生患了结核性肋膜炎，而且因为积累较久，鲁迅的肋膜里已经有了少量的积液，如果要治愈此病，必须要马上抽出液体，不然便会有生命的危险。④

鲁迅在 1936 年 1 月 9 日拍摄这张照片时并没有生病。很显然，赵瑜不知道这张照片的准确拍摄时间和拍摄时鲁迅的身体情况，由此弄错了这张照片背后的故事，并洋洋洒洒地以此照片为主写了鲁迅在 1936 年 3 月患病之后的故事。

黄乔生撰写的《鲁迅像传》也收录了鲁迅的这两张照片。该书在第 286 页收录了鲁迅与浅野要的合影，但是说明文字是：鲁迅与梁得所合影，约摄

---

① 周海婴撰文，上海鲁迅文化发展中心编著. 鲁迅家庭大相簿［M］. 北京：同心出版社，2005：71.

② 赵瑜. 鲁迅影像故事［M］. 北京：人民文学出版社，2011：223.

③ 赵瑜. 鲁迅影像故事［M］. 北京：人民文学出版社，2011：229.

④ 赵瑜. 鲁迅影像故事［M］. 北京：人民文学出版社，2011：223.

于 1934—1935 年。① 并由此以《记者》为题，介绍了鲁迅与梁得所的交往情况：

> 鲁迅与《良友画报》记者梁得所的这张合影，约摄于 1934—1935 年。

> 梁得所离开《良友》后，编《大众画报》《时代画报》《小说》半月刊等。另辟新地的他再次找到鲁迅，寻求支持，是在情理之中的。

> 这张照片的说明一直语焉不详。从照片上鲁迅的形象看，与 1928 年初梁得所担任《良友画报》记者时所拍摄的鲁迅在书房的照片（见本书 202 页）差距较大。在文物出版社 1976 年版《鲁迅 1881—1936》（照片集）上，左边梁得所的形象被剪掉，只剩下鲁迅，解说文字是"大病初愈后在大陆新邨寓所门前所摄之二，1936 年 3 月 23 日摄于上海"，显然是错误的。将这一张同前面的"之一"相比，鲁迅的形象差距也较大，第一张病容很重，第二张应是在第一张之前若干时日拍摄的。

> 1934 年 7 月 4 日鲁迅日记中出现了梁得所："上午得梁得所信并《小说》半月刊。"

> 梁得所在信中可能向鲁迅求字，于是，1934 年 7 月 14 日，鲁迅"以字一小幅寄梁得所"。鲁迅写的是一首七言绝句。梁得所将其刊于本年 8 月 1 日出版的《小说》半月刊第五期。

> 诗云：明眸越女罢晨妆，
>
> 荇水荷风是旧乡。
>
> 唱尽新词欢不见，
>
> 旱云如火扑晴江。

> 此诗原为《赠人二首》之一，1933 年 7 月 21 日鲁迅曾书赠日本友人森本清八。这张照片应该是梁得所离开《良友》之后，离开上海之前拜访鲁迅时，与鲁迅的合影。②

周海婴的《鲁迅家庭大相簿》把这张照片说成"父亲与某记者合影"，没有指出"某记者"是谁，黄乔生大约受到周海婴的这一说法的影响，虽然正确地指出"这张照片的说明一直语焉不详"，但是错误地把"某记者"说成是《良友画报》记者梁得所，并由此介绍了鲁迅与梁得所的交往情况。其

---

① 黄乔生. 鲁迅像传 [M]. 贵阳：贵州人民出版社，2013：286.
② 黄乔生. 鲁迅像传 [M]. 贵阳：贵州人民出版社，2013：285-286.

实，浅野要和梁得所两人的面貌截然不同，很容易区分。在认错照片中人物情况下，对这张鲁迅照片所做的解读显然就是错误的。

另外，该书第 327 页收录了鲁迅在大陆新邨寓所门口的留影，说明文字是：鲁迅大病后在门前留影，摄于 1936 年 3 月 23 日，史沫特莱摄。① 并以《病中》为题用一个章节介绍了此照片背后鲁迅患病后的生活和战斗情况。

进入 1936 年春天，鲁迅的身体逐渐衰弱，疾病纠缠不去；而文坛上的波谲云诡，左联内部的明争暗斗，让他心绪败坏；手头的工作越积越多，而他又急于完成。这几方面的因素交相侵逼，加速了他的死亡。②

如上所述，这张照片是浅野要在 1936 年 1 月 9 日拍摄的，当时鲁迅还没有生病，所以以此照片为由介绍鲁迅在 1936 年 3 月初生病后的生活和战斗情况，显然是不合适的。

五、鲁迅研究工作和鲁迅普及工作都需要弘扬鲁迅所提倡的"认真"精神

为了核实这两张照片的拍摄时间和拍摄者，笔者近日请日本学者秋吉收教授帮助扫描了《日本评论》杂志十一卷四号（1936 年 4 月）上刊登的原胜（浅野要）的回忆鲁迅的文章，从该文配发的鲁迅照片下面可以看到"昭和十一年一月，笔者摄影"的说明文字，很显然《鲁迅 1881—1936》（照片集）中的第 100 幅照片就是这张照片，它的拍摄者是浅野要，拍摄时间是 1936 年 1 月 9 日（从鲁迅日记所记浅野要辞行的时间是 1 月 9 日，可以推断拍摄这张照片的时间是 1 月 9 日）。

鲁迅曾对内山完造说："中国把日本全部排斥都行，可是只有那认真却断乎排斥不得。无论有什么事，那一点是非学习不可的。"③ 从上述《鲁迅1881—1936》（照片集）和部分鲁迅研究图书，以及各个鲁迅纪念馆的鲁迅生平基本陈列对这两张鲁迅照片的错误注释和解读的状况，可以看出不仅鲁迅研究工作需要严肃认真的研究态度，而且鲁迅的普及工作也需要严肃认真的工作态度，这样才能避免一些完全可以避免的错误，把较为真实的鲁迅传播给大众。

（原刊《中华读书报》，2016 年 11 月 2 日）

---

① 黄乔生. 鲁迅像传［M］. 贵阳：贵州人民出版社，2013：327.
② 黄乔生. 鲁迅像传［M］. 贵阳：贵州人民出版社，2013：326.
③ 内山完造. 鲁迅先生［J］. 雨田，译. 译文：新第二卷. 1936（3）：611.

这张照片是鲁迅在弘文学院的毕业照吗？

1902 年 3 月 24 日，鲁迅（当时名字是周树人）和顾琅、张邦华、伍崇学等同学在江南陆师学堂总办俞明震的带领下离开南京赴日本留学，并在 4 月 20 日进入日本东京的弘文学院学习日语和科学知识。鲁迅在 1904 年 4 月从弘文学院毕业后又申请到仙台医学专门学校学习医学。虽然中、日两国的鲁迅研究学者对鲁迅在弘文学院学习期间的一些史实进行了调查和研究，挖掘出一批鲁迅在弘文学院留学期间的史料，但是包括北京鲁迅博物馆等鲁迅研究机构制作的鲁迅生平展览，和一些知名的鲁迅研究专家编撰的鲁迅题材的图书，在涉及鲁迅在弘文学院留学时期的经历时，仍然在一些史实方面存在不同的说法，比较有代表性的就是把鲁迅在弘文学院留学期间拍摄于 1903 年的一张照片说成是鲁迅在弘文学院的毕业照。

一、国内 1976 年出版的《鲁迅 1881—1936》（照片集）中首次把这幅鲁迅照片称为鲁迅在弘文学院的毕业照

笔者查阅有关图书，注意到由北京鲁迅博物馆编辑，文物出版社在 1976 年 8 月出版的国内首部鲁迅照片全集《鲁迅 1881—1936》（照片集）首先在书中把这幅鲁迅照片注明为 "6 东京弘文学院毕业照，1904 年 4 月摄于日本东京"。另外，在该书附录的 "照片说明" 部分，对于这幅照片有如下的说明文字：

6 东京弘文学院毕业照（9×5.9）

1904 年 4 月摄于日本东京

"凡留学生一到日本，急于寻求的大抵是新知识。除学习日文，准备进专门的学校之外，就赴会馆，往集会，听讲演。"《且介亭杂文末编·因太炎先生而想起的二三事》①

---

① 北京鲁迅博物馆编．鲁迅 1881—1936 [M]．北京：文物出版社，1976.

编者在该书的"后记"中指出:"本书汇辑了鲁迅的一一四帧照片(包括局部放大的十二帧)。考虑到这些照片的极其珍贵和保存不易,编辑过程中,除个别照片有所剪裁外,即使同一时间、地点而只是拍摄角度有少许差异者也尽量收入。为了有助于理解这些照片的背景和意义,在现存鲁迅手稿中选录了部分段落影印;并根据《鲁迅日记》和有关资料,对每帧照片的拍摄时间、地点等作了初步的调查和考证,作为照片说明供读者查阅。"① 由此可以看出,《鲁迅1881—1936》(照片集)的编者根据《鲁迅日记》和有关资料,对这幅鲁迅照片的拍摄时间、地点等做了初步的调查和考证,为这幅鲁迅照片撰写了上述的说明文字

大约是因为《鲁迅1881—1936》(照片集)一书署名是权威的鲁迅研究机构北京鲁迅博物馆编辑的(按:这本照片集的实际编辑者是鲁迅之子周海婴和美术家裘沙,他们并不是北京鲁迅博物馆的研究人员),加之,编者在该书的"后记"中指出书中收录的鲁迅照片来源明确:"现在本书发表的照片,极大部分是许广平同志生前珍藏的,一部分是北京鲁迅博物馆、上海鲁迅纪念馆、绍兴鲁迅纪念馆和其他单位历年征集所得,个别照片则是鲁迅生前友好以及外国朋友保存的。"② 所以,此后这本照片集中收录的鲁迅照片及其说明文字不仅在多家鲁迅纪念馆所制作的鲁迅题材的展览中进行展示,而且也被多本鲁迅题材的画册,以及多部鲁迅研究著作引用。

二、日本1978年出版的《鲁迅在仙台的记录》一书介绍鲁迅曾在1903年春天把这幅照片题字赠送给日本同学

1978年2月,日本平凡社出版了"鲁迅在仙台的记录调查会"编写的《仙台における鲁迅の记录》一书。1980年3月,上海鲁迅纪念馆主办的内部刊物《纪念与研究》第二辑刊登了钱春兰翻译的《〈鲁迅在仙台〉资料摘译》一文(按:钱春兰把《仙台における鲁迅の记录》的书名翻译成《鲁迅在仙台》,不如《鲁迅在仙台的记录》这一译名准确),把《仙台における鲁迅の记录》一书中的部分内容翻译成中文介绍给国内的读者,包括"胡须照片""在弘文学院学习时的周树人""送别周树人纪念照片""敷波重次郎教

① 北京鲁迅博物馆编. 鲁迅1881—1936 [M]. 北京:文物出版社,1976.
② 北京鲁迅博物馆编. 鲁迅1881—1936 [M]. 北京:文物出版社,1976.

授赴德留学纪念照片""答复周树人入学事由公文副本"等共 5 个小节的内容，介绍了鲁迅在日本留学期间的四幅照片和一张仙台医学专门学校校长同意清国驻日公使馆发出的周树人申请进入该校学习的公文副本。其中"在弘文学院学习时的周树人"一节的内容如下：

周树人赠送给医专同学大家武夫的署名照片。这张照片是这次调查前就发现的。从带［戴］着弘文学院学生领章这点来看，可以认为是周树人在弘文学院就学时的照片。照片背面写着："大家君惠存周树人持赠癸卯春日写于日本之东京即明治三十六年也。"现在这张照片由住在东京的长子大家吉夫所藏。①

该刊同期还刊登了上海鲁迅纪念馆研究员周国伟撰写的《鲁迅留日时期的几个重要史实》一文，该文利用钱春兰翻译的《〈鲁迅在仙台〉资料摘译》一文所介绍的关于鲁迅留学日本时期的 4 幅照片和一个公文副本的史料，指出文物出版社在 1976 年 8 月出版的《鲁迅 1881—1936》（照片集）中对鲁迅留日时期的 4 幅照片的说明文字存在明显的错误。该文指出鲁迅弘文学院毕业照是错误的内容摘录如下：

大家武夫，是鲁迅在弘文学院的同学。一九○四年，与鲁迅一起入仙台医学专门学校。"明治三十六年"，即一九○三年。从这简短题字表明，鲁迅此照摄于一九○三年春是无疑的。……一九七六年文物出版社出版的《鲁迅》照片集中，已辑入此照，列为第六幅，名"东京弘文学院毕业照"，"一九○四年四月摄于日本东京"。这名称和时间，都有出入。据鲁迅题字，应是一九○三年摄。由此推之，鲁迅在弘文学院尚未毕业，不能名为"弘文学院毕业照"。②

应当说，日本学者编撰的《鲁迅在仙台的记录》一书的部分内容的中译文和中国学者周国伟撰写的文章已经纠正了文物出版社出版的《鲁迅 1881—1936》（照片集）中把鲁迅在 1903 年春天拍摄的照片命名为鲁迅在弘文学院的毕业照这一错误。但是，可能是因为刊登这两篇文章的《纪念与研究》是在 1980 年出版的内部发行的刊物，影响范围不大，国内的鲁迅研究学者很少有人注意到这一观点。不过，笔者检索有关数据库，看到北京鲁迅博物馆研

---

① 钱春兰，译.《鲁迅在仙台》资料摘译［J］.纪念与研究（第二辑），1980：219.

② 周国伟.鲁迅留日时期的几个重要史实［J］.纪念与研究（第二辑），1980：211.

究馆员杨燕丽在《鲁迅研究月刊》1998 年第 2 期发表的《鲁迅弘文学院时期单人照片小考》一文（该文后来被收入叶淑穗、杨燕丽合著的《从鲁迅遗物认识鲁迅》一书中，中国人民大学出版社 1999 年 5 月出版）中引用了日本平凡社出版的《鲁迅在仙台》一书中对这幅鲁迅照片的介绍文字，指出文物出版社在 1976 年 8 月出版的《鲁迅 1881—1936》（照片集）将这幅鲁迅的照片命名为鲁迅在弘文学院的毕业照是错误的。此外，1981 年人民美术出版社出版的《鲁迅画传》（由北京鲁迅博物馆部分研究人员编撰），1981 年人民文学出版社出版的《鲁迅年谱》（由北京鲁迅博物馆部分研究人员编撰），1996 年北京鲁迅博物馆新制作的鲁迅生平展览均沿袭了这一错误。但从杨燕丽这篇文章所引用的《鲁迅在仙台》一书中翻译成中文的文字来看，应当是引用了钱春兰翻译的《〈鲁迅在仙台〉资料摘译》一文中"在弘文学院学习时的周树人"一节的内容，因此，该文也应当借鉴了与钱春兰翻译的《〈鲁迅在仙台〉资料摘译》一文同期刊登在《纪念与研究》第二期的周国伟撰写的《鲁迅留日时期的几个重要史实》一文中的观点。虽然杨燕丽的这篇文章在 1998 年发表于国内唯一一具有正式刊号的鲁迅研究学术刊物《鲁迅研究月刊》，但是，仍然很少有鲁迅研究者注意到杨燕丽的这篇公开发表的文章中所指出的鲁迅在弘文学院的毕业照在时间和名称上都是错误的观点。

正是因为一些研究者不注重学术史的梳理，没有检索前人的研究成果，由此导致从 1980 年至 2021 年，国内出版的一些鲁迅题材的图书和画册，继续沿袭了《鲁迅 1881—1936》（照片集）中的说法，仍然把这幅鲁迅在 1903 年春天拍摄的照片命名为鲁迅在弘文学院的毕业照。如周海婴撰文、上海鲁迅文化发展中心编著的《鲁迅家庭大相簿》（同心出版社 2005 年 9 月出版），赵瑜撰文的《鲁迅影像故事》（人民文学出版社 2011 年 9 月出版），黄乔生编著的《鲁迅像传》（贵州人民出版社 2013 年 7 月出版），黄乔生编的《鲁迅影集》（人民文学出版社 2018 年 1 月出版）均沿袭了这一说法。另外，北京鲁迅博物馆在 2006 年制作的鲁迅生平展览（这个鲁迅生平展览的主要内容后来编撰成展览图册《鲁迅 1881—1936》（照片集），由河南文艺出版社在 2008 年 4 月出版），和在 2021 年 10 月新制作的鲁迅生平展览也都沿袭了这一说法，在鲁迅生平展览中继续把这幅鲁迅的照片注明为鲁迅在弘文学院的毕业照。

三、这幅照片是鲁迅在弘文学院的毕业照吗?

"毕业"是指"在学校或训练班学习期满，达到规定的要求，结束学习"①。而"毕业照"显然是指一个人在毕业时拍摄的照片，可以说一个人的毕业照不仅带有证件照的含义，而且也同时带有一定的纪念意义。鲁迅在弘文学院的毕业证书上的时间标明是 1904 年 4 月 30 日，也就是说鲁迅在 1904 年 4 月 30 日正式获得弘文学院的毕业证书，考虑到学期结束到领取毕业证书可能还会间隔一段时间，所以如果把一幅照片说成是鲁迅在弘文学院的毕业照，显然这幅照片应当是鲁迅在弘文学院毕业时期拍摄的，也即在 1904 年 4 月拍摄的。

日本研究者在 1978 年出版的著作中，介绍了鲁迅在这幅照片上所题写的文字（实际上在 1978 年出版这本著作之前就已经发现了这幅照片），由此确定这幅照片的拍摄时间是 1903 年春拍摄于东京。但是，《鲁迅 1881—1936》（照片集）的编者在 1976 年编辑《鲁迅 1881—1936》（照片集）时，限于当时的环境，一方面无法调查日本研究者对鲁迅照片的研究成果，另一方面更不可能知道日本研究者后来在 1978 出版的著作中对这幅照片的说明介绍，因此，按照中国式思维方式，从鲁迅比较正式地穿着弘文学院的学生制服来推断这幅照片是鲁迅在弘文学院的毕业照。

把鲁迅在 1903 年拍摄的照片说明为鲁迅在弘文学院的毕业照，那么是否存在鲁迅本人因为比较欣赏这幅在 1903 年拍摄的照片而把这幅照片作为毕业照的情况呢? 目前鲁迅在弘文学院留学期间的单人照片保存下来的只有两种，即 1903 年拍摄的著名的"断发照"和 1903 年春签名题字送给日本同学大家武夫的这幅照片。鲁迅在弘文学院留学时，拍摄照片不算困难的事情，甚至可以说是带有一些时尚性的事情（如鲁迅在 1903 年春把这张个人照片赠送给日本同学留念等），鲁迅毕业时是否拍摄了一张照片作为纪念? 或者说鲁迅是否拍摄了在严格意义上来说是标准的毕业照的照片，因为目前还没有发现有关资料，尚不能确定。那么，鲁迅在 1904 年 4 月从弘文学院毕业时会把 1903 年春拍摄的这幅照片作为毕业照吗? 很显然，这种可能性如果有，也是微乎

---

① 中国社会科学院语言研究所词典编辑室编．现代汉语词典（2002 年增补本）[M]．北京：商务印书馆，2002：69.

其微的。况且，目前还没有史料可以证明鲁迅本人把这幅照片作为他在弘文学院的毕业照。在这样的情况下，应当遵照在日本发现的鲁迅题写在这幅照片上的文字，把这幅照片的说明文字修改为：1903 年春摄于日本东京。

从 1976 年出版的《鲁迅 1881—1936》（照片集）最早对这幅鲁迅照片加注的说明文字，到 1980 年周国伟利用日本在 1978 年出版的《鲁迅在仙台的记录》一书的史料撰写的文章，指出《鲁迅 1881—1936》（照片集）对这幅鲁迅照片的说明文字是错误的，至今已经有 40 多年了，但是一些鲁迅题材的图书和鲁迅生平展览，依然采用 1976 年出版的《鲁迅 1881—1936》（照片集）对这幅鲁迅照片的说明文字。修改完善一幅鲁迅照片的说明文字，虽然是一件小事，但是对于研究和展示鲁迅的生平却具有重要的价值。今年是鲁迅赴日留学 120 周年，国内报刊估计会发表一些纪念鲁迅赴日留学 120 周年的文章。希望有关研究者能注意到鲁迅在弘文学院留学期间拍摄的这幅照片实际上是拍摄于 1903 年春天。如果再把这幅照片说成鲁迅在弘文学院的毕业照，那么请拿出鲁迅本人把这幅照片作为弘文学院毕业照的证据来。

（原刊《南方都市报》，2022 年 12 月 11 日）

这幅鲁迅照片被注错了46年

2022年1月，当代世界出版社出版了《钱理群讲鲁迅》和《钱理群新编鲁迅作品选读》这两本图书。笔者翻开《钱理群新编鲁迅作品选读》一书，看到扉页的整页印着一幅鲁迅的照片，照片下面的说明文字为：鲁迅，1935年摄于大陆新邨寓所附近。（其实这本书也使用了这幅鲁迅照片作为封面，不过这本书的装帧设计师对这幅鲁迅照片进行了修图，去掉了鲁迅周边的场景，只突出鲁迅本人的形象。）笔者认为该书对这幅鲁迅照片的说明文字是错误的，而且这一错误从1976年8月出版的《鲁迅1881—1936》（照片集）一书就开始了，至今已经46年了。

一、《鲁迅1881—1936》（照片集）中首次对这幅鲁迅照片作了文字说明

笔者查阅有关图书，注意到由北京鲁迅博物馆编辑，文物出版社在1976年8月出版的国内首部鲁迅照片全集《鲁迅1881—1936》（照片集）首先在书中把这幅鲁迅照片注明为"95 在大陆新邨寓所附近，约1935年摄于上海"。另外，在该书附录的"照片说明"部分，对于这幅照片有如下的说明文字：

95 在大陆新邨寓所附近（8×5.5）

约1935年摄于上海

"被压迫者对于压迫者，不是奴隶，就是敌人，绝不能成为朋友……"

《且介亭杂文二集·后记》①

编者在该书的"后记"中指出："本书汇辑了鲁迅的一一四帧照片（包括局部放大的十二帧）。考虑到这些照片的极其珍贵和保存不易，编辑过程中，除个别照片有所剪裁外，即使同一时间、地点而只是拍摄角度有少许差

---

① 北京鲁迅博物馆编. 鲁迅 1881—1936 [M]. 北京：文物出版社，1976. 按：该书没有页码。

144

异者也尽量收入。为了有助于理解这些照片的背景和意义，在现存鲁迅手稿中选录了部分段落影印；并根据《鲁迅日记》和有关资料，对每帧照片的拍摄时间、地点等作了初步的调查和考证，作为照片说明供读者查阅。"① 由此可以看出，《鲁迅 1881—1936》（照片集）的编者根据《鲁迅日记》和有关资料，对这幅鲁迅照片的拍摄时间、地点等做了初步的调查和考证，为这幅鲁迅照片撰写了上述的说明文字。但是笔者查阅了《鲁迅日记》和有关资料，却不明白《鲁迅 1881—1936》（照片集）的编者为何对这幅鲁迅照片撰写了上述的说明文字，特别是不明白为何在照片的说明文字中引用了《且介亭杂文二集·后记》中的这句话，是因为鲁迅的这幅照片拍摄于位于日本租界越界筑路的大陆新邨附近吗？不过，《鲁迅 1881—1936》（照片集）的编者根据这幅鲁迅照片中的背景可以确定拍摄的地点位于大陆新邨鲁迅寓所的附近，但是根据当时搜集到的资料尚无法确定这幅鲁迅照片的具体拍摄时间，大概是从照片中鲁迅的面容来推测照片的拍摄时间，因此在说明文字中把拍摄时间表述为"约 1935 年摄于上海"，并将这幅照片作为鲁迅在 1935 年所拍摄的四幅照片中的第一幅编入书中，排序为 95，即全书收录的 114 幅鲁迅照片中的第 95 幅鲁迅照片。

大约是因为《鲁迅 1881—1936》（照片集）一书署名是权威的鲁迅研究机构北京鲁迅博物馆编辑的（按：这本照片集的实际编辑者是鲁迅之子周海婴和美术家裘沙，他们并不是北京鲁迅博物馆的研究人员），加之，编者在该书的"后记"中指出书中收录的鲁迅照片来源明确："现在本书发表的照片，极大部分是许广平同志生前珍藏的，一部分是北京鲁迅博物馆、上海鲁迅纪念馆、绍兴鲁迅纪念馆和其他单位历年征集所得，个别照片则是鲁迅生前友好以及外国朋友保存的。"② 所以，此后这本照片集中收录的鲁迅照片及其说明文字不仅在多家鲁迅纪念馆所制作的鲁迅题材的展览中进行展示，而且也被多本鲁迅题材的画册，以及多部鲁迅研究著作引用。虽然有研究者指出《鲁迅 1881—1936》（照片集）中收录的鲁迅照片及其说明文字存在多处明显的错误，但是还没有人对这本书中收录的鲁迅在大陆新邨寓所附近的照片及其说明文字提出疑问。

---

① 北京鲁迅博物馆编. 鲁迅 1881—1936 [M]. 北京：文物出版社，1976.
② 北京鲁迅博物馆编. 鲁迅 1881—1936 [M]. 北京：文物出版社，1976.

《鲁迅 1881—1936》（照片集）中收录的这幅鲁迅在大陆新邨附近的照片

二、多部鲁迅题材的图册和鲁迅研究著作引用了《鲁迅 1881—1936》（照片集）中对这幅鲁迅照片的说明文字

从 20 世纪 90 年代以来出版的多部鲁迅生平展览的图册和鲁迅照片集均沿用或借鉴了《鲁迅 1881—1936》（照片集）一书中对这幅鲁迅图片的说明文字，但是都把这幅照片的拍摄时间"约 1935 年"改为"1935 年"，好像是确切地考证出这幅照片就是在 1935 年拍摄的。

北京鲁迅博物馆编著（李文儒执笔）的《鲁迅文献图传》是在该馆在 1996 年 10 月新制作并开放的鲁迅生平陈列的基础上扩充一些文字而成。该书

第八部分"在上海 1927，10—1936，10"中，有一个小节的题目是"造出大群新的战士"，这一节的插图有两幅鲁迅的照片，其中之一是这幅鲁迅在大陆新邨寓所附近的照片，说明文字是：鲁迅 1935 年摄于大陆新村寓所附近的照片。① （按："邨"是"村"的异体字，虽然这两个字在现代汉语中意思相同，但是在民国时期上海的居住环境下，"邨"通常是带有钢窗、地板、独立卫浴，并且弄堂口有铁栅栏门的较为高级的住宅，因此，"大陆新邨"不应写为"大陆新村"。）

上海鲁迅文化发展中心编著的《鲁迅家庭大相簿》在第柒拾页收录了鲁迅的这幅在大陆新邨寓所附近的照片（另外还有这幅照片的一幅局部放大的照片），说明文字是：父亲在上海虹口大陆新村寓所附近，1935 年摄于上海。②

北京鲁迅博物馆编的《鲁迅 1881—1936》（照片集）展览图册是在该馆 2006 年 10 月新制作并开放的鲁迅生平陈列的基础上补充了一些内容而成（按：这个鲁迅生平陈列实际上是对 1996 年制作的鲁迅生平陈列的修改提升）。该书第七部分"上海 1927，10—1936，10"中，有一个小节的题目是"匕首与投枪"，这一节的插图有一幅鲁迅在大陆新邨寓所附近的照片，说明文字是：鲁迅像。1935 年在大陆新村寓所附近拍摄。③ 该书的编者在"编后记"中指出："我馆在鲁迅生平陈列设计制作过程中，既出于对鲁迅先生的敬仰之情，更坚持实事求是的原则，力求全面真实地再现鲁迅的精神品格及其对中国文化的卓越贡献……本书尽可能使用第一手资料。介绍鲁迅事迹，多用鲁迅自述；大量使用旧资料图片，少用甚至不用后人创作的艺术作品，不为刻意追求形象化和生动性而过多加入编者的主观意见。"④ 由此可以看出，这本书的编者声称"坚持实事求是的原则"，"尽可能使用第一手资料"，把这幅鲁迅在大陆新邨寓所附近的照片的拍摄时间确定为 1935 年。

黄乔生编著的《鲁迅影集》一书收录了鲁迅在 1935 年拍摄的照片四幅，

① 北京鲁迅博物馆（李文儒执笔）. 鲁迅文献图传［M］. 郑州：大象出版社，1998：216.

② 周海婴撰文，上海鲁迅文化发展中心编著. 鲁迅家庭大相簿［M］. 北京：同心出版社，2005：70.

③ 北京鲁迅博物馆编. 鲁迅 1881—1936［M］. 开封：河南文艺出版社，2008：247.

④ 北京鲁迅博物馆编. 鲁迅 1881—1936［M］. 开封：河南文艺出版社，2008："附录部分"29.

第四幅即这幅鲁迅在大陆新邨寓所附近的照片，说明文字是：一九三五年，鲁迅摄于上海大陆新村寓所前。① 黄乔生在该书的"前言"中指出："这本影集，将现存鲁迅照片完整汇集，按时间顺序排列，并加以简要说明，目的是让读者了解其生平大概、精神状态，并从图片蕴含的信息中体会其所处时代的风貌。然而，把现有鲁迅照片的拍摄时间及照片中的人物等信息精准确定下来，难度不小。本书对照片的说明主要依据鲁迅日记，必要时也采用鲁迅亲友的回忆录等材料。有些照片还无法具体到日期，只能说春，或秋，甚或某年。其中部分人物还无法说明身份。"② 可能就是因为没有能够找到相关的资料来确定这幅鲁迅在大陆新邨寓所附近的照片的具体拍摄时间，因此黄乔生沿用前人的说法，把这幅照片的拍摄年份注明是 1935 年拍摄，但却把拍摄的地点说明为"大陆新村寓所前"，很显然是错误的，因为这幅照片中鲁迅身后的建筑明显不是大陆新邨的建筑。

另外，从 20 世纪 90 年代以来出版的多部鲁迅题材的画传均沿用或借鉴了《鲁迅 1881—1936》（照片集）一书中对这幅鲁迅图片的说明文字。

上海鲁迅纪念馆编的《鲁迅画传》一书的第二十节"以沫相濡亦可哀"中收录了这幅鲁迅在大陆新邨寓所附近的照片，文字说明是：鲁迅，1935 年摄于上海大陆新村寓所附近。③

缪君奇编著的《旧影寻踪——鲁迅在上海》一书在第十一章"日常生活掠影：鲁迅与医院、公园及其他"的插图中有这幅鲁迅在大陆新邨寓所附近的照片，说明文字是：鲁迅行走在大陆新村寓所附近的施高塔路上，摄于1935 年。④ 这本书的作者之所以把拍摄地点进一步明确为施高塔路，大概是经过调查研究后，从这幅照片中鲁迅背后的建筑物的形状来判断的。

周令飞主编、赵瑜撰文的《鲁迅影像故事》一书的第四十八节"鲁迅在上海的几处住宅"，插图有四幅鲁迅的照片，其中两幅照片是这幅鲁迅在大陆新邨寓所附近的照片，以及这幅照片的局部放大的一幅照片，说明文字分别是：左 1935 年，鲁迅在上海虹口大陆新村寓所附近。右 1935 年，鲁迅在上

① 黄乔生编著. 鲁迅影集［M］. 北京：人民文学出版社，2018：195.
② 黄乔生编著. 鲁迅影集［M］. 北京：人民文学出版社，2018：4.
③ 上海鲁迅纪念馆编. 鲁迅画传［M］. 上海：上海书店出版社，2001：194.
④ 缪君奇编著. 旧影寻踪——鲁迅在上海［M］. 上海：上海文化出版社，2010：195.

海虹口大陆新村寓所附近（局部）。① 但是右边的这幅局部放大的鲁迅半身像，与左边的鲁迅在大陆新邨寓所附近的照片上的鲁迅表情明显不同，显然不是后者的局部放大照片。这应当是把《鲁迅家庭大相簿》中所刊登的鲁迅在 1935 年所拍摄的两幅照片，以及这两幅照片的局部放大的照片弄混了。

黄乔生编著的《鲁迅像传》一书的第五章"上海时期"中的"大陆新村"一节中有三幅鲁迅在 1935 年拍摄的照片，第一幅照片就是这幅鲁迅在大陆新邨寓所附近的照片，说明文字是：鲁迅从大陆新村往内山书店的路上，摄于 1935 年②这句说明文字与此前多种鲁迅题材的图册及鲁迅研究著作对这幅鲁迅照片的说明文字明显不同。黄乔生在该书的"后记"中指出："几十年来，虽然鲁迅研究著作汗牛充栋，但其中鲁迅照片方面的讹误还有不少。任意剪辑、修补，使鲁迅形象失真；此外，年代错误，人物张冠李戴等现象至今仍不时发生。这次解读，纠正了以前一些对鲁迅照片的误读，也是一个收获。"③ 但是，《鲁迅像传》把这幅鲁迅照片注明为"鲁迅从大陆新村往内山书店的路上，摄于 1935 年"，笔者不知道该书是从什么史料出发写出这样的说明文字的。这显然是没有材料可以证明的，只能说是结合鲁迅经常去，甚至几乎每日都去（鲁迅在 1932 年 4 月 11 日致许寿裳的书信中说："弟每日必往内山书店……"④ ）内山书店买书、会客、取信件的情况所做的一种推测，而这种推测明显是误读了这幅照片的图像内容。

附带指出，《鲁迅像传》一书的封面位置的腰封上有如下的文字：

迄今为止最全鲁迅照片汇集

114 幅照片还原一个真实的鲁迅

鲁迅研究专家正解影像背后故事

封底位置的腰封上有如下的文字：

详细介绍照片的来龙去脉

权威解答照片的历史疑问

精心讲述照片内外的故事

---

① 赵瑜. 鲁迅影像故事 [M]. 北京：人民文学出版社，2011：221.

② 黄乔生. 鲁迅像传 [M]. 贵阳：贵州人民出版社，2013：316.

③ 黄乔生. 鲁迅像传 [M]. 贵阳：贵州人民出版社，2013：354-355.

④ 鲁迅. 日记二十一 [M] //鲁迅. 鲁迅全集：第十六卷. 北京：人民文学出版社，2005：305.

真实呈现鲁迅的战斗与生活

这是一部研究鲁迅照片的专著。翔实资料，潜心研究，权威解读，给浩如烟海的鲁迅图书海洋，奉献了一本堪称正视听的经典好书。[①]

这样的介绍文字或许是该书编辑所撰写的，用这种带有夸张性的广告文字吸引读者购买该书。但是，很显然这位编辑的职业素养不高，没有能力发现《鲁迅像传》一书对鲁迅照片的解读存在多处明显的错误，其中的一些错误不仅没有做到"还原一个真实的鲁迅"，"正解影像背后的故事"，而且也没有做到"权威解答照片的历史疑问"，"真实呈现鲁迅的战斗与生活"，甚至可以说是犯下了黄乔生在该书的"后记"中所指出的"年代错误，人物张冠李戴"的错误，如把鲁迅与日本记者浅野要在 1936 年 1 月 9 日的合影错误地说明为"鲁迅与梁得所合影，约摄于 1934—1935 年"[②]，并以这幅照片为由，用"记者"作为本节的题目来介绍鲁迅与《良友画报》记者梁得所的交往。

三、这幅鲁迅照片应当是在 1932 年 6 月 7 日拍摄于北四川路

"解铃还须系铃人"，周海婴和裘沙实际编辑的《鲁迅 1881—1936》（照片集）首先把这幅鲁迅照片注明为"在大陆新邨寓所附近，约 1935 年摄于上海"。笔者在阅读周海婴撰文、上海鲁迅文化发展中心编著的《鲁迅家庭大相簿》时注意到该书第陆拾伍页有一幅许广平抱着周海婴站在马路边拍摄的照片，这幅照片与那幅被注明为鲁迅 1935 年摄于大陆新邨寓所附近的照片的背景相同，只是拍摄的角度不同：这幅许广平抱着周海婴站在马路左边的一辆汽车前面（大约是因为当时正患大病，还不到 3 岁的周海婴喜欢汽车，所以选择汽车作为主要背景拍摄）的照片，拍摄者距离许广平和海婴稍远，拍摄了许广平抱着周海婴的全身像，所以站在汽车前的许广平和周海婴两人显得较小，而汽车和马路右边的一排三层的楼房显得比较突出，占据了照片的大部分空间；鲁迅的这幅照片是半身像，拍摄者距离鲁迅比较近，照片主要目的是突出鲁迅的形象，背景有些模糊，但是也可以看到站在马路左边的鲁迅身后的不远处也有一辆汽车，马路的右边也是一排三层的楼房。从这两张照

---

① 黄乔生. 鲁迅像传［M］. 贵阳：贵州人民出版社，2013. 该书的封底和腰封.
② 黄乔生. 鲁迅像传［M］. 贵阳：贵州人民出版社，2013：285.

片的背景（马路边的树木、汽车、楼房，以及远处的树木、电线杆等）可以确定鲁迅的这幅从 1976 年就被注明为 1935 年摄于大陆新邨寓所附近的照片与许广平抱着周海婴在马路上所拍摄的这幅照片应当是在同一个时间同一个地点拍摄的。

许广平抱着周海婴，1932 年 6 月 7 日摄于上海北四川路

周海婴在该书附录的《谈我的家庭大相簿》一文中说："父亲生前的照片大部分母亲也捐了，然而母亲却把那些与她自己、与我有关，还有一些存在家中有父母手迹的照片留了下来，这便是至今仍然完好地保存在我手中的十来册家庭相簿。"周海婴还在该文中指出这本相簿的特点："一、这本大相簿所收的大多为历史照片，所以尽可能地保持它的原貌，不修饰、不剪裁、不涂抹，连照相馆所做的底托及字号也尽可能地保留，为后人提供具历史价值的藏品……三、大相簿以照片为主，尽可能用原片制版，以保证图片的质量和信息的丰富完整，而文字从简，只求对时间、地点及人物略作说明……"①

从周海婴的上述说明中可以看出《鲁迅家庭大相簿》一书中收录的照片均保留了照片的原貌，未做修饰。另外，这幅许广平抱着周海婴站在马路边拍摄的照片上还有鲁迅的题字，照片左下角空白位置用毛笔竖写的题字是：一九三二年六月渡边义知君所照；照片右下角空白位置用毛笔横写的题字是：上海北四川路也。② 由此可以确认这幅照片的拍摄者是渡边义知，拍摄时间是1932年6月，拍摄的地点是北四川路。鲁迅的上述题字为考证这幅被认为是鲁迅在1935年摄于大陆新邨寓所附近的照片提供了有力的文字证明。

查阅鲁迅日记，鲁迅在1932年6月7日的日记中记载："七日。晴。上午同广平携海婴往篠崎医院诊。午后画家斋田乔及雕刻家渡边两君来。得靖华所寄书两包，内书籍五本，木刻原版印画大小二十幅。"③ 从鲁迅日记中可以知道鲁迅与日本画家斋田乔及雕刻家渡边义知会见的具体时间是在1932年6月7日的午后，而且鲁迅与渡边义知也仅有这一次会见，因此，渡边义知拍摄的这幅许广平抱着周海婴的照片也应当是在1932年6月7日拍摄的。

另外，鲁迅在1932年7月3日的日记中记载："午后寄母亲信并广平抱海婴照片一张。"④ 这封信的内容摘录如下：

海婴现已全愈，且又胖起来，与生病以前相差无几，但还在吃粥，明后

---

① 周海婴撰文，上海鲁迅文化发展中心编著. 鲁迅家庭大相簿 [M]. 北京：同心出版社，2005：119.

② 周海婴撰文，上海鲁迅文化发展中心编著. 鲁迅家庭大相簿 [M]. 北京：同心出版社，2005：65.

③ 鲁迅. 日记二十一 [M] //鲁迅. 鲁迅全集：第十六卷. 北京：人民文学出版社，2005：313.

④ 鲁迅. 日记二十一 [M] //鲁迅. 鲁迅全集：第十六卷. 北京：人民文学出版社，2005：317.

天就要给他吃饭了。他很喜欢玩耍，日前给他买了一套孩子玩的木匠家生，所以现在天天在敲钉，不过不久就要玩厌的。近来也常常领他到公园去，因为在家里也实在闹得令人心烦。附上照片一张，是我们寓所附近之处，房屋均已修好，已经看不出战事的痕迹来，站在中间的是害马抱着海婴，但因为照得太小，所以看不清楚了。上海已逐渐暖热，霍乱曾大流行，现已较少，大约从此可以消灭下去。男及害马均安好，请勿念。① （按："害马"指许广平。）

需要指出的是，鲁迅是在 1930 年 4 月 12 日从景云里十七号迁居北四川路一百九十四号的拉摩斯公寓。据施晓燕在《鲁迅在上海的居住与饮食》一书中分析，景云里十七号距离当时内山书店的所在地魏盛里较近，只有几百米。鲁迅因为景云里十七号周围的环境嘈杂，治安混乱，所以考虑更换寓所，最后选择迁居拉摩斯公寓。拉摩斯公寓距离内山书店在 1929 年 5 月搬到施高塔路的新址的直线距离约 200 米。② 鲁迅又在 1933 年 4 月 11 日从拉摩斯公寓迁居大陆新邨九号，直至 1936 年 10 月 19 日病逝。鲁迅这次迁居的主要原因是拉摩斯公寓坐南朝北，而且两个卧室都朝北，这对体质较弱，患哮喘病的周海婴的健康不好，所以鲁迅就按照医生的建议换一个日照光线好的寓所。另外，也正是因为卧室的日照光线不好，所以鲁迅和许广平两人也经常带患病的周海婴到公园玩耍。因此，鲁迅在 1932 年 6 月时应当居住在北四川路一百九十四号的拉摩斯公寓，而拉摩斯公寓虽然距离大陆新邨不远，但是拉摩斯公寓是在北四川路上，大陆新邨是在施高塔路上。鲁迅在这封信中不仅把周海婴已经痊愈的好消息告诉给母亲，而且说明"一·二八"战事对他们家的影响已经过去，请母亲不要挂念，并说明随信寄去的这张许广平抱着周海婴的照片，拍摄于"我们寓所附近之处，房屋均已修好，已经看不出战事的痕迹来……"。很显然，鲁迅这里所说的"我们寓所附近之处"就是指北四川路，因此，这幅照片的拍摄地点如果被说明为"在大陆新村寓所附近"，或"从大陆新村往内山书店的路上"，或"鲁迅行走在大陆新村寓所附近的施高塔路上"，都是不准确的。

值得注意的是，鲁迅在 1936 年 7 月 23 日致雅罗斯拉夫·普实克

---

① 鲁迅. 鲁迅全集：第十二卷［M］. 北京：人民文学出版社，2005：316.
② 施晓燕. 鲁迅在上海的居住与饮食［M］. 上海：上海书店出版社，2019：73-74.

（Jaroslav Prûsěk 1906—1980）的信中说："现在，同封寄上我的照相一张，这还是四年前照的，然而要算是最新的，因为此后我一个人没有照过相。"① 鲁迅在 1936 年 7 月 23 日的信中说"四年前照的，然而要算是最新的，因为此后我一个人没有照过相"，但是鲁迅在 1933 年拍摄过多张单人照片，如在 5 月 1 日拍摄了 3 张个人照片，在 5 月 26 日为斯诺翻译的《活的中国》拍摄个人照片，在 9 月 13 日拍摄过 53 岁生辰照等单人照片，而捷克布拉格鲁迅图书馆中挂着的鲁迅照片就是鲁迅在 1933 年 5 月 26 日为斯诺翻译的小说集《活的中国》所拍摄的个人半身照片，也就是鲁迅赠送给普实克的那一张个人照片的复制品。普实克在 1940 年出版的 *Sestra moje čina* 一书（该书的中文版的书名为《中国，我的姐妹》）中也在第 112～113 页之间的插页上影印了鲁迅的这张照片，因此，鲁迅在这封信中所说的"四年前"应当是 1933 年，而不应当是 1932 年，由此也可以知道，鲁迅在 1933 年之后到 1936 年 7 月 26 日给普实克写这封信期间都没有拍摄过单人照片，这也可以从另一方面证明这幅从 1976 年以来就被注明为"在大陆新邨寓所附近，约 1935 年摄于上海"的照片，并不是在 1935 年拍摄的，只能是在 1932 年拍摄的。

综上所述，这幅在 1976 年出版的《鲁迅 1881—1936》（照片集）中就被注明为鲁迅 1935 年摄于大陆新邨寓所附近的照片应当把说明文字修改为：鲁迅，1932 年 6 月 7 日摄于北四川路。渡边义知摄。

附带指出，人民文学出版社 1981 年出版的《鲁迅全集》对斋田乔和渡边义知的生平做了简单的注释，2005 年出版的《鲁迅全集》在此基础上又增加了一些内容：

斋田乔（1895—1976），日本画家、儿童剧作家。东京成城学园美术教师，内山嘉吉之师。②

渡边义知（1889—1963），日记作渡边，日本木刻家。日本美术团体二科会雕刻部主席，内山嘉吉之师。③

斋田乔和渡边义知两人与内山嘉吉熟悉，因此两人很可能是通过内山嘉吉的介绍在 1932 年 6 月 7 日会见鲁迅的。笔者估计斋田乔和渡边义知会见鲁迅时所拍摄的照片应当不只有许广平抱着周海婴的一幅，以及鲁迅单人的这

---

① 鲁迅. 鲁迅全集：第十四卷［M］. 北京：人民文学出版社，2005：389.
② 鲁迅. 鲁迅全集：第十七卷［M］. 北京：人民文学出版社，2005：204.
③ 鲁迅. 鲁迅全集：第十七卷［M］. 北京：人民文学出版社，2005：238.

一幅，很可能还有两人与鲁迅的合影，因此请在日本留学的青年学者张宇飞帮助查找斋田乔和渡边义知的有关资料，希望能找到这两人会见鲁迅时拍摄的照片的线索，以及这两人撰写的回忆鲁迅的文章，但是因为疫情无法进行查阅，目前还没有找到有关资料，只从《日本人名大辞典》中找到了对这两人的文字介绍，相关内容翻译如下：

斋田乔（1895—1976），大正、昭和时期的儿童剧作家。生于明治二十八年七月十五日。大正九年受小原国芳的邀请成了东京成城小学的教师，在此期间参与学校戏剧运动、自由画教育运动。退职后专心致力于儿童剧团意大利米兰小剧院的创作与实践活动。昭和二十三年设立儿童剧作家协会。昭和三十年《斋田乔儿童剧选集》获文艺奖项。昭和五十一年五月一日去世，享年81岁。生于香川县，毕业于香川师范学校。①

渡边义知（1889—1963），大正、昭和时期的雕刻家。生于明治二十二年四月十一日。昭和六年成为二科会会员，与藤川勇造共同担任番众技塾的指导。战后，离开二科会，成为日展招待作家。昭和三十八年二月十七日去世，享年74岁。生于东京，毕业于日本美术学校，作品有《女子的头》《白云》等。②

上述内容或许可以对人民文学出版社 2005 年出版的《鲁迅全集》中关于这两人的注释内容做一些修正和补充，希望人民文学出版社在 2022 年 8 月启动的新编的《鲁迅全集》能在对斋田乔和渡边义知两人所做的注释中增补上述内容。

（原刊《中国图书评论》，2022 年 12 期）

---

① ［日］讲谈社编. 日本人名大辞典［R/OL］.（2001）［2022-03-17］. https：//japan-knowledge-com. blib-ezproxy. bukkyo-u. ac. jp/lib/display/？lid=5011061743010.

② ［日］讲谈社编. 日本人名大辞典［R/OL］.（2001）［2022-03-17］. https：//japan-knowledge-com. blib-ezproxy. bukkyo-u. ac. jp/lib/display/？lid=5011061743010.

革命文物研究

最早提议出版《鲁迅全集》的应当是
中共驻上海的代表潘汉年和冯雪峰

北塔是我的同行和朋友，近期发表了多篇研究鲁迅的文章，其中的一些文章在发表之前我就有幸先睹为快了。我从北塔的这些研究鲁迅的文章中受到不少的教益，但是北塔在《谁最早提议出版〈鲁迅全集〉》一文中提出的许寿裳最早提议出版《鲁迅全集》的观点，我却有点不太认同，因此通过微信和他讨论了几次，言不尽意，只好写成文章就教于北塔及学界同人。下面就依次对北塔的这篇文章进行讨论。

一、如何解读许寿裳 1936 年 10 月 28 日致许广平的书信

北塔在文章中说：

比中共中央早一天，鲁迅逝世仅仅两天之后，即 1936 年 10 月 21 日，在北京的许寿裳就致函蔡元培，提出印行全集一事，并请蔡"大力斡旋"，即"向政府疏通"。10 月 28 日，他在给许广平的信中复述此函的大概内容："关于印行全集一事，业于二十一日寄蔡先生一函，略谓……"①

但是，北塔没有注意到这封信的开头部分的如下内容："自闻豫才兄噩耗，曾寄唁电，知蒙察及。裳日来悲痛，有逾寻常，心辄怅怅不定，其身后诸事，时萦寤寐。"很显然，许寿裳说"曾寄唁电，知蒙察及"，就是指许广平已经发电报或书信给许寿裳告知收到了他发来的唁电了。

关于许寿裳给许广平发去唁电的情况，据许寿裳在《亡友鲁迅印象记》一文中回忆：

十月十九日上午，我在北平便得了电传噩报，知道上午五时二十五分，鲁迅竟尔去世了。我没法想，不能赶去执绋送殡，只打了一个电报，略云："上海施高塔路大陆新村九号，许景宋夫人，豫才兄逝世，青年失其导师，民

<hr>

① 北塔. 谁最早提议出版《鲁迅全集》[N]. 中华读书报，2022-08-31（5）.

族丧其斗士，万分哀痛，岂仅为私，尚望善视遗骨，勉承先志……"①

　　从许寿裳上述回忆内容来看，"得了电传噩报"应当是收到了告知鲁迅去世的电报，不是看到报刊上发表的新闻，也就是说许寿裳在 10 月 19 日上午就收到了鲁迅去世的电报，但是他没有说明这封电报是谁发来的。另外，《鲁迅先生纪念集》一书收录了许广平在 10 月 20 日收到的唁电，其中有许寿裳发来的这封唁电和曹靖华、台静农、李霁野、郁达夫、丁玲等人分别发来的唁电，以及李秉中的来函。（按：曹靖华是在 10 月 19 日晚上接待学生和记者来访时才知道鲁迅去世的消息，所以在 20 日发去唁电。但是，他作为鲁迅的密友却没有像许寿裳那样收到上海发来告知鲁迅去世的电报。）目前许寿裳、曹靖华等人发来的唁电的原电报纸仍保存在上海鲁迅纪念馆中。很显然，许寿裳的这封唁电是在 10 月 20 日到达上海的，也就是说，许广平是在 20 日收到许寿裳发来的这封唁电的。那么，许广平收到许寿裳的唁电之后，是在什么时间发电或发信给许寿裳的呢？目前尚没有发现许广平的这封电报或书信，也没有发现相关的史料，因此无法知道许广平在这封电报或书信中所谈的具体内容。

　　许寿裳作为鲁迅终生的好友，为何在 10 月 21 日就写信给蔡元培请蔡元培帮助解除国民党政府关于鲁迅著作出版的禁令以便出版《鲁迅全集》？他是自发的，还是受许广平等鲁迅的亲属的委托之后才写信给蔡元培的？目前还没有相关的史料可以印证。鉴于许寿裳在回忆鲁迅的文章中没有提到过鲁迅和他谈起准备出版自编文集（也就是"三十年集"）的事，而许钦文在回忆鲁迅的文章中提到了鲁迅准备出版"三十年集"的事，所以尚无法判断许寿裳是否知道鲁迅生前有出版"三十年集"的计划。另外，考虑到许广平作为鲁迅著作权继承人之一周海婴的监护人（按：按照民国法律，朱安和周海婴是鲁迅著作权的继承人，许广平在法律上并不具有继承鲁迅著作权的资格，但她作为周海婴的监护人，可以取得周海婴应当继承的那一部分鲁迅著作权的监护资格），后来多次请许寿裳出面请蔡元培等人帮助解决出版《鲁迅全集》的各种事务，笔者倾向于认为许寿裳在 10 月 21 日写信给蔡元培也是受许广平之托才写的，也就是说他并不是自发地首先提议出版《鲁迅全集》的。

---

① 许寿裳. 亡友鲁迅印象记 ［M］//中国社会科学院文学研究所鲁迅研究室编 . 1913—1983 鲁迅研究学术论著汇编：第 4 卷 . 北京：中国文联出版公司，1987：546.

此外，许寿裳在 10 月 20 日发给许广平的唁电中没有提到建议出版《鲁迅全集》的事，那么他为何在 10 月 21 日写信给蔡元培请蔡元培帮忙解除国民党政府关于鲁迅著作出版的禁令以便出版《鲁迅全集》呢？如果许寿裳是首先提议出版《鲁迅全集》的人，那么他应当向具有鲁迅著作权的鲁迅的家属许广平提出这个建议才合乎情理，而且只有在征得许广平等鲁迅的亲属同意出版《鲁迅全集》的情况下，才有可能进行下一步工作，请蔡元培帮忙解除国民党政府对鲁迅著作出版的禁令。同样的道理，如果许寿裳在没有取得鲁迅家属同意的情况下，就自发地首先请蔡元培帮助解除国民党政府对鲁迅著作出版的禁令，以便出版《鲁迅全集》，然后再给许广平说可以出版《鲁迅全集》，就有点不合情理了。很显然，出版《鲁迅全集》不是许寿裳可以决定的，必须是作为鲁迅著作权继承人的鲁迅家属才能决定出版《鲁迅全集》的事宜。

因此，如果根据许寿裳在 10 月 21 日致蔡元培书信中为出版《鲁迅全集》请蔡元培帮助解除国民党政府对鲁迅著作出版禁令的内容，判定许寿裳是最早提出出版《鲁迅全集》的人，就有点本末倒置了，很显然，只有许广平等具有鲁迅著作权的鲁迅的家属先决定出版《鲁迅全集》，才会有请蔡元培帮忙解除国民党政府对鲁迅著作出版禁令的事。

再结合许寿裳在 10 月 28 日致许广平的书信中如下的内容："关于印行《全集》一事，业于二十一日寄蔡先生一函……俟得复再行奉闻。"① 从上下文来看，许寿裳在 10 月 20 日向许广平发去唁电之后，在 10 月 28 日写这封信之前，应当没有发电报或书信给许广平，而许寿裳也只收到过许广平在 10 月 20 日或 10 月 21 日发来的一封电报或书信。由此可以推知，许寿裳在 10 月 20 日发唁电到 10 月 28 日写这封信之间都没有直接向许广平提到过印行《鲁迅全集》的事，因此许寿裳在这封 10 月 28 日致许广平的书信里提到"关于印行《全集》一事"，不是无缘无故的，应当是答复许广平在 10 月 20 日或 10 月 21 日的来电或来信（按：从传送时间的角度来说，考虑到上海和北京之间的距离，笔者认为只能是电报）中提出的准备印行《鲁迅全集》的事。总而言之，许寿裳应当是收到了许广平发来的带有请蔡元培帮忙解除国民党政府

---

① 许寿裳 1936 年 10 月 28 日致许广平书信［M］//周海婴编. 鲁迅、许广平所藏书信选. 长沙：湖南文艺出版社，1987：291.

对鲁迅著作出版的禁令以便出版《鲁迅全集》等内容的电报或书信之后，才迅速地在 10 月 21 日写信给蔡元培的。也就是说，许寿裳并不是最早提议出版《鲁迅全集》的人，他应当是受许广平之托才在 10 月 21 日写信给蔡元培的。

另外，据《周作人谈往事》（原载 1936 年 10 月 20 日北平《世界日报》）一文："记者首访周作人于苦雨斋，经述来意后，周即戚然谓：诚然先兄逝世消息，余于今晨八时许已接三弟建人电告矣。电中并嘱老母年事已高，最好不使之闻悉，余接电后，因往商同乡宋琳君（宋现任北平图书馆会计），以凶信终难隐瞒，遂托宋持电往告，老母闻此噩耗私衷之悲痛可知也。"①

由此可以知道是周建人发电报（具体发报的时间是 10 月 19 日，还是 10 月 20 日上午，尚无法确定）给周作人告知了鲁迅去世的消息，而周作人在 10 月 20 日上午 8 时左右收到电报后又委派宋琳将鲁迅去世的消息告诉鲁迅的母亲鲁瑞和鲁迅的夫人朱安。考虑到许广平忙于处理鲁迅丧事，没有时间去电报局发电报，所以笔者认为，也有可能是周建人办理了以许广平的名义发电报给许寿裳告知收到唁电并请许寿裳出面请蔡元培帮助解除国民党政府对出版鲁迅著作的禁令的事务。但是，许寿裳在 10 月 19 日上午收到的鲁迅去世的电报是不是周建人发出的，尚无法确定，不过可以确认的是，这封电报是一位与鲁迅和许寿裳都很熟悉的人从上海发出的，电报的内容很可能不仅仅是告知鲁迅去世的消息，还有一些与鲁迅有关的重要的事情需要许寿裳帮忙处理的信息，否则也不会这么紧急地在 10 月 19 日上午就发出这封电报。

二、应当重视许钦文在 1936 年 11 月发表的回忆鲁迅的文章

许钦文在《〈鲁迅日记〉中的我》（浙江人民出版社 1979 年出版）一书的"最后的晤谈"这一节中写到鲁迅生前有准备出版全集的计划，北塔在文章中认为："1970 年代末，其时许钦文已经八十岁了，追忆可能不一定可靠。""许钦文记忆不清楚的或者有错误的恐怕包括鲁迅的原话。笔者怀疑他把'三十年集'误记为'全集'了。一个作家生前自己计划出版选集的例子很多，但计划出版全集的至今没有。"

---

① 佚名.周作人谈往事［M］//中国社会科学院文学研究所鲁迅研究室编.1913—1983 鲁迅研究学术论著汇编：第 2 卷.北京：中国文联出版公司，1986：487.

其实许钦文在 1936 年 11 月就先后发表了《在对鲁迅先生的哀悼中》和《同鲁迅先生最后的晤谈》这两篇回忆鲁迅的文章，都提到鲁迅生前准备编印"三十年集"的事。许钦文在发表于 1936 年 11 月 5 日的《在对鲁迅先生的哀悼中》[原载《中流》（半月刊）（上海）第一卷第五期，1936 年 11 月 5 日出版。] 一文中还对出版《鲁迅全集》提出了一些建议：

照最后晤谈，七月十五日晚上鲁迅先生对我所说，从搜集在《坟》里的稿子起，他已写了三十年，翻译的不算，"总已有三百万字；可以出十大册，也已有点厚"。

这些话，他说得很郑重，显然是有意计划到后事的，现在可以当作关于著作的遗嘱看待了。

鲁迅先生的作品，虽然本国的文盲和思想盲的诸同胞，还是很少受到影响，但早有许多外国的译文，无疑的，已为全世界的志士学者所珍重。这是伟大战士的血汗的结晶体，这是我们民族的精华，搜集起来，整理一下，赶快出全集是后死者的责任了。

搜集须注意信札。还有随时给人写的序言和介绍文等等，也应该广为征求。

照着鲁迅先生的素性，对于全集，我以为要顾到下列三点：

一，校对要仔细；他的文字，气势充分，强有力，由于每个字都经过认真的推敲，如果排错，是对他不起的。生前在可能范围内，印书出杂志，他总是亲自校对的。

二，装订要大方；鲁迅先生，在可以喝杯茶抽支烟的余暇，是非常爱美的；连包几本书，贴些邮票，他总也要做出个样子来。爱美固然是向上的，做什么象 [像] 什么，原也是他认真的一种表现；在全集上，应该尊重他这种态度。

三，凡是他亲手创作的，都得照原样刊上去，他下笔谨严，写一句有一句的用意；平时他最恨随便删改别人的文章，既然"鲁迅先生不死"，应该同他活着一样的重视这一点。

为着第一点，还得预防有人随便翻印，因为翻版总是错误百出的；宁可另出普及本，把定价特别减低，籍广流传。

整理的手续。调查清楚篇名以后，当先统计一下，照着本人的意思，平分为十册。以小说，论文，随笔，书信和什么等等分类；再同一类中再编年。

虽然已有遗嘱上写过，鲁迅先生不愿意随便要人的钱，（且不论这怕只是因为看透了人情而故意说说的话）但他还有高年的母亲，夫人和幼子，他所应得的版税，总得好好保持。所以印行全集的书店，当以版税有保障为先决条件！①

此外，许钦文在发表于 11 月 20 日的《同鲁迅先生最后的晤谈》﹝原载《逸经》（半月刊）（上海）第十八期﹞一文中描写了他在 1936 年 7 月 15 日晚上与鲁迅"最后晤谈"的情景：

他又提到《呐喊》有了捷克译文的事情。这是已经同我说过的。

"捷克人来翻译我的东西，"他照前次同样的说，"我倒高兴，已经答应做序。"

一点点地发现了病象以后，我觉得病势很严重，再也说不出什么空口的安慰的话。静寂了一会儿。

"从搜集在《坟》里的稿子起，"他郑重地说，"我已写了三十年，翻译的不算，总有三百万字，出十大册，也已有点厚了罢。"

我听了暗自吃惊，以为这明明是关于后事的计划，觉得更严重。②

许钦文上述回忆鲁迅的文章，距离他在 1936 年 7 月 15 日与鲁迅最后一次会面的日期较近，其真实性无疑超过他在 1979 年出版的《〈鲁迅日记〉中的我》一书中的相关内容。鉴于许钦文在 1936 年 11 月发表的文章中对《鲁迅全集》的编辑和出版工作提出了具体的建议，因此不能轻易否定鲁迅生前和许钦文谈话时所提到的准备出版"三十年集"的情况。需要说明的是，"三十年集"是鲁迅生前为总结和纪念自己从 1906 年到 1936 年从事文学创作 30 年而准备由自己编辑的，拟分为 10 卷，收录鲁迅的文学创作和主要的辑录书稿，在某种程度上也可以说是鲁迅个人认为自己 30 年来在文学创作和学术辑录方面所取得的成果的"全集"；而 1938 年版《鲁迅全集》是许广平等人为纪念鲁迅而集体编辑的，分为 20 卷，收录了鲁迅创作、辑录和翻译的著作，

---

① 许钦文.在对鲁迅先生的哀悼中﹝M﹞//中国社会科学院文学研究所鲁迅研究室编.1913—1983 鲁迅研究学术论著汇编：第 2 卷.北京：中国文联出版公司，1986：550.

② 许钦文.同鲁迅先生最后的晤谈﹝M﹞//中国社会科学院文学研究所鲁迅研究室编.1913—1983 鲁迅研究学术论著汇编：第 2 卷.北京：中国文联出版公司，1986：119.

但因种种因素的限制，没有收入鲁迅的书信和日记，以及一些暂时搜集不到的创作和翻译作品，严格来说，这套书虽然名为《鲁迅全集》，但实际上并不是鲁迅的"全集"，只是在收录文章的种类和数量方面超过了"三十年集"。此外，1938 年版《鲁迅全集》也是在鲁迅编好的"三十年集"目录的基础上编辑的，主要是增加了鲁迅翻译的作品，并增加了一些新搜集到的鲁迅辑录的书稿。因此，也可以说 1938 年版《鲁迅全集》是扩大版的"三十年集"。

值得注意的是，鲁迅在 1936 年还向李霁野、孔另境谈过出版个人文集的事。孔另境在 1936 年 10 月 29 日夜撰写的《我的记忆》（原载孔另境著《秋窗集》，泰山出版社 1937 年 6 月出版）一文中回忆：

今年四月底，霁野从英国回来。此时先生的身体已经不大好了，常常有小病，我们去找他，他很高兴，谈了整个半天，一直到晚上八点半钟，我们才辞别出来，这是霁野看见先生的最末的一次。

这次的谈话，先生的精神兴奋极了，大部分是牢骚话，但他说的都很有风趣，使我们笑到合不拢嘴来。

……

那次先生还谈到自己的文学工作，他觉得自己的身体确一天衰弱一天，他打算在生存的时候把自己的全集编起，大约以二百五十万字为标准，要是可能，今年就希望编成的。不意这工作尚未着手，先生竟撒手而去了。①

孔另境在这篇文章中所说的"全集"，显然就是鲁迅生前计划编辑的"三十年集"，因此，我们需要注意在民国时期的语境下，一位作家的"全集"可能和现代汉语中"全集"的概念不一样，不一定是收录这位作家全部作品的，正如日本改造社所出版的《大鲁迅全集》，虽然分为 7 卷，收录了鲁迅的创作，以及书信、日记等，但并没有收录当时已知的鲁迅的全部作品，而是选择性地收录了一部分，因此这套"全集"实际上也是鲁迅作品的选集。

三、被遮蔽的潘汉年

10 月 19 日晨，时任中共驻上海办事处副主任的冯雪峰接到周建人报告鲁迅病危的电话，在六时左右到达鲁迅家中，此时鲁迅已经在大约半小时前逝

---

① 孔另境. 我的记忆［M］//中国社会科学院文学研究所鲁迅研究室编. 1913—1983 鲁迅研究学术论著汇编：第 2 卷. 北京：中国文联出版公司，1986：772-773.

世。冯雪峰就打电话将鲁迅逝世的消息通知宋庆龄、胡愈之等人，并打电话将鲁迅逝世的消息告诉了中共驻上海办事处主任潘汉年。冯雪峰在10月18日晚上和潘汉年会面时还商量过鲁迅的病情，准备在19日请宋庆龄出面延请最好的医生为鲁迅治病。潘汉年当时掌握着直接和位于陕北的中共中央联系的秘密电台，因此能够在当日就将鲁迅逝世的消息发密电告知中共中央。据《潘汉年生平大事年表》记载："10月19日，得悉鲁迅病逝消息后，随即向中共中央报告，根据中央指示组织葬礼活动。"①

　　另外，潘汉年在1936年11月12日发给中共中央的密电中也简短汇报了纪念鲁迅活动的情况："……（十四）上海救国会工作这次来不及报告，下次当要李（按：冯雪峰的化名李允生）做一个详细报告。（十五）鲁迅死后，追悼工作甚好，全国影响甚大……"② 目前，潘汉年在10月19日发给中共中央的密电以及中共中央回电的内容均没有解密并公开，所以无法知道潘汉年当时与中共中央往来密电的具体内容。笔者推测，潘汉年在10月19日发给中共中央的密电中除了报告鲁迅逝世的消息之外，应当还有建议利用鲁迅的丧礼来掀起一场反对国民党政府的政治活动的相关内容，而中共中央在回电中同意了潘汉年提出的建议并作出了一些指示。此外，中共中央为悼念鲁迅而在10月22日发出的两份电文中提到的在国统区举办的多种纪念鲁迅的活动，包括出版《鲁迅全集》等，很可能也来源于潘汉年的建议。也就是说，潘汉年在10月19日致中共中央的密电中所提出的建议中很可能就包含了出版《鲁迅全集》的相关内容。

　　孔海珠在《鲁迅——最后的告别》一书中引用了当时一份小报刊登的独家新闻："因为许先生哀毁过度，治丧委员会的委员又很忙碌，凡是有关丧事的规划，另外由一个人全面负责。这个人独居斗室，从不露面，只在幕后指挥，但从布置灵堂、瞻仰遗容，一直到出殡路线和下葬仪式，都经他亲自研究，然后作出决定，付诸实施。这个从不抛头露面的是一位十分神秘的人物。"③ 很明显，这位"十分神秘的人物"就是冯雪峰。但是，冯雪峰当时是

---

① 中共上海市委党史研究室编. 潘汉年在上海 ［M］. 上海：上海人民出版社，1995：557.

② 中共上海市委党史研究室编. 潘汉年在上海 ［M］. 上海：上海人民出版社，1995：225.

③ 孔海珠. 鲁迅——最后的告别 ［M］. 北京：人民文学出版社，2011：28-29.

中共驻上海办事处副主任，无疑应当在中共驻上海办事处主任潘汉年的领导下进行工作，因此，冯雪峰的背后还有更为神秘的人物潘汉年，而冯雪峰也是在潘汉年的领导下，负责在幕后组织救国会等社会团体承办鲁迅的丧礼。因为潘汉年在1955年4月被以"内奸罪"的名义逮捕入狱，直到1982年8月才平反，加上还有一些未解密的机密信息需要保守（如潘汉年在鲁迅逝世期间与中共中央之间的往来密电至今还没有解密），所以冯雪峰在回忆鲁迅逝世的文章中几乎没有提到过潘汉年在鲁迅丧礼期间的活动情况。同样的原因，胡愈之是潘汉年派到救国会从事领导工作的中共秘密党员，但是他在回忆救国会办理鲁迅丧礼的情况时也没有提到潘汉年所发挥的作用。

值得注意的是，1938年版《鲁迅全集》的乙种纪念本出版之后，许广平将编号为1的乙种纪念本自己珍藏起来留念（许广平逝世后，家属将这部编号为1的乙种纪念本交给上海鲁迅纪念馆收藏），将编号为2的乙种纪念本赠送给潘汉年留念。这也从一个方面反映出许广平认为潘汉年为鲁迅丧礼的举办和《鲁迅全集》的出版发挥出举足轻重的作用，其重要性甚至超过宋庆龄、蔡元培、冯雪峰、沈钧儒、胡愈之、许寿裳、茅盾等人。很遗憾，限于史料，潘汉年在组织举办鲁迅丧礼，以及为出版《鲁迅全集》所做的各项工作，至今还无法详细地知道。在此，也呼吁中央档案馆能解密潘汉年在鲁迅逝世期间与中共中央的往来密电。

四、结语

曹聚仁在《鲁迅与我》一文中回忆鲁迅在30年代初到曹聚仁家里做客时的谈话内容：

鲁迅先生看见我书架上的一角，堆积了他的种种作品以及一大堆资料片，知道我准备替他写传记。我笑着对他说："我是不够格的，因为我不姓许。"他听了我的话，也笑了，说："就凭这句话，你是懂得我的了！"就凭这一句话，我就在大家没动手的空缺中，真的写起来了。原来，鲁迅生平有五位姓许的知己朋友，三男：许季上，许寿裳和许钦文，二女：许美苏（钦文的妹妹）和许广平。①

鲁迅生平有五位姓许的知己朋友，其中许广平、许寿裳都参与《鲁迅全

---

① 曹聚仁. 我与我的世界 [M]. 北京：人民文学出版社，1983：394.

集》的出版工作之中，而许钦文在 1936 年 11 月发表的回忆鲁迅的文章中对出版《鲁迅全集》也提出了三条建议。因此，我们既不能夸大许寿裳在出版《鲁迅全集》工作中所起到的作用，也不能轻易否定许钦文在回忆鲁迅的文章中所提到出版《鲁迅全集》一事的真实性。究竟是谁首先提议出版《鲁迅全集》，很显然不是许寿裳，是许广平，还是冯雪峰，抑或是潘汉年，这还得等有关档案解密之后才能确定。考虑到许广平处于哀痛之中，恐怕没有心思在丧礼期间就迅速地筹划出版《鲁迅全集》这样的大事，如果是许广平首先决定出版《鲁迅全集》的话，那么她也应该是忙完鲁迅葬礼之后再筹划这件事。而冯雪峰受潘汉年指派在幕后指挥救国会承办鲁迅的丧礼，笔者倾向于是身处上海并且是在幕后主持鲁迅丧礼工作的潘汉年与冯雪峰两人先商量一致后，再取得许广平的同意，然后告知中共中央，以及许寿裳等人，决定出版《鲁迅全集》的。总之，首先决定出版《鲁迅全集》的人很可能是中共驻上海的代表潘汉年和冯雪峰，他们把出版《鲁迅全集》纳入纪念鲁迅的活动之中，把纪念鲁迅的活动与发起反对国民党政府的政治活动结合起来，并向国民党政府提出："废止鲁迅先生生前贵党政府所颁布的一切禁止言论出版自由之法令，表扬鲁迅先生正所以表扬中华民族的伟大精神。"① 从而将出版《鲁迅全集》的工作发挥出更大的政治作用。

（本文删节稿题为《最早提议出版〈鲁迅全集〉的是谁?》，刊于《中华读书报》，2022 年 10 月 12 日）

---

① 中国共产党中央委员会、中华苏维埃人民共和国中央政府. 为追悼与纪念鲁迅先生致中国国民党中央委员会与南京国民政府电 . [M] //中国社会科学院文学研究所鲁迅研究室编 . 1913—1983 鲁迅研究学术论著汇编：第 1 卷 . 北京：中国文联出版公司，1985：1502.

高山仰止　景行行止：版画中的
鲁迅形象与鲁迅精神

在现代中国，鲁迅思想于精神层面所产生的影响深刻而绵长。2016 年，值鲁迅逝世 80 周年，社会各界纷纷以各种形式进行缅怀，在与鲁迅相关的文物、作品、文献等收藏中进行历史爬梳，是其中一项重要的纪念方式。上半年，中国美术馆和北京鲁迅博物馆联合推出了"只研朱墨作春山——纪念鲁迅逝世 80 周年美术展"，借助 224 件文物、书籍装帧和美术作品展示鲁迅美术思想的形成、建构、影响过程，揭示鲁迅与 20 世纪中国美术流变的关系；下半年，在北京鲁迅博物馆建馆 60 周年之际，该馆又推出了"含英咀华——北京鲁迅博物馆馆藏文物精品展"。在对鲁迅的纪念中，重温北京鲁迅博物馆从建馆初期至今有目的地征集到的 100 多位著名美术家捐献的关于鲁迅形象的中国画、油画、木刻、雕塑等美术作品，不仅可以感受鲁迅形象背后的深刻含义，也可以体会美术家对鲁迅的敬仰及其对鲁迅精神的理解。

"将来的光明，必将证明我们不但是文艺上遗产的保存者，而且也是开拓者和建设者"[1]，所以，鲁迅对中国文艺的关注是全方面的，其影响也是全方位的。除了文学，鲁迅从童年开始就比较喜欢美术，他在教育部任职期间曾经发表过《拟播布美术意见书》，并翻译过美术类的图书。美术对鲁迅来说，也绝不只是个人的雅好，他将其提升为一种广泛的社会觉悟来对待。其中，影响最大的是在上海的十年间，鲁迅大力提倡新兴木刻，影响了一大批进步青年从事左翼美术创作，对当时的抗战宣传做出了卓越的贡献。

毫无疑问，中国现代木刻家受到鲁迅的影响最大，这种影响不仅在于掀起了新兴木刻运动，更在于木刻所彰显的社会功用与艺术思想。所以，他们对鲁迅的感情也最深，在不同时期创作的鲁迅题材的木刻作品也很多。综观

---

① 鲁迅.引玉集·后记［M］//鲁迅.鲁迅全集：第七卷.北京：人民文学出版社，2005：441.

北京鲁迅博物馆建馆后征集、收藏的表现鲁迅形象的木刻作品，从内容上大致可以分为如下几类：

一为表现鲁迅不同时期的生活和学习的作品，如表现少年时期的《质铺与药店》（杨可扬）、《离家去南京》（赵延年）等；表现青年时期的《探求》（俞启慧）等；表现鲁迅和许广平家庭生活的《以沫相濡》（组画）（冒怀苏），以及表现鲁迅和日本友人交往的《鲁迅与内山完造》（邬继德）等。

二为表现鲁迅对儿童和青年的关注与关心的作品，如《鲁迅与儿童》（野夫）、《长夜明灯》（邬继德）、《鲁迅和他的战友们》（陈烟桥）、《鲁迅送书给青年》（欧阳兴义）、《"横眉冷对千夫指，俯首甘为孺子牛"》（黄新波）等。

三为表现鲁迅主要的斗争经历的作品，如《鲁迅在厦大平民学校讲话》（杨先让）、《怒向刀丛觅小诗》（赵瑞春）、《鲁迅在中大紧急校务会议上》（张佩义）、《1927年鲁迅在上海演讲》（曹剑锋）、《为了忘却的记念》（朱继旺）、《义无反顾》（谭尚忍）、《战斗的檄文》（李以泰）等。

四为表现鲁迅与共产党友人的交往的作品，如《鲁迅与瞿秋白》（张漾兮）、《鲁迅与冯雪峰》（张怀江）、《鲁迅与陈赓》（谭尚忍）、《心向延安》（魏扬）等。

五为表现鲁迅倡导新兴木刻运动的作品，如《喜阅青年木刻新作》（邵克萍）、《当革命之时版画之用最广》（李以泰）、《鲁迅在木刻讲习会上》（李桦）、《鲁迅与木刻青年谈珂勒惠支版画》（黄永玉）、《拓荒者》（查士铭）等。

六为表现鲁迅个人肖像的作品，艺术家张怀江、酆中铁、彦涵、赵延年、伍必端、盛增祥、沈尧伊、卢沉等都进行了创作。

这些木刻作品，勾勒出了鲁迅的人生轨迹，是对鲁迅世界的全方位表现。重要的是，这些木刻作品的内容不仅仅停留在单纯的刻画鲁迅形象，而是重在以形象或事件来反映鲁迅与时代的关系，以及鲁迅精神的时代影响。即使是表现其不同时期生活和学习的作品中，也折射出这种创作取向，如作品《离家去南京》，刻画出了鲁迅人生道路上的重要转变——为冲破封建束缚、追求新知识而去南京矿路学堂求学的人生选择。而从上述木刻作品的标题以及木刻家的名字不难看出，北京鲁迅博物馆所收藏的这些木刻作品大部分都是中国现代著名木刻家的重要作品。他们之所以把创作的关于鲁迅的木刻作品捐献给该馆，或许正是他们以木刻的艺术形式来回应鲁迅的呐喊、表达对鲁迅的敬仰之情的重要方式。他们渴望用自己的刻刀把鲁迅的形象刻画出来，并传播到大众中，从而让更多的人可以形象地感知鲁迅的品格，弘扬鲁迅的精神。

几代木刻家对于鲁迅形象的塑造，呈现出了他们所理解的鲁迅。就塑造的鲁迅形象特点而言，这些作品中的鲁迅面部表情大致分为愤怒、冷峻的表情与亲切、微笑的表情两大类。简练、概括、不拖泥带水，是版画的特质，也很容易给人以视觉和精神上的触动。美术家以如此简练的手法去刻画鲁迅，也在表明鲁迅一生中鲜明的两种立场——前者主要是在刻画善恶分明、憎恨黑暗的精神层面的鲁迅；后者主要是在刻画有血有肉的生活中的鲁迅，也可以套用鲁迅的诗句，把这两种鲁迅形象概括为"横眉冷对千夫指"型和"俯首甘为孺子牛"型。于前者，赵延年的《鲁迅先生》可以说是典型代表；于后者，李桦的《鲁迅在木刻讲习会上》是其代表。赵延年的《鲁迅先生》所塑造的鲁迅形象，主要用黑白对比的手法突出了鲁迅棱角分明的脸庞，同时用短线刻出鲁迅冷峻的眼神、直立的头发、浓密的胡须，通过木刻艺术所特有的"力之美"传神地刻画出鲁迅"横眉冷对千夫指"的精神品格。李桦的《鲁迅在木刻讲习会上》所塑造的鲁迅形象，主要通过大片的白色背景与鲁迅的白色长衫和慈祥的面部表情相映衬，用柔和圆润的曲线刻出鲁迅慈祥的面容，以及左手拿着木板、右手拿着刻刀在向专注听讲的木刻青年演示内山嘉吉所讲授的木刻创作技巧的姿势，从而刻画出鲁迅作为中国新兴木刻运动的精神导师呕心沥血地帮助木刻青年的"俯首甘为孺子牛"的精神品格。

总而言之，这些木刻作品都是在用刻刀来塑造鲁迅的形象，用木刻的艺术形式来讲述鲁迅的故事、刻画鲁迅的精神，虽然部分木刻作品显现出时代的局限性，但是都从不同角度刻画出了鲁迅一生中的某一个重要的场景，后人从中可以较为形象地感受到鲁迅"横眉冷对千夫指，俯首甘为孺子牛"的高尚精神品格，也可以体会到木刻家创作中的精神向度——艺术属于全社会、艺术为大众。

（原刊《人民日报》，2016 年 11 月 6 日）

大家的刀锋　顽强的木板：
北京鲁迅博物馆收藏的抗战版画

胡风是鲁迅先生晚年比较信任的弟子，受鲁迅倡导新兴木刻艺术运动的影响，也积极推动木刻艺术发展。他不仅在主编的《七月》等杂志上经常刊登木刻作品，还于 1937 年 10 月从上海撤退到武汉之后开始筹备"抗敌木刻画展览会"。展览会于 1938 年 1 月 8 日开幕，作为抗战期间第一次全国性的木刻展览会，共展出抗战木刻作品 300 多幅，3 天的展期参观人数近万人次，有力地宣传了抗战。幸运的是，当时的参展作品和胡风之后收藏的木刻作品共计 400 多幅，历经战火和劫难，却保存完好，并由其家人捐赠给了北京鲁迅博物馆。这些抗战版画，包含了著名木刻家抗战初期的代表作品，从中还新发现了王青芳、卢鸿基等木刻家不为研究者所熟知的木刻作品，是中国现代版画史上早期抗战木刻珍贵的历史遗存。

铁蹄下的苦难与反抗

日寇入侵中国之后，到处大肆烧杀抢掠，广大人民流离失所。胡风收藏的抗战木刻中，便有不少作品反映了广大人民在日寇铁蹄之下的苦难生活。如刘岘的《侵略者来了》，前景突出刻画了一个面目狰狞的日本浪人形象，背景以几间正在燃烧的房屋来突出侵略者的暴行，主题鲜明。江丰的《何处是家》也是这类题材的代表作——以日寇枪杀农民、抢夺耕牛、烧毁房屋等场面为背景，突出前景中不堪忍受日寇暴行、不得不背井离乡的一家四口的困苦，日寇的罪行在强烈的黑白对比中昭然若揭。

还有一些作品直接揭穿了日寇所宣扬的占领区是"王道乐土"的谎言，如卢鸿基的《沦陷区的凶神》、陈执中的《王道乐土的所谓"夜不闭户"》等。江丰的《囚》、陈执中的《虐待知识分子!》则刻画了抗日战士和知识分子在日寇监狱中所遭受的虐行。

面对日寇暴行，民众所做的不仅是承受更有反抗，这类题材在胡风的收藏中也占据了不少数量。胡风收藏中有两个连环木刻——万湜思的《中国战斗》（23 幅）、王愚的《荡寇图》（24 幅），前者突出表现了日寇侵略给中国人民带来的深重灾难，以及中国军民的奋起抵抗；后者使用中国传统的线描手法，不仅将日寇入侵一个中国城市之后在附近乡村烧杀抢掠的行为刻画得淋漓尽致，还表现了城乡人民组成游击队奋起反击日寇，最终消灭日寇等内容，整套连环木刻构图简洁，故事情节完整，在当时起到了很好的抗战宣传作用。

抗战中的前线与后方

除了警示、教育意义之外，抗战木刻也会随着战事发展，通过象征、再现等手法，反映前线战争和后方对抗战的支援等，直接宣传全民抗战。胡风收藏的木刻，便如一部凝缩的历史，不仅有不少鼓舞全民奋起抗日的题材，也有不少反映日寇悲惨下场、人民渴望和平以及世界反法西斯战争等题材的作品，这对当时国人认识战争、认识世界形势发挥了重要作用。

在反映全民抗战方面，野夫的《拿起我们自己的武器》以手握长枪的士兵、手持红缨枪和大刀的农民、挥舞着铁锤的工人一起呐喊着向日寇冲锋的场景，充分表达出中国人民对日寇的满腔愤怒和全民奋起抗日的勇气。马达的《为自救而战》象征着中国女性在抗日战争中用投身抗战的实际行动自救并寓有庆祝三八妇女节的含义。还有一些木刻作品刻画了抗日战争中的军人、游击队员、农民的形象，表达出他们抗战必胜的坚定信心，如陈烟桥的《保卫卢沟桥》展示出手持步枪的士兵凛然不可侵犯的气势；王琦的《肉弹战士》用极具视觉冲击力的长直线条刻画了中国空军飞行员舍身驾机冲向日舰的场景；庄言的《老百姓的胜利》表现了手持红缨枪的农民刚打完胜仗之后的英雄气概；古元的《青纱帐里》描绘了四位游击队员准备伏击日寇的场景。这些作品不仅反映出战争的惨烈，更体现出中国战士对日寇的仇恨及战斗的英勇。

抗战中，广大群众不仅参加武装抗日军事行动，也在敌后方用实际行动支援前线抗战，如陈叔亮的《石印工人》刻画了印刷工人印刷宣传品的场景。为应对日寇的"三光"政策和经济封锁，广大抗日军民还积极开展生产，为抗战的胜利打下了物质基础。如江丰的《开荒》、阎素的《武装保卫春耕》、安林的《保卫收获》等都是这类表现八路军开荒、农民武装保卫收获的主题。

还有焦心河的《为抗日将士做军鞋》、李桦的《耕耘》、力群的《给群众修纺车》等，就艺术性而言，这几幅木刻中的人物形象均已带有鲜明的民族风格。

还有一些木刻作品反映了根据地人民翻身当家做主后的生活。如力群的《居民工作者》描写的是根据地政府工作人员为居民服务的场景，《优异的革命老教师刘保堂》（10 幅）讲述了根据地优秀教师认真教学的故事。

在胡风收藏的木刻作品中，也有小部分反映日寇形象的作品，如平杜的《俘虏》刻画了一个日寇俘虏在忏悔流泪；安林的《在异邦》刻画了一个垂头丧气的日寇在月夜巡逻时思念母亲和妻儿，并流露出厌战的情绪。此外，还有表达反战、追求和平主题的木刻作品，如沃渣的《反战细胞》、马达的《白求恩像》、张慧的《帮助政府去的西班牙妇女和儿童》，表现出世界反法西斯统一战线的主题。

烽火中的突进与淬炼

对于抗战木刻兴起的原因，胡风认为"一是中国人民的困苦的斗争，在艺术上要求表现，而木刻一开始就是和这个要求一致的，另一方面也由于中国伟大的文化先驱者鲁迅先生的提倡、介绍和诱导。木刻家所以必得受冷视，受困苦，甚至流血的原因在这里，而木刻艺术就是在冷视、困苦、流血里也依然能够成长、发达的原因也在这里"①。胡风还特别指出了抗战木刻的现实意义："我们把木刻和'抗敌'连在一起，绝不是偶然的，从战斗里产生的艺术自然能够和战斗一同前进。我们希望一般观者能够从这里亲切地感到中华民族的伤痛、忿恨以及浴血的苦斗，也希望木刻运动本身从这里得到更深刻地向斗争突进的兴奋。"某种程度上，胡风的评论也指出了抗战木刻经过抗日战争的洗礼而逐渐发展壮大起来的正确道路。

经过抗战烽火的淬炼，新兴木刻逐渐摆脱"欧化"创作倾向，吸收中国传统和民间艺术养分，实现了创作风格向本土化的转变，成为艺术界宣传抗战的有力武器。但它在迅速发展中，也不可避免地呈现出艺术水平与发展速度不相称的局面。在纪念中国人民抗日战争暨世界反法西斯战争胜利 70 周年之际，重新审视这些抗战木刻作品，虽然可以看出其中的一些作品在艺术水

---

① 胡风. 抗敌木刻画展览会小解［M］//胡风. 胡风全集：第五卷. 武汉：湖北人民出版社，1999：299-300.

准上有明显的不足，但不可否认的是它们在那个时代对宣传抗战所产生的深远影响，毕竟那是在烽火连天的岁月，在缺衣少食的艰苦环境下，刚从事木刻创作没有几年的青年木刻艺术家用简陋的工具、饱满的抗日激情所刻制出来的，他们所表达的是我们这个民族在遭到外敌侵略时的苦难和抗争，是对那个苦难时代的真实再现。

　　郭沫若先生于 1946 年在上海参观"八年抗战木展"时，曾在题词中高度评价新兴木刻运动："中国就像一块坚硬的木板，要靠大家从这里刻出大众的苦闷、沉痛、悲愤、斗争，由黑暗中得到光明。看见八年来的木刻令人增加了勇气和慰藉。中国终究是有前途的，人民终必获得解放。把大家的刀锋对准顽强的木板！"① 这是对八年抗战新兴木刻运动的总体评价，也是对当时经过抗战烽火的磨炼而逐渐成长起来的木刻艺术家创作方向的期待，更是对英勇不屈的民族之魂的赞叹。

（原刊《人民日报》，2015 年 8 月 17 日）

---

① 　王琦. 抗战八年木刻展及其它［J］. 新文化史料，1998（3）：47.

木刻家胡一川："我们牢牢记住了 鲁迅先生对我们说过的话。"

在鲁迅的指导下，朝华社在 1929 年 1 月到 4 月陆续编辑出版了"艺苑朝华"丛刊来介绍外国的版画作品，包括《近代木刻选集》（1，2）和《蕗谷虹儿画选》《比亚兹莱画选》。鲁迅为这四本画册撰写了序言，其中鲁迅在 1929 年 1 月 20 日撰写的《〈近代木刻选集〉（1）小引》一文中指出木刻虽然起源于中国，但是中国木刻性质上属于复制木刻。中国木刻在传到欧洲之后，欧洲在 19 世纪中叶逐渐从复制木刻转变为"创作木刻"。鲁迅希望通过输入欧洲的"创作木刻"作品来提倡"木刻的回国"，在中国形成"创作木刻"的潮流。① 可以说，中国 30 年代逐渐兴起的新兴木刻运动即"创作木刻"就是开始于鲁迅在这篇序言中发出的倡议。

1930 年 2 月 25 日，鲁迅撰写了《〈新俄画选〉小引》一文，指出："当革命时，版画之用最广，虽极匆忙，顷刻能办。"② 这本《新俄画选》是柔石在鲁迅的指导下编选的，原本作为朝华社编印的"艺苑朝华"丛刊的第五种画册出版，但因朝华社经营不善，才交给光华书局在 1930 年 5 月出版。

鲁迅对新兴木刻的提倡，影响到一批进步的青年开始创作新兴木刻，胡一川（1910—2000，原名胡以撰）就是其中之一。

一、胡一川在鲁迅的影响下，走上了新兴木刻创作道路

1926 年 11 月，胡一川在厦门集美学校读书时就聆听过鲁迅的演讲，并记得鲁迅在演讲时说过"世界是傻子的世界，世界是靠傻子来支持的，是靠傻子来推动的，终究是属于傻子的；聪明人不能做事，因为他想来想去，终于

---

① 鲁迅.《近代木刻选集》（1）小引［M］//鲁迅. 鲁迅全集：第七卷. 北京：人民文学出版社，2005：335-336.

② 鲁迅.《新俄画选》小引［M］//鲁迅. 鲁迅全集：第七卷. 北京：人民文学出版社，2005：363.

什么也做不成……""学生也应该留心世事"①。1929 年，胡一川考入国立杭州艺术专科学校学习美术，并积极参加进步活动。1930 年是胡一川一生中具有重要转折意义的一年：首先加入了改组后的"一八艺社"，担任这个中国最早的"左翼"美术社团的组织委员；其次作为发起人之一，加入在上海成立的左翼美术家联盟，担任执行委员；再次，在同年冬还加入了中国共产主义青年团；最后，热爱油画的进步青年胡一川受到鲁迅的影响开始创作新兴木刻作品。

1991 年，胡一川在为纪念鲁迅诞辰 110 周年暨中国新兴木刻运动 60 周年而撰写的《怀念》一文中说：

> 我在木刻历程上的起步，就是鲁迅先生教导的结果。1930 年夏，我在上海参加了中国左翼作家联盟举办的暑期文艺讲习班，看到鲁迅编选、出版的外国木刻画册后，开始认识到，搞木刻创作，工具简单，便于复制、流传，是宣传工作的有力武器。我回到当时的国立杭州艺术专科学校后，就自己学着动手刻起木刻来了。②

1931 年 6 月 11 日，胡一川携带"一八艺社"成员创作的美术作品来到上海，在鲁迅帮助下，通过内山完造联系到了举办美术展览的场地。这次展览展出了胡一川创作的《流离》《饥民》等几幅木刻作品，汪占非创作的一幅木刻作品《五死者》（亦名《纪念柔石等》），这也是国内艺术展览会首次展出木刻作品。鲁迅不仅捐款十五元资助"一八艺社"举办这次展览，而且为展览撰写了《一八艺社习作展览会小引》，对进步的青年美术家提出了殷切的期望："现在的艺术，总要一面得到蔑视，冷遇，迫害，而一面得到同情，拥护，支持。一八艺社也将逃不出这例子。（中略）然而时代是在不息地进行，现在新的，年青的，没有名的作家的作品站在这里了，以清醒的意识和坚强的努力，在榛莽中露出了日见生长的健壮的新芽。自然，这，是很幼小的。但是，惟其幼小，所以希望就正在这一面。"③ 胡一川在展览现场曾经见到已

---

① 胡一川. 回忆鲁迅与一八艺社 [M] //吴布乃，王观泉编. 一八艺社纪念集. 北京：人民美术出版社，1981：23.

② 胡一川. 怀念 [M] //上海鲁迅纪念馆编. 上海鲁迅研究：第 6 辑. 上海：百家出版社，1995：41.

③ 鲁迅. 一八艺社习作展览会小引 [M] //鲁迅. 鲁迅全集：第四卷. 北京：人民文学出版社，2005：316.

经看完展览正准备离开的鲁迅，但是因为太激动只打了一个招呼，没有能够当面向鲁迅请教艺术创作问题。不过，胡一川通过阅读鲁迅的文章《一八艺社习作展览会小引》，学习了鲁迅对进步美术青年的指导意见，坚定了自己走创作新兴木刻艺术道路的决心。

1931 年 6 月 15 日出版的"左联"的机关刊物《文艺新闻》刊登了鲁迅撰写的《一八艺社习作展览会小引》，配图是在这次展览会上展出的胡一川创作的木刻作品《征轮》，这也是国内报刊首次发表中国木刻家创作的新兴木刻作品。从对中国新兴木刻运动贡献的角度来说，胡一川不仅是中国最早创作新兴木刻并且在美术展览会上展出新兴木刻作品的人，而且也是最早在报刊发表新兴木刻作品的人。

1932 年下半年，胡一川因参加进步活动被国立杭州艺术专科学校开除，来到上海从事革命活动。当年冬季的某一天，鲁迅到"野风画会"给进步的青年美术家做了一次演讲，胡一川也聆听了鲁迅的这次演讲。据胡一川在《自我写照》一文中回忆："讲的内容主要是针对当时青年美术工作者的思想情况和结合画册讲有关美术作者如何提高思想，如何深入生活，如何提高技巧和如何进行革命美术创作的问题，听了鲁迅先生的讲话，大家得到很大的启发教育。"① 鲁迅这次演讲的内容没有被保存下来，但是，胡一川在 1938 年年底到敌后抗日根据地开展木刻宣传活动之后，探索出的借鉴中国传统年画的风格创作出的深受群众欢迎的新兴木刻作品，推动新兴木刻的大众化、民族化的创作方法，很可能在一定程度受到鲁迅的这次演讲的启发。

1933 年，胡一川加入了中国共产党，并参加"工联"的工作，负责编印《工人画报》。当年 7 月，胡一川在女友夏朋的家中与夏朋一起被捕入狱，但是胡一川在狱中坚贞不屈，不仅没有供认出夏朋的上级领导廖承志，也没有供认出自己的上级领导匡亚明（他在新中国成立后担任过东北人民大学即后来的吉林大学的校长、南京大学的校长）。胡一川在 1936 年出狱之后回到厦门担任《星光日报》的木刻记者并在厦门美专教木刻，此外还组织成立了"海流木刻研究会"。胡一川大概是因为从事革命工作，为了鲁迅的安全不方便直接和鲁迅联系，因此他和鲁迅的直接接触很少，但是他对鲁迅一直抱有敬仰之情。鲁迅先生逝世的消息传到厦门之后，胡一川特地刻印了《鲁迅先

---

① 胡一川.自我写照［Z］.广州美术学院胡一川研究所藏未刊稿.

生像》和《鲁迅在木刻讲习班》这两幅木刻作品来纪念鲁迅先生。

另外，鲁迅也关注胡一川这位最早从事新兴木刻创作的青年木刻家的木刻作品。有的研究者说鲁迅只收藏了胡一川的《恐怖》和《到前线去》这两幅木刻作品，但是据北京鲁迅博物馆和上海鲁迅纪念馆联合编辑的《鲁迅收藏中国现代木刻选集》（人民美术出版社 1963 年出版）一书，可以看出鲁迅生前收藏了胡一川的 6 幅木刻作品：1931 年创作的《流离》（原画 12.5 厘米×17.5 厘米）、《饥民》（原画 10.4 厘米×14 厘米）（按：胡一川自述是 1930年创作）、《恐怖》（原画 24 厘米×19 厘米）（按：胡一川自述是 1932 年创作）；1932 年创作的《失业工人》（原画 19 厘米×29 厘米）（按：胡一川自述是 1931 年创作）、《闸北风景》（原画 15.5 厘米×12.5 厘米）、《到前线去》（原画 20 厘米×27 厘米），可以说基本包含了胡一川被捕入狱之前的重要木刻作品。这 6 幅木刻作品至今仍完好地保存在北京鲁迅博物馆和上海鲁迅纪念馆之中，是鲁迅关心胡一川创作的一个历史见证。

二、胡一川在延安及敌后抗日根据地扩大了新兴木刻的影响

1937 年 7 月抗日战争全面爆发之后，胡一川从厦门出发辗转多地，在途经上海时把心爱的油画工具和油画颜料寄存在同乡友人处，只"带着简单的木刻工具和便当的歌喉到前线或后方去干救亡的工作，争取我们最后的胜利"[1]。因为胡一川牢记鲁迅在《〈新俄画选〉小引》一文中的指示："当革命时，版画之用最广，虽极匆忙，顷刻能办。"胡一川在 9 月 16 日到达延安参加抗战工作，创作了大量的木刻传单和街头海报，用木刻作品来宣传抗战。

需要强调指出的是，胡一川是较早到达延安的进步木刻家之一，胡一川到延安之后不仅阅读了一批马列主义书籍，而且阅读了一批鲁迅作品和鲁迅研究著作：

1937 年 10 月 12 日日记："我已经把毛主席编的《辩证法唯物论》看完了。从今天起我开始看《中国革命基本问题》。"[2]

1937 年 11 月 18 日日记："我已经把《呐喊》看完了，接着我立即看

---

[1]　胡一川 1937 年 8 月 25 日日记［M］//胡一川. 红色艺术现场：胡一川日记（1937—1949）. 长沙：湖南美术出版社，2010：42.

[2]　胡一川 1937 年 10 月 12 日日记［M］//胡一川. 红色艺术现场：胡一川日记（1937—1949）. 长沙：湖南美术出版社，2010：52

《列宁主义概论》。"①

1938 年 5 月 4 日日记："我已经把《鲁迅批评》看完了。"②

胡一川通过阅读对鲁迅及中国革命等有了更深入的认识。另外，从胡一川的日记中可以看出，在他的组织和推动下，延安的木刻活动才逐渐开展起来，不仅成立了木刻绘画研究会，而且有多位青年在胡一川的指导下学习木刻。

1937 年 11 月 4 日日记："下午在大礼堂布景时，周扬同志带着他的小孩子到那里来玩。我〔他〕称赞我们的工作，我们说到文化界救亡协会和过去的事体，他同意我提出在延安组织一个木刻协会。"③

1937 年 12 月 2 日日记："吃过晚饭后，我带了木刻刀和木板等到陕北公学去开木刻绘画研究会，由我报告《中国的木刻复兴运动和木刻创作法》。"④

1937 年 12 月 15 日日记："市政府教育局的《大众报》要木刻，他们要我每一张木刻都印出〔？〕给他们，同时他还答应我以后可以供给我们一点木板。李汀〔仃〕同志来找我说，他要学木刻。邓同志也介绍了一位同志来，他是因为看到了我贴在街头上的木刻才来找我的。我已经给他介绍到木刻绘画研究会了。最近组织的战地服务团，有几个喜欢美术的同志也决定要学木刻，我已经带他们去买了两付〔副〕木刻刀，延安的木刻空气已经渐渐紧张起来了，我希望以后不论任何角落都能看到木刻画。"⑤

胡一川在 1937 年年底随儿童剧团到国统区宣传抗日，当他得知鲁迅艺术学院在 4 月 10 日成立的消息之后，经过胡乔木的批准，就在 5 月底从国统区回到延安担任鲁艺的木刻教员。胡一川在这所以鲁迅名字命名的学校中，高举鲁迅的旗帜，继续推动新兴木刻运动在延安的开展，在 7 月 27 日举行了鲁

① 胡一川 1937 年 11 月 18 日日记〔M〕//胡一川. 红色艺术现场：胡一川日记（1937—1949）. 长沙：湖南美术出版社，2010：59.
② 胡一川 1938 年 5 月 4 日日记〔M〕//胡一川. 红色艺术现场：胡一川日记（1937—1949）. 长沙：湖南美术出版社，2010：96.
③ 胡一川 1937 年 11 月 4 日日记〔M〕//胡一川. 红色艺术现场：胡一川日记（1937—1949）. 长沙：湖南美术出版社，2010：57.
④ 胡一川 1937 年 12 月 2 日日记〔M〕//胡一川. 红色艺术现场：胡一川日记（1937—1949）. 长沙：湖南美术出版社，2010：62.
⑤ 胡一川 1937 年 12 月 15 日日记〔M〕//胡一川. 红色艺术现场：胡一川日记（1937—1949）. 长沙：湖南美术出版社，2010：65.

艺木刻研究班成立大会，并系统规划了鲁艺木刻研究班今后的工作计划。鲁艺木刻研究班全体成员在鲁迅逝世两周年之际突击刻印了 20 本木刻集以此来纪念鲁迅先生，并"分赠给首长们和各个机关，鲁迅夫人许广平女士也寄了一本去，苏联革命博物馆也寄了一本"。胡一川在 11 月 14 日的日记中记录了他为这本木刻集所写的"编后记"的内容：

今年 7 月 24 日（按：应为 27 日）我们在弥漫全国的炮火声中聚集起来，成立了"鲁迅艺术学院木刻研究班"。我们也曾向延安的同志们报告过一些我们学习的结果，在钟楼前面我们张贴过 4 期木刻壁报，现在为了纪念我们伟大的导师、中国新兴木刻的播种者鲁迅先生，我们在纪念他的逝世 2 周年的突击运动中，集体亲手地从我们这短促的学习时期内所得到的一切收获，选印了 20 本木刻集。我们带着十二分的热诚，把它们分赠给首长们和各个机关，我们希望得到的回答是宝贵的指示和帮助，在不久的将来为了更实在地站牢自己的岗位，把木刻带到大众的中间去，我们希望在西北角上能够出现一支"木刻轻骑队"，奔驰在各个角落，各个阶层，使木刻成为抗战的刀枪和争取抗战的最后胜利、建立独立自由幸福的新中国的指路碑。[1]

胡一川提出组成"木刻轻骑队"奔赴敌后抗日根据地开展宣传工作的想法得到了上级的批准。11 月 24 日，胡一川、罗工柳、彦涵、华山组成了"鲁艺木刻工作团"，在中共北方局李大章同志的带领下越过敌人的封锁线，到太行山敌后抗日根据地开展宣传工作。

胡一川率领的"鲁艺木刻工作团"在敌后抗日根据地开展宣传工作，遇到了很多难以想象的困难，从胡一川在 1938 年 12 月 9 日的日记所记录的他给鲁艺副院长沙可夫等人的书信中可以看出他们有决心克服各种困难，发挥木刻在战时缺乏物资的情况下也能"顷刻能办"的独特作用，在农村、游击区、山沟里开展抗日宣传的工作：

沙院长、徐一新和木刻研究班诸同志：

……我们自己也很明白，我们几人都缺乏工作经验，离开学校跑到前线

① 胡一川 1937 年 11 月 14 日日记［M］//胡一川．红色艺术现场：胡一川日记（1937—1949）．长沙：湖南美术出版社，2010：116.

来，真象［像］离开了母亲的孩子般，什么都感觉到生疏、好奇和什么都摸不到头绪。但我们牢牢记住了鲁迅先生对我们说过的话和认清了我们应尽的任务。因为我们都准备吃苦，顽强地要站牢自己的岗位，用我们特殊的武器与敌人搏斗到底。我们背着自己的行囊，渡过黄河步行到 115 师部来了，当我们到被敌人蹂躏过的永和县时，因为休息一天，所以我们在那破墙和冷落的街头张贴了不少的木刻标语。在蟠龙镇政治部都先后用"鲁艺木刻工作团"的名义开过木刻展览会，曾得到首长们和当地老百姓的好评。因为过去的木刻只停留在大都市知识分子层里，而现在是深入到农村、游击区，四面是高山的山沟里来开展览……最后我们希望木刻研究班的同志要继续出木刻壁报和进行木刻理论的研讨。我们更希望不断地产生许多木刻轻骑队，到前线来。因为需要我们去工作的地方实在太多了。①

"鲁艺木刻工作团"开始主要采取举办木刻展览会的形式来宣传抗日，但是胡一川发现广大群众不太认同这些带有明显欧洲木刻风格的木刻作品，因此采用木刻展览会的形式来宣传抗日工作所取得的宣传效果不太理想。经过一年多的摸索，"鲁艺木刻工作团"终于找到了促使新兴木刻完成大众化、民族化的方法。1940 年 1 月 8 日，有关领导指示"鲁艺木刻工作团"抓紧时间创作一批新兴木刻年画，来反击敌人在临近春节之际对游击区群众发动的宣传攻势。胡一川创作了《军民合作》，罗工柳创作了《积极养鸡，增加生产》，彦涵创作了《春耕大吉》和《保卫家乡》，杨筠创作了《纺织图》，这批木刻年画基本上扬弃了欧洲木刻的刀法和明暗构图，在形式上借鉴了中国民间年画的绘画风格，在内容上主要反映敌后抗日根据地群众的生产和生活，可以说这批木刻年画不仅在形式和风格方面，而且在年画的内容方面都贴近普通群众的欣赏水平和审美习惯，因此不仅很受群众欢迎，突击印出的一万多张年画很快就销售一空，而且得到了杨尚昆、陆定一等上级领导的好评。可以说，胡一川等人从创作这批木刻年画开始，较为成功地完成了鲁迅所倡导的中国新兴木刻的大众化、民族化的转型，使新兴木刻作品成为普通群众也可以欣赏的美术作品。此后，"鲁艺木刻工作团"在上级领导支持下，为扩大印刷量开设了木刻工厂，从而可以把"鲁艺木刻工作团"结合党的政策和

---

① 胡一川 1938 年 12 月 9 日日记［M］//胡一川. 红色艺术现场：胡一川日记（1937—1949）. 长沙：湖南美术出版社，2010：121.

敌后抗日根据地的情况所创作的木刻宣传品及时地、大量地印刷出来，这样
"鲁艺木刻工作团"创作的木刻宣传品就能被迅速地送到敌后抗日根据地的各
个村庄，甚至也通过游击队把一些木刻宣传品送到了敌占区，乃至敌人的碉
堡中。总之，胡一川率领的"鲁艺木刻工作团"运用木刻作为宣传工具，在
敌后抗日根据地充分发挥出了鲁迅所倡导的新兴木刻在革命之时的宣传作用。

三、始终牢记鲁迅先生对进步青年木刻家的教诲

1941年6月，胡一川从敌后抗日根据地返回延安汇报工作，"鲁艺木刻工
作团"的其他成员也陆续返回延安。但是胡一川率领的"鲁艺木刻工作团"
在敌后抗日根据地创造性地完成新兴木刻的大众化、民族化的转变，以及运
用木刻所取得的宣传成就并没有得到当时鲁艺美术系的部分领导人的肯定。
胡一川在1993年撰写的《自我写照》一文中回忆了当时的情况，并说明自己
对新兴木刻大众化、民族化问题的探索是受到了鲁迅等人的影响：

> 我在《敌后方木刻》上发表过一篇文章叫《致木刻工作者》提了八条意
> 见，实质上也是解决木刻为谁服务和如何为法问题，我认为与延安文艺座谈
> 会的基本精神是一致的，我这些意见是通过过去鲁迅先生，邓中夏烈士教导，
> 北方局的领导和我自己亲自的实践体会写出来的，是通过何云同志的审阅发
> 表的，在"文化大革命"中有人提出这篇文章比毛主席在延安文艺座谈会讲
> 话还早了几年，是反毛主席的纲领，真是令我哭笑不得。①

1945年8月15日抗日战争胜利之后，胡一川随鲁艺从延安出发奔赴东北
解放区。胡一川在出发前特到文协取走了鲁迅在1936年通过中共地下交通
线送给毛泽东的一本《凯绥·柯勒惠支版画选集》，这本画册不仅是鲁迅亲自
编印的，而且画册上还有鲁迅亲笔题写的编号"九五"。胡一川在1945年8
月21日的日记中记载："我和S（按：胡一川的妻子黄君珊）已经把一些比
较笨重的东西送到新市场卖掉了，因为已经规定每人只能带八斤重的行
装。……我已经把珂罗［柯勒］惠支画从文协那里取回来了，它虽然已经破

---

① 胡一川.自我写照［Z］.广州美术学院胡一川研究所藏未刊稿.

烂不堪了，但我还是喜爱着它。"① 另外，据胡一川在 1979 年撰写的文章《回忆鲁迅先生与"一八艺社"》一文中的记载，在他于 1937 年到达延安不久，时任中央宣传部干部的朱光（1949 年 9 月率领 200 多位两广籍干部南下准备接收广州，10 月 14 日广州解放后，任军管会副主任兼秘书长，后陆续任广州市副市长兼市委副书记、广州市市长、广东省副省长等职）将鲁迅送给毛泽东的一本《凯绥·柯勒惠支版画选集》交给他保存。②

因战争阻隔了到东北解放区的道路，胡一川等人只好停留在张家口，并在鲁艺美术系工作。但是鲁艺美术系的领导不仅对胡一川十分冷淡，而且组织一些人批判胡一川的木刻创作风格。胡一川在逆境中仍然以鲁迅为榜样继续开展工作，他在 1947 年 11 月某日的日记中写道："通过比较长时间的反复思索，有时代意义的题材应想尽一切办法把它表现出来，虽然没有人来重视这工作，但你也要抱着鲁迅的精神'横眉冷对千夫指'，一心一意去完成它，千万不要受到一点折磨就埋没了这伟大的工作。"③

胡一川在受到鲁艺美术系的领导公开排挤、批判的情况下，恰巧在张家口的市场上买到一套日本画家在日本投降后丢弃的油画工具，由此决定不再从事木刻创作，转而开始油画创作。虽然胡一川此后没有再创作过木刻作品，但是他没有忘记鲁迅生前对木刻青年的教诲，不仅一直珍藏着鲁迅编印的《凯绥·柯勒惠支版画选集》，而且多次在鲁迅诞辰的纪念日撰写文章回忆鲁迅。1981 年 10 月 21 日，时任广州美术学院院长的胡一川将《凯绥·柯勒惠支版画选集》，以及毛泽东签名发给胡一川的参加延安文艺座谈会的邀请函（目前存世的唯一一份），胡一川等木刻家在延安时期创作的木刻作品等共 20 件物品捐献给中国革命博物馆。这 20 件物品都具有独特的历史价值，其中的大部分物品后来被确定为国家一级文物，进而在 2021 年 3 月 27 日被北京市文物局正式列入北京市第一批革命文物目录，成为国家重要的红色文化遗产。

综上所述，胡一川和鲁迅的直接接触不多，但是在某种程度上可以说胡

① 胡一川 1945 年 8 月 21 日日记［M］//胡一川.红色艺术现场：胡一川日记（1937—1949）.长沙：湖南美术出版社，2010：392.
② 胡一川.回忆鲁迅先生与"一八艺社"［M］//吴布乃，王观泉编.一八艺社纪念集.北京：人民美术出版社，1981：27.
③ 胡一川 1947 年 11 月日记［M］//胡一川.红色艺术现场：胡一川日记（1937—1949）.长沙：湖南美术出版社，2010：452.

一川是鲁迅的私淑弟子，是鲁迅所培养的杰出的青年木刻家，他不仅受到鲁迅编印的外国版画的影响创作出带有德国表现主义风格的《到前线去》《闸北风景》等一批载入中国版画史的木刻作品，将鲁迅所倡导的中国新兴木刻艺术发扬光大，而且在延安及敌后抗日根据地的艰苦环境中创作了《军民合作》《牛犋变工队》等带有明显中国绘画风格的木刻作品，与其他木刻家一起完成了中国新兴木刻的大众化、民族化的转型。

（本文的删节稿以《鲁迅的教导与胡一川木刻的起步》为题刊登于《南方都市报》，2021 年 9 月 26 日）

革命文物《凯绥·柯勒惠支版画选集》的故事

2021年3月27日，北京市文物局正式公布了北京市第一批革命文物目录，其中有收藏于国家博物馆的鲁迅送给毛主席的《凯绥·柯勒惠支版画选集》（第九十五本）。这本画册的背后有一段传奇故事。

一、鲁迅为纪念柔石并声援柯勒惠支而自费编印了《凯绥·柯勒惠支版画选集》

1931年2月7日夜，柔石（1902年9月28日—1931年2月7日）等24位共产党员在龙华监狱被国民党反动派枪杀。鲁迅得到柔石的死讯后非常悲痛，和时任"左联"党团书记的冯雪峰一起冒着风险编印了《前哨·纪念战死者专号》（4月25日出版）。鲁迅不仅撰写了题为《中国无产阶级革命文学和前驱的血》的悼念文章，而且撰写了《柔石小传》。鲁迅在悼念文章中指出："我们现在以十分的哀悼和铭记，纪念我们的战死者，也就是牢记中国无产阶级革命文学的历史的第一页，是同志的鲜血所记录，永远在显示敌人的卑劣的凶暴和启示我们的不断的斗争。"[①] 7月30日，丁玲随同冯雪峰为筹备"左联"的机关刊物《北斗》杂志拜访鲁迅，鲁迅提供了德国版画家柯勒惠支（Kathe Kollwitz，1867—1945）的木刻作品《牺牲》（刻画了一个母亲悲哀地闭上眼睛，双手交出自己孩子的情景）和墨西哥画家理惠拉（Diego Rivera，通译：里维拉，1886—1957）的壁画《贫人之夜》等美术作品作为《北斗》杂志的插图。9月20日出版的《北斗》杂志创刊号在扉页刊登了柯勒惠支的木刻作品《牺牲》，并刊登了鲁迅撰写的《凯绥·珂勒惠支木刻〈牺牲〉说明》，这也是国内报刊首次介绍柯勒惠支的木刻作品。鲁迅后来在1936年4月7日撰写的《写于深夜里》一文中特地说明了在《北斗》杂志刊登柯勒惠

---

① 鲁迅. 中国无产阶级革命文学和前驱的血［M］//鲁迅. 鲁迅全集：第四卷. 北京：人民文学出版社，2005：290.

支木刻作品《牺牲》的原因：柔石牺牲后，"许多人都明白他不在人间……只有他那双目失明的母亲，我知道她一定还以为她的爱子仍在上海翻译和校对。偶然看到德国书店的目录上有这幅《牺牲》，便将它投寄《北斗》了，算是我的无言的纪念。然而，后来知道，很有一些人是觉得所含的意义的，不过他们大抵以为纪念的是被害的全群"①。1933年2月7日至8日是柔石等"左联"五烈士逝世两周年的纪念日，鲁迅特地在这两天撰写了《为了忘却的记念》一文表达对柔石等"左联"五烈士逝世的怀念："我又沉重的感到我失掉了很好的朋友，中国失掉了很好的青年，我在悲愤中沉静下去了，不料积习又从沉静中抬起头来，写下了以上那些字。"② 在"左联"五烈士中，鲁迅只和柔石比较熟悉，并在这篇文章中评价柔石是"一个惟一的不但敢于随便谈笑，而且还敢于托他办点私事的人"。因此，这篇文章在《现代》杂志第二卷第六期（1933年4月1日出版）发表时，不仅刊登了柔石的一张照片和一幅手稿，而且也同时刊登了柯勒惠支木刻作品《牺牲》。很显然，鲁迅感到柯勒惠支的木刻作品《牺牲》能表达出他对柔石的纪念之情。

从鲁迅日记可以看出，鲁迅在1930年7月15日收到了在德国留学的徐诗荃寄来的柯勒惠支的版画集，由此对柯勒惠支的作品产生了浓厚的兴趣，不仅请徐诗荃继续搜集柯勒惠支的版画，而且通过美国记者史沫特莱（共产国际驻上海的情报人员）的关系直接购买柯勒惠支签名的版画作品原拓本。1935年9月，鲁迅决定将自己搜集的柯勒惠支版画作品编辑成《凯绥·柯勒惠支版画选集》出版，鲁迅不仅为这本版画集的出版投入了较多的金钱，而且也为这本版画集的出版耗费了大量的精力。从鲁迅日记可以看出，鲁迅不仅花费大量的经费从德国购买柯勒惠支版画的原拓本，而且决定将这些原拓本寄送到北平的故宫印刷厂用珂罗版的形式按照拓本的原尺寸印刷，从而确保印本能最大限度体现原作的艺术特色。鲁迅收到印刷好的版画散张之后，又抱病亲自整理排序、添加衬纸、设计封面、书写广告，然后委托友人吴郎西帮助找印刷厂装订成册，以假托的"三闲书屋"的名义出版。鲁迅在1936年7月23日收到了吴郎西送来的103本装订好的《凯绥·柯勒惠支版画选

---

① 鲁迅. 写于深夜里［M］//鲁迅. 鲁迅全集：第六卷. 北京：人民文学出版社，2005：517-518.

② 鲁迅. 为了忘却的记念［M］//鲁迅. 鲁迅全集：第四卷. 北京：人民文学出版社，2005：502.

集》，并在 7 月 27 日签名将一本《凯绥·柯勒惠支版画选集》赠送给来访的老友许寿裳（季市）："印造此书，自去年至今年，自病前至病后，手自经营，才得成就，持赠季市一册，以为记念耳。"① 《凯绥·柯勒惠支版画选集》可以说是鲁迅编辑出版的版画集中印刷最为精美的版画集了，鲁迅之所以花费大量的金钱和精力自费出版《凯绥·柯勒惠支版画选集》是为了纪念柔石逝世五周年并声援正处于纳粹暴政统治之下的柯勒惠支。

虽然柔石旁听过鲁迅在北京大学的讲课，但是两人的交往开始于 1928 年 9 月。当时柔石在同学王方仁、崔真吾（这两位也是鲁迅在厦门大学执教时指导过的学生文学社团"泱泱社"的成员）的带领下拜访鲁迅，后来这三位青年与鲁迅、许广平共同组建了朝华社，并出版《朝华》周刊。在鲁迅的指导下，朝华社在 1921 年 1 月到 4 月陆续编辑出版了"艺苑朝华"丛刊来介绍外国的版画作品，包括《近代木刻选集》（1，2）和《蕗谷虹儿画选》《比亚兹莱画选》。鲁迅为这四本画册撰写了序言，其中鲁迅在 1929 年 1 月 20 日撰写的《〈近代木刻选集〉（1）小引》中指出木刻虽然起源于中国，但是中国木刻性质上属于复制木刻。中国木刻在传到欧洲之后，欧洲在 19 世纪中叶逐渐从复制木刻转变为"创作木刻"。鲁迅希望通过输入欧洲的"创作木刻"作品来提倡"木刻的回国"，在中国形成"创作木刻"的潮流。② 可以说，中国 30 年代逐渐兴起的新兴木刻运动即"创作木刻"就是开始于鲁迅在这篇序言中发出的倡议。

但是因为受到不良商人的欺骗，这四本画册的纸张和印刷质量都较差，因此导致朝华社因经营不善而停办。后来柔石把已经编好的《新俄画选》交给光华书局在 1930 年 5 月出版，不过这本画册的印刷质量也不太好。柔石为这几次印刷画册都失败的事情而闷闷不乐。1931 年 1 月 17 日，柔石在参加党组织的一个会议时因叛徒出卖而被捕，并在 2 月 7 日夜被国民党反动派枪杀，但是他订购的一批欧洲版画作品，包括柯勒惠支的版画作品还没有寄到中国。鲁迅为了完成柔石的遗愿，继续搜集柯勒惠支的版画作品，并在 1935 年 9 月开始编印《凯绥·柯勒惠支版画选集》，决定用最精美的宣纸和最好的印刷方

---

① 鲁迅. 凯绥·柯勒惠支版画选集［M］//鲁迅. 鲁迅全集：第八卷. 北京：人民文学出版社，2005：447.
② 鲁迅.《近代木刻选集》（1）小引［M］//鲁迅. 鲁迅全集：第七卷. 北京：人民文学出版社，2005：335-336.

式珂罗版来出版这本画册，以此来纪念并告慰亡友柔石。

鲁迅不仅欣赏柯勒惠支的版画作品，而且高度评价柯勒惠支对中国"左联"文艺运动的支持，他在 1936 年 1 月 28 日撰写的《〈凯绥·珂勒惠支版画选集〉序目》一文中指出：

而且她（柯勒惠支）不但为周围的悲惨生活抗争，对于中国也没有像中国对于她那样的冷淡：一九三一年一月间，六个青年作家遇害之后，全世界的进步的文艺家联名提出抗议的时候，她也是署名的一个人。现在，用中国法计算作者的年龄，她已届七十岁了，这一本书的出版，虽然篇幅有限，但也可以算是为她作一个小小的记念的罢。①

后来，鲁迅又在 1936 年 4 月 7 日撰写的《写于深夜里》（《夜莺》月刊第一卷第三期，1936 年 5 月出版）一文中用"珂勒惠支教授的版画之入中国"的小标题介绍柯勒惠支及其版画作品。鲁迅不仅指出了出版《凯绥·珂勒惠支版画选集》对于中国青年艺术学徒和广大读者的参考价值，而且也点明了出版《凯绥·珂勒惠支版画选集》是为了纪念柔石逝世五周年，同时也是以纪念柯勒惠支七十诞辰的方式来声援柯勒惠支：

四，今年是柔石被害后的满五年，也是作者的木刻第一次在中国出现后的第五年；而作者，用中国式计算起来，她是七十岁了，这也可以算作一个纪念。作者虽然现在也只能守着沉默，但她的作品，却更多的在远东的天下出现了。是的，为人类的艺术，别的力量是阻挡不住的。②

需要指出的是，随着希特勒（Adolf Hitler，1889 年 4 月 20 日—1945 年 4 月 30 日）在 1933 年 1 月 30 日开始执政，柯勒惠支在德国遭到了希特勒纳粹政权的迫害，不仅丧失了各种荣誉头衔和工作职位，而且也无法创作和发表美术作品，只能以沉默来应对恶劣的社会环境。鲁迅了解柯勒惠支的处境，认为"为人类的艺术，别的力量是阻挡不住的"，所以通过在中国出版柯勒惠支的版画选集的方式来声援、支持远在德国的柯勒惠支。为了推动柯勒惠支版画作品在中国的传播，鲁迅不仅多次向木刻青年介绍柯勒惠支的版画作品，而且在《凯绥·柯勒惠支版画选集》的版权页上注明"有人翻印，功德无

① 鲁迅.《凯绥·珂勒惠支版画选集》序目 [M] //鲁迅. 鲁迅全集：第六卷. 北京：人民文学出版社，2005：488.
② 鲁迅. 写于深夜里 [M] //鲁迅. 鲁迅全集：第六卷. 北京：人民文学出版社，2005：519.

量"。在鲁迅的推动下，李桦、江丰等一批进步的木刻青年受到柯勒惠支的现实主义与表现主义相结合的艺术创作风格的影响，创作出一批在中国现代版画史上具有代表性的木刻作品。

二、中共地下交通员将鲁迅送给毛泽东主席的书送到陕北

1936 年 4 月 25 日，冯雪峰作为中共中央的特派员从陕北经西安抵达上海，不久就建立了从上海经中共在西安的秘密交通站再转到陕北的地下交通线，由此打通了中断已久的上海地下党与在陕北的党中央之间的联系。据中央档案馆保存的冯雪峰从上海发给陕北党中央的报告，鲁迅曾经两次委托冯雪峰代办火腿等礼品通过中共地下交通线转送给在陕北的毛泽东等中共领导人。那么，鲁迅在 1936 年 7 月 23 日才收到的《凯绥·柯勒惠支版画选集》是如何通过中共地下党的交通线从上海送到陕北的呢？

1976 年 9 月 14 日，时任西安市委书记的王林接受了鲁迅研究学者阎庆生等人的访问，回忆了他在 1936 年 8 月把鲁迅赠送给毛泽东等领导人的书籍、食物等送到陕北的经过。据王林回忆，他在 1936 年 6 月作为中共北方局的交通员从天津经西安到达陕北向党中央汇报工作，毛泽东在听取汇报之后，看到王林所拿的几份国统区出版的报纸，因此提出希望他能帮助买些书送到陕北。王林从陕北返回途经西安时遇到上海地下党到西安的交通员徐汉光：

徐谈到他通过上海文联等关系和鲁迅先生有联系。我提出买书的事，他说他回到上海可以想办法。我和他约定买到了书请寄到西安，我当时住在东北军骑兵军副军长黄显声将军的公馆，请看门人代我收。同时，我在北平通过西单商场等书铺关系买了一大批书，其中有《国家与革命》《共产主义运动中的"左"派幼稚病》等马列主义经典著作，还有《政治经济学》《社会学大纲》一类书。又从天津和西安搜罗了一些旧小说。徐汉光在上海通过鲁迅的关系买的书（其中有很多古书），和鲁迅先生送给毛主席的火腿、肉松和巧克力糖等，装在一个大网篮里。大约在八月间，由徐汉光亲自或托人径送到了黄公馆。后来我在延安碰上徐汉光，他告诉我，这些书都是鲁迅先生亲自开的书目和选购的。由上海、北平、天津、西安四个地方买的全部书放在一起，共装了六麻袋，七八百斤，由我通过东北军关系乘军用大卡车，经洛川运往延安（当时延安仍由东北军占领）。第二天，苏区派人来，带来了三个骡子驮书。晚上由延安出发，到安塞，再到保安，走了两天多，直接送到毛主

席住处。(中略)毛主席一看到送来的书,高兴得很,叫陆定一同志马上抄书单。哪些他留,哪些让大家看,让大家知道他那里留有什么书,毛主席郑重地告诉在场的同志,一点也不自私。当时,毛主席自己选书,确定哪些自己留下。他拿起这本翻翻,拿起那本也翻翻,连声说:"太好了,太好了!这是同志们冒着生命危险搞到手的!"鲁迅先生送的书,其中有好多本自己的书,有邹韬奋著的一本书,《大众生活》杂志一套,《世界知识》二三十本,还有几本反动刊物《论语》《社会新闻》。鲁迅的书有《呐喊》《彷徨》等。还有几大本木刻集,可以折叠起来。还有不少《隋唐演义》一类的书。鲁迅先生送来的书和食物(火腿、肉松和巧克力糖等)一起放着,装了一麻袋。毛主席看见鲁迅送来的食物,沉思了一阵,大笑起来,风趣地说:"可以大嚼一顿了。"①

虽然有一些鲁迅研究学者认为王林的上述回忆内容存在多处失真之处,但是王林在上述回忆内容中特别提到了鲁迅这次送的书中"还有几大本木刻集,可以折叠起来"。而鲁迅编印过的版画集中开本较大的只有《梅菲尔德木刻〈士敏土之图〉》(1931年月2出版)和《凯绥·柯勒惠支版画选集》(1936年7月出版)这两种,很显然,鲁迅送给毛泽东的"可以折叠起来"的版画集很可能是《梅菲尔德木刻〈士敏土之图〉》和《凯绥·柯勒惠支版画选集》这两种。

三、胡一川保存了《凯绥·柯勒惠支版画选集》并在 1981 年捐给中国革命博物馆

1926 年 11 月,胡一川(1910—2000)在厦门集美学校读书时就聆听过鲁迅的演讲。1929 年,胡一川考入国立杭州艺术专科学校并在 1930 年加入"左翼"美术社团"一八艺社"。1930 年夏,胡一川受到鲁迅的影响开始创作木刻,并成为有记录可查的国内最早创作木刻作品的人。(按:李允经先生在1989 发表的文章中认为当时在德国留学的徐诗荃在 1930 年 7 月开始创作木刻作品,而胡一川在 1930 年 9 月开始创作木刻作品,因此徐诗荃是创作中国新兴版画的第一人。但是笔者认为,徐诗荃的确早于胡一川开始创作木刻作品,

---

① 王林,阎庆生记录整理. 关于鲁迅给毛主席买书送食物的回忆[M]//西北大学鲁迅研究室编. 鲁迅研究年刊(1979). 西安:陕西人民出版,1979:78-79.

不过徐诗荃在 1930 年 7 月寄给鲁迅的 4 幅木刻作品在 1989 年才被考证出来是他创作的，此外，徐诗荃后来也没有继续从事木刻创作，因此他在中国现代木刻史上没有产生任何影响。从对于中国现代木刻运动的贡献的角度来说，胡一川应当被视为从事中国现代木刻创作的第一人。）1991 年，胡一川在为纪念鲁迅诞辰 110 周年暨中国新兴木刻运动 60 周年而撰写的《怀念》一文中说：

　　我在木刻历程上的起步，就是鲁迅先生教导的结果。1930 年夏，我在上海参加了中国左翼作家联盟举办的暑期文艺讲习班，看到鲁迅编选、出版的外国木刻画册后，开始认识到，搞木刻创作，工具简单，便于复制、流传，是宣传工作的有力武器。我回到当时的国立杭州艺术专科学校后，就自己学着动手刻起木刻来了。①

　　1931 年 6 月 11 日，胡一川携带"一八艺社"成员创作的美术作品来到上海，在鲁迅和内山完造的帮助下举办展览。这次展览展出了胡一川创作的《流离》《饥民》《征轮》等木刻作品，汪占非创作的一幅木刻作品《五死者》（亦名《纪念柔石等》），这也是国内艺术展览会首次展出木刻作品。鲁迅不仅捐款十五元资助"一八艺社"举办这次展览，而且为展览撰写了《一八艺社习作展览会小引》。胡一川在展览现场曾经见到已经看完展览正准备离开的鲁迅，但是因为太激动没有能够向鲁迅请教艺术创作问题。6 月 15 日出版的"左联"的机关刊物《文艺新闻》刊登了鲁迅撰写的《一八艺社习作展览会小引》，配图是在这次展览会上展出的胡一川创作的木刻作品《征轮》，这也是国内报刊首次发表中国木刻家创作的新兴木刻作品。

　　胡一川在 1930 年加入中国共产主义青年团，在 1933 年加入中国共产党，同年被捕入狱，1936 年出狱后回到厦门担任《星光日报》的木刻记者。1937 年抗日战争全面爆发之后，胡一川从厦门出发辗转多地，在 9 月 16 日到达延安参加抗战工作，用木刻作品来宣传抗战。鲁迅在 1930 年 2 月 25 日撰写的《〈新俄画选〉小引》一文中指出："当革命时，版画之用最广，虽极匆忙，顷刻能办。"② 在延安艰苦的环境下，胡一川牢记鲁迅的教诲，充分发挥出木

---

① 胡一川. 怀念［M］//上海鲁迅纪念馆编. 上海鲁迅研究：第 6 辑. 上海：百家出版社，1995：41.

② 鲁迅.《新俄画选》小引［M］//鲁迅. 鲁迅全集：第七卷. 北京：人民文学出版社，2005：363.

刻的宣传作用，不仅创作了大量的木刻传单和街头海报，而且在 1938 年担任延安鲁艺美术部木刻课教员时在 7 月 24 日组建了鲁艺木刻研究班培养新生的木刻创作队伍，又在 11 月 24 日率领延安鲁艺木刻工作团赴太行山敌后抗日根据地宣传抗日。胡一川在敌后抗日根据地曾经多次做报告介绍木刻创作，每次都会特别介绍鲁迅对中国新兴木刻运动的贡献。

另外，据胡一川在 1979 年撰写的文章《回忆鲁迅先生与"一八艺社"》一文中的记载，在他于 1937 年到达延安不久，时任中央宣传部干部的朱光将鲁迅送给毛泽东的一本《凯绥·柯勒惠支版画选集》交给他保存：

1937 年，我到延安不久，在儿童剧团搞木刻，还把作品结合剧团的标语和海报贴到延安街头。有一天，在中宣部工作的朱光同志拿了一本《凯绥·柯勒惠支版画选集》给我说："这是鲁迅先生寄给毛主席的，放在宣传部没人保管，现转送给你，由你保存吧。"1938 年，我因组织鲁艺木刻工作团去敌后，就把这本画册交给马达代为保存。1941 年，我回到延安后他又还给我。画集的后面印有这样一段文字（略）。

其中的"九五"两字是鲁迅先生的亲笔。每当我捧读这本画集时，总是感到特别亲切和感动。我要好好地把这本珍贵的文物保存在身边以留纪念。①

不过，查阅胡一川在延安时期所写的日记，没有发现朱光将《凯绥·柯勒惠支版画选集》交给胡一川保存的相关内容。而胡一川在延安时期的日记中只有在 1945 年 8 月 21 日的日记中有关于《凯绥·柯勒惠支版画选集》的记载："我和 S（按：胡一川的妻子黄君珊）已经把一些比较笨重的东西送到新市场卖掉了，因为已经规定每人只能带八斤重的行装。……我已经把珂罗[柯勒]惠支画从文协那里取回来了，它虽然已经破烂不堪了，但我还是喜爱着它。"② 1945 年 8 月 15 日抗日战争胜利之后，胡一川和已经怀孕几个月的妻子黄君珊接到上级命令，在 8 月 19 日离开鲁迅艺术学院到中管局招待所集中，准备随鲁艺工作队途经国民党统治区到东北参加工作。在每人只能携带

① 胡一川. 回忆鲁迅先生与"一八艺社"［M］//吴布乃，王观泉编. 一八艺社纪念集. 北京：人民美术出版社，1981：27.
② 胡一川 1945 年 8 月 21 日日记［M］//胡一川. 红色艺术现场：胡一川日记（1937—1949）. 长沙：湖南美术出版社，2010：392.

八斤重的行装的情况下，胡一川在 8 月 21 日到延安"文协"取回《凯绥·柯勒惠支版画选集》，并在 8 月 24 日随鲁艺工作队出发。由此不仅可以看出胡一川非常珍惜这本鲁迅送给毛泽东的《凯绥·柯勒惠支版画选集》，而且也可以证明鲁迅的确将新出版的《凯绥·柯勒惠支版画选集》送给在陕北的毛泽东。

　　因为战争阻断了到东北的通道，胡一川按照上级的安排在张家口参加华北联大三部（文艺学院）的工作。1949 年，胡一川作为军代表参加了接收天津艺术馆的工作，并率领华北联大三部（文艺学院）与徐悲鸿领导的北平艺专合并组建了中央美术学院，担任中央美术学院党组书记兼教授。1953 年，胡一川受命到武汉筹建中南美术专科学校并担任校长。1958 年，中南美术专科学校南迁到广州并更名为广州美术学院，胡一川担任院长兼党委书记。"文革"期间，胡一川遭到迫害，直到 1977 年才恢复工作并重新担任广州美术学院院长。幸运的是，虽然经历过战火的洗礼以及"文革"的冲击，胡一川辗转多地仍然完好地保存着这本《凯绥·柯勒惠支版画选集》，并在 1981 年 10 月 21 日在广州的家中将这本鲁迅送给毛泽东的《凯绥·柯勒惠支版画选集》，以及毛泽东签名发给胡一川的参加延安文艺座谈会的邀请函，胡一川等木刻家在延安时期创作的木刻作品等共 20 件物品捐献给中国革命博物馆。这些物品都具有独特的历史价值，其中有多件物品后来被确定为国家一级文物，进而在 2021 年 3 月 27 日被北京市文物局正式列入北京市第一批革命文物目录，成为国家重要的红色文化遗产。

　　处于纳粹暴政统治下的德国版画家柯勒惠支的版画经过美国记者史沫特莱的帮助从德国寄给中国文学家鲁迅，由此在中国上海出版了《凯绥·柯勒惠支版画选集》，这充分体现了"为人类的艺术，别的力量是阻挡不住的"。而这本《凯绥·柯勒惠支版画选集》在出版之后又经历了从上海到陕北，从陕北到张家口、天津、北京、武汉、广州、北京的曲折旅程：1936 年 7 月，这本《凯绥·柯勒惠支版画选集》在上海出版时，不仅寄托了鲁迅对柔石的纪念之情，也表达了鲁迅声援德国版画家柯勒惠支的友情；1936 年 8 月，这本版画集被中共上海地下党的交通员从上海送到陕北时，体现了鲁迅对中国共产党领袖的尊敬；1937 年年底，这本版画集转交到刚到延安不久的木刻家胡一川的手中，体现了中央领导人对青年木刻家的关怀；1945 年 8 月，青年木刻家胡一川携带这本版画集从延安奔赴东北，体现出青年木刻家对鲁迅的尊敬和热爱；1981 年 10 月，这本版画集被胡一川捐献给中国革命博物馆体现出以胡一川为代表的延安木刻家对祖国的热爱、对鲁迅的崇敬。这就是这本革命文物《凯绥·柯勒惠支版画选集》背后的传奇故事。

（原刊《中华读书报》，2021 年 10 月 13 日）

方志敏确与鲁迅在《觉悟》副刊的"同一版面"发表过作品

2009 年 8 月 22 日,"方志敏同志诞辰 110 周年纪念展暨《方志敏年谱》出版座谈会"在上海鲁迅纪念馆举行,这次活动由上海市文物管理委员会、中央文献出版社、江西省委党史研究室等单位联合主办,上海鲁迅纪念馆和江西省方志敏研究会承办。《文汇报》记者李婷在采访上海鲁迅纪念馆馆长王锡荣之后在 8 月 23 日出版的《文汇报》上发表了报道《尘封往事牵出方志敏的上海情缘》,其中有如下的采访文字:

"他与鲁迅在精神上高度契合。"王锡荣告诉记者,方志敏走上革命道路,部分是受鲁迅启迪的。据方志敏堂弟方志纯透露,早在 1922 年,方志敏在上海期间就曾联络过鲁迅。当时,方志敏在《民国日报》的《觉悟》副刊和《小说年鉴》上,数度与鲁迅在同一版面或同一期刊上发表作品。1926 年,方志敏创办《寸铁》旬刊也是受鲁迅影响,因为鲁迅曾在《国民公报》同名栏目中发表杂文。①

著名鲁迅研究专家倪墨炎对于王锡荣在接受《文汇报》记者采访时所说的方志敏与鲁迅的关系提出了疑问,他在《方志敏 1922 年就与鲁迅有联络吗?》一文中指出:

一、"据方志敏堂弟方志纯透露,早在 1922 年,方志敏在上海期间就曾联络过鲁迅。"……笔者经过查核,负责地宣布:在世上存在的鲁迅和方志敏的日记、书信、文章及一切记载和有关文物中,都没有他俩 1922 年"联络"的任何蛛丝马迹,"联络过"的说法是毫无根据的。

二、"当时,方志敏在《民国日报》的《觉悟》副刊和《小说年鉴》上,数度与鲁迅在同一版面或同一期刊上发表作品。"查任何版本的《鲁迅全集》,鲁迅 1922 年没有在《民国日报》的副刊《觉悟》上发表过作品,也没有在其

---

① 李婷. 尘封往事牵出方志敏的上海情缘［N］. 文汇报,2009-08-23 (4).

他年份的该副刊上发表过作品，怎么可能方、鲁会在《觉悟》副刊的"同一版面"发表作品呢？更不要说"数度"了。①

倪墨炎先生的这篇文章在发表之后，目前还没有看到有学者对他的上述观点进行辩证。需要指出的是，日寇在 1941 年 12 月 15 日逮捕许广平时，抄走了鲁迅日记等物品，许广平在出狱之后，没有能够找回鲁迅在 1922 年的日记，至今《鲁迅全集》中仍然缺失鲁迅在 1922 年的日记。而倪墨炎先生恰恰强调"在世上存在的鲁迅和方志敏的日记、书信、文章及一切记载和有关文物中，都没有他俩 1922 年'联络'的任何蛛丝马迹"，显然没有重视鲁迅在 1922 年的日记至今没有找到这一客观事实。因此，在讨论鲁迅与方志敏是否在 1922 年就"联络"的问题时，所做出的结论需要注意是在目前没有发现鲁迅在 1922 年的日记的前提下做出的。

此外，笔者近日查阅《民国日报·觉悟》副刊，偶然发现方志敏的确与鲁迅在同期的《民国日报·觉悟》副刊上发表作品，如 1922 年 5 月 18 日出版的《民国日报·觉悟》副刊第三版"诗歌"栏就刊登了方志敏的诗歌《哭声》，紧随在《哭声》之后的"剧本"栏，就是《桃色的云（一）》，注明"录晨报附刊"，署名为：爱罗先珂作，鲁迅译。这一期同时刊登了鲁迅撰写的序言《将译〈桃色的云〉之前的几句话》（署名：译者）和鲁迅翻译的日本作家秋田雨雀撰写的文章《读了童话剧〈桃色的云〉》（按：署名仅有原作者：秋田雨雀，没有译者的署名），这两篇文章原刊 5 月 13 日出版的《晨报副镌》，但是《鲁迅全集》中的"鲁迅著译年表"和一些注释只记载鲁迅著译文章首发的报刊名称，没有记载转发鲁迅著译文章的报刊名称，倪墨炎先生可能没有查阅《民国日报·觉悟》副刊，仅查阅《鲁迅全集》，因此没有注意到方志敏与鲁迅的文章都刊登在 1922 年 5 月 18 日出版的《民国日报·觉悟》副刊第三版上。附带提及，鲁迅翻译的剧本《桃色的云》从 1922 年 5 月 18 日开始在《民国日报·觉悟》副刊连载，直到 7 月 6 日的《民国日报·觉悟》副刊刊登《桃色的云》（三十五）为止，共刊登了 35 次。由此可以证明倪墨炎先生提出的"鲁迅 1922 年没有在《民国日报》的副刊《觉悟》上发表过作品"这一说法是错误的。此外，方志敏还分别在《民国日报·觉悟》副刊发表了诗歌《呕血》（1922 年 7 月 11 日，三版）和小说《谋事》

---

① 倪墨炎. 方志敏 1922 年就有鲁迅有联络吗？[J]. 博览群书，2010（5）：86-87.

（1922 年 7 月 18 日，三版），查阅这两期的《民国日报·觉悟》副刊，可以确认没有同时刊登鲁迅的文章。

另外，方志敏在 1922 年 7 月上旬从南昌到上海，并在《民国日报·觉悟》副刊主编邵力子的帮助下担任《民国日报·觉悟》副刊的校对。方志敏在 7 月 11 日出版的《民国日报·觉悟》副刊发表了诗歌《呕血》（从文章后面附录的写作日期和地点，可以看出该文是 1922 年 6 月 21 日写于九江），在 7 月 18 日出版的《民国日报·觉悟》副刊发表了小说《谋事》（从文章后面附录的写作日期和地点，可以看出该文是 1922 年 7 月 16 日写于上海），由此也可以推测方志敏在 7 月 11 日之前的某一日可能就已经担任《民国日报·觉悟》副刊的校对了，但是无法判断他是否校对过鲁迅在 7 月 6 日出版的《民国日报·觉悟》副刊发表的《桃色的云》（三十五）一文。另外，查阅《民国日报·觉悟》副刊，可以看出鲁迅在 7 月 6 日之后直到 8 月 29 日都没有在《民国日报·觉悟》副刊上发表作品，而方志敏在 8 月 29 日离开上海，因此笔者推测，方志敏在 1922 年 7 月上旬担任《民国日报·觉悟》副刊的校对到 8 月底离开上海期间，很可能没有校对过鲁迅的文章。不过可以确认的是，方志敏肯定阅读过鲁迅发表在 1922 年 5 月 18 日出版的《民国日报·觉悟》副刊上的文章，至于鲁迅是否阅读过方志敏发表在《民国日报·觉悟》副刊上的《哭声》等三篇作品，因为鲁迅在 1922 年的日记缺失，目前还没有可以印证鲁迅收到或阅读 1922 年 5 月 18 日出版的《民国日报·觉悟》副刊的相关资料。

（本文原刊《中华读书报》，2021 年 6 月 30 日）

这件革命文物的名称应当改正

2021 年 3 月 27 日，北京市文物局正式公布了北京市第一批革命文物目录。笔者近日偶然浏览北京市第一批革命文物目录，发现其中出现了明显的错误，即编号 990 的"方志敏为将在狱中写的文稿交党中央给高某的信"应当是方志敏写给狱友胡逸民的，不是写给"高某"的。

需要说明的是，编号 990 的"方志敏为将在狱中写的文稿交党中央给高某的信"和编号 991 的"方志敏写的《清贫》《可爱的中国》手稿"，都是方志敏烈士在 1935 年 1 月 27 日被捕入狱之后在南昌的监狱中所写的，后来通过狱友的帮助送到上海地下党手中。冯雪峰按照潘汉年的指示把收到的方志敏的两封书信（方志敏给负责送信的一位狱友的信和方志敏给党中央的一封信的抄件。因为方志敏给党中央的一封信是密写的，冯雪峰洗出后抄写了一份）和两篇文稿（《清贫》《可爱的中国》）交给友人谢澹如（另一个名字是：谢旦如）保管。上海解放后，谢澹如把冯雪峰委托他保管的瞿秋白、方志敏的书信和文稿交还给冯雪峰。冯雪峰请示中央宣传部之后，决定从历经艰险保存下来的方志敏的两封书信和两篇文稿中选择方志敏给一位狱友的书信以《遗信》为题（按：方志敏给党中央的信没有编入，这封信在 2012 年收入《方志敏全集》之中才正式公开）和两篇文稿合编为《可爱的中国》一书交给上海出版公司在 1951 年影印出版，从而使广大读者通过这本书了解到方志敏烈士的革命事迹。冯雪峰在完成了影印出版《可爱的中国》一书之后，才把上述方志敏的两封书信和两篇文稿交给中央。中央办公厅在 1953 年把《清贫》《可爱的中国》这两篇文稿和方志敏给一位狱友的书信移交给中央革命博物馆筹备处收藏，把方志敏给中央的信交给中央档案馆收藏。中央革命博物馆在 1960 年更名为中国革命博物馆，在 2003 年与中国历史博物馆合并组建中国国家博物馆，《清贫》《可爱的中国》这两篇文稿和方志敏给一位狱友的书信一直收藏在该馆之中，均为国家一级文物。

冯雪峰在为《可爱的中国》一书所写的"说明"（按：这份"说明"的

手稿现存北京鲁迅博物馆）中特地感谢了从狱中带出方志敏书信和文稿的朋友，但没有写明这位狱中朋友的姓名。方志敏的夫人缪敏按照冯雪峰为《可爱的中国》一书所写的"说明"中提到的信息，在访问过许广平之后，又通过公安部门查找到了为方志敏传送书信到上海的高家骏和程全昭，并在1961年邀请两人到南昌做客时告诉两人他们当年为方志敏传送的文稿中有《清贫》和《可爱的中国》这两篇文稿。高家骏和程全昭两人这时才知道他们当年为方志敏从狱中传送到上海的书信和文稿中有《清贫》和《可爱的中国》这两篇文稿，所以他们在此后直至70年代接受研究者和媒体采访时都说他们当时传送的文稿中有《清贫》和《可爱的中国》这两篇文稿。如高家骏在1977年8月25日写给中国人民革命军事博物馆负责人的信中说："方志敏烈士生前，在狱中所写的《清贫》和《可爱的中国》文稿是在1935年7月初，南昌大水后的第五天，由我从狱中携出，交给程全昭（当时化名李贞的）转送到上海，在宝隆医院前，面交许广平同志收的。"①

此外，缪敏在《鲁迅与方志敏的一段往事》中写道：《清贫》和《可爱的中国》这两篇文稿是由当年关押方志敏的看守所的"姓高的文书"托他的"未婚妻"送到上海交给鲁迅的。② 大约就是因为上述缪敏的文章以及高家骏和程全昭的说法，中央革命博物馆在登记藏品时没有像冯雪峰那样把方志敏给一位狱友的信定名《遗信》，而是确定了一个更为详细的名字："方志敏为将在狱中写的文稿交党中央给高某的信"。附带指出，1985年10月，中共江西省委党史资料征集委员会《方志敏文集》编辑组编辑、邓小平题写书名的《方志敏文集》由人民出版社出版，该书以《遗信》的题名收录了这封方志敏给一位狱友的信。另外，还以《给某夫妇的信》的题名收录了方志敏给狱友夫妇的一封信。《方志敏文集》编辑组在该书附录的文章《关于方志敏狱中文稿的几个问题》中通过研读《遗信》《给某夫妇的信》和《给党中央的信》（当时尚未公开发表）这三封信的内容，并采访方志敏的狱友胡逸民，指出：

---

① 高家骏1977年8月25日致中国人民革命军事博物馆负责人的书信［M］//叶淑穗，杨燕丽. 从鲁迅遗物认识鲁迅. 北京：中国人民大学出版社，1999：557.

② 缪敏. 鲁迅与方志敏的一段往事［M］//黄中海. 鲁迅与方志敏. 北京：中华书局，2001：3.

"《给某夫妇的信》和《遗信》都是给当时狱中的胡逸民和他的夫人向影心的。"① 2012 年，中共江西省委党史研究室、江西省方志敏研究会编辑的《方志敏全集》作为《中国共产党先驱领袖文库》之一，由人民出版社出版。《方志敏全集》不仅收录了《遗信》和《给某夫妇的信》，还首次收录了《给党中央的信》。《方志敏全集》的编辑者给《遗信》做了注释："原信无对象，无写作日期。此信应是写给胡逸民。"② 另外，还给该信中最后的一句话"高的二十元，想不到办法给他吗？"进行注释："高，指高家骏，即高易鹏。他曾任职国民党委员长行营驻赣绥靖公署军法处文书，一度担任方志敏囚禁监狱的看守。高通过其女友程全昭于 1935 年 7 月初将方志敏狱中文稿传送上海，后几经辗转至中共地下组织。"③ 由这一句话也可以看出，方志敏的《遗信》不是写给高家骏的。另外，《方志敏全集》的编辑者在对高家骏的注释中只提到高家骏和程全昭传送过方志敏的文稿，没有采纳高家骏和程全昭传送的文稿中有《清贫》和《可爱的中国》这两篇文稿的说法。

需要指出的是，一些党史研究学者和鲁迅研究学者早在 80 年代就已经考证出方志敏在狱中写的这封信是给胡逸民的。如赖世鹤和范垂学两人于 1951 年在中共中央秘书处整理党中央的历史档案时发现了一个桐油油过的纸包，其中就有方志敏写给党中央的信，以及《清贫》《可爱的中国》等文稿。赖世鹤在《档案的凭证作用——〈可爱的中国〉中的两封信是给谁的》一文中指出："中央档案馆有一份冯雪峰同志在一张长纸条上用铅笔抄写的抄件。抄件抄录了方志敏烈士的两封信，一封是给党中央的，一封是没有收信人姓名的。在这两封信的后面是小 K（小 K 即小开的谐音，上海话是小老板的意思，是潘汉年同志的化名）用钢笔写的附信。没有收信人姓名的信的内容和《遗信》的内容完全一样。但不同的只是，在抄件上有小 K 注上'方给胡某的信'六个字。这就是说，这封信的收信人是姓胡，而不是姓高。这是毋庸怀疑的。因为潘汉年同志当时是中央驻上海办事处主任，冯雪峰同志是副主任，

① 中共江西省委党史资料征集委员会《方志敏文集》编辑组. 方志敏文集 [M]. 北京：人民出版社，1985：422.

② 中共江西省委党史研究室，江西省方志敏研究会编辑. 方志敏全集 [M]. 北京：人民出版社，2012：214.

③ 中共江西省委党史研究室，江西省方志敏研究会编辑. 方志敏全集 [M]. 北京：人民出版社，2012：215.

他们是不会不知道这封信的来历和收信人的姓名的。""这胡某是谁？我们只要把《遗信》和方志敏烈士《给党中央的信》对照一下就清楚了……胡罟人乃胡逸民耳。这封《遗信》是方志敏烈士写给胡逸民的……《给某夫妇的信》仍然是写给胡逸民的。"① 另外，上海鲁迅纪念馆的研究人员周国伟和史伯英通过查阅中央档案馆和中国革命博物馆所收藏的有关方志敏的档案资料，并访问高家骏、程全昭和胡逸民之后，撰写了《鲁迅与方志敏狱中文稿新探》一文，指出："现已知的有《遗信》和《给某夫妇的信》。这两信均无受信人的名字，但实际上皆是给胡逸民及其夫人的……从信的内容看和胡逸民及其夫人的情况相一致。高家骏也说'方志敏《给某夫妇的信》，是给胡逸民的，是我拿去的'（《访问高家骏记录》）。"②

综上所述，可以看出中国国家博物馆在整理上报革命文物目录时，没有发现方志敏给狱友的这封信定名为"方志敏为将在狱中写的文稿交党中央给高某的信"是错误的。目前尚不知道，方志敏给狱友的这封信是在何时被中国革命博物馆及后来的中国国家博物馆确定为这一名称的。很显然，中国革命博物馆及后来的中国国家博物馆文物资料保管部门至今没有发现这一错误，这才导致了这一文物被以错误的名称收入北京市第一批革命文物目录之中。考虑到冯雪峰在 1951 年编印《可爱的中国》一书时把方志敏给狱友的这封信定名为《遗信》，《方志敏文集》和《方志敏全集》也是以《遗信》为题名收录这封信，因此笔者建议中国国家博物馆把藏品目录中这一封信的名称修改为《遗信》或方志敏《遗信》，北京市文物局也应当把北京市第一批革命文物目录中这一封信的名称修改为《遗信》或方志敏《遗信》。这样才能较为准确地命名这封信的题名，从而也有助于后人准确地阅读、理解这封信的内容。我想，考证出方志敏烈士生平中的重要史实，准确地命名方志敏烈士书信的题名也应当是对方志敏烈士的尊重和纪念吧。

（本文删节稿题为《方志敏的〈遗信〉是写给"高某"的吗？》，刊于《中华读书报》，2021 年 7 月 21 日）

---

① 赖世鹤. 档案的凭证作用——《可爱的中国》中的两封信是给谁的［J］. 档案学通讯，1986（3）：24-25.
② 周国伟，史伯英. 鲁迅与方志敏狱中文稿新探［J］. 鲁迅研究动态，1988（3）：19.

附录：

《方志敏全集》中的若干错误

　　《方志敏全集》作为《中国共产党先驱领袖文库》之一，由人民出版社在 2012 年 6 月出版。笔者近期因为梳理鲁迅与方志敏的相关研究资料，才翻阅了《方志敏全集》，发现该书中存在一些文字方面的问题。

　　据该书的《后记》："《方志敏全集》共收入方志敏文稿 67 篇，较《方志敏文集》新增文稿 23 篇，5 万余字。上编内容主要是方志敏狱中文稿以及其他文艺作品；下编主要是方志敏关于农民运动和创建革命根据地斗争及苏区建设方面的著述、文告。收入全集的文稿都保持了原作原貌，对原稿无标题、时间不确切者，经考证作了必要的补充或校正，用＊注释说明；对原稿或原版中的'的、地、得'等助词，以及'那、哪'，'分、份'，'像、象'，'枝、支'等多处混用，按现行的规范更正，不另作说明；纠正原稿错别字用〔〕说明，增补明显错漏字用【】表明，对原文缺损、字迹模糊无法辨认的字，用□标明；（）为原稿中保留的括号，仅对括号内的标点按现行的规范更正；对原稿中出现的地名误用或代用字，统一按现行的规范更正；对原稿中的重大史实和相关人物以及方言、生僻字词等，均以页脚注释、注音说明。"①

　　但是对照上述编辑《方志敏全集》的方法和《方志敏全集》的内容，就可以看出《方志敏全集》中仍然存在一些问题。

一、"收入全集的文稿都保持了原作原貌"的问题

　　《方志敏全集》的《后记》中说明："收入全集的文稿都保持了原作原貌。"但是据笔者从网络中看到的《方志敏自述》的照片，可以看出《方志敏全集》收入《方志敏自述》一文时没有保持原作原貌，如《方志敏自述》

---

　　① 中共江西省委党史研究室，江西省方志敏研究会编辑 . 方志敏全集 [M]. 北京：人民出版社，2012：525.

中"年三十六岁"，而《方志敏自述》手稿写作"年卅六岁"，因此此句中的"三十"，应改为"卅"，并在页脚加注释；《方志敏自述》中"一九二五年二十九日晚八时"，而《方志敏自述》手稿写作"一九二五年廿九日晚八时"（此处还盖有方志敏名印），因此此句中的"二十"，应改为"廿"，并在页脚加注释，此外，还要补上"方志敏"（印）①；《死》中"一九二五年五月二十五日"②，而《死》的手稿为"一九二五年五月廿五日"，因此此句中的"二十"，应改为"廿"；《遗信》中"高的二十元，想不到办法给他吗？"③，而《遗信》的手稿为"高的廿元"，所以此处的"二十"应为"廿"。

附带指出，《方志敏全集》的编者并没有把方志敏文章中出现的"卅"都改为"三十"，如《我从事革命斗争的略述》一文中："一九二五年，弥漫全国的反帝国主义的民族运动——五卅运动起来了。"④ 因此，笔者认为方志敏文章中出现的"卅"和"廿"不要分别改为"三十"和"二十"，这样才是保持了方志敏文章的原貌。

另外，诗歌《血肉》⑤ 的题目，笔者一时没有能够找到原刊核对，但是据《方志敏年谱》关于这首诗歌的介绍，可以看出这首诗的题目应为《血……肉……》⑥，《方志敏全集》的编者删掉了题目中的两个省略号。

此外，《方志敏全集》的编者还删掉了方志敏文章中在一些句子中所加的重点号。如《遗信》一文中："请你记住你对我的诺言，无论如何，你要将我的文稿送去。万不能听人打破嘴而毁约！……大丈夫做事，应有最大的决心，见义勇为，见危不惧，要引导人走上光明之路，不要被人拖入黑暗之潭！"⑦

---

① 中共江西省委党史研究室，江西省方志敏研究会编辑．方志敏全集［M］．北京：人民出版社，2012：3.
② 中共江西省委党史研究室，江西省方志敏研究会编辑．方志敏全集［M］．北京：人民出版社，2012：161.
③ 中共江西省委党史研究室，江西省方志敏研究会编辑．方志敏全集［M］．北京：人民出版社，2012：215.
④ 中共江西省委党史研究室，江西省方志敏研究会编辑．方志敏全集［M］．北京：人民出版社，2012：98.
⑤ 中共江西省委党史研究室，江西省方志敏研究会编辑．方志敏全集［M］．北京：人民出版社，2012：234.
⑥ 江西省方志敏研究会编．方志敏年谱［M］．北京：中央文献出版社，2009：35.
⑦ 中共江西省委党史研究室，江西省方志敏研究会编辑．方志敏全集［M］．北京：人民出版社，2012：214.

笔者看到的《遗信》手稿的照片，注意到方志敏在这段话中如下文字下面均加上黑圈："要将我的文稿送去。万不能听人打破嘴而毁约！""最大的决心，见义勇为，见危不惧"。因此，应当按照方志敏手稿的书写方式，为上述文字的下面添加黑圈，表示强调这些语句的意思。

二、"增补明显错漏字用【 】表明"的问题

《方志敏全集》对方志敏文稿中的一些错漏字，没有标出。如《遗信》中"另一信给孙夫人"①，而方志敏手稿写作"另一信给孙夫"，因此此句中的"人"是编者添加的，应改为：【人】；《方志敏自述》中"这次随红十军团去与皖南行动……"，而《方志敏自述》手稿写作"红军团"，因此此句中的"十"是编者增加的，应改为：【十】②。

三、注释内容出现错误

《方志敏全集》收入的第一篇文章是《方志敏自述》，编者对这篇文章做了如下的注释："……1 月 29 日上午，方志敏在江西玉山县陇首村附近的高竹坑被捕。下午押到国民党独立团四十三旅七二七团团部。晚间，七二七团团长一再要求方志敏'写点文字'。方志敏于是提笔疾书，写下这篇表现出共产党人光明磊落、坚贞不屈的《方志敏自述》。"

另外，《方志敏全集》的编者对方志敏的《我从事革命斗争的略述》一文中的如下内容做了注释："十余年积极斗争的人，在可痛的被俘的一天——一九三五年一月二十七日以后，再不能继续斗争了！"页脚有对时间的注释："方志敏被捕时间为 1935 年 1 月 29 日。"③ 需要指出的是，《方志敏全集》的编者把方志敏写《方志敏自述》的时间作为方志敏被捕的时间，是明显错误的。学术界在 80 年代就已经考证出方志敏被捕的确切时间是 1935 年 1 月 27 日下午一时。限于文章篇幅，这里不再论证。

---

① 中共江西省委党史研究室，江西省方志敏研究会编辑 . 方志敏全集［M］. 北京：人民出版社，2012：214.

② 中共江西省委党史研究室，江西省方志敏研究会编辑 . 方志敏全集［M］. 北京：人民出版社，2012：3.

③ 中共江西省委党史研究室，江西省方志敏研究会编辑 . 方志敏全集［M］. 北京：人民出版社，2012：98.

附带指出，方志敏在《我们临死以前的话》一文中也写到了自己被捕的时间："但因叛徒告密，与自己的疏忽，在陇首村封锁线上，被敌白军四十三旅俘住，时在一九三五年一月二十四日上午一时。"① 但是编者没有对方志敏写的这个被捕的时间进行注释，造成《方志敏全集》出现了内容不统一的问题，前后出现了三个方志敏被捕的时间。因此笔者建议今后在修改重版《方志敏全集》时对这篇文章在页脚加上注释。

此外，《方志敏全集》的编者在注释诗歌《呕血》的发表报刊时也出现了错误。《呕血》的页脚注释如下："此作发表在 1922 年 6 月 11 日上海《民国日报》副刊《觉悟》。"② 但是，在该诗的最后写明了这首诗的写作时间："一九二二年六月二十一日晨于九江。"很显然，这首诗的写作时间不可能比发表时间晚。查阅《民国日报》副刊《觉悟》，发现该诗刊登于 1922 年 7 月11 日的《民国日报》副刊《觉悟》。

四、文章中存在明显错字的问题

大概是因为方志敏的手稿和署名发表的文章存在一些文字不好辨认的问题，所以《方志敏全集》的编者没有发现文章中存在的明显的文字错误。如在《在狱致全体同志书》一文中："每天要站八小时的岗，一个月连伙食房子只得两元，每站一小时的岗，只得两个半铜元……"③ 这句话中的"伙食房子"明显应当是"伙食尾子"。"伙食尾子"的意思是每月从上级固定拨付的伙食费中节约下来的钱，这样才能使这句话的意思通顺。因为这篇文章是方志敏在狱中密写的，在上海的中央特科人员收到密写稿之后，抄写了两份抄稿，并把一份抄稿通过秘密渠道送到莫斯科的中共驻共产国际代表团，因此现在只有抄写稿和几次在报刊发表的版本，目前不清楚抄写稿和几次在报刊发表版本是否就是"伙食房子"。如果是，那么《方志敏全集》的编者应当在这里加注释指出"伙食房子"是错的，并改正为"伙食尾子"。另外，《狱

① 中共江西省委党史研究室，江西省方志敏研究会编辑. 方志敏全集［M］. 北京：人民出版社，2012：103.
② 中共江西省委党史研究室，江西省方志敏研究会编辑. 方志敏全集［M］. 北京：人民出版社，2012：221.
③ 中共江西省委党史研究室，江西省方志敏研究会编辑. 方志敏全集［M］. 北京：人民出版社，2012：112.

中纪实》一文中也提到了"伙食尾子"的问题："卫兵一连，为江西保安团派来的。生活极苦，除伙食外（每日两餐，比因人们的伙食，好不了几多）可得两元。又承团长的好心（？），替他们保存一元，只得一元；加上分得的伙食尾子，每月可得二元三角。每天八点钟的站岗，一个月二百四十点钟，每点钟的代价只得铜元三枚，可谓廉矣！"① 我想如果认真对照这两篇文章的话，就不会出现把"伙食尾子"误作"伙食房子"的错误了。

此外，在《记胡海、娄梦侠、谢名仁三同志的死》一文中也存在一个明显的错误：六月五日端午节，方志敏与娄梦侠等在狱中聚餐。"第三天，敌人就将娄梦侠同志提出枪毙了！""接着娄同志死难的第二天，我才起床，就看到有八个卫兵……后听到叫胡海同志的名字，知道是他临难的日子了！随即看见押着两人出去，一个是胡海同志，一个不认识……一刻钟之后，他们就被敌人的枪弹，断绝了生命！"② 这篇文章在结尾注明是"六月二十三日上午写"，距离胡海被杀的时间很近，按理说不会出现时间方面的错误。但是根据现存的史料，胡海同志是在 1935 年 6 月 15 日被杀的，因此，笔者读到上述这段话时感到方志敏在这篇文章中所写的胡海被杀的时间明显不对。

《方志敏全集》的编者对这篇文章写到的几位被杀的共产党员做了简单的注释，如"娄梦侠（？—1935），江苏邳县人。……1935 年 3 月在赣南被捕，同年 6 月 9 日在南昌英勇就义"③。"胡海（1901—1935），江西吉安人。……1935 年 3 月 6 日在东固山区的一次突围中被捕，同年 6 月 15 日在南昌英勇就义"④。很显然，娄梦侠是 6 月 9 日被杀，胡海是在 6 月 15 日被杀，因此，胡海应当是在娄梦侠被杀之后的第 6 天被杀的。而方志敏在文章中写道："接着娄同志死难的第二天，我才起床，就看到有八个卫兵……后听到叫胡海同志的名字，知道是他临难的日子了！"因此，此处的"第二天"，应为"第六天"。笔者没有看到这篇文章的手稿，不清楚方志敏在这篇文章的手稿上是不

---

① 中共江西省委党史研究室，江西省方志敏研究会编辑 . 方志敏全集［M］. 北京：人民出版社，2012：184.

② 中共江西省委党史研究室，江西省方志敏研究会编辑 . 方志敏全集［M］. 北京：人民出版社，2012：212.

③ 中共江西省委党史研究室，江西省方志敏研究会编辑 . 方志敏全集［M］. 北京：人民出版社，2012：210.

④ 中共江西省委党史研究室，江西省方志敏研究会编辑 . 方志敏全集［M］. 北京：人民出版社，2012：211.

是写作"第二天"。如果方志敏在这篇文章的手稿上就是写作"第二天"，那么《方志敏全集》的编者应当加注释指出这个时间存在错误，并予以纠正。很遗憾，笔者注意到很多文章在引用上述这段话时，都没有发现时间方面存在错误。

五、排版出现问题

《方志敏全集》中收入的诗歌《呕血》存在排版问题，如该诗开头第一行："呵！什么?"①据 1922 年 7 月 11 日的《民国日报》副刊《觉悟》，应分为两行："呵！/什么?"另外，该诗的最后三行诗是一节，应与前一节诗隔开，即分为另一节。附带指出，在该诗的最后有写作时间："一九二二年六月二十一日晨于九江。"据 1922 年 7 月 11 日的《民国日报》副刊《觉悟》，应为："一九二二·六·二十一晨·于九江。"

六、存在校勘不严谨的问题

《方志敏全集》的编者在校勘时存在一些问题，如诗歌《哭声》："我们牛马一般的在煤烟风尘中做做输运，奔走，每日所得不过小羊几角，疾病一来，只好由死神摆布去了！……"②该诗首发在 1922 年 5 月 18 日的《民国日报》副刊《觉悟》，查阅该刊，可以看出这句诗应为："我们牛马一般的在煤烟风尘中作工，输运，奔走，每日所得不过小羊几角。疾病一来，只好躺着，由死神摆布去了！……"此外，"似乎他们联合起来，同声哭诉。"这句诗应该为："似乎他们联合起来，同声的向我哭诉。"

另外，《方志敏全集》收入的小说《谋事》也存在校勘错误，查阅首发这篇小说的 1922 年 7 月 18 日出版的《民国日报》副刊《觉悟》，可以看出存在如下几处错误：①第 224 页第 7~8 行："仆人才引上他到一间完全欧美化的客房里去。"据报刊，"引上他"应为"引他"，此处衍字：上；"客房"应为"客室"。②第 224 页第 11 行：据报刊，"他看他"应为"他看见他"，此处漏字："见"。③第 225 页第 1~2 行：据报刊，"肚皮里却装满了那饭桶教员

---

① 中共江西省委党史研究室，江西省方志敏研究会编辑 . 方志敏全集［M］. 北京：人民出版社，2012：221.

② 中共江西省委党史研究室，江西省方志敏研究会编辑 . 方志敏全集［M］. 北京：人民出版社，2012：219.

的一无所知的牧师的闲气。"应为:"肚皮里却装满了那饭桶教员和一无所知的牧师的闲气。"附带指出,方志敏曾经在《我从事革命斗争的略述》一文中写到他在九江南伟烈学校读书时的情况:"教员饭桶一点,也还可以马虎下去,最使我难受的,就是每天早晨一个礼拜;星期四下午又是一个礼拜;星期日的整个上午,都作礼拜!……当那伪善牧师,吃饱了洋饭,站在礼拜堂上,喃喃诵祷告词,以及胡说八道的大说其教的时候,这多么令我难受,几乎要急得在座上跳起来。这种不自由的学校,岂不等于坐牢?"由此也可以看出小说《谋事》中所写的是教员和牧师这两类人,因此不能把教员和牧师混为一类,应当把这一句话中"的"改为"和"。④第225页倒数第1行:"他走出门数步,屋里哈哈地笑起来。他心里比刀刺还要痛些!"应为:"他走出门数步,屋里已哈哈地笑起来,他心里比刀刺还要痛些!"⑤第226页第2行:"倒被人羞辱一份〔场〕。"据报刊,此处原文就是"场",不是"份",没有错,所以应为:"倒被人羞辱一场!"

七、结语

据《〈中国共产党先驱领袖文库〉出版说明》,这套丛书出版的背景是:"人民出版社决定,在新中国成立六十年之际,组织出版《中国共产党先驱领袖文库》。将共和国成立前辞世的无产阶级革命家的著作集中整理并系统出版,这是新中国成立以来的第一次。文库的出版,对于推动中国共产党历史研究,推进马克思主义中国化、时代化、大众化,构建社会主义核心价值体系,建设社会主义文化强国,均具有重要意义。"① 可以说,这样一套书是国内出版领域政治定位最高的一套丛书,其编辑和出版水平无疑代表了国内出版业的最高水平。但是,很遗憾这套丛书中的《方志敏全集》存在一些文字方面的错误,希望《方志敏全集》的编者能注意到本文指出的上述错误问题,在今后修改再版《方志敏全集》时,能以"工匠精神",精益求精,为广大读者编辑出一套完美的《方志敏全集》。我想这就是对方志敏同志最好的纪念。

(本文原刊《中国图书评论》,2021 年 11 期)

---

① 中共江西省委党史研究室,江西省方志敏研究会编辑. 方志敏全集 [M]. 北京:人民出版社,2012:1.

鲁迅友人研究

鲁迅关心左翼文艺青年的历史见证

鲁迅逝世后，许广平在 1937 年发出了征集鲁迅书信的启事，准备出版《鲁迅书简》一书。很多保存着鲁迅书信的人纷纷把手头的鲁迅书信寄给许广平，以此表达对鲁迅的怀念之情。这些致许广平的书信大部分都收入了周海婴编辑的《鲁迅、许广平所藏书信选》一书中，但还有一部分书信及收信人所写的关于鲁迅书信的说明没有被公开发表过，一直沉睡在北京鲁迅博物馆的库房之中。这些致许广平的书信及关于所收到的鲁迅书信的说明文字不仅提供了鲁迅关心和帮助左翼文艺青年的一些具体事实，而且对于了解鲁迅所写的一些书信的背景也具有一定的参考价值。

一、青年作家叶紫对鲁迅来信的说明

叶紫（1910—1939）原名余昭明，又名余鹤林，是鲁迅扶持过的一位左翼作家，他不仅在鲁迅的帮助下发表小说，出版了收入"奴隶丛书"中的小说集《丰收》，成为 20 世纪 30 年代有代表性的左翼青年作家，而且他在生活困难时也多次得到鲁迅的经济援助，渡过了生活上的难关。

叶紫在看到许广平征集鲁迅书信的启事之后，在 1937 年 4 月 15 日写信给许广平，并把手头保存的鲁迅书信寄给许广平。叶紫在信中说：

从 1933 年的冬季起，我开始和豫先生（按：鲁迅）通信，算到去年 10 月止，至少也应当有三四十封。但是我费了很多气力，翻箱倒箧，寻来寻去，只找到这八九页信纸，其中还有一页是不完全的。我记得最初和他的通信，因为种种方面的不便，大抵一看过就扯掉了，很少保留起来（其中也有和其他朋友有关的信，寄给或转给其他的朋友了）。我总以为，豫先生是永远不会离开我们的，谁知道不过三四年后的现在，就连求他的一个亲笔字也不可得了呢！唉！这几页信纸上每一笔一画，是如何的宝贵啊！我后悔我当时为什么不将那些信一页一页地留起来呢。

这里一共是 10 页，最后一页（离先生去世仅 13 天），是写给我女人的，

另外还有一封长的，是我在医院时写给我的，那封信我看得很宝贵，收的好好的，但不知道给孩子们翻到哪里去了，怎么也寻不到。

这些信我不愿意收回来了，请先生代为好好保存吧。如果印出来，我都要一副本做纪念。注解我希望在付印时也能加进去。①

叶紫转给许广平的这些鲁迅的书信后来被收入了《鲁迅全集》，但是叶紫给这些鲁迅书信所写的说明文字虽然有一部分内容被《鲁迅全集》收入了注释部分，但是全部文字至今没有公开发表过，可以视为叶紫的佚文②，所以全文转录如下：

1935年1月4日鲁迅致叶紫信的说明（按：鲁迅书信略，下同）：

这封信的后半页是回答我关于另一个朋友的话（大概是这封信，现在记不十分清楚了），我裁下来，寄给那位朋友了。那朋友在北平清华大学读书，写信来要我转请先生给他们的文艺社写一块招牌。先生回信给我，说他不能写：一者，是说他的字并不好，写招牌要请字写得漂亮的人写。二者，他写的招牌不但不能替文艺社生光，而且还有许多不便，甚至有害。三者，他希望中国的青年以后作事或研究文艺，都要脚踏实地地去干，不要只在外表上出风头，图漂亮。招牌的用处是：只在指明这是什么地方而已……意思大概是这样的。

"书籍印出"是指我的习作《丰收》，"书店"是指内山书店。木刻插图因铁耕先生不能，后来仍由先生介绍新波先生给我刻了十二幅。

1935年1月9日鲁迅致叶紫信的说明：

有一家新开的书店，想将先生《二心集》的被检察掉的部份，另出一书，请我征求先生的同意。随后见到先生，他对我说：那一部份文章，他要自己将它印刷出来。因为那是经检察员们一一挑选过的，书名最好是用《二心集精华》。但这本书后来终于没有印出。

1935年2月26日鲁迅致叶紫信的说明：

"小说稿"也是指《丰收》，我请先生送给茅盾先生去看一看，改一改。"交回来"是由茅先生那里交回来的。插画是指新波先生所刻的那十二幅画。

先生平常写信，总是用"时安"或"时绥"的。这回用了"刻安"，所

---

① 叶紫. 致许广平信［M］//周海婴编，北京鲁迅博物馆注释. 鲁迅、许广平所藏书信选. 长沙：湖南文艺出版社，1987：412-413.
② 原件现存北京鲁迅博物馆。

以加了那一个小注解。

1935 年 7 月 30 日鲁迅致叶紫信的说明：

我写一信给先生，说我已经挨饿了。请他（一）问问郑振铎先生，我那篇中篇小说《星》怎样了（那小说由先生介绍给郑、章合编的《文学季刊》）？（二）内山书店的《丰收》可不可以算一算账？（三）如果上列上二项都无办法，就请他借我十元或十五元钱，以便救急。

1935 年 9 月 23 日鲁迅致叶紫信的说明：

"郑"是指郑振铎先生。小说即《星》，登在《文学季刊》第二卷第三期内。

1935 年 11 月 25 日鲁迅致叶紫信的说明：

"看文章"是《星》刊出了，请他代我看一看。

我告诉他：我近来一个字文章都写不出，又丢了。总是写不成……我想休息一下（一星期或半个月）再写。

"选集"是日译的《鲁迅选集》，其他两本是什么书，现在忘记了。

1935 年 12 月 22 日鲁迅致叶紫信的说明：

上海有几种"狗报"，专门攻击"奴隶丛书"三本小说，并且将三位作者的姓名，籍贯及出身，通统公布了出来，其中关于我的部份写得特别详细，而且少错误。这是因为我在上海的某一家报馆做过一年副刊编辑的原故。

《漫画和生活》是张谔和黄士英两先生主编的。《殖民地问题》是吴清友先生的大著。

1936 年 10 月 6 日鲁迅致汤咏兰信的说明：

这是先生给我女人的信（离先生去世仅十三天），那时我正患着肺结核和温性肋膜炎，住在医院里。

叶紫所撰写的这几封鲁迅书信的说明文字，对于了解鲁迅这几封书信的写作背景具有一定的参考价值，从中不仅可以看出鲁迅对于叶紫在文学上的指导和提携，也可以看出鲁迅对叶紫生活上的关心和帮助。另外，从中也可以看出，鲁迅最初准备把《二心集》删掉的文章重新以《二心集精华》为名出版这一历史细节。

二、青年木刻家唐诃对鲁迅来信的说明

唐诃（1913—1984）原名田际华，是左翼木刻家，曾经和友人在太原发

起成立了文艺社团"榴花社"，在北平医学院读书时，还担任过平津木刻研究会的负责人之一，策划过全国木刻联合展览会。他曾经多次致信鲁迅寻求指导和经费帮助，并得到了鲁迅的大力支持。唐诃在看到许广平征集鲁迅书信的启事之后，就在1937年2月25日致信许广平，把手头保存的四封鲁迅书信寄给许广平，并对这四封鲁迅书信的内容做了简短的说明。这封信也没有公开发表过，转录如下：

广平女士：

一个月以前看见你征集鲁迅先生遗信的启事，本当把手边存着的两封即刻寄去，只因还有两封没有找出，所以直到现在才能一并检出寄上。附带写几句，说明原委：

第一信（一九三三年六月二十日）

榴花社是一九三三年在太原组织的一个文学团体，也是我和先生通信的第一次。这团体曾出版有《榴花》周刊，附于山西日报，但只出七期，就被当地官厅所禁止了。

第二信（一九三五年一月十八日）

这是全国木刻联合展览会在北平闭幕后的一封信。

第三信（一九三五年十月三日）

全国木刻联合展览会在上海举行前，曾向先生借陈西欧木刻画名作并捐款，当时经济状况极为窘迫，故焦急情形露于笔下，于先生复信中，可以看出。

第四信（一九三六年九月二十一日）

这是鲁迅先生逝世前一月给我的复信，所说序文，即指先生手写全国木刻联展专辑序刻板的印片。植物名是我翻译《木刻画和树胶版画》一书时，向先生质疑的几个名词。K氏画集即《凯绥·珂勒惠支版画选集》。

附注：

我和先生的通信，大约有八九封。但除过这以上的四信外，其余或因为预防某项问题而自动烧毁，或不慎遗失，到现在，再也没有法子可以添补这个缺憾了。记得一九三五年二月初我到上海时，曾写信要求和先生会见，因为时间地点都难决定而作罢。贻赠先生的汾酒回信谓："我近来因病已经戒酒，但必须尝它一尝，然后送给会喝的人，庶几不辜负这远道而来的名酒。"另外谈到："靖华现状，穷而已矣，他常常有稿子寄来，但每被检察官所抽掉。这些官，大抵即是先前所称为文学家的。""江浙的官府，都认木刻为反动，听说有青年曾因之而下狱的。"这些话都活生生地存在我的记忆里。又说《木刻纪程》寄到苏联，那边的批评家 Ettinger 以为张致平作人像，李雾城作风景较好。寄《全国木刻联展专辑序》的信上，谓那是新的八股文章。这些，虽然年月大都可以指出，而内容却几乎全忘记了。

"我们太不宝贵鲁迅先生了！"这句话一直在我悲哀的忆念中震荡。

信用完后，希望仍然挂号寄了回来。前些日子，虽陆续寄上编辑的《文地》，请指正！《海上述林》上卷，在北平见过一次，无从购得，倘若尚有余书，希望给我寄一册，书款当奉还。下册何时出版？能印普及本最好！我的通讯处是：北平府右街运料门内医学院。

顺祝　时绥

唐诃　谨上

二月廿五日①

唐诃的这封信不仅对保存下来的四封鲁迅书信做了说明，提供了鲁迅这四封书信的写作背景，而且也提供了其他几封已经遗失的鲁迅书信的部分内容，这些内容虽然简短，但是都提供了他和鲁迅交往中的一些细节，具有一定的史料价值。

三、青年读者康小行对鲁迅来信的说明

康小行是天津的一个进步青年，他致信鲁迅，希望购买《凯绥·柯勒惠支版画选集》，正在患病中的鲁迅在 1936 年 8 月 26 日委托许广平回信说该书已经售完。康小行在看到许广平征集鲁迅书信的启事后，就在 1937 年 2 月 28 日把保存着的这封鲁迅书信寄给许广平，并在信中说明了自己和鲁迅书信来往的经过。

景宋先生：

寄上鲁迅先生的信一通。

这信虽短短地几句话，但在我看来是很重要的，以为应当寄给您保存。鲁迅先生对一个不相识的人，一件很小的事，都那样恳切，足见人格的伟大了。鲁迅先生一共给过我三次信。第一次远在九年前，创造社等"围剿"的

---

① 原件现存北京鲁迅博物馆。

时候。内容记不十分清楚了，大约是说那些那时自命革命文学家的人们，虽也有坚实的人在，但大多数是杂七杂八的人物，所以对他们是不满的。至于，对无产阶级文学是没有反对的意思之类的话。第二次是答复《毁灭》中的一个疑问。可惜那两封信都落在"三道头"之类的手中，不知所终了。现在想起，比我坐了几年冤狱还来的痛心！这封信和以往的笔迹是不相同。而且用钢笔写的，我疑惑或许不是鲁迅先生的亲笔？——如果是亲笔的话，那就归您保管吧。①

......

人民文学出版社 2005 年出版的《鲁迅全集》因为没有查到康小行的相关资料，所以对康小行这个人的注释是"不详"。不过，从这封康小行致许广平的信中，大致可以看出鲁迅对普通青年读者的关心：他在 1928 年到 1936 年之间曾经三次写信给普通的青年读者康小行，第一封信大概是应康小行的要求还谈到了他当时和创造社进行的革命文学论争的情况，第二封信是解答关于《毁灭》中的一个问题，第三封书信是鲁迅在病中无法写信的情况下委托许广平代笔回信告知柯勒惠支的版画集已经售完的信息。另外，从这封书信中也可以看出，康小行在和鲁迅通信时是一个在天津工作的进步青年（通讯地址是天津），不仅阅读鲁迅翻译的进步书籍《毁灭》，关注鲁迅编选的柯勒惠支的版画，还曾经因为思想进步而入狱（鲁迅致康小行的前两封书信都是被"三道头"即天津租界的外国警察抄没的）。这些信息可以帮助注释鲁迅的这封书信，解决现行的《鲁迅全集》中对康小行这个人没有进行注释的问题。

四、"我们太不宝贵鲁迅先生了！"

鲁迅不仅把别人喝咖啡的时间都用于写作，而且也花费了大量的时间关心和指导青年作家、木刻家，乃至普通的青年读者，影响一大批的进步青年走上了革命的道路，为中国的左翼文化运动缔造了一大批生力军。鲁迅在1932 年 4 月 29 日所写的《三闲集·鲁迅译著书目》一文中特别提到了他在写作之外为青年作家校对著译的事情：

据书目察核起来，我在过去的近十年中，费去的力气实在也并不少，即使校对别人的译著，也真是一个字一个字的看下去，决不肯随便放过，敷衍

---

① 原件现存北京鲁迅博物馆。

作者和读者的，并且毫不怀着有所利用的意思。虽说做这些事，原因在于"有闲"，但我那时却每日必须将八小时为生活而出卖，用在译作和校对上的，全是此外的工夫，常常整天没有休息。①

鲁迅的上述话虽然是在 1932 年说的，但是他直到生命的最后仍然在花费大量的时间来关心和帮助进步的青年作家、木刻家和普通的读者，上述的叶紫、唐诃和康小行三位青年致许广平的书信就是一个很好的历史见证。1936年 10 月 19 日，鲁迅遽然逝世的消息，震动了全国。当时正在医院中治疗的叶紫闻讯后在 10 月 20 日写下了悼诗《哭鲁迅先生》：

我患着肺结核和肋膜炎，

他写信来，寄来一包钱，对我说：

"年青人，不要急，安心静养，

病自然会好的。"

但是，忽然地，朋友们来告诉我他的恶消息，于是我哭了起来。

医生跑来对我说：

"你底热度太高，你不能哭。"

但是我怎能不哭呢！

看护跑来对我说：

"你底病很危险，

我们不许你伤心，不许你哭。"

但是我怎能不哭呢！

我们不但是死了伟大的导师，伟大的战友，而且失掉了伟大的民族底魂魄。

这——我怎能不哭呢！②

叶紫的这首诗中说到的自己在住院时得到鲁迅的经济资助和精神鼓励的事，就是指鲁迅在 1936 年 10 月 6 日致信叶紫的夫人汤咏兰并资助 50 元钱为正在住院治疗的叶紫救急的事。这首诗虽然只是写鲁迅对他的关心和他对鲁迅的怀念，但是也在很大程度上表达出了当时的左翼进步青年对鲁迅的热爱和尊敬："我们不但是死了伟大的导师，伟大的战友，而且失掉了伟大的民族

---

① 鲁迅.鲁迅译著书目［M］//鲁迅.鲁迅全集：第四卷.北京：人民文学出版社，2005：187.

② 叶紫.哭鲁迅先生［N］.申报，1936-10-30（4）.

底魂魄。"唐诃也在给许广平的信中自责为了一些事情而求助鲁迅以至于占用了鲁迅的宝贵时间，他说："我们太不宝贵鲁迅先生了！"这句话也充分地表达出进步的青年对鲁迅逝世的无限惋惜之情。可以说，鲁迅一生中倾注了大量的心血来指导和帮助进步的青年，为中国现代的左翼青年的成长和中国左翼文化的建设贡献了毕生的力量。

（原刊《文艺报》2013 年 11 月 11 日）

未名社成员的七封集外书信考释

未名社在 1925 年成立时的成员有鲁迅、韦素园、李霁野、曹靖华、台静农和韦丛芜等 6 人，目前除了鲁迅之外，还有曹靖华、李霁野、台静农等也已经陆续出版了文集，如《台静农文集》（华夏出版社 1990 出版）、《曹靖华译著文集》（北京大学出版社和河南教育出版社 1993 年出版）、《李霁野文集》（百花文艺出版社 2004 年出版）等，但是因为种种原因，这些文集失收了一些文章和书信。笔者在北京鲁迅博物馆的资料部陆续查找出这些文集失收的七封书信，现介绍如下。

一、李霁野的集外书信
1. 李霁野 1930 年 5 月 2 日致许寿裳信①

季黻先生：

前次快信，想已达览，译稿原想暂存上海，讬友人走取另行设法，现在以为是没有什么希望的，适逢有几个熟人愿看一看，顺便也可以把译文修改一翻［番］，所以再劳先生嘱沪方将该稿以快件（不用航空）寄下，谢谢。附邮票一元，作为稿件邮资，望转去。匆上，即祝

近安！

霁野敬启

五月二日

从这封信的内容和时间来看，信中所说的译稿应当是李霁野翻译的俄国作家陀思妥耶夫斯基的长篇小说《被侮辱与损害的》，李霁野曾拜托鲁迅的好

---

① 李霁野.1930 年 5 月 2 日致许寿裳信［M］//北京鲁迅博物馆编.鲁迅博物馆藏近现代名家手札福州：福建教育出版社，2002：278.

友许寿裳帮助出版该书。这部书后来在 1934 年 11 月由商务印书馆出版。

2. 李霁野、台静农 1933 年 8 月 23 日致开明书店的信①

鲁迅在 1933 年 8 月 30 日致信开明书店，询问办理取书款的手续：

径启者：倾得未名社来函并收条。函今寄奉；其收条上未填数目及日期，希即由贵局示知，以便填写并如期走领为荷。②

鲁迅这封信中所说的未名社来函保存下来，全文如下：

开明书店执事先生：

贵店第二次应付未名社之款，早已到期，现已备妥收据，另行寄给鲁迅先生，请他在收据上签字盖章取款，希即照付为荷。该款数目因韦丛芜君他去，契约不在手头，已通知鲁迅先生去贵店询明填写。第三次付款期已将届，一切手续当照一二次办理，不另奉函矣。专此即颂

大安！

李霁野（印章）

台静农（印章）

同上

八月廿三日

从这封信所用的信纸的顶端带有如下英文单词：*Departmengt of English Women's Normal College of Hopei Tientsin*，*China*（中国河北天津女子师范学院英文系），可以推测出这封信是由在该校任教的李霁野执笔撰写的。另外，这封信的内容是通知开明书店付款给鲁迅，对于鲁迅在 1933 年 8 月 30 日致开明书店的那封信具有补充作用，应当作为这封鲁迅书信的附件收入《鲁迅全集》之中。

---

① 原件现存北京鲁迅博物馆。

② 鲁迅 . 1933 年 8 月 30 日致开明书店信［M］//鲁迅 . 鲁迅全集：第十二卷 . 北京：人民文学出版社，2005：440.

3. 李霁野 1959 年 4 月 17 日致许广平信①

广平同志:

这次在绍兴住了近十天,看看鲁迅先生的创作环境,觉得很有兴趣。现已成立招待所,外宾年年不少人去。

来前接到留法学生所译,在巴黎出版的《故事新编》,装印颇佳。此人曾译《红楼梦》,妻为法师范学院毕业生,译文大概不差,书已转赠纪念馆。

前后写诗十首,录上请指教。

祝　健好!

霁野上

四月十七日下午

(按:这十首诗此处从略,详见下文)

1959 年春天,李霁野访问上海和绍兴,拜谒了鲁迅墓,参观了鲁迅故居,因此写了十首关于鲁迅的旧体诗,并抄送给许广平请教。这封信中所提到的法文版《故事新编》,是法国华裔翻译家李治华翻译的,该书在 1959 年由巴黎 Gallimard 出版社出版。李治华还与法国籍夫人雅克琳·阿雷扎从 1954 年开始共同翻译《红楼梦》,历时 27 年,终于在 1981 年出版了法文版的《红楼梦》。

另外,对照一下这封信中所附录的十首诗的手稿和《李霁野文集》第三卷(百花文艺出版社 2004 年出版)所收录的这十首诗的内容,可以看出李霁野后来对这十首诗的一些标点符号和一些词语进行了修改,具体修改的内容如下:

谒鲁迅［原稿此处有先生两字］墓并访故居(63 页)

(一)垂柳和风绽玉兰,江南正直艳阳天。

长眠端坐皆潇洒,故国青春万万年。

(二)奋战生平世所钦,当年教诲意谆谆［原稿为殷殷］。

刀丛斗智显真勇,俯首为牛见大仁。

(三)竟日长谈万事非,目光炯炯映斜晖［原稿为辉］。

毛锥横［原稿为纵］扫千钧力,离乱声中尚横眉。

(四)廿载重来万象新,绕梁犹记旧时音。

---

① 原件现存北京鲁迅博物馆。

桌前稚子回眸顾，慈爱拳拳［原稿为殷殷］一片心。

1959 年 3 月 21 日［原稿无写作时间］

访鲁迅先生故乡（65 页）

（一）百草园中百草新，短垣犹留旧时春。

遥思搔首仰天态，［原稿为：］蟋蟀原双从未闻。［原稿为！］

（二）小园未改梅花［原稿为腊梅］在，白雪归来自在开。

坛上难寻旧履迹，梅期霖雨长青苔。

（小园在三味书屋后，先生幼时曾登台折梅。）［原稿无此注解］

（三）两岸菜花黄似绫，乌篷船破水声轻。

玲珑包殿亭亭立，遥望稽山欲滴青。

（包公殿是先生幼时看社戏的地方）［原稿无此注解］

（四）当年社戏寂无声，留得名文四海称。

为道先生少小事，儿童额首［原稿为笑语］喜盈盈。

（五）皇甫安桥万事新，亩产争取一［原稿为二］千斤。

红旗高举［原稿为高举红旗］迎风舞，无愧两村好儿孙。

（六）鉴湖寄迹少风波，绝笔放翁哀感［原稿为感慨］多；

爱国诗人今豪兴，前来共我舞婆婆！

1959 年 4 月 4 日至 6 日［原稿无写作时间］

　总的来说，李霁野后来对这十首诗的修改是比较正确的，特别是把当时所写的"亩产争取二千斤"，改为"亩产争取一千斤"，比较接近现实情况。

　4. 李霁野 1965 年 4 月 16 日致许广平信①

景宋同志：

　接来信，承见赠鲁迅先生手迹影印本，至感。不日南大有人去京开会，当托他走取；您常在外忙工作，给家里人留一句话即可。

　去沪开会，曾谒先生墓，照几张相，现寄上。

　此致

　敬礼！

文贞致候

————————————

　①　原件现存北京鲁迅博物馆。

李霁野

四月十六日

这封信中提到的鲁迅先生手迹影印本应当是文物出版社在 1964 年 12 月出版的《鲁迅手稿》一书,该书影印了《朝花夕拾》和《故事新编》两本文集的手稿。许广平赠送此书也是表达对李霁野捐献所保存的鲁迅书信的感谢。

二、曹靖华的集外书信

1. 曹靖华 1935 年 10 月 18 日致徐懋庸的信

鲁迅在 1935 年 10 月 22 日致徐懋庸的信中说:

靖华寄来一笺,今附上。①

鲁迅这封信中提到的曹靖华致徐懋庸的信的主要内容是介绍徐懋庸所翻译的一位俄国作家的情况的,全文如下:

懋庸先生:

承赠著译,谢谢。关于这部书,作者曾有这样的话:"我很爱伊特勒共和国,不过批评家对牠很冷淡,都没有估量到牠的价值。"这是在问他爱他那一部作品时的回答。我想牠在中国一定能得到不少的读者。我也是爱读拉氏的一人。

敬请

著安

K. H. 上

十,十八。②

K. H. 是曹靖华的俄文名字的缩写,鲁迅也在 10 月 22 日致曹靖华的信中特地告诉曹靖华:

十八日信收到,致徐先生笺已转寄。③

需要指出的是,曹靖华致徐懋庸的这封信也是鲁迅在 1935 年 10 月 22 日致徐懋庸书信的一个组成部分,应当作为这封鲁迅书信的附件收入《鲁迅全

---

① 鲁迅.1935 年 10 月 22 日致徐懋庸信〔M〕//鲁迅.鲁迅全集:第十三卷.北京:人民文学出版社,2005:569.

② 原件现存北京鲁迅博物馆。

③ 鲁迅.1935 年 10 月 22 日致曹靖华的信〔M〕//鲁迅.鲁迅全集:第十三卷.北京:人民文学出版社,2005:568.

集》之中。

2. 曹靖华 1939 年 3 月 22 日致许广平信①

×× [景宋] 兄

久未通讯，近况如何？×× [海婴] 如何？生活如何？殊念。弟半年来生活有很多变动。去年暑假赴武汉一游，友人即留弟在武汉，奈当时好多旧友在校，不愿中途离开。十月初回校后，一切均好。不料在十一月×部即派人长法商，×翁离职，弟及大批教授被解聘（因所谓思想问题），近见逮捕优秀学生三人，弟旧历十二月廿三日离校，携眷来此。现将家眷送至渝西三百里之白沙，与×及××数家合住共食，一切均好。弟单人来此，工作不久可决定，容后再奉问。

祝安

靖华

三月廿二日

通讯处为重庆生活书店转，用弟出书名，不然他们不知道。怕退回。

这封信原载 1939 年 4 月 12 日出版的《鲁迅风》第 13 期，但是没有被收入《曹靖华译著文集》的书信卷。因为当时的《鲁迅风》杂志是在上海租界的特殊环境下出版的，所以在发表该信时对信的内容做了一些处理，用××来分别代替一些人的名字。不过，从《曹靖华年谱》中可以看到曹靖华在这封信中没有明确说明的内容：

（1938 年暑假赴武汉详情）这年西北联大由西安迁到汉中。一天，曹靖华得到电报，星夜赶赴武汉，见到了周恩来。周说，国共需要翻译人员，你是北伐战争时期的老翻译人员，大家希望你来，你就到武汉来吧。

（1938 年 11 月被解聘的详情）10 月初，回到汉中安排工作。伪教育次长以在学生中"宣传与三民主义不相容的马克思主义"解聘。

（1939 年到重庆工作的详情）春天，离开西北联合大学，到重庆。在重庆八路军办事处见到了周恩来。周安排曹到中苏文化协会工作。

春夏，将家眷送到渝西南三百里之白沙；与李何林、台静农两家合住

---

① 曹靖华. 1939 年 3 月 22 日致许广平信 [J]. 鲁迅风，1939 (13)：156.

共食。①

3. 曹靖华 1946 年 9 月 18 日致许广平信②

景兄：潘德枫先生为中苏文协老同事，忠实可靠，奋力前进。拟将豫才先生事迹，写为短篇故事。在苏联有左琴科等所写之列宁故事，颇为读者所称道。在中国可为创举。现潘先生奋勇尝试，已成数篇，特为介绍，望兄费神赐教。

再叙，祝安！

弟　丹。

九，十八

曹靖华的这封信中还附录了准备写《鲁迅的故事》一书的同事潘德枫写给许广平的信：

景宋先生：

我今天很荣幸地第一次给您写信。

这次承曹先生鼓励，使我有勇气来试写鲁迅先生故事。我曾对曹先生说：假如我试写的万一有发表的可能，则我有一诚恳的要求：就是在未发表之前，务恳您和曹先生审阅以后方付排。想先生一定允许我这由衷的恳求吧。肃此敬颂撰安！

晚　潘德枫　谨上

九，十九③

从这封信的信封上的落款"南京汉中路牌楼巷 51 号曹寄"可以看出，这封信是曹靖华在 1946 年 5 月随中苏文化协会从重庆迁到南京之后写的，但是因为邮戳模糊，无法辨认出准确的时间。考虑到曹靖华在 1948 年 7 月即因接到警报而只身离开南京北上任教，所以这封信大致可以断定是在 1946 年 9 月 18 日或 1947 年 9 月 18 日所写的。另外，曹靖华在这封信中提到的苏联作家左琴科撰写的《列宁的故事》，其实，把左琴科撰写的《列宁的故事》翻译成中文的译者就是曹靖华。他从 1942 年 1 月 20 日开始翻译左琴科所写的《列宁的故事》之一《逃亡》，后来他又把所翻译的列宁的故事和一些苏联的

---

① 冷柯（执笔），毛粹. 曹靖华年谱［M］//林佩云，乔长森编. 中国当代文学研究资料·曹靖华研究专集. 郑州：黄河文艺出版社，1987：420-421.

② 原件现存北京鲁迅博物馆。

③ 原件现存北京鲁迅博物馆。

民间故事一起编成《列宁的故事》（苏联民间故事选集）一书，由新华书店晋察冀分店在1946年出版。或许，潘德枫就是受到曹靖华翻译的《列宁的故事》一书的启发，再加上1946年是鲁迅逝世十周年，上海等地都在筹备举行纪念活动，由此萌发了撰写《鲁迅的故事》一书的设想。因此，笔者倾向于把这封信的写作时间断定在1946年9月18日。

三、结语

未名社后来发生了分裂，鲁迅在1931年5月声明退出未名社，未名社也最终在1933年春宣告解散，但是未名社虽然解散了，未名社的主要成员李霁野、曹靖华等人此后和鲁迅仍然有联系，并在鲁迅逝世后成为鲁迅精神的弘扬者，对于传播和研究鲁迅的工作做出了重要的贡献。上述的这几封书信就是未名社主要成员李霁野、曹靖华在鲁迅生前和鲁迅以及在鲁迅逝世后和鲁迅夫人许广平保持联系的一个历史的见证，希望今后在增补李霁野、曹靖华等人的文集时把上述的书信收入各人的文集之中。

（原刊《文艺报》2014年3月21日）

书信中的鲁迅与徐懋庸：翻译·杂文·"左联"

——《鲁迅致徐懋庸书信手稿》编后记

关于鲁迅与徐懋庸（1910—1977）的相关研究，学术界已经有较多的研究成果，但是毋庸讳言，其中的一些研究成果受到鲁迅答徐懋庸公开信的影响，存在着有意或无意地突出鲁迅、遮蔽徐懋庸的现象。笔者认为最好回到历史现场，细读保存下来的鲁迅致徐懋庸的 46 封书信（含鲁迅答徐懋庸的公开信）的内容，这样才能较为客观全面地评价鲁迅与徐懋庸的交往，以及徐懋庸所受到鲁迅的深刻影响。

一

据徐懋庸回忆，他 1922 年下半年在故乡浙江省上虞县读小学时就在老师徐叔侃的介绍下阅读了鲁迅的《阿 Q 正传》，由此知道了鲁迅这个作家，并开始大量阅读鲁迅的作品："一九二三——一九二六的几年中，鲁迅著译的每一本书出版——从《呐喊》到《彷徨》、从《热风》到《华盖集续编》、从《工人绥惠略夫》到《现代小说译丛》和《现代日本小说集》、从《苦闷的象征》到《思想·山水·人物》，他都介绍给我，还叫我订了一份《语丝》。""我完全接受了他的影响，却主要地崇拜鲁迅。"[1] 此外，徐懋庸在 1941 年撰写的纪念鲁迅的文章中谈到自己在 20 年代阅读鲁迅作品后所受到的影响时说："从文艺兴趣上说，成了鲁迅迷；从思想立场上说，成了'鲁迅派'；凡是鲁迅的作品，或著或译，只要是印行了的，我每字都读过。"[2]

1927 年 7 月，徐懋庸因在故乡参加中共领导的革命活动而被反动军阀政

---

① 徐懋庸. 徐懋庸回忆录［M］. 北京：人民文学出版社，1982：71-72.

② 徐懋庸. 我所受于鲁迅的影响［M］//王韦编. 徐懋庸研究资料. 南昌：江西人民出版社，1985：252.

府追捕，不得不逃亡到上海，并在 9 月考入上海的劳动大学中学部读书。徐懋庸在劳动大学中学部读书三年，不仅阅读了大量的社会科学书籍，而且初步掌握了法语，并学习了日语、英语，为他后来的翻译工作打下了坚实的基础。徐懋庸在劳动大学中学部读书时继续阅读了鲁迅新发表的著译作品，但是除了在 1927 年秋聆听过鲁迅在劳动大学发表的演讲之外，他和鲁迅并没有交往。徐懋庸后来回忆说："但在这几年中，思想上对我影响最深刻的，还是鲁迅。鲁迅那时一方面发表后来收在《而已集》中的许多文章，揭露国民党反共反革命的罪行；另一方面，编刊物，出书，介绍苏联的文艺理论和作品。鲁迅的作品，特别是与'创造社'等论争的文章，使我对于革命的大方向没有迷失，而且保持着信心。对于无产阶级革命文艺理论，也一知半解地领会一点。在鲁迅与'创造社'的论争中，我觉得鲁迅有说服力，所以完全站在他一边。"①

　　1930 年下半年，徐懋庸在劳动大学中学部毕业后回到浙江省临海县的一个中学担任教师。因为对教书生活的不满，徐懋庸在 1932 年开始翻译罗曼·罗兰的《托尔斯泰传》，并在 1933 年春携带这部译稿重回上海谋求工作。在同乡胡愈之的帮助下，徐懋庸为生活书店翻译日本山川均所著的《社会主义讲话》等进步书籍，开始以翻译作为在上海谋生的主要手段。1933 年 6 月，徐懋庸回到故乡照顾待产的妻子，并在阅读《申报·自由谈》所刊登的何家干（徐懋庸当时不知道这是鲁迅使用的笔名）的杂文时，萌发了写作兴趣，于是就写了《〈艺术论〉质疑》、《青年的心》两篇杂文寄给《自由谈》编辑部，其中《〈艺术论〉质疑》一文就是针对鲁迅的译文《艺术论》而写的。《申报·自由谈》的编辑黎烈文不仅很快就刊发这两篇杂文，还来信邀请徐懋庸继续投稿。徐懋庸由此也开始了杂文创作，其杂文风格近似鲁迅，逐渐在文坛上以杂文家知名，并因此被吸收加入"左联"。

　　需要指出的是，徐懋庸在 1933 年重返上海后所从事的翻译工作、写杂文，以及投身革命从事"左联"的工作，都在一定程度上受到了鲁迅的影响。徐懋庸在回忆录中总结了自己在 20、30 年代阅读鲁迅著译所受到的影响：

　　说起来又很奇怪，在那时候，鲁迅的书里面，对我影响最大的，倒是他翻译的日本作家厨川白村的两本东西：《苦闷的象征》和《出了象牙之塔》。

　　① 徐懋庸. 徐懋庸回忆录［M］. 北京：人民文学出版社，1982：54.

这影响有两个方面，一方面是译文的风格。在徐叔侃的指点下，我对于《苦闷的象征》的译文，觉得非常新鲜，非常生动有力。后来我自己搞翻译时，也模仿鲁迅的直译法，自然是没有模仿好。《出了象牙之塔》，则除了这一点之外，主要是从思想上给我影响。厨川在批判那种投机取巧的"聪明人"，提倡那种不计个人利害、不妥协、不敷衍的"呆子"的议论，使我对鲁迅精神有了一些理解，自己也决心做个"呆子"，自然也没有做好。又因厨川氏提倡写 Essay（杂文），而鲁迅自己也写了很多杂文，所以我也写起杂文来，而且也模仿鲁迅的笔法。不消说，这方面也没有模仿好。①

从鲁迅致徐懋庸的 46 封书信可以看出，徐懋庸与鲁迅交往的关键词就是翻译、杂文和"左联"工作。

二

1933 年，徐懋庸在上海主要从事翻译工作和杂文写作，并因此与鲁迅开始了直接的交往。查阅鲁迅日记，可以看出从 1933 年 11 月 15 日的第一封信到 1936 年 8 月 5 日的最后一封信，鲁迅写给徐懋庸的书信共 52 封，其中有 46 封书信的内容保存下来。据徐懋庸回忆，他保存了 40 多封鲁迅书信并寄给许广平供编入《鲁迅书简》之中，但有些只是简单约定会面时间的便条，没有保存；此外也有几封书信是鲁迅日记中没有记载的。

徐懋庸和鲁迅的文字之交开始于他写信向鲁迅请教翻译问题。1933 年 11 月，徐懋庸翻译的《托尔斯泰传》出版之后（该书版权页标明是同年 6 月出版），就寄了一本给鲁迅，并附信请教该书中两个日本人名的汉字写法。鲁迅在 11 月 15 日收到徐懋庸寄来的书和信之后，当晚就回信指出这两个日本人名的汉字写法，并指出书中另外三个日本人名的汉字写法。11 月 17 日，鲁迅又写信给徐懋庸，更正了 15 日回信中的一个日本人名的错误，11 月 19 日，鲁迅再次写信给徐懋庸，指出书中有一句话的译文存在错误。徐懋庸后来回忆此事时说："在此以前，我虽早已知道鲁迅对于青年非常热情，办事很认

---

① 　徐懋庸 . 徐懋庸回忆录［M］. 北京：人民文学出版社，1982：72.

真，但这回自己亲身感受到，就特别觉得亲切了。"①

　　而徐懋庸和鲁迅的直接交往则源于他在杂文写作方面的成就。1934 年 1 月 6 日，《申报·自由谈》的编辑黎烈文宴请鲁迅、郁达夫、林语堂、曹聚仁、徐懋庸等《申报·自由谈》的重要撰稿者，这也是徐懋庸与鲁迅第一次正式见面。在这次宴会上，迟到的林语堂曾问鲁迅是否使用了新的笔名"徐懋庸"，因为他认为《申报·自由谈》上所发表的署名"徐懋庸"的杂文是鲁迅化名所写的。由此也可以看出徐懋庸写作的杂文与鲁迅杂文的风格很近似。

　　1934 年春，徐懋庸加入"左联"，并在 1934 年秋担任了"左联"的宣传部长，在 1935 年春又担任了"左联"的行政书记，因此他经常写信给被视为"左联"领袖的鲁迅，约定会面的时间前来汇报"左联"的工作，并把鲁迅的意见传达给周扬等"左联"的其他领导人。此外，徐懋庸还按照"左联"的安排，先后担任了《新语林》《芒种》《时事新报·每周文学》等报刊的编辑，因此他也多次向鲁迅邀稿。可以说在这一期间，徐懋庸与鲁迅的交往比较多，两人的关系也比较融洽。

　　但是到了 1936 年年初，因为"左联"的解散问题，鲁迅对徐懋庸非常愤怒，不仅在 5 月 2 日致信徐懋庸，宣布绝交，而且在 8 月 15 日公开发表了《答徐懋庸并关于抗日统一战线问题》一文，公开批评徐懋庸及其背后的周扬等人。

　　从整体上来说，鲁迅致徐懋庸的 46 封书信的内容大致可以归纳为如下几个问题。

一、讨论翻译方面的问题

　　1. 鲁迅谈自己的译文。徐懋庸翻译的意大利小说《疲倦的泥水匠》刊登在《文学》第二卷第三号（1934 年 3 月出版），在他的这篇译文之前是署名"张禄如"翻译的西班牙作家巴罗哈的短篇小说《山中笛韵》，因此，徐懋庸写信给鲁迅询问这篇小说的作者及译者的情况。鲁迅在 1934 年 5 月 22 日回信告知徐懋庸这篇小说是他翻译的，并高度评价巴罗哈的小说。另外，徐懋庸在 1935 年 3 月 20 日写信给鲁迅，谈到鲁迅翻译的短篇小说《表》，鲁迅在 3

---

① 徐懋庸. 徐懋庸回忆录［M］. 北京：人民文学出版社，1982：73.

月 22 日回信说《表》的原作很好，但是自己在翻译《表》时不太理解小说中的一些细节。

2. 指导徐懋庸进行翻译。1934 年 9 月 13 日，曹聚仁在家中宴请鲁迅等人，有可能徐懋庸也参加了这次宴请（当时徐懋庸租住在曹聚仁家隔壁，后来又租住在曹聚仁家中的三楼，所以有时鲁迅寄信给曹聚仁，请他转交给徐懋庸的信），并向鲁迅请教日本出版的关于陀思妥耶夫斯基的著作，鲁迅在 9 月 16 日开列了纪德的《陀思妥耶夫斯基论》等四本日文著作的目录寄给徐懋庸（鲁迅日记没有记载这封信）。徐懋庸收到这封信之后，在 9 月 19 日致信鲁迅告知准备翻译其中的纪德的《陀思妥耶夫斯基论》，并准备把翻译稿投给鲁迅当时编辑的《译文》杂志。鲁迅在 9 月 20 日回信，告知因为纪德的《陀思妥耶夫斯基论》篇幅较长，所以不适合《译文》杂志，并建议徐懋庸翻译纪德所写的一些较短的作家论，如关于王尔德的评论等。徐懋庸于是就按照鲁迅的建议翻译了纪德的《王尔德》，并写信给鲁迅请求校订译稿。鲁迅在 11 月 1 日回信，告知因为手头没有相关的书籍所以无法校订他的译稿。这篇译文后来发表于 1935 年 4 月出版的《译文》第二卷第二期。此后，徐懋庸又翻译了纪德的《随笔三则》，发表于 1935 年 5 月出版的《译文》第二卷第三期。

3. 编发徐懋庸的译稿。1934 年 9 月 25 日，鲁迅收到徐懋庸的译稿《论心理描写》之后就把译稿转寄给黎烈文，请他帮助校订译稿。鲁迅在 10 月 16 日写信给徐懋庸，告知自己在黎烈文校订稿的基础上，为了通过国民党中央宣传委员会图书杂志审查委员会的审查又修改了一些文字，并要求徐懋庸补写一篇《后记》，准备编入《译文》第三期。10 月 19 日，鲁迅再次致信徐懋庸，告知查不到译文原本的刊登日期等信息，也没有关系。但是徐懋庸的这篇译稿还是没能通过国民党中央宣传委员会图书杂志审查委员会的审查，未能顺利地刊登在《译文》第三期，后来刊登在 1936 年 5 月出版的《文学丛报》第二期上。

4. 帮助徐懋庸购买翻译需要的参考书。鲁迅在 1934 年 5 月 22 日致徐懋庸的书信中，告知没有见到过蒙田作品的日文译本。1935 年 7 月 29 日鲁迅收到徐懋庸的来信，当晚就回信告知会帮助查找关根秀雄译的《蒙田随想录》（东京白水社 1935 年出版）一书。9 月 8 日，鲁迅写信给徐懋庸告知内山书店到过日文版的《蒙田随想录》，当日午后再到内山书店帮助徐懋庸订购这本书。

5. 评价徐懋庸的译文。鲁迅关注徐懋庸的翻译工作，如鲁迅在 1935 年 12 月 3 日致徐懋庸的信中就称赞徐懋庸翻译的俄国作家梭罗古勃的小说《小鬼》："我看《小鬼》译的很好，可以流利的看下去。"① 而徐懋庸之所以翻译《小鬼》也是因为鲁迅曾经高度评价这篇小说。

二、支持徐懋庸的编辑工作

1934 年 5 月，"左联"领导人在《申报·自由谈》被迫停刊之后，为了建立一个宣传阵地，决定和光华书局合作出版《新语林》杂志，由徐懋庸担任编辑。徐懋庸曾写信向鲁迅汇报这件事，鲁迅在 5 月 26 日回信，建议徐懋庸不要和光华书局合作。但是，徐懋庸最后还是服从"左联"领导人的决定，担任《新语林》杂志的编辑，并在 6 月 7 日与魏猛克一起与鲁迅见面，请鲁迅支持《新语林》杂志。

鲁迅大力支持徐懋庸的编辑工作，徐懋庸共主编了四期的《新语林》杂志，查阅该刊目录，可以看出四期都发表了鲁迅的文章：第一期发表了鲁迅的杂文《隔膜》（署名：杜德机。1934 年 7 月 5 日出版）；第二期发表了鲁迅的杂文《难行和不信》（署名：公汗。1934 年 7 月 20 日出版）；第三期发表了鲁迅的杂文《买〈小学大全〉记》（署名：杜德机）和译文《致本刊读者辞》《莉莉·柯贝女士赠本刊诗》（署名：张禄如。这是鲁迅应徐懋庸之请翻译的奥地利女作家莉莉·柯贝赠给《新语林》杂志的致辞和诗歌。1934 年 8 月 5 日出版）；第四期发表了鲁迅的杂文《从孩子的照相说起》（署名：孺牛。1934 年 8 月 20 日出版）。另外，鲁迅还写信给徐懋庸，推荐瞿秋白、周建人、徐诗荃等人的文章供《新语林》发表。值得一提的是，鲁迅在 1934 年 6 月 21 日致徐懋庸的信中，还同意徐懋庸使用《引玉集》中的木刻作品作为《新语林》杂志的封面插图的要求。《新语林》杂志第一、二、四期就选用了《引玉集》中的木刻作品作为封面插图，第三期则选择另外一幅苏联木刻家冈察罗夫的作品作为封面插图。估计徐懋庸在《新语林》第三期使用冈察罗夫的这幅木刻作品也得到了鲁迅的同意，因为这位苏联木刻家的作品也是鲁迅介

---

① 鲁迅.1935 年 12 月 3 日致徐懋庸信［M］//鲁迅.鲁迅全集：第十三卷.北京：人民文学出版社，2005：592.

绍到中国的。

1934 年 8 月底,徐懋庸因为光华书局拖欠作者的稿费而辞去《新语林》的编辑之职,不久就和曹聚仁准备创办《芒种》杂志。1935 年 1 月,徐懋庸在该刊创刊前曾经写信给鲁迅询问有无《春牛图》的木刻,并请鲁迅写一些笔记类作品投稿支持。鲁迅在 1 月 17 日回信告知所收藏的木刻中没有这类作品,并答应投稿。后来,鲁迅偶然从一家商店中看到了刻有《春牛图》的旧历书,就买下并在 2 月 7 日寄给徐懋庸。徐懋庸就用这本旧历书上的《春牛图》作为 3 月 5 日出版的《芒种》杂志创刊号的封面插图。此外,曹聚仁和徐懋庸也分别邀请鲁迅投稿支持《芒种》杂志,鲁迅在 4 月 1 日把为徐懋庸撰写的《徐懋庸作〈打杂集〉序》寄给徐懋庸,该文刊登在 5 月 5 日出版的《芒种》第 6 期,后来鲁迅又在 8 月 17 日寄曹聚仁信并把《"题未定"草五》投给《芒种》杂志。另外,徐懋庸准备在《芒种》杂志刊登一些木刻作品,并在 7 月致信鲁迅请鲁迅帮助提供一些木刻作品,鲁迅在 7 月 29 日回信说:"木刻查了一遍,没有相宜的。要紧的一层,是刻者近来不知如何,无从查考,所以还是不用的好。"[①] 这是因为当时一些木刻青年因为从事左翼文化运动而被国民党政府逮捕,所以鲁迅在这封回信中也是提醒徐懋庸在刊登木刻作品时要采用一定的策略来应对国民党政府的图书审查。

同年 10 月,《芒种》杂志被迫停刊,徐懋庸又在"左联"领导人的支持下,和王淑明、周立波共同编辑《时事新报·每周文学》副刊,该报在 1935 年 9 月 15 日创刊。鲁迅不仅应徐懋庸之邀投稿《杂谈小品文》《论新文字》等两篇文章,还应徐懋庸之托,转达徐懋庸给茅盾的邀稿信。

三、支持徐懋庸的杂文创作

徐懋庸在 1935 年 3 月 20 日致信鲁迅,请求鲁迅为他的杂文集《打杂集》撰写序言。鲁迅在 3 月 22 日回信同意撰写序言,并要求徐懋庸把杂文集的书稿送到内山书店,他看过书稿之后再撰写序言。3 月 29 日,鲁迅收到了搬家的通知,他当天致信徐懋庸告知已经在 27 日收到了书稿,但因为事务繁忙,所以没有时间看书稿,加之,徐懋庸催促交序言,所以鲁迅只好"对空策",

---

① 鲁迅.1935 年 7 月 29 日致徐懋庸信［M］//鲁迅.鲁迅全集:第十三卷.北京:人民文学出版社,2005:512.

在没有看完书稿的情况下（鲁迅此前已经在《申报·自由谈》《人间世》等一些报刊上看过收入书稿中的部分杂文），就撰写了一篇序言。4月1日，鲁迅致信徐懋庸告知序言写好了，请他到内山书店取书稿和序言。鲁迅在序言中高度评价徐懋庸的杂文：《唐诗三百首》里的第一首"那［哪］里能够及得这些杂文的和现在切帖，而且生动，泼剌［辣］，有益，而且也能移人情"①。

另外，鲁迅还关注徐懋庸的杂文集出版后的社会反响，当他在1935年8月31日看到《大公报·小公园》副刊上刊登的张庚撰写的关于《打杂集》的书评时，就把这篇书评剪下来，批注"这篇批评，竭力将对于社会的意义抹杀，是歪曲的。但这是《小公园》一贯的宗旨"②，然后寄给徐懋庸参考。

四、解答徐懋庸在学习、工作和生活中遇到的困惑

1. 指导徐懋庸处理文艺论争。1933年9月到12月，徐懋庸与韩侍桁围绕着"现实的认识"和"艺术的表现"的问题进行论争。徐懋庸在12月18日致信鲁迅请教如何看待"现实的认识"和"艺术的表现"的问题，鲁迅当时仅和徐懋庸在11月通过三封信，还没有会见过，但是仍然热心地在12月20日写了一封长信，首先表明赞同徐懋庸的观点，然后对韩侍桁的观点进行分析，指出韩侍桁实际上是在诡辩，可以置之不理。鲁迅在信中还就徐懋庸提出的该看什么书的问题，建议徐懋庸首先阅读一些历史方面的书籍，其次阅读一些唯物论方面的书籍，然后是文学史和文艺理论方面的书籍，并开列了具体的书目。鲁迅最后强调指出："中国的书，乱骂唯物论之类的固然看不得，自己不懂而乱赞的也看不得，所以我以为最好先看一点基本书，庶不致为不负责任的论客所误。"③ 此后，鲁迅关注着徐懋庸在文坛的论争，他在1934年6月21日致徐懋庸的信中指出："不过，我看先生的文章（如最近在《人间世》上的），大抵是在作防御战。这事受损很不小。我以为应该对于那

---

① 鲁迅. 徐懋庸作《打杂集》序［M］//鲁迅. 鲁迅全集：第六卷. 北京：人民文学出版社，2005：301.

② 鲁迅. 1935年8月31日致徐懋庸信［M］//鲁迅. 鲁迅全集：第十三卷. 北京：人民文学出版社，2005：530.

③ 鲁迅. 1933年12月20日致徐懋庸信［M］//鲁迅. 鲁迅全集：第十二卷. 北京：人民文学出版社，2005：527.

些批评，完全放开，而自己看书，自己作论，不必和那些批评针锋相对。否则，终日为此事烦劳，能使自己没有进步。批评者的眼界是小的，所以他不能在大处落墨，如果受其影响，那就是自己的眼界也给他们收小了。假使攻击者多，而一一应付，那真能因此白活一世，于自己，于社会，都无益处。"①

2. 指导徐懋庸处理编辑杂志时遇到的问题。1934年5月，徐懋庸按照"左联"领导人的指示，准备担任光华书局拟办的《自由谈半月刊》的编辑，并写信向鲁迅请教如何编辑这个杂志。鲁迅因为和徐懋庸见过两次面，也算是熟人，加之了解光华书局不讲信用，所以就在5月26日的回信中提出忠告："劝先生坚决的辞掉，不要跳下这泥塘去。"② 徐懋庸虽然按照鲁迅的意见一度决定不担任这个杂志的编辑，但是"左联"领导人坚持和光华书局合作出版这个杂志，因此，徐懋庸最后服从"左联"领导人的决定，担任这个杂志的编辑，不过，他据理力争，把杂志改名为《新语林》。《新语林》杂志出版之后，虽然销路还不错，但是光华书局却拖欠作者的稿费。因此，徐懋庸就致信鲁迅透露准备和生活书店商量出版《新语林》杂志的事情，鲁迅在7月27日的回信中指出如果生活书店合作出版《新语林》杂志，虽然稿费的问题可以解决，但是恐怕和生活书店的合作也不会容易。8月1日，徐懋庸致信鲁迅谈到了和光华书局合作出版《新语林》杂志所产生的"苦闷"。鲁迅在8月3日回信劝徐懋庸："你也不要'苦闷'了，打算一下，如果以发表为重，就明知吃亏，还是给他；否则，斩钉截铁的走开。无论如何苦求，都不理。单是苦闷，是自己更加吃亏的。"③ 鲁迅还指出生活书店开列的合作条件太苛刻，是无法合作出版杂志的。徐懋庸接受鲁迅的意见，最后没有和生活书店合作继续出版《新语林》杂志。

3. 指导徐懋庸处理生活中遇到的问题。1935年1月17日，鲁迅收到曹聚仁的来信和赠书，同时附有徐懋庸的来信。大约是徐懋庸在信中谈到了生活

---

① 鲁迅.1934年6月21日致徐懋庸信［M］//鲁迅.鲁迅全集：第十三卷.北京：人民文学出版社，2005：155.

② 鲁迅.1934年5月26日致徐懋庸信［M］//鲁迅.鲁迅全集：第十三卷.北京：人民文学出版社，2005：124.

③ 鲁迅.1934年8月3日致徐懋庸信［M］//鲁迅.鲁迅全集：第十三卷.北京：人民文学出版社，2005：192.

中遇到的挫折和困难，可能还有在"左联"工作中遇到的困难，想暂时消沉一下。鲁迅于是就立即回信劝慰徐懋庸："暂时'消沈'［沉］一下，也好的，算是休息休息，有了力气，自然会不'消沈'［沉］的，疲劳了还是做，必至于乏力而后已，我憎恶那些拿了鞭子，专门鞭扑别人的人们。"① 1935年10月27日，徐懋庸致信鲁迅谈到了文坛出现了关于"唱歌案"的流言。因为徐懋庸的多部译著都是由生活书店出版的，所以徐懋庸和生活书店的关系较密切。在生活书店的员工欢迎邹韬奋回国时，有人专门谱写了一首新歌欢迎邹韬奋回国。大约这件事和徐懋庸有关，徐懋庸也因此遭到一些人的讽刺和攻击，所以他在致鲁迅的信中说准备就此事发表声明。鲁迅在10月29日回信为徐懋庸指点处理这个问题的方法："唱歌一案，以我交际之少，且已听到几个人说过，足见流播是颇广的。声明固然不行，也无此必要，假使有多疑者，因此发生纠纷，只得听之，因为性好纠纷者，纵使声明，他亦不信也。'由它去罢'，是第一好办法。"②

五、评论徐懋庸的书评文章

从鲁迅日记和书信中，可以看出鲁迅与徐懋庸多次互赠书籍。徐懋庸在1935年7月19日会见鲁迅时赠给鲁迅一本《打杂集》；1935年9月3日，鲁迅收到徐懋庸的信和一本译著《伊特拉共和国》；1936年10月2日，鲁迅收到徐懋庸寄来的一本译著《小鬼》，另外，徐懋庸在1936年8月1日致信鲁迅并说将赠给鲁迅一本《斯太林传》（出版时的译名为《从一个人看一个新世界——斯大林传》），但是没见鲁迅收到这本书的记载。鲁迅在1934年5月28日将两本《引玉集》请杨霁云分别转交给曹聚仁、徐懋庸；在1935年10月17日将《表》及《俄罗斯的童话》各两本分别赠送给曹聚仁、徐懋庸；在1935年11月18日，鲁迅致信徐懋庸告知内山书店将邮寄两本《死魂灵》给曹聚仁，其中有一本是赠给徐懋庸的。值得一提的是，鲁迅收到徐懋庸的赠书，但是在当年的书帐中都没有记载。

徐懋庸也关注鲁迅著译出版后的社会反响，如徐懋庸在1935年10月17

---

① 鲁迅.1935年1月17日致徐懋庸信［M］//鲁迅.鲁迅全集：第十三卷.北京：人民文学出版社，2005：347.

② 鲁迅.1935年10月29日致徐懋庸信［M］//鲁迅.鲁迅全集：第十三卷.北京：人民文学出版社，2005：572.

日收到鲁迅赠送的《表》及《俄罗斯的童话》之后，将 10 月 19 日《时事新报·每周文学》第六期刊登的书评《"俄罗斯的童话"》（署名：海洛）剪下来并寄给鲁迅，同时在信中也催促鲁迅交稿。鲁迅在 10 月 22 日回信，告知收到剪报和来信，但是来不及在本周四前交稿。考虑到《时事新报·每周文学》就是由徐懋庸和王淑明、周立波共同编辑，刊登的文章都是"左联"成员所写，因此，笔者推测这篇署名"海洛"的书评《"俄罗斯的童话"》很有可能是徐懋庸撰写的。另外，鲁迅的小说集《故事新编》在 1936 年 1 月出版，但是鲁迅日记和书信中没有赠送该书给徐懋庸的纪录。鲁迅在 1936 年 2 月 16 日收到徐懋庸的来信，徐懋庸在信中除了请鲁迅确定两人会面的时间之外，还向鲁迅请教《铸剑》故事的来源，并告知鲁迅准备写一篇关于《故事新编》的书评。鲁迅在 2 月 17 日夜回信，告知已经记不清《铸剑》故事的具体出处了，并说明自己只是按照《铸剑》故事原来的情节铺排，没有改动，最后欢迎徐懋庸对《故事新编》的批评意见。徐懋庸在《〈故事新编〉读后感》（发表时署名"岑伯"）中指出：《故事新编》所写的"其实都是现代的事故"，"鲁迅先生十分无情地画出了""近时的学者文士们"的"丑恶的脸谱"。又说："《出关》中的老子之为鲁迅先生的自况，也是很明显的"，鲁迅"似乎是被他所见的丑恶刺激得多悲观了，所以他的性格仿佛日益变得孤僻起来，这孤僻，竟至使有些热情的青年误会他是变得消极了"。[1] 徐懋庸在 2 月 19 日致信鲁迅（有可能同时也把刊登这篇书评的剪报一起寄给鲁迅），谈到了这篇书评，并请鲁迅约定会面的时间。鲁迅在 2 月 21 日回信，不同意徐懋庸的上述观点，并指出："那《出关》，其实是我对于老子思想的批评，结末的关尹喜的几句话，是作者的本意，这种'大而无当'的思想家，是不中用的，我对于他并无同情，描写上也加以漫画化，将他送出去。"[2] 需要说明的是，鲁迅只是在私人通信中表达出不同意徐懋庸书评的观点，而鲁迅对于曾经是创造社成员，后来又是"左联"成员的作家邱韵铎批评《故事新编》的文章，则撰文《〈出关〉的"关"》予以批驳，由此也可以看出鲁迅对徐懋庸还是爱护有加的。

---

① 岑伯（徐懋庸）.《故事新编》读后感 [N]. 时事新报·每周文学（第二十二期），1936-02-18（6）.

② 鲁迅 . 1936 年 2 月 21 日致徐懋庸信 [M] // 鲁迅 . 鲁迅全集：第十四卷 . 北京：人民文学出版社，2005：36-37.

六、指导"左联"工作

徐懋庸担任"左联"宣传部长、行政书记等职务之后，因为需要代表"左联"向鲁迅汇报工作，所以经常写信请鲁迅约定会面的时间。鲁迅有时就回一封短信约定会面的时间，这类书信有一部分被徐懋庸保存下来，如鲁迅在 1934 年 6 月 7 日、1935 年 7 月 16 日、1935 年 10 月 14 日分别致徐懋庸的书信。

据徐懋庸回忆，鲁迅在和自己会面时也对"左联"的工作做了一些指示，如不再发展新的成员，不做"空头文学家"，创办的内部刊物要小型化等。除此之外，从鲁迅致徐懋庸的书信中，还可以看出鲁迅在徐懋庸的邀请下参加了一些"左联"组织的进步文化活动，如鲁迅在 1935 年 11 月 3 日和许广平一起到金城大戏院观看由上海业余剧社上演的话剧《钦差大臣》，次日就收到徐懋庸寄来的上海业余剧社的来信，请鲁迅就该剧的演出提供指导意见。鲁迅后来请丽尼转达了他对该剧的指导意见。

从 1935 年 12 月中旬到 1936 年 2 月 28 日，徐懋庸受周扬等"左联"领导人的委托，先后四次和鲁迅会见，协商解散"左联"的事宜。周扬等"左联"领导人原来同意鲁迅提出的发表解散"左联"宣言的建议，但是政治形势发生变化，周扬等"左联"领导人认为"如果'文总'发表宣言解散，而救国会成立，就会被国民党把救国会看作'文总'的替身，这对救国会不利"①。因此就决定不再发表解散"左联"的宣言。当时的政治形势是，上海各界救国会在 1935 年 12 月 27 日正式成立，并发表了《上海文化界第二次救国宣言》。中共上海地下党组织不仅参与组建上海各界救国会，而且同时在上海各界救国会中秘密成立了中共党团组织，由钱俊瑞担任党团书记，负责领导上海各界救国会开展抗日救国宣传活动。国民党中央宣传部大约是发现了中共与上海各界救国会的密切联系，于是在 1936 年 2 月 11 日发出《告国人书》，指出上海各界救国会是共产党"利用文化团体及知识分子在救国的口号下作卷土重来之计划"，应当予以严厉制裁。上海各界救国会在 2 月 14 日公开反驳国民党中央宣传部的《告国人书》。② 事实证明，"左联"及"文总"

---

① 徐懋庸. 徐懋庸回忆录［M］. 北京：人民文学出版社，1982：88.
② 王锡荣. 左翼十年文学大事记［M］//王锡荣. "左联"与左翼文学运动. 上海：上海人民出版社，2016：379.

即使不发表解散宣言，国民党政府还是会把新成立的上海各界救国会视为中共领导的社会组织。

1936 年 2 月 28 日，鲁迅和徐懋庸会见时，不满周扬等"左联"领导人做出的在解散"左联"时不发表解散宣言的决定，这也是徐懋庸最后一次和鲁迅会面。此后，徐懋庸在看到并听到鲁迅不满"左联"解散的言论之后，很不满鲁迅的这些言论，就在 4 月 30 日致信鲁迅表达不满意见。鲁迅在 5 月 2 日收到徐懋庸的这封来信之后就在下午回信，反驳徐懋庸的指责，并宣布不再参与"左联"的活动："我希望这已是我最后的一封信，旧公事全都从此结束了。"①

从鲁迅日记可以看出，鲁迅在 5 月 5 日和 6 月 3 日还收到过徐懋庸的来信，但是都没有回信的记载。因为徐懋庸的这两封信没有保存下来，所以目前不清楚这两封书信的具体内容。但推测起来，主要内容大约还是与"左联"解散问题有关。8 月 1 日，徐懋庸在准备离开上海回故乡养病的前夕，写信给鲁迅，再次指责鲁迅不了解当时的抗日民族统一战线政策。中共中央特派员冯雪峰决定利用徐懋庸的这封来信，公开表明鲁迅支持中共制定的抗日民族统一战线的态度，就代替病中的鲁迅起草了答复徐懋庸的公开信的草稿，信的前半部分主要谈抗日民族统一战线的政策，后半部分主要谈鲁迅与胡风、巴金、黄源等人的关系。从保存下来的这封书信手稿可以看出，鲁迅对这封书信的前半部分修改得较少，对书信的后半部分做了较大幅度的修改。

如冯雪峰起草的草稿："然而胡风是胡风，我是我，不要任何事情拉在一起。我已经不是三岁小孩，别人不必代替我担忧被人蒙蔽。据徐懋庸的口吻，又仿佛我听了胡风，黄源这些'小人'的佞语，致将徐懋庸拒之于千里之外，而他对我犹有恋恋不舍之状，我即使如此昏庸，你又何苦生此'恋主'之情呢，——这一点很使我失笑。我应当明白的对徐懋庸说，在我这里来往的，都是朋友的身份，没有别的什么。你自己有经验，当你和我来往的时候，我和你是朋友，同志。"

鲁迅将上述内容修改为一句话："这是纵使徐懋庸之流用尽心机，也无法抹杀的。"②

---

① 鲁迅 . 1936 年 5 月 2 日致徐懋庸信［M］//鲁迅 . 鲁迅全集：第十四卷 . 北京：人民文学出版社，2005：85.

② 鲁迅：《答徐懋庸并关于抗日统一战线问题》手稿，北京鲁迅博物馆收藏。

由此可以看出，在冯雪峰起草的上述内容中，明确说徐懋庸在和鲁迅来往时，徐懋庸的身份是"朋友，同志"，但是鲁迅删掉了上述内容，用"徐懋庸之流"来表达对徐懋庸及其背后的周扬等人的愤怒。

这封公开信在 8 月 15 日出版的《作家》杂志第一卷第五期发表之后，正在故乡休养的徐懋庸从友人寄来的《作家》杂志上看到了鲁迅这封公开信的全文之后很不满，于是决定立即回到上海并再次写信反驳鲁迅的指责。而周扬等人则开会批评徐懋庸写信给鲁迅破坏了"左联"与鲁迅的团结，要求徐懋庸不再发表答复鲁迅的公开信。徐懋庸反驳周扬等人的批评，坚持发表答复鲁迅的公开信，并迅速在 1936 年 8 月 26 日出版的《今代文艺》第一卷第三期发表了《还答鲁迅先生》，主要说了如下几点："（1）说我的信只是私人通信，鲁迅先生把它公开，不合适。对事业无益。（2）说鲁迅文章中所揭露的事实，绝大部分与我无干，而且为我所不知道的，把这些事情同我拉在一起，没有道理。（3）问鲁迅先生说我们是'敌人所派遣'的话有何依据。"①

除了鲁迅在 10 月 2 日的日记中记载收到徐懋庸寄来的《小鬼》之外，从这一时期的鲁迅日记和书信中没有看到关于徐懋庸公开答复鲁迅书信的相关记载，因此目前尚不清楚鲁迅是否看到过徐懋庸的《还答鲁迅先生》一文。而据徐懋庸回忆："那时候，我本来还存着希望，且有信心，有朝一日，有些问题是会能对鲁迅先生说清楚，得到他的谅解的。所以当我翻译的《小鬼》单行本出版后，我寄给他一本，表示一种态度，但没有附信，他收到后，在日记中记了一笔。"②

10 月 19 日下午，徐懋庸得知鲁迅逝世的消息，于是就在悲痛中写了一副挽联："敌乎，友乎？余惟自问。知我，罪我，公已无言。"徐懋庸考虑到自己与鲁迅已经决裂，就托曹聚仁把这副挽联送到鲁迅治丧委员会。但是，徐懋庸经过一番犹豫之后，还是决定亲自去灵堂悼念鲁迅，并参加送葬队伍，护送鲁迅的灵柩到达墓地。徐懋庸在鲁迅逝世后，不仅撰写了《气死乎，逼死乎？》为自己辩护，还撰写了《知我罪我，公已无言》一文纪念鲁迅："先生的生前，虽然发言行事，不无看错的时候，但即使是错误，也从一种十分纯正的立场出发，绝没有卑劣的动机。他观察人物，判别友敌，纵然不一定

---

① 徐懋庸. 徐懋庸回忆录［M］. 北京：人民文学出版社，1982：91.
② 徐懋庸. 徐懋庸回忆录［M］. 北京：人民文学出版社，1982：93.

正确，但他那爱护战友，憎恨敌人的坚强伟大的精神，是一贯的。"① 由此也可以看出，徐懋庸在鲁迅逝世之后，逐渐平复了对鲁迅的不满情绪，对鲁迅的理解有所深入。

1937年1月，许广平在报刊上公开征求鲁迅的书信。徐懋庸看到之后，就在1月13日致信许广平，询问征集书信是否有甄别。这也表明徐懋庸当时担心自己作为被鲁迅公开批评过的人，可能不是征集鲁迅书信的对象。许广平回信说是面向各方面普遍征集鲁迅书信的，打消了徐懋庸的顾虑。徐懋庸在收到许广平的回信之后，就在1月21日把收藏的44封鲁迅书信（已经装订成一本保存）寄给许广平拍照制版，并要求用毕尽快寄回以作纪念。大约是制版出现了问题，所以许广平又致信徐懋庸请他再次提供这些鲁迅书信用于照相制版，于是徐懋庸在3月31日再次把这些鲁迅书信寄给许广平拍照制版。除了鲁迅在1936年5月2日致徐懋庸宣布绝交的这一封书信之外，其余的43封书信都被收入许广平编辑的《鲁迅书简》之中，这些书信的内容也都因此得以保存下来，并通过书籍的形式传播开来。这不仅要感谢徐懋庸对鲁迅书信的精心保存，而且也要感谢徐懋庸无私地提供这些鲁迅书信的原件供许广平拍照制版。

需要说明的是，这44封鲁迅致徐懋庸书信的手稿（另外还有《答徐懋庸并关于抗日统一战线问题》手稿）后来被收藏在北京鲁迅博物馆。查阅北京鲁迅博物馆的捐赠人目录，可以看出这44封鲁迅致徐懋庸书信都是许广平在1956年捐赠给北京鲁迅博物馆的，因此，笔者推测，这44封鲁迅致徐懋庸书书信是许广平在1956年捐赠的902封鲁迅书信之中，也就是许广平当时因为拍照制版等原因，最后没有把徐懋庸再次提供的这44封鲁迅致徐懋庸书信归还给徐懋庸。当然，也有可能是徐懋庸最后同意把这44封鲁迅书信捐献给许广平保存。

徐懋庸在1938年3月到延安参加抗日工作，并把他所了解的"两个口号"论争情况特别是鲁迅答复他的公开信的经过向中共中央领导人毛泽东做了详细的汇报。毛泽东认为"两个口号"论争是革命队伍的内部矛盾，由此消除了徐懋庸因为鲁迅答复他的公开信所产生的精神压力，此外，毛泽东还亲自关心徐懋庸加入中国共产党。此后至新中国成立，徐懋庸在革命根据地

---

① 徐懋庸. 知我罪我，公已无言［J］. 光明（半月刊）（上海），1936，1（12）：628.

主要从事教学工作和文化工作，他在工作间隙开始鲁迅研究工作，不仅紧密结合根据地的政治活动研究鲁迅，而且也开始把鲁迅与毛泽东结合起来进行研究。徐懋庸陆续发表、出版了如下的文章和著作：在1941年发表了《学习鲁迅的战略策略》《我所受于鲁迅的影响》等纪念鲁迅的文章；在1943年出版了《释〈阿Q正传〉》《释〈理水〉》等两本著作，并发表了《纪念"五四"——纪念鲁迅》《释鲁迅杂文〈拿来主义〉》等文章；在1946年发表了《释鲁迅〈忽然想到〉》；在1948年发表了《鲁迅关于革命的战略策略的思想》《鲁迅的革命道路》。新中国成立之后，到50年代末，徐懋庸不仅继续从事鲁迅研究工作，而且也受鲁迅的影响，继续写作杂文和小说：在1950年发表了纪念鲁迅的文章《学习鲁迅先生的统一战线思想》；在1951年发表了纪念鲁迅的文章《毛泽东思想与鲁迅思想》，并出版了著作《鲁迅——伟大的思想家与伟大的文学家》；在1956年12月，重新开始了"鲁迅风"杂文创作，在半年的时间内就在《人民日报》《文艺报》等报刊陆续发表了50多篇杂文，并结集为《打杂新集》；在1957年，徐懋庸调到中国科学院哲学社会科学部哲学研究所从事外国哲学的翻译工作，因为国内政治形势发生了变化，在1958年被划为"右派"，不得不中断了杂文创作，这本《打杂新集》杂文集最后未能出版；在1959年，徐懋庸在编辑《哲学资料汇编》时，利用搜集到的历史故事，模仿鲁迅的小说集《故事新编》创作了《鸡肋》《考验》等两篇历史题材小说（《鸡肋》后来在1981年发表）。

在70年代，徐懋庸在比较严酷的环境下，继续从事鲁迅研究。在1972年，徐懋庸撰写了回忆录，其中有关于鲁迅的专章《我和鲁迅的关系的始末》，详细地回忆了他和鲁迅交往的经过以及所受到鲁迅的影响；在1976年，徐懋庸应北京鲁迅博物馆之邀，抱病注释鲁迅致他的书信。但是新华社在1976年12月23日播发的电讯《新发现的一批鲁迅书信》中，将徐懋庸、周扬、张春桥放在一起进行批判："新发现的这些书信……其中对徐懋庸伙同周扬，张春桥之流，以'文坛皇帝自居'，围攻鲁迅的反革命面目的揭露，对我们今天深入揭发、批判'四人帮'反党集团的斗争有重要意义。"① 徐懋庸因此受到巨大的精神打击，仅完成了7封鲁迅书信的注释工作，就在1977年2

① 徐懋庸. 对一条电讯的意见［M］//王韦编. 徐懋庸研究资料. 南昌：江西人民出版社，1985：56.

244

月 7 日病逝。"文革"结束之后，中国社会科学院在 1978 年 12 月为徐懋庸平反，并在 1979 年 4 月 12 日举行了追悼会，在悼词中评价徐懋庸"是我们党的好党员、好干部"。①

可以说，徐懋庸的一生深受鲁迅的影响：不仅受到鲁迅的影响，走上了革命道路，而且受到鲁迅的影响，从事翻译工作和杂文创作。虽然徐懋庸在 1936 年因为"左联"解散的问题与鲁迅产生矛盾，并受到鲁迅公开的抨击，但是他在 1938 年到延安参加革命之后直到 1977 年病逝，对鲁迅还是比较尊重的，为研究鲁迅、宣传鲁迅做出了重要的贡献。

（原刊《绍兴鲁迅研究》2021 年卷）

---

① 王韦. 徐懋庸同志的爱人王韦的几点说明 [M] //王韦编. 徐懋庸研究资料. 南昌：江西人民出版社，1985：61.

徐懋庸的《完人》一文并不是骂鲁迅

徐懋庸（1910—1977）与鲁迅的交往是鲁迅研究领域的一个热点。为了纪念徐懋庸诞辰 110 周年，笔者应邀编辑《鲁迅致徐懋庸书信手稿》一书，并因此偶然从网络中看到苏州的学者黄恽先生撰写的文章《鲁迅与徐懋庸交恶的远因》（《南方都市报》，2014 年 9 月 11 日），该文认为徐懋庸在 1934 年 6 月 20 日出版的《人间世》第六期发表的《完人》一文中就认为鲁迅"该骂"，并认为这也是两人交恶的"远因"：

即使在鲁迅与徐懋庸的"蜜月期"中，徐懋庸也认为鲁迅"该骂"，他们之间的恩怨，并不始于 1936 年 6 月周扬推出的《关于国防文学》进而引发的两个口号之争。

早在 1934 年 6 月 20 日的《人间世》第六期上，徐懋庸写了一篇《完人》，其中有一段这样说：

某人是"思想界的权威"，小说也做得成功，可惜牙齿太黄了，年纪太老了，气量也太小了：该骂。某人对于新文化运动曾有重大的贡献，散文也做得可以佩服，可惜如今退隐了，不再领导青年了，做起打油诗来了，"晚节不全了"：该骂。某人是革命的，然而有一个情人。某人是爱国的，然而也爱读书。你是同路人么，但为什么不是百分之百的革命者！你崇拜萧伯纳么，但为什么不吃素……

前两个徐懋庸认为"该骂"的对象，一看就知道是周氏兄弟。老头子的一口黄牙是向来著名的，气量小是指他的喜欢骂人，至于说"小说做得成功"和"思想界的权威"，除了名闻中外的《阿 Q 正传》作者和左翼联盟盟主鲁迅之外，还有谁呢？毫无疑问，正是鲁迅的写照。

换句话说，在徐懋庸和鲁迅交往密切的 1934 年，徐懋庸就已经觉得鲁迅落伍，在其笔下口诛笔伐了，鲁迅已经呼之欲出，只是未点明罢了。[1]

---

① 黄恽. 鲁迅与徐懋庸交恶的远因 [N]. 南方都市报，2014-09-11（16）.

需要指出的是，《鲁迅与徐懋庸交恶的远因》一文引用的徐懋庸的《完人》一文中的上述内容时，没有注意这些引文的上下文，并错误地据此做出了徐懋庸早在 1934 年 6 月发表的《完人》一文就认为鲁迅"该骂"的观点。在此，需要从上述引文的上下文来分析徐懋庸是否在《完人》中认为鲁迅"该骂"。

上述引文的前后文如下：

完人，据旧说，是只在三代以上有的，以下就没有了。然而，现在的人们，却一味期望他人是完人。

自己也有缺陷，则赞成"缺陷之美"说，Beauty spot 呀，"德有所长而性有所忘"呀，厨川白村云，庄子曰，有着种种理论的根据，还是求其"浑然如玉"，十全十美。

（上述两节引文，略）

如是等等求全责备的批评，是今日所常见的。

对于正面的敌人，那批评的态度，往往非常笼统。倒是对于朋友，对于思想的立场相同的人们，连积习上的一点小异，也不能容忍，吹毛求疵，无所不至。抽香烟是不好的，喝老酒是不行的，看梅兰芳是不该的，而且根据这一点小疵，就可以否定一个人的全部的价值。①

由此可以看出，《鲁迅与徐懋庸交恶的远因》一文引用的徐懋庸的《完人》一文中的上述内容时，忽略了紧随其后的一段文字："如是等等求全责备的批评，是今日所常见的。"由此也造成了错误的解读。很显然，上述引文的内容是徐懋庸在罗列社会上常见的"求全责备的批评"，并不是徐懋庸本人的观点，更不是徐懋庸认为鲁迅"该骂"。另外，徐懋庸撰写的《完人》是一篇杂文，主要是批评当时社会上以"完人"的标准来评价一个人物的病态现象。

需要指出的是，鲁迅看到了徐懋庸在《人间世》发表的几篇文章，他在 1934 年 6 月 21 日致徐懋庸的信中说：

不过，我看先生的文章（如最近在《人间世》上的），大抵是在作防御战。这事受损很不小。我以为应该对于那些批评，完全放开，而自己看书，

---

① 徐懋庸. 完人 [M] //徐懋庸. 徐懋庸文集：第二卷. 成都：四川人民出版社，1984：47.

自己作论，不必和那些批评针锋相对。否则，终日为此事烦劳，能使自己没有进步。批评者的眼界是小的，所以他不能在大处落墨，如果受其影响，那就是自己的眼界也给他们收小了。假使攻击者多，而一一应付，那真能因此白活一世，于自己，于社会，都无益处。

但这也须自己有正当的主见，如语堂先生，我看他的作品，实在好像因反感而在沈沦下去。①

但是，据上述鲁迅书信的内容还不能确定鲁迅看到了徐懋庸在《人间世》发表的《完人》一文。

另外，徐懋庸的《完人》一文在《人间世》第六期刊登时，被删掉了一部分内容，而被删掉的这部分内容主要是徐懋庸从鲁迅的《非革命的急进革命者》一文中引用的文字以及由此生发的议论。因此，徐懋庸就把未删节的《完人》一文在自己主编的《新语林》第二期（1934 年 7 月 20 日）中重新发表，由此也可以看出徐懋庸对鲁迅文章的重视。而鲁迅也大力支持徐懋庸的编辑工作，徐懋庸共主编了四期的《新语林》，查阅该刊目录，可以看出四期都发表了鲁迅的文章：第一期发表了鲁迅的杂文《隔膜》（署名：杜德机。1934 年 7 月 5 日出版）；第二期发表了鲁迅的杂文《难行和不信》（署名：公汗。1934 年 7 月 20 日出版）；第三期发表了鲁迅的杂文《买〈小学大全〉记》（署名：杜德机）和译文《致本刊读者辞》《莉莉·柯贝女士赠本刊诗》（署名：张禄如。这是鲁迅应徐懋庸之请翻译的奥地利女作家莉莉·柯贝赠给《新语林》杂志的致辞和诗歌。1934 年 8 月 5 日出版）；第四期发表了鲁迅的杂文《从孩子的照相说起》（署名：孺牛。1934 年 8 月 20 日出版）。徐懋庸在得到鲁迅大力支持的情况下，他会在《完人》一文中认为鲁迅“该骂”吗？如果徐懋庸真的在《完人》一文中认为鲁迅“该骂”，那么鲁迅能看不出来吗？答案显然是否定的。

据《徐懋庸年表》的记载，1934 年，“经过《新语林》的一段工作，徐懋庸同鲁迅先生建立了良好的关系，来往密切。自一九三四年下半年起，直到一九三六年春‘左联’解散，徐懋庸一直代表‘左联’常委会同鲁迅先生

---

① 鲁迅 . 1934 年 6 月 21 日致徐懋庸信［M］//鲁迅 . 鲁迅全集：第十三卷 . 北京：人民文学出版社，2005：155-156.

联系"①。1935 年，鲁迅还应徐懋庸之请为其杂文集《打杂集》撰写了序言，对徐懋庸的杂文做出了较高的评价。不过，徐懋庸和鲁迅的关系后来也发生了变化，鲁迅在收到徐懋庸在 1936 年 8 月 1 日写的书信之后，极为愤怒，公开发表了《答徐懋庸并关于抗日统一战线问题》，对徐懋庸及周扬等人的行为进行揭露和批判，这也是后话了。

（刊于《南方都市报》，2021 年 1 月 24 日）

---

① 王韦编．徐懋庸年表［M］//王韦编．徐懋庸研究资料．南昌：江西人民出版社，1985：223.

北京鲁迅博物馆收藏的 18 封郑振铎书信考略

郑振铎先生（1898—1958）不仅是著名的作家、学者，也是新中国文物事业的掌门人。在郑振铎先生诞辰一百周年之际，花山文艺出版社在 1998 年 11 月出版了 20 卷本的《郑振铎全集》，收录了郑振铎先生的主要著作和译作，以及日记、书信等，较为全面地展示了郑振铎先生在文学创作、文学翻译、艺术及文物研究等领域的成就。但是笔者近日翻阅该书，发现失收了不少的文章和书信。

《郑振铎全集》16 卷是书信卷，编者在"第十六卷说明"中指出："本卷收目前所能搜集到的作者全部书信及主编《文学旬刊》（后改周刊）时的'编辑通讯'。"按照这一编选原则，很显然《郑振铎全集》16 卷（书信）失收了收藏于鲁迅博物馆的 18 封书信。值得一提的是，郑振铎的这 18 封书信多数都已经在上海文艺出版社出版的《中国现代文艺资料丛刊》和北京鲁迅博物馆编辑的《鲁迅研究资料》等书籍中发表过，但是《中国现代文艺资料丛刊》在发表郑振铎的 9 封书信时没有做注释，而《鲁迅研究资料》在发表郑振铎的 6 封书信时仅做了简单的注释，因此，本文在此基础上对这些书信的背景与内容继续进行考证。

1. 郑振铎 1920 年 6 月 8 日致周作人信

启明先生：

我们的第四次讲演会，已由钟少梅君同你接洽，请您讲演新村问题，你答应了我们的这个要求，我们非常的喜欢！非常的感谢！希望你把所拟的题目立刻寄给我，以便去登广告！

我们对于新村问题，很有研究——实行——的兴味；我个人尤有想去实行的意思。《人道》月刊——《新社会旬刊》的后身——第二期——八月一号出版——拟特出一个"新村号"以研究这个问题，我们都很热心的希望你能够帮助我们！你可以替我们做一篇"新村研究"一类的文章么？

关于"新村问题"的书籍——日文的和英文的——我们虽然有几本，但极不完备，你是现时中国内极注意于新村问题的——也是实行新村组织的——一个人，很希望你更能介绍几部重要的书籍，做一个"书报介绍"给我们，附在"新村号"的后边。对于看报的人，似乎极有利益。不知你肯不肯？

我们都知道你极忙，不敢多所烦渎，但以上这两件要求，我们是认为很需要的，所以不辞"烦渎"之嫌，特写这封信来要求你，想你也不致于因忙而拒绝我们的要求罢？祝你的康健！

振铎

（1920年）九年六月八日

我的通信处是：东城西石槽六号①

按：周作人在1920年6月8日的日记中记载："上午得社会实进会郑君函杭州黄君四日寄真理丛刊等各寄复函。"② 这是郑振铎与周作人交往的开始，周作人答应了郑振铎在信中提出的邀请。周作人在6月19日的日记中记载：晚上"七时至青年会应社会实进会之招讲演新村的理想与实际十时回家"③。此后，周作人与郑振铎的交往逐渐增多，如郑振铎在8月2日拜访周作人，赠送《人道》月刊，并邀请周作人为该刊撰写关于新村的文章。周作人答应撰写文章，但是《人道》月刊从第2期就停刊了。周作人在10月29日的日记中记载："郑振铎君来云人道暂不能出板［版］。"④ 最后，郑振铎的这封信中"想你也不致于"中的"致"应为"至"。

2. 郑振铎1921年1月2日致周作人书信

启明先生：

来示敬悉，先生之病，谅已稍愈，《小说》稿如不能有，亦是无法，当即

① 鲁迅研究室手稿组选注. 胡适、刘半农、陈独秀、钱玄同、郑振铎、傅斯年、陈望道、吴虞、孙伏园书信选［J］. 中国现代文艺资料丛刊，1980（5）：347-348. 鲁迅研究室手稿组在对这些信进行选注时还做了如下说明："这里刊登的六十三封书信，是从北京鲁迅博物馆馆藏文物中选出的。写信人和收信人，大都是'五四'新文化运动中较有影响的人物。他们的这些书信，从不同侧面提供了'五四'时期新文化运动的某些第一手资料。我们认为是具有一定参考价值的。"
② 周作人. 鲁迅博物馆藏周作人日记：影印本中册［M］. 郑州：大象出版社，1996：130.
③ 周作人. 鲁迅博物馆藏周作人日记：影印本中册［M］. 郑州：大象出版社，1996：132.
④ 周作人. 鲁迅博物馆藏周作人日记：影印本中册［M］. 郑州：大象出版社，1996：154.

转函知雁冰兄，又先生处有Sologub的短篇小说集否？可否借来一译——或请伏园译——因第三期要用。

文学会开成立会，如先生可以凤，务请必至，时间为一月四日，地点在中央公园来今雨轩，——请注意，不在水榭——

郑振铎

（一九二一年）一、二、①

按：周作人在1921年1月4日的日记中没有参加这次会议的相关记载，可能是因为他需要养病，所以没有参加。周作人在1月6日的日记中记载："山本来诊以下因病未记凡五个月今撮要记之如左"②，从上述记载就可以看出周作人当时患病的严重情况。另外，信中"凤"前疑脱"见"字。最后，这封信注明了文学研究会成立的具体时间和地点：1921年1月4日，中央公园来今雨轩，是文学研究会成立时间和地点的重要物证。

3. 郑振铎1921年3月3日致周作人书信

启明先生：

二、二八和三、二的两封来信都收到了。

《日本文学史》极希望先生能着手编著。

限制会员资格实是必要的事，我们的会，现在已有四十八人，如更加多，不惟于精神上显得散漫——这是必然的事——就是我印刷通告，份数愈多，手也要更累了。我想以后如有新会员加入，非（一）本人对于文学极有研究，（二）全体会员都略略看过他的作品或知道他的人的，决不介绍，先生以为如何，在下次开会时这个问题是必须讨论的。

陆尚功的信，似乎只好不复他。潘垂统兄的稿费，已写信问雁冰要了，大约是因为只有一短篇，钱太少，所以没有寄来。

今天寄上《小说月报》（二号）一册，想已收到。

郑振铎

---

① 郑振铎.1921年1月2日致周作人信［M］//北京鲁迅博物馆鲁迅研究室编.鲁迅研究资料：第4辑.天津：天津人民出版社，1980：129.

② 周作人.鲁迅博物馆藏周作人日记：影印本中册［M］.郑州：大象出版社，1996：188.

[一九二一年] 三、三①

按：周作人在 1 月 6 日之后就因病中断了记日记，"以下因病未记凡五个月今撮要记之如左"，这些后来补写的日记比较简略，在这一天的日记之后就是"三月初病大愈略从事于著述"，然后就是 3 月 19 日的日记了，因此没有在 2 月 28 日和 3 月 2 日致信郑振铎的记载，也没有收到郑振铎这封信的记载。

4. 郑振铎 1921 年 8 月 4 日致周作人书信

启明先生：

有两个多月没有同先生通信了，今天接到先生的来信，真是非常快活！

先生的病已痊愈，极慰！但还须静养，不可多工作。何时回北京？学潮已平，下半年听说要提前上课。

《文学旬刊》本为文学会一部分人所发起，用私人名义，与《时事新报》接洽的，等到接洽好，稿子却来得极少，只好在上海请几个人时常做些东西，所以内容非常不好。现在另封寄《旬刊》七张，尚有一与八期的，俟找到后即寄。尚希望先生常常赐些零碎稿子来。

《学灯》我把它答应下来编辑，实是大大的失计，许多有党见的人都尽力的来攻击，这种举动，真使我吃惊而且悲哀。我是刚入世做事的，对于他们这种行为真有些不解。人类到现在还是没有觉悟，国界种界的界限已经把人类隔离到如此，还要再用党界来隔离自己，真是可以痛哭不已！我因此痛苦了好几天，打算把它辞掉不干，后来想想还是干下去，我只尽我的能力，本我的良心做去，别人的能够了解不能了解，可以不用管他，我也不愿意同他们作无谓的辩论，无论他们是如何的人，趋向总是相同的。我们要注全力来对付近来的反动——《礼拜六》一流人的反动——呢，自己打架，不惟给他们笑，而且也减少效力不少。

《新文学的非难》一文已读过，现在这种口批评而手不动的人实在太多。宋春舫的信，我们想回复他（用上海会员的名义），因没有空，到现在还没有复。

《说报》上近来不常做东西，因一则太忙，二则想多留时间读书；把所有

---

① 鲁迅研究室手稿组选注. 胡适、刘半农、陈独秀、钱玄同、郑振铎、傅斯年、陈望道、吴虞、孙伏园书信选 [J]. 中国现代文艺资料丛刊，1980 (5)：348.

时间都费在翻译和写字上，实在是太不值得，但有暇总想译一二篇小说给他。

丛书版权证，已印好，现在附函寄上几张请先生看看。

郑振铎上
［一九二一年］八、四、①

按：周作人在 7 月 30 日的日记中记载："寄雁冰振铎函"②，在 8 月 7 日的日记中记载："得振铎四日函"。郑振铎收到周作人 7 月 30 日的来信后，就在 8 月 4 日回信给周作人，在信中讨论了文学研究会的一些事务。

5. 郑振铎 1921 年 9 月 3 日致周作人书信

启明先生：

两次来信并稿子一篇均拜读了。十七日的信竟至与二十二日发的信同时接到，可见现在京沪邮便往来的迟缓了。

《小学校里的文学》一书，是我要借的，因为编《儿童世界》（一种儿童文学杂志）要参考，便时请先生检出寄下。

《文学旬刊》不得不尽力从攻击方面做去，《小说月报》出版太迟缓，不便多发表攻击的文章，而现在迷惑的人太多，又急需这种激烈的药品，所以我们都想把《旬刊》如此的做去，但同志做文的人太少，奋斗的力量总觉得不充足。

上海现在黑幕愈出愈多，专做黑幕生意的书铺又开了几间，新文学运动的效果未见，而中国人的堕落程度愈溺愈深，真是可叹，但这种反动完全是由中国人的惰性上发生出来的。其时也不可成为反动；这种以小说为消遣的习惯，不知已相袭有多少年了，前一二年的黑幕书的沈寂，不过是暂时的现象，现在我们提倡文学的重要，他们更乘机复活起来了，他们无论做什么事情本来是没有目的的，他们的目的便是金钱，译安特来夫与作艳体小说，消遣的黑幕的小说是一样的，所以他们的反动（？）决不足异，不过看见小说的销路狠［很］好，所以复活罢了。决非有目的的反动可比。

这种人除了攻击外，没有什么话可以同他说，其实我们也并非攻击他们个人，只是攻击他，不使后来者再受其恶影响而已。

① 鲁迅研究室手稿组选注.胡适、刘半农、陈独秀、钱玄同、郑振铎、傅斯年、陈望道、吴虞、孙伏园书信选［J］.中国现代文艺资料丛刊，1980（5）：349-350.
② 周作人.鲁迅博物馆藏周作人日记：影印本中册［M］.郑州：大象出版社，1996：195.

至于欢迎他们这种小说（？）的青年，自然是堕落的人，不过我们却应该可怜他，不应过分的责骂，因为他们还是彷徨于歧路之中，而没有作恶的目的的。如果学校教育好了，他们这种以黑幕小说为消遣的习惯，自然可以除掉。办教育的人似乎不应该弃之不顾，而当设法以救其已失的灵魂。但我们也应该有一部分的责任，就是指导迷途，供给滋养品。

在现在黑雾弥漫的时候，走一条路的人自然应当结合坚固，共同奋斗，察现在的形势，却谈不到此，简直没有法子去联合他们，真是极可痛心，我想，对于走一条路的人，如果一件稍有不同，只应讨论，而不应谩骂。

近来创作界出产品虽多，好的却极少，鲁迅君的《故乡》可以算是最好的作品，其余如冰心、圣陶，似乎都稍不如前。圣陶作品最近转入讥讽一流，我劝他变更方向，他也以为然。冰心太纤细，太造作，在《晨报》上的浪漫谈，更显出雕凿的斧痕。远不如她初作的动人。日人某君，在《读卖新闻》上，有一篇批评中国创作的文字，骂得很厉害，尽力讥笑中国现在的创作是平凡的，做作的，不是写实的，能动人的。可见这种观察是人人所同了。先生"从外边涂上去"的话，对极！

这种趋向似乎不可不改变一下。提倡修改的自然主义，实在必要，好的作品，所叙述总是极真切，浮光掠影的叙述，永远不会成为好作品，现在大部分的作品所欠缺的就是真字也。

Gibson 据一岑兄说是美国人，因为他的书都在美国出版，但这个理由极脆薄。我没有关于他的书，请先生再查一查告知。

弟　振铎　谨上
［一九二一年］九、三、①

按：周作人在 8 月 22 日的日记中记载："寄雁冰振铎函"②，但是在 8 月 17 日的日记中没有致信郑振铎的记载，只在 8 月 16 日有致信雁冰的记载，大约这封信就是郑振铎所说的"十七日的信"。

---

①　鲁迅研究室手稿组选注 . 胡适、刘半农、陈独秀、钱玄同、郑振铎、傅斯年、陈望道、吴虞、孙伏园书信选［J］. 中国现代文艺资料丛刊，1980（5）：350-352.

②　周作人 . 鲁迅博物馆藏周作人日记：影印本中册［M］. 郑州：大象出版社，1996：197.

6. 郑振铎1921年11月3日致周作人书信

启明先生：

九、二七和十、四的来信都收到了，因为回福州去了一个多月，所以先生的信到现在才接到。因此，便迟复了。

文学小丛书，我总想能积极进行，雁冰兄说，可以归入《新时代丛书》出版，我想这倒不生问题。只要有书出成，无论用什么名义都可以，不过做此种丛书的人恐怕太少了，北京方面能找到几个人？上海只有雁冰，愈之，泽民同我几个人，在中国买书不易，真是大痛苦事，又没有一个大图书馆，要参考什么书，真是难极了。以后，大家如果能努力，"文学馆"的创设，似乎是很要紧的事。

得济之兄来信，北京文学会同志似乎稍散慢，会报编辑已举伏园东华二兄，而出版尚无期，丛书付印者也只有四五种，各地会员也不大通音问，如此现象，殊为可悲，即比之破碎之少年中国学会恐亦有不及。如果我们的文学会也是虎头鼠尾，陷入中国人办会通例的阱中，那真是大可痛哭的事了！上海会员尚团结，最好北京方面亦能如此，将来会报出版后，"通讯"一栏，必须特别注意。如此，始可以互相砥砺也。

Gibson 的籍贯，俟《每日的面包》付印时，当改正。

郭沫若、田汉登的《创造》广告，实未免太为可笑了。郭君人极诚实，究不知此广告为何人所做。先生对于他们的举动，真是慨乎言之！他们似乎过于神秘了，我以为就是新浪漫派，也应以实写的精神作骨子。他们写实的精神，太为缺乏，无怪其倾倒 Goeth，Schiller，Tenngson 诸诗人也。但此尚且趋向稍差耳。现在青年之倾倒于礼拜六体的烂污文言，较崇拜他们的作品尤多数十倍。南高师日刊近出一号"诗学研究号"，所登的都是旧诗，且也有几个做新诗的人，如吴江冷等，也在里面大做其诗话和七言绝。想不到复古的陈人在现在还有如此之多，而青年之绝无宗旨，时新时旧，尤足令人浩叹。圣陶、雁冰同我几个人正想在《文学旬刊》上大骂他们一顿，以代表东南文明之大学，而思想如此陈旧，不可不大呼以促其反省也。写至此，觉得国内尚遍地皆敌，新文学之前途绝难乐观，不可不加倍奋斗也。

郑振铎　上

[一九二一年] 十一、三、①

按：周作人在 9 月 25 日的日记中记载："上午得振铎廿二日函"，在 9 月 27 日的日记中记载："上午寄振铎函"②，在 10 月 4 日的日记中记载："寄振铎函"。这封信就是对周作人上述两封信的回信。"文学小丛书"即郑振铎主编的文学研究会丛书，商务印书馆在 1922 年 5 月开始出版，具体书目详见下文郑振铎 1922 年 2 月 9 日致周作人书信。

7. 郑振铎 1922 年 2 月 9 日致周作人书信

启明先生：

五日的来信收到了。我的《雪朝》的短序，做得极不好，圣陶曾为改了几个字，本想即寄给先生看。但是圣陶改的那一张纸，又遍找不到。现在叫人抄了一份，请为改削。

冰心的《繁星》，如新潮社一时不能出版，可否用文学会名义，由商务出版？如同意，我就可以就近与刘放园接洽。最近许地山君做了几十首《空山灵雨》——他以为是随笔散记——在《小说月报》上发表，中有许多好诗。实是屠格涅夫散文诗的继起者。他说，共有一百多首，以后我想也可以出一本。

欧化的守旧者虽极力反对新文学运动，但照现在的趋势看来，新文学运动决不至十分寂寞——或至因反对而消灭。我们很应该努力！

《诗》第一期已出版，现在另封寄上两册，第二期尚未付印，大约需待三月末才能出版呢！

先生署名式芬的一篇《杂感》，极有力量，我想叫《学灯》转载，《小说月报》通信上也想转钞一下。

《文学旬刊》以前的太无精神，现在大家稍空闲，拟自三十期起，加以整顿，把担任文稿者的姓名写出，并注明是文学会编辑，先生可以加入吗？请即示知，以便把名字写上。

文学小丛书极为必要，第一期共预定八本，拟（最晚）于五月内付印。（1）古典主义（2）浪漫主义（3）自然主义（4）自然主义以后（5）西洋

---

① 鲁迅研究室手稿组选注. 胡适、刘半农、陈独秀、钱玄同、郑振铎、傅斯年、陈望道、吴虞、孙伏园书信选 [J]. 中国现代文艺资料丛刊, 1980（5）：352-353.

② 周作人. 鲁迅博物馆藏周作人日记：影印本中册 [M]. 郑州：大象出版社, 1996：201.

小说发达史（6）何谓批评文学？（7）匈牙利文学史（8）太戈尔：他的生平与作品，中有两种是已成之稿，即（5）、（7）。想先生之《古典主义》一稿必能于此期间交下！

我大约必到北京一行，如去，必与爱罗先珂君同行。他是能够吃中国菜的。所以无论那里都可以住。不会发生什么困难。

弟　郑振铎

［一九二二年］二、九、①

按：周作人在 1922 年 2 月 12 日的日记中记载："得雁冰雪村振铎九日函振铎寄来诗两本。"② "先生署名式芬的一篇《杂感》"，是指周作人在 2 月 4 日出版的《晨报副镌》发表的《〈评尝试集〉匡谬》，该文主要是反驳南京高等师范学校教师胡先骕在《学衡》杂志上发表的《评〈尝试集〉》中的谬论。另外，周作人的这篇文章也是呼应郑振铎在 1921 年 11 月 3 日来信中所提出的要求，批判南高师的"复古的陈人"。

8. 郑振铎 1922 年 7 月 11 日致周作人书信

启明先生：

六、三十的来信已收到，七、八日文学会在上海开一"南方会员大会"，到会的人有十九人。所讨论的问题颇多，而且都甚重要。

会报的稿子，上海方面担任做的人也不多，但至少总可以有四、五篇友稿，会报契约已订好，如不如期交稿，殊觉不大好。

Ruskin 的《金沙王》，据我所知道的，大约尚无人译过，如先生能译出，极好！插图加入，商务方面，必可赞成，决无问题也，圣陶的童话集出版时，亦拟附许多图。

小丛书如能早动笔最好，因古典主义最好能于罗曼主义、自然主义等书同时付印。关于古典主义的参考书，先生处想必极多。我曾见哥伦比亚大学出版的《Lectures on litt》一书，中有一个演讲，讲"Classical Rule"甚为明晰。地山已遇见，现又到广东去了。

---

① 鲁迅研究室手稿组选注. 胡适、刘半农、陈独秀、钱玄同、郑振铎、傅斯年、陈望道、吴虞、孙伏园书信选［J］. 中国现代文艺资料丛刊，1980（5）：353-354.

② 周作人. 鲁迅博物馆藏周作人日记：影印本中册［M］. 郑州：大象出版社，1996：226-227.

郑振铎

（一九二二年）七、十一。①

按：周作人在1922年7月15日的日记中记载："午返得振铎开先函"②，就是指这封信。信中所说的"会报"即文学研究会主办的《小说月报》。另外，这封信中的"最好能于罗曼主义"一句，"于"字有误，应为"与"。

9. 郑振铎1922年10月3日致周作人书信

启明先生：

八、三十一来示敬悉。上海方面，极为龌龊，礼拜六派的势力，甚为盛大，差不多没有一个卖日报的人没有不带卖礼拜六等，其他火车轮船埠站，及各烟纸店，小书摊，亦皆有它们的踪迹。商务近来亦拟出一种小说周刊，做稿的人，亦为他们一流。我们当初很想防止这种举动，但他们似乎不大领悟，现在也只好随他们去做，但以商务而做这种事，为害恐要更大了。等他们出版后，我们想在上海攻击一下。先生在北京方面，也应该给他们些教训才好。与国故派攻击，尚是正正堂堂的，若他们。则附会影射，无所不为，且也标名文学，也提倡白话，而其内容则误解新思想，以至诲淫诲盗之作无所不有，真可为深叹！

文学会报，尚未付印。先生最好能为作一文寄下。至盼！

郑振铎

［一九二二年］十、三、③

按：周作人在1922年8月31日的日记中记载："下午寄振铎函"④，在10月6日的日记中记载："下午得振铎函"⑤，郑振铎的这封信就是对周作人8月31日的来信的回复。

---

① 郑振铎.1922年7月11日致周作人信［M］//北京鲁迅博物馆鲁迅研究室编.鲁迅研究资料：第4辑.天津：天津人民出版社，1980：130.
② 周作人.鲁迅博物馆藏周作人日记：影印本中册［M］.郑州：大象出版社，1996：248.
③ 鲁迅研究室手稿组选注.胡适、刘半农、陈独秀、钱玄同、郑振铎、傅斯年、陈望道、吴虞、孙伏园书信选［J］.中国现代文艺资料丛刊，1980（5）：354-355.
④ 周作人.鲁迅博物馆藏周作人日记：影印本中册［M］.郑州：大象出版社，1996：255.
⑤ 周作人.鲁迅博物馆藏周作人日记：影印本中册［M］.郑州：大象出版社，1996：260.

10. 郑振铎 1922 年 12 月 7 日致周作人书信

启明先生：

前上一信，谅已收到。北京文学会近来似太寂寞，会报稿终不能收集，不知到何日才能付印？创造社的人，似甚有妒忌我们的意思，而不知我们内部乃如此涣散！

《小说月报》稿，好者极少，创作投稿虽多，而佳者寥寥。至于翻译，则连投稿也不多，最多的只有诗歌一类的稿子，而又最坏。所以要把《月报》办得好，非赖北京、上海同人的努力不可，上海方面，人太少，时间又有限。只能尽一部分的力，总望北京同人能多做稿子。

明年正月号，稿发已过半，而北京方面的稿子，尚无一篇寄到，不知先生能于百忙中译著一二篇寄下否？如第一期赶不及（十二月十五日全稿须发完），第二期内，务望能有。

鲁迅先生的创作小说，如有成稿，望代请他寄一二篇给我们。他的小说，上海方面喜欢读的人极多。

爱罗先珂君是否仍住先生处，乞代我问候他。

郑振铎

[一九二二年] 十二、七、①

按：周作人在 1922 年 12 月 10 日的日记中记载："上午得振铎快信同爱罗君至北大讲演为口译午返。"② 在 11 日的日记中记载："寄振铎函"，这封信就是回复郑振铎的信。另外，鲁迅于 1922 年 9 月在《小说月报》发表了小说《端午节》，于 1922 年 11 月在《小说月报》发表了小说《社戏》，郑振铎的这封信中提供了鲁迅小说受到上海读者欢迎的信息。鲁迅后来于 1924 年 3 月在《东方杂志》发表了小说《祝福》，于 1924 年 5 月在《小说月报》发表了小说《在酒楼上》，这大约也与郑振铎的约稿有关。

① 鲁迅研究室手稿组选注. 胡适、刘半农、陈独秀、钱玄同、郑振铎、傅斯年、陈望道、吴虞、孙伏园书信选 [J]. 中国现代文艺资料丛刊，1980（5）：355-356.
② 周作人. 鲁迅博物馆藏周作人日记：影印本中册 [M]. 郑州：大象出版社，1996：268.

11. 郑振铎 1923 年 5 月 19 日致周作人书信

启明先生：

《创造周报》已出版，太会骂人了，现在附上一册，我们原无与他们敌对之意，而他们却愈逼愈紧，骂到无所不骂。难道我们竟忍到无可复忍之地步而还要忍受下去吗？乞北京同人商量一下，应如何对待他们？

《文学》旬刊，附在《晨报》出版，极好，最好是周刊，旬刊似乎太久了些。

振铎 上

[一九二三年] 五、十九、①

按：周作人在 1922 年 5 月 21 日的日记中记载："得振铎十九日函"②，在 22 日的日记中记载："上午寄振铎函"。在 25 日的日记中记载："上午为旬刊作文下午了寄给伏园。"③

12. 郑振铎 1924 年 5 月 10 日致周作人书信

启明先生：

来信四、二十六，已收到了，《愚人的思想》二册，已阅过，无大意义，拟不出版，兹挂号寄上，乞退还译者。

《日本文学史略》，先生已否动手？很希望能够早日寄下，近来有暇译些短篇小说否？读者常有以《月报》上久不见先生译作为怪者。

《月报》七八月拟作为"非战文学号"，除了迦尔洵、安得列夫、巴比塞，诸人的译文外，论文极少，先生及鲁迅先生能抽暇作一二篇寄下否？

振铎上

（一九二四年）五、十、④

按：周作人在 1924 年 4 月 26 日的日记中没有寄信给郑振铎的记载，在 5

① 鲁迅研究室手稿组选注. 胡适、刘半农、陈独秀、钱玄同、郑振铎、傅斯年、陈望道、吴虞、孙伏园书信选［J］. 中国现代文艺资料丛刊, 1980（5）: 356.
② 周作人. 鲁迅博物馆藏周作人日记：影印本中册［M］. 郑州：大象出版社, 1996: 309.
③ 周作人. 鲁迅博物馆藏周作人日记：影印本中册［M］. 郑州：大象出版社, 1996: 310.
④ 郑振铎. 1924 年 5 月 10 日致周作人信［M］//北京鲁迅博物馆鲁迅研究室编. 鲁迅研究资料：第 4 辑. 天津：天津人民出版社, 1980: 131.

月的日记中也没有收到郑振铎在 5 月 10 日寄来书信的记载，不过周作人在 5 月 18 日的日记中记载："得商务函不二两册"①，这里的"商务函不二两册"很可能就是郑振铎在 5 月 10 日的来信和退还的两本《愚人的思想》。

13. 郑振铎 1925 年 4 月 25 日致周作人书信

启明先生：

久未问候你了。兹奉上"文学"广告一份，乞登《语丝》。并请即将《语丝》广告赐下，以便刊入第一期。"文学"在四年中，结了不少仇敌，文丐之流及学衡派的人切齿于我们无论矣，即自命为创造派的几位也怒目相对，此实至为痛心者。然而我们终要努力（最恨的是不做事）做去，以与这些人周旋。上海之黑暗，为外面人所万不能知，将来恐未免受他们的暗中伤害。然而我们不怕。近来，我们的态度完全趋向于积极的。

《小说月报》的八月号为《安徒生纪念号》，乞千万拨冗赐一稿！

商务杂志，近来销路都极好，《东方》印三万五千（已较《申报》多），《小说》印一万四千，如欲鼓吹什么，倒是很好的地盘。

振铎　上

（一九二五年）四、二十五、②

按：周作人的日记中没有收到这封信的记载，也没有回信给郑振铎并投稿《小说月报》的《安徒生纪念号》的记载。

14. 郑振铎 1934 年 3 月 5 日致鲁迅书信的附件《北平笺谱》的账目单

成本

1. 信笺样张	约 60.00
2. 印广告单、预约单等	16.00
3. 笺纸印工	
静文斋	88.40
松华斋	83.60
荣宝斋	104.00

---

① 周作人. 鲁迅博物馆藏周作人日记：影印本中册［M］. 郑州：大象出版社，1996：385.

② 郑振铎. 1925 年 4 月 25 日致周作人信［M］//北京鲁迅博物馆鲁迅研究室编. 鲁迅研究资料：第 4 辑. 天津：天津人民出版社，1980：132.

清秘阁（每种印二百）	108.00
淳菁阁	114.40
懿文斋	43.20
松古斋	6.00
宝晋斋	14.80
成兴斋	42.00
荣禄堂（每种印二百）	16.00
4. 访笺杂记印工	12.00
5. 访笺杂记纸张（一部分）	6.50
6. 刻序目及装订封套等	231.34
（附细账）［内加封套十个］	2 元

　　　　　　　　　　　　　共 946.24 元

［每部成本计九元四角六分余］

《笺谱》付出数

计：（1）付上海	40 部
（2）付预约人	46 部
（3）付铎赠人及自留 12 部	
（4）付赠送建功绍虞 2 部	

共 100 部

又三十八部《笺谱》装运

费 18.50（？）

木箱 6.00（？）　　　　　　　｝内山之二十部，在成本上应加运费。

　　　　　　　　　　　　　　　　（此发票另行附上）

　　　　　　　　　　　　24.50（？）

收入

鲁先生交来	400.00
郑垫款约	200.00
预约售出四十六部	552.00

————————————————

	1152.00
除付出	946.24
余	205.76
内共售出（连内山二十部）	
66 部	每部收洋十二元
计除成	每部 9.46×24
每部可净挣	$ 2.5376
66 部计净挣	$ 167.4816
或仅计北平售出之	46 部
则计挣	$ 106.7296
以二除之，每人可得	$ 53.3648

［一九三四年三月五日］①

　　按：鲁迅在 1934 年 3 月 9 日的日记中记载："得西谛信"，并在 3 月 10 日的日记中记载："复西谛信"，信中说："5 日信并帐目均收到"。目前仅存账目，书信已经遗失。另外，《鲁迅研究资料》第 4 辑在刊登这个账目时，还在账目的最后依据信封上的邮戳日期补注了账目的时间：［一九三四年三月六日］。这一说法不妥，应为：［一九三四年三月五日］。因为鲁迅在日记中明确地说 "5 日信并帐目均收到"。

　　15. 郑振铎 1936 年 4 月 9 日致鲁迅书信（附录郑振铎致张静庐信，张静庐致郑振铎信和阿英致郑振铎信）（136 页）

鲁迅先生：

　　给张静庐的回信，他已有信来了；又把他的信转给了阿英，现在阿英的信也已来了；兹特一并奉上。阅后乞即掷还。关于赵家璧方面，当再去信，请其声明一切。此事本来很琐细，然实为奇冤，故不能不把 "关系人" 弄清楚。生平受 "无妄之灾" 者不止一次，总缘 "好事"。但到了上海，不见人，也会凭空造谣，则更是 "意想不到" 者矣！闻近又有在报端

————————————————

① 郑振铎. 1934 年 3 月 5 日致鲁迅书信的附件［M］//北京鲁迅博物馆鲁迅研究室编. 鲁迅研究资料：第 4 辑. 天津：天津人民出版社，1980：133-135.

声讨《世界文库》腰斩《死魂灵》者；且看其如何发展，再说。《文库》方面是祷求先生之能将下半部续交发表的，即使已经在《译文》上登过。专此，匆候

著安

振铎　上

（一九三六年）四、九

给张静庐的信底附上

16. 郑振铎致张静庐信

静庐先生：

听说先生曾经写信给鲁迅先生，说我转述鲁迅先生之言，有"上海杂志公司不可靠，所以'两世界丛书'不给他们出"云云。这事，实在太使人觉得离奇了！我到上海后，根本没有机会和先生见面，更何以会对先生说这种话呢？请问先生（一）我在什么时候对先生说过这句话？（二）在什么地方说的？如果你从第三者方面听到的，则请说明：（一）这第三者是谁？（二）我在〈什么〉时候对他说这句话的？（三）在什么地方说的？务请先生明白答复，并请即日答复，实属至盼！

二十五年三月二十一日发①

张静庐致郑振铎信

振铎先生：

大示奉悉。关于"两世界"丛书稿不交上海杂志公司因版税不可靠云云。此言系阿英先生于上旬亲口在弟家中告弟者，且阿英先生声明是先生告诉他的，说先生遇到鲁迅先生，问及此事，鲁迅先生对先生所说，如此云云。不但告弟如此，且同时阿英先生亦照样告诉良友公司赵家璧先生，再由赵先生告诉施蛰存先生，二方相同，因而引起外间许多谣言。弟为敝公司营业及信用计，不能不向鲁迅先生处请示，究竟有否说过。惟系托朋友去问，并非由弟直接去信，亦未指定先生。盖当时弟亦说明系阿英先生

---

① 郑振铎 . 致张静庐信［M］//北京鲁迅博物馆鲁迅研究室编 . 鲁迅研究资料：第 4 辑 . 天津：天津人民出版社，1980：137.

来说，如此这般。不过阿英先生说是先生告诉他的。来示质问，敢以实告。弟与先生不相识，当然系间接之事。先生可追究阿英先生，弟未尝说一句谎言也。恐劳锦念，特此奉复，并候

　　撰安。

弟张静庐　顿首
（一九三六年）三月廿二日①

　　阿英致郑振铎信

振铎兄：

　　手示并附钞静庐函均收到。听说事诚有之，那是《译文》初讲定在上海杂志公司出版时，有一天闲谈起，我说《丛书》（所谓"两世界"，我到《译文》出版才知道）是否给你出版，恐怕是一问题，鲁迅先生对你的版税，好像不敢信任，我曾如此的听到。并劝勉他：如果这个杂志你想办下去，对于《译文》的付款，应该痛快一点，大家相信以后，"丛书"或无问题。静庐当时的回答是：我也曾听到（他知道的比我早，为什么他给鲁迅先生的信没有说到呢？）所以黄源来要一百元，我很痛快的给了他。他并当我面骂他的会计，总是不痛快的付人钱，致他受"靠不住"之名。当时他曾问我消息的来源，我说，这可不必问，有这一回传闻就是了。我兄既未告我，我亦未涉及兄。至当时提出鲁迅先生名字。第一是传闻如此，第二是因为鲁迅先生是他要拉的二个重心人物之一（其他一个是兄），话是更容易听的。我说的意思很简单，一是劝张静庐痛快点付稿费，二是使《译文》方面能痛快点拿到钱。对出版家方面，提出鲁迅先生的名子[字]，于鲁迅先生是并没有损害的，因为本来就是两个矛盾的壁垒。却想不到在一个月以后，在你没有被拉到，在他用起予办《月刊》，你办《季刊》，联同《译文》大举包围《生活》的计划的失败（这是他在失败后亲口所说），在我说"市侩"离开杂志公司之后，来上这么一着[招]究竟是他在风闻鲁迅先生和你有意见后，（也是他亲口说的），故意如此向鲁迅先生讨好，以稳固"丛书"的出版，还是由于他一贯的出版阴谋，来借鲁

---

　　①　张静庐. 致郑振铎信［M］//北京鲁迅博物馆鲁迅研究室编. 鲁迅研究资料：第4辑. 天津：天津人民出版社，1980：138.

迅先生的大刀杀人，或是一举两得的来隔开鲁迅先生和你我的相互关系，或者是他推测的把来源放在你身上，这只有静庐自己知道了。但我相信鲁迅先生至少是不会不比他聪明的。常听人说（作家以至于书业中人），静庐的手段太厉害，我先还不相信，在最近几件事上看来，却又不由得我不信了。除另函鲁迅先生声明责任外，特此奉复。匆匆即请

撰安

弟阿英

（一九三六年）三月廿九日①

按：鲁迅在 1936 年 4 月 10 日的日记中记载："上午得振铎函，附张静庐及钱杏村信。"这里所记的"振铎函"就是这封信。该信还附录了三封信。另外，鲁迅在日记中还记载收到过这次事件牵涉到的阿英和张静庐这两人的来信，并有回信的记载，在 4 月 30 日的日记中记载："上午得阿英信，夜复。"在 5 月 7 日的日记中记载："得张静庐信，即复。"但是这些信已经遗失，具体内容不详。

值得一提的是，这四封信后来还被收入周海婴编选的《鲁迅、许广平所藏书信选》一书中，该书由湖南文艺出版社在 1987 年出版，在鲁迅研究界以及现代文学研究界具有广泛的影响，但是《郑振铎全集》仍然失收了这四封书信，而《阿英全集》也失收了阿英的这封书信。

17. 郑振铎 1934 年 12 月 18 日致曹坪（端木蕻良）书信

《鲁迅研究资料》第 5 辑刊登了端木蕻良致鲁迅的两封信，端木蕻良在 1936 年 7 月 18 日致鲁迅的信中全文抄录了郑振铎在 1934 年 12 月 18 日给他的一封信，内容如下：

迅师：

由于给先生寄另外一篇稿子之便，我又得给先生写几行字，这原是我希望的事。

关于上次我写给先生的稿子，那不是我的处女作，那是我写的长篇的第三部了。但是说也奇怪，我没有一个字曾被印过铅字，在杂志上出面过。我

---

① 阿英. 致郑振铎信［M］//北京鲁迅博物馆鲁迅研究室编. 鲁迅研究资料：第 4 辑. 天津：天津人民出版社，1980：139-140.

267

第一部写的远在二年前，名字叫《科尔沁草原》（打开《申报》六十周年纪念地图在东北草原上可以看到），是北平捕去四十多人那年，我从清华跑到天津一所小楼的一角上写就的。写完即寄在北平的郑振铎先生，我和他不熟识。听别人说："现在对新进作家爱护的有南迅北铎。"在二者选择之余，便决心将稿件，寄给北铎，自己在北方固是原因之一，但基本原因，还是我认为郑先生在印刷上出路宽阔一些。倘若不是抱着死后被人发现的雄心，这原是没办法的事。

曾接到郑先生这样的信。

××先生：

你的原稿已经全部收到了！当你的最后一大卷的稿件递到时，我是如何的高兴啊！这将是中国十几年来最长的一部小说；且在质上，也极好。我必尽力设法，使之出版！惟如有违碍之处须删去者，不知你是否同意；又，部分的错字，也必要一一的更正，故付印尚须月余。

这样的大著作，实在是使我喜而不寐的！对话方面，尤为自然而漂亮，人物的描状也极深刻。近来提倡"大众语"，这部小说里的人物所说的话，才是真正的大众语呢！

出版后，预计必可惊动一世耳目！

盼望第二部小说立刻便能动手写。我最近如到天津，当去拜访你。你如来平，能到燕［大］一行否？

匆候

著祺

振铎

十二月十八日

但因为违碍，也因为命名著者写长篇原非老板所喜悦的，所以就被判作了无期徒刑。后来又写了一个二十万字长的《集体咆哮》以身历的天津事变中的学生运动为主题，因为失遗了第一部的原故，预备重写。这次写了《大地的海》，被××退回，最后寄先生。我是参加了一二·九之后，跑到上海的，穷苦的很，说起来寄稿子的事也不是十分高雅的很的事。因为担负着几十万字的呆货而挨饿，总不甘心情愿的事，所以就寄出去了。自己替自己的文字回护的事情，也未始没有，但虽挨饿，也颇不愿逼迫着人硬着头皮去承认它，露出小家子气。

所以这次寄了这篇短的。我自己因为和他有特殊的感情，所以觉得是好的，但不知别人作何感想罢了。但是使先生知晓了在中国有这样的门房，也未使［始］不是无意的吧。先生在答复一个外国进步的杂志的记者的话，将为这事实而反映出可欣慰的感念来了。

今后想写的是《龙门锁的黑砂》，以我自己亲身参加四十一军抗日（在热河绥远）的经历作经纬。和《牧笛之歌》（东北义勇军）和《卓雅》（一二·九运动）……都是长篇，创作欲望是强烈的。只是我的写作的能力如被先生根本否定时，这一切都将为笑柄，但我仍愿顽强下去。这不是迹近恫吓，因为我还年青，我的岁月还不到杜思退益夫斯基发表《穷人》的年纪，我的路还长呢。

敬祝先生健康起来，为了文学的前途，健康起来吧！

坪

一九三六年七月十八日①

按：从端木蕻良致鲁迅的这封信的如下内容："我第一部写的远在二年前，名字叫《科尔沁草原》……写完即寄在北平的郑振铎先生，我和他不熟识。……曾接到郑先生这样的信。"可以看出郑振铎致端木蕻良的这封信写于1934 年 12 月 18 日。另外，这封信的称呼"××先生"，结合端木蕻良致鲁迅的这封信的署名是"坪"，可以推测"××"两字应是端木蕻良的本名"曹坪"。

18. 郑振铎 1935 年 3 月×日致鲁迅书信

除上文提到的郑振铎书信外，笔者还在北京鲁迅博物馆资料库中发现鲁迅在 1935 年 3 月 20 日致孟十还的信中附录了郑振铎致鲁迅信的一部分，从实物来看应当是从郑振铎致鲁迅的这封信中剪下来的，具体内容如下：

孟十还先生的译笔，很流畅。很想请他多译些东西。现在最需要的是，俄国的散文，特别是批评。不知他能够先着手译 Bylinsky 和 Dublolubov 的论文否？每期也可登二万字左右。②

按：郑振铎致鲁迅的这封信的具体时间已经无法确定，大致在 1935 年 3

---

① 郑振铎 . 1934 年 12 月 18 日致曹坪（端木蕻良）信［M］//北京鲁迅博物馆鲁迅研究室编 . 鲁迅研究资料：第 5 辑 . 天津：天津人民出版社，1980：149-150.

② 原件现存鲁迅博物馆。

月 15 日之后的某一天。另外，鲁迅在这封致孟十还的信中说：

郑君已有回信，今附上，这两个人的原文，恐怕在东方未必容易找，而且现在又不知《文库》怎样，且待下回分解罢。郑寄信时，好像并没有知道生活书店的新花样。①

人民文学出版社 2005 版《鲁迅全集》对上文中的"这两个人"做了注释，内容如下：

指俄国别林斯基和杜勃罗留波夫。据郑振铎的回信说："现在最需要的是俄国的散文，特别是批评，不知他能够先着手译 Bylinsky 和 Dublolubov 的论文否？"②

人民文学出版社 2005 版《鲁迅全集》虽然注释了信中提到的"这两个人"，但是忽略了"郑君已有回信，今附上"这一句话，没有把这封书信所附录的郑振铎致鲁迅的信的全部内容作为附件一并收入《鲁迅全集》之中，显然，《鲁迅全集》书信卷的编者对这封鲁迅致孟十还的书信的处理方式欠妥。另外，这封郑振铎致鲁迅的书信虽然不是一个完整的书信，但也应当被视为郑振铎的一个佚信并被收入《郑振铎全集》之中。

结语

这套《郑振铎全集》虽然在版权页没有注明编者是谁，但是从相关介绍文章中可以看出是由郑振铎之子郑尔康编选，该书在出版后还获得国家级出版奖项。这套全集不仅失收了鲁迅博物馆收藏的 18 封郑振铎书信，而且也失收了郑振铎的一些艺术和文物方面的文章，以及部分日记等，这些失收的文字足可以出版一本全集补遗了。明年是郑振铎先生诞生 120 周年，希望出版社能出版一本《郑振铎全集补遗》。

另外，20 世纪 90 年代以来，随着国家经济的发展，国内出版领域兴起了出版文化名人全集的热潮。毫无疑问，编选一位文化名人的全集是非常重要的文化传承工作，不过，编选文化名人的全集不是一件简单的事情，编选者不仅需要对这位文化名人有比较深入全面的学术研究，而且还需要认真细致地搜集文化名人的所有文章，最好能向社会公开征集文化名人的文章、书信

---

① 鲁迅. 鲁迅全集：第十三卷 [M]. 北京：人民文学出版社，2005：416.
② 鲁迅. 鲁迅全集：第十三卷 [M]. 北京：人民文学出版社，2005：416.

等，通过动员社会各界（文化名人家属、亲友，研究专家，国内外图书馆，作家纪念馆，民间收藏家等），集思广益或许才能编选出一本比较齐全的全集。但是，令人遗憾的是，国内出版的众多文化名人的全集都是不全的，甚至可以说包括《鲁迅全集》在内都是不全的，产生这种现象的原因不仅与出版社出版文化名人的全集是为了评奖等功利心态有关，也与全集编选者的学术水平和工作态度有关。最后，真诚地希望出版社和全集的编者在出版文化名人的全集时能以敬畏之心和工匠的精神来编选，不要再发生失收已经发表过的文章和书信这样的低级失误了。

（原刊《绍兴鲁迅研究》2017 年卷，2018 年卷）

《台静农全集》失收的文稿和书信考
——以北京鲁迅博物馆的藏品为中心

2015 年 10 月，海燕出版社出版了《台静农全集》（11 种 13 册，以下简称《全集》），从《全集》的《出版说明》可以看出，《全集》的编辑工作是由从事鲁迅研究的三位专家和台静农先生的几位亲属合作完成的，并且是国家出版基金资助的出版项目。从编辑团队的学术水平和国家级出版项目的标准来说，这套《全集》应该是一个精品，起码也应当是一个通过国家出版基金项目验收的合格品，但是笔者在翻阅过《全集》中的《台静农往来书信》这一卷之后，却发现了该卷失收了台静农的多封书信，另外，也发现《全集》失收了台静农的两篇文章。

一、台静农散文《人彘》的手稿

台静农在 1928 年发表过小说《人彘》，但是鲜为人知的是，台静农在 1925 年还写过一篇同名的散文。这篇文章虽然一直没有发表过，但是作为鲁迅保存下来的青年文稿被保存下来，目前收藏在北京鲁迅博物馆的资料室。

鲁迅在 1925 年 5 月 14 日的日记中记载"静农、鲁彦来"，这是鲁彦首次拜访鲁迅。另外，鲁迅在 5 月 20 日的日记中记载"得静农信并稿"。据陈漱渝在《鲁研一得录·台静农、王鲁彦同访鲁迅》[①] 一文中的考证，鲁迅这次收到的台静农的文稿就是散文《人彘》，该文描述了台静农和鲁彦在 5 月 14 日晚上拜访鲁迅的经过。大约是因为鲁迅不满意台静农在这篇文章所流露出来的对人彘的厌恶之情，所以就没有在《莽原》杂志刊登该文。这篇文章后来也一直没有公开发表，《鲁迅研究月刊》在 2016 年第 5 期的封三才首次刊登了该文的手稿影印件。但是，《台静农全集》的编者却没有注意到陈漱渝的

---

① 陈漱渝. 鲁研一得录·台静农、王鲁彦同访鲁迅 ［M］//北京鲁迅博物馆鲁迅研究室编. 鲁迅研究资料：第 16 辑. 天津：天津人民出版社，1987：123-124.

这篇文章，从而也就不知道台静农还写过一篇和小说《人彘》同名的散文。下面就依据台静农的手稿，把散文《人彘》的全部内容转录如下（按：方括号内字系笔者所加）：

人　彘
静　农

这次鲁彦北来，真是我所梦想不到的；因为我从不会幻觉到江南的诗人，又重行来到这长天寥阔的北京！

从黄昏我们握手以后，直到晚钟十下，我们絮语却没有一刻的停止。我偶然将鲁迅先生对他作品的称赞告诉了，他便疯狂一般的要我同去作鲁迅先生的"晚间来客"。

我是向来不会记忆我所走过的路，尤其是在晚间；所以鲁迅先生的住宅，在白天我或可找到，在晚间却使我为难了。

我们走到一个似曾相识的巷中，遍在人家的门前摸索，敲错了两家的门，幸而未遭谴责。最后走到一座警查［察］的小房，说了许多"劳驾劳驾"才蒙他们让我在住户簿上查得了，原来还在前面的胡同。

踯躅在长的黑暗的胡同里，我的心委实有点恐怖；阴风森然吹过，我的全身顿时打了一个寒战［颤］。

老是盼望前面有人行走，或是有灯笼来，终于没有，我们只有身子互相依傍，手紧紧的握着。

呼呼的声音，偶然的出现在我们的面前，我以为是狗，是一条很大的狗；不然，来势绝不会那样的急躁与沉重。

四肢呼呼的响，如秋风扫黄叶一般，直爽的喘息显出野蛮的兽性；在我们无意中，牠傲然的往我们足下扒［爬］过。牠是过去了，顺便留下狠［很］大的恐怖！牠有比狗还大的黑影，在不平而松湿的地上蠢蠢的移动。

鲁彦带着惊异的问我是什么，我立刻知道了，我说那是人彘，我的声音狠［很］低微，因为恐怖依旧是环绕着我。

在紧急的当儿，看见了白粉的墙矗立在黑暗里，我狠［很］快的跑到门前将门环用力的敲了几下，我的胆气也随着门环的响亮雄壮了。

牠不如狗，甚至于一条小而且癞的狗，居然我们被牠惊袭了，真是耻辱！虽然我的心是平息了跳动，可是想到这里，脸上却发了热。同时我又努力的遏止，陪着他们高谈狂笑，为了恐怕他们知道了这件耻辱！

"为什么社会容许这无用而且讨厌的人尨存在？"在归途中我默默然的想，我的仇恨却因之扩大了！

在第二天的晚间，想到前一晚上的事，不特仇恨没有消灭，且加增了成分。

为了想解决这人尨的问题，便翻了几本社会改革的书，终没找到我所要知道的；因而我益其相信我所拟的"歼灭"是最好不过的办法！

最后精神有点倦了，随手拣了《呐喊》中的《孔乙己》倚在枕上看了半页，便昏昏的拉开被盖睡了！

五月十九晚

二、台静农签名呈请发还书籍的呈文

《台静农往来书信》收录了陈垣在 1934 年 8 月 2 日致北平宪兵三团蒋孝先的书信，以及北平宪兵三团的回信。这些书信虽然与台静农第三次被捕入狱有关，但是都不是台静农本人撰写的。而台静农在第二次被捕入狱时由本人撰写的《台静农呈请发还书籍呈文》一文却被《全集》失收了。

台静农第二次被捕入狱是在 1932 年 12 月 12 日。王永昌在《〈烟袋〉与"炸弹"齐飞——从档案材料看台静农被捕的前前后后》①一文中披露了台静农这次被捕的经过，并在文末附录了相关档案资料，其中就有台静农本人具名的《台静农呈请发还书籍呈文》。该文较短。转录如下：

台静农呈请发还书籍呈文

呈为请求发还书籍物品以资应用事窃民宅前经贵局协同市党部检查，携去中西书籍、信件、学术论文、讲义、手稿、相片等物，幸经贵局明察，民案已水落石出，当蒙恩释，致为感激。惟该项书籍等件，或有关于学术参考；或系个人应加保存之物。用特冒昧呈请发还，实为德便。谨呈

北京市公安局

具呈人台静农（盖章）

---

① 王永昌. 《烟袋》与"炸弹"齐飞——从档案材料看台静农被捕的前前后后 [M] //北京鲁迅博物馆鲁迅研究室编. 鲁迅研究资料：第 13 辑. 天津：天津人民出版社，1984：393-401.

住址　后门黄城根七十九号

三、台静农致许广平的五封书信的抄件

《全集》的"出版说明"指出："台先生书信所存不多，且从未编集，此次在台先生亲属努力下，得到台先生给家乡亲属的信札多通；我们将一些他人寄台先生书信编入，称之为'往来书信'。"① 令人遗憾的的是，台静农致许广平的5封书信虽然在1987年就收入《鲁迅、许广平所藏书信选》一书中，但是却被《全集》失收了。鉴于这5封书信在《鲁迅、许广平所藏书信选》（以下简称《书信选》）一书中存在一些文字、标点和时间方面的讹误，笔者在此参考北京鲁迅博物馆保存的几封书信的抄件，重新对这5封书信做了校勘，具体内容如下：

（1）1936年11月10日书信②

周师母：

　　见报载将有先生遗著整理会之组织，甚佳。生近同魏天行［《书信选》误作：门］兄商量，拟将《魏中散大夫嵇康集》用木刻版印行，去年秋初晤先生时，言拟用木刻，当时告以有友人已将此书据宋版本校过，至厦遂将友人所校本［《书信选》误作：者］寄奉，先生回信云，某君虽校以宋本，然佳字未提出，仍有再刻所校之必要，故生意欲木刻本，亦先生之遗意也。再者先生一生，搜集《造象》，《汉画》甚富，有意整理，终无功夫。闻近已有人窥伺此一部份收藏，生意无论如何，均可置之不理。闻先生在厦大时，拟编一《造象目》，不知着手否？若已着手，存稿当在，将来清理出，尚可据现有之材料补入印出。至于《汉画刻石》拓本，先生去年与生函言拟全印，然不可能，只有分类选出，拟分为"摩崖"，"阙、门"，"石室［《书信选》误作：宝］、堂"，"残杂"四部，将来亦可遵先生之意选出，作为先生遗书。此等事并不难，生亦可从事整理。关于先生藏书及木刻画、碑帖之收藏，生意可全部整理保存，以便将来设一纪念馆。关于纪念馆，上海友人有提到否？若未有此议，可否在整理会中提出？

① 黄乔生主编.台静农全集·台静农往来书信［M］.郑州：海燕出版社，2015：3.
② 台静农.1936年11月10日致许广平信［M］//周海婴编，北京鲁迅博物馆注释.鲁迅、许广平所藏书信选.长沙：湖南文艺出版社，1987：333-334.

师母于新哀之后，劳悴集于一身，务望珍摄为宜，草草即询

日安

静农　敬上
十一月十日

按：魏天行即魏建功，却被《书信选》误作"魏天门"。另外，鲁迅书信中提到拟编的汉画像拓本，其中分类之一是"石室"，却被《书信选》误作"石宝"。

（2）1937年4月29日书信①

周师母：

四月廿七日手示，顷收到。廿六日寄上胶济铁路局捐洋壹百贰拾伍元，想已收到。该路捐册付［《书信选》误作：附］函寄上。

关于整理国故一文，现正起草，预备一周内写成，写完后并拟寄许季老一阅，免得闹笑话。里面牵涉到的中国书，［《书信选》此处的标点误作：'］这边图书馆竟没有，因为势须一翻阅始能下笔，故亦稍感困难。许季老日前接其一信，说已托了胡博士，惟尚未接到回信。师母的文章（骂苏的），上海既未便发表，何妨寄给曹兄，请其在平发表。鄙意不用真名用笔名为宜。《今春的两种感想》，我再写信到平打听一下，文网如此，殊不可解，令人感叹！前次寄来之手札及今日寄到与振铎书均收到。

草草即询

日佳

静顿首
四月廿九日晚

按：台静农在信中提到的"整理国故一文"，即《鲁迅先生整理中国古文学之成绩》，该文后来收录在《1913—1983鲁迅研究资料汇编》第二卷②之中，但是这样一篇重要的文章却被《全集》失收。

---

① 台静农.1937年4月29日致许广平信［M］//周海婴编，北京鲁迅博物馆注释.鲁迅、许广平所藏书信选.长沙：湖南文艺出版社，1987：334.
② 随"按，台静农……"一句变动

（3）1937 年 5 月 22 日书信①

周师母：

五月十六晚手示，奉悉。

银行收据早收到，已交捐款人矣。

年谱民元以前太简，可于到平时补充，幼年时尚可问太师母，至民元以后或一九二七年以后，多顾忌处，实所不免，俟到平大家商之如何？

书信集出时，想师母当有一序文或后记，鄙意最要在年代（及写信时在何处）应详细注出，以供世人研究。

北上时书不便带，可先寄出，但得先函太师母收，到时不必打开，即妥为保存为要。

《收获》已收到，内容极充实，封面版样较前美丽大方，不知容继续下去否？我所作之国学文，决在此完成，细节俟到平商之于许先生及他友。草草，即询

日佳

伯简　顿首

五月廿二日晚

按：《书信选》误把该信的时间标注为"［一九四七年］五月廿二日晚"。

（4）1938 年 9 月 24 日书信②

周师母：

未通音讯，将近一载。每欲上问，以交通不便，生活烦乱，辄执笔中缀。去年此时，寄寓六安，九月间三舍弟病在芜湖，彼在该地读高中，故先回六安后又前往，不意一病不起，当去世时，芜湖正紧，草草埋葬，于次日即同家父仓卒［促］而去。及回到故里（叶家集），对于地方小学教育，略从事整理，其他人所不做之事，亦略做点。至端午节时，秩序乱不可言，不得已

---

①　台静农 . 1937 年 5 月 22 日致许广平信［M］//周海婴编，北京鲁迅博物馆注释 . 鲁迅、许广平所藏书信选 . 长沙：湖南文艺出版社，1987：335.

②　台静农 . 1938 年 9 月 24 日致许广平信［M］//周海婴编，北京鲁迅博物馆注释 . 鲁迅、许广平所藏书信选 . 长沙：湖南文艺出版社，1987：335-336.

随父母出来，沿途遇雨，车不能行，半月始行五百余里抵汉，到宜昌时，全家老小，相继患病，盖因沿途饮食无常，又值炎热，不得不病也。即在该地停月余，遇有西来之船，即入川，友人即介绍来白沙镇乡里寄居。计行两月余，始得一居处，至于旅费，幸家严在里，四处摒挡，得数百元，否则更困难也。农近为教统公司编一历史小说，月得生活费百廿元，尚可维持。家人老小，亦渐恢复。《纪册》已读到，惟以未能尽力为憾，季茀［茀］年谱太简，农决定将据历年之书，重为编制，以年为纲，亦谱亦传，或较善耳。靖兄仍执旧业，携眷在陕之城固，近闻本另有新商店，聘彼任事，自较旧生意获利，然非性之近，大概不拟就，农则殊不以为然也。专此即询

　　珍摄，并询

　　海婴安好

伯简上

九月廿四日

通讯处：重庆中白沙柳马冈邓宅收转

　　按《纪册》指《鲁迅先生纪念集》，"季茀"指许寿裳，"靖兄"指曹靖华。

　　(5) 1938 年 11 月 29 日书信[①]

周师母：

　　十月廿四日手示奉悉。渝市二周年祭，即为邵君主席，由农说述周师生平

　　——此文已登出。交通不善，未便寄奉。沈君所编之物，不久舍弟在渝，尚未见售，大概日内当可到也。至于港祭情形，已经见诸报载。笔名用意，实应说明，盖此外人不易知之故也。婴弟病已愈，至慰。肺病在幼小时，极易好，因幼小者心中恬静，毫无刺戟［激］。昔韦立人孩时肺病极重，其实并不知为肺病，家人亦未注意，及后在平因失血，曾用 X 光照视，始知孩时有

---

① 台静农.1938 年 11 月 29 日致许广平信［M］//周海婴编、北京鲁迅博物馆注释.鲁迅、许广平所藏书信选.长沙：湖南文艺出版社，1987：337.

极严重之现象，尚有大瘢痂也。婴弟身体较弱，病后望加意调养，不知尚入学否？最好不妨停半年也。曹兄言拟来渝，书不想教了，依农意早劝其放下粉笔，惟舍不得安静生活，终犹疑不定。农事为编一历史小说（限五万字），殊清闲，特无聊了。草草即询

　　日安

伯简谨启

十一月廿九日

　　按：台静农在重庆举办的纪念鲁迅先生逝世两周年的演讲，已经以《鲁迅先生的一生——在重庆鲁迅先生逝世两周年纪念大会上的一个报告》为题收入《全集》之中。

四、韦丛芜、李霁野、台静农联名在 1932 年 8 月 7 日致鲁迅的原信

　　《台静农往来书信》收入了鲁迅在 1932 年 8 月 5 日致李霁野、台静农、韦丛芜的书信，却失收了李霁野、韦丛芜、台静农在 1932 年 8 月 7 日联名致鲁迅的一封书信。这封信保存在北京鲁迅博物馆，该信由李竹年（李何林）拟写，李霁野、韦丛芜、台静农三人在信末亲笔签名并盖章，应当被视为台静农的一封联名书信，并收入《全集》之中。值得一提的是，该信在 1982 年就已经在《鲁迅研究资料》第 10 辑①发表，并被李霁野在《鲁迅先生与未名社》② 一书中引用过，可以说对研究鲁迅的学者来说，该信并非陌生，却被《全集》失收，真是令人匪夷所思。因为该信还附录了未名社的账单，文字较多，就不再转录了。

五、台静农在 1936 年 11 月 1 日致孔另境书信的抄件③

　　《全集》收录了台静农分别在 1933 年 5 月 1 日和 1935 年 8 月 12 日致孔另境的两封书信，但是失收了台静农在 1936 年 11 月 1 日致孔另境的一封书信。这封书信刊登在孔海珠所著的《鲁迅：最后的告别》（另外，该书是《痛别

———————————

①　李霁野、韦丛芜、台静农 . 1932 年 8 月 7 日联名致鲁迅信［M］//北京鲁迅博物馆鲁迅研究室编 . 鲁迅研究资料：第 10 辑 . 天津：天津人民出版社，1982：20-25.

②　李霁野 . 鲁迅先生与未名社［M］. 北京：人民文学出版社，1984：149-152.

③　孔海珠 . 鲁迅：最后的告别［M］. 北京：人民文学出版社，2011：78-79.

鲁迅》一书的增补版，《痛别鲁迅》曾在 2004 年由上海社科院出版社出版过，因为一时没有查到该版本，所以不确定台静农的这封信是否也在该版本中刊发过）一书之中，现转录如下：

若君兄：

　　周先生逝世，哀悼之至，今夏与兄往访，此其最后一面也！

　　承惠小说史料，极佳，此种工作，大有价值。弟与开明之信，烦兄便中与之接洽。《地之子》存书据云甚多，因原印恶劣，颇希望能够再版。《关于鲁迅及其著作》所以停印者，拟请各方友人将关于先生之文全行搜入，将来交一可靠之书店印行，版权即交周师母。盼将弟意告雁冰先生，对此若何？若上海尚有整个计划，弟即请兄转告愿将此书版权交出。（弟另有函告周师母）

　　"山大"及"青市文化界"有两追悼，均于今晨九时同时举行。死后文坛情形如何？专此即请

　　　　　　　　　　　　　　　　　　　　　　　日安！

　　　　　　　　　　　　　　　　　　　　　弟　静农上

　　　　　　　　　　　　　　　　　　　　　十一月一日

　　按："若君"即孔另境。孔另境在《我的记忆》一文中记述了他和台静农在 1936 年 6 月拜访鲁迅的经过。

六、结语

　　台静农在文学创作、书法、教育等领域均有重要的贡献，因此编辑出版《台静农全集》不仅对于进一步推动台静农研究具有重要的意义，而且对于海峡两岸的文化交流也有一定的推动作用。但是，令人遗憾的是，《台静农全集》存在众多的问题，亟待重新修订。

　　除了本文所指出的如上问题之外，还有一些研究者也撰文指出了《全集》存在的其他方面的问题。如程桂婷在《〈台静农全集〉补正》一文中指出《全集》失收了台静农的 35 篇文章，并且"这里的 31 篇佚文是指在台静农先生亲自编定的《地之子》《建塔者》《龙坡杂文》《静农论文集》等文集之外，陆续被发现且于两岸三地已有文集收录，《台静农年谱简编》与《台静农先生

学术艺文编年考释》中均有提及，却被《全集》遗漏的文章"①。另外，程桂婷还指出了《全集》中的《台静农年谱简编》"讹误较多"。柳冬妩在《〈台静农全集〉订补》指出了《台静农年谱简编》中存在的两个错误。②

　　为文化名家编辑全集是一个比较严肃的工作，编者要以认真负责的态度从事编辑工作，尽量减少人为的失误，从而编辑出版一部收文全面、考订严谨的全集。这不但是对文化名家负责，也是对读者负责，但是放眼国内，这样的全集却是极为罕见的。笔者在此也建议新闻出版总署能加强对各种名家全集出版工作的管理，设立编辑出版名家全集的质量考评措施，从而促使一批高质量的名家全集的出版，这对于传承中华优秀文化无疑具有重要的作用。

（原刊《绍兴鲁迅研究》2019 年卷）

---

① 程桂婷.《台静农全集》补正［J］. 鲁迅研究月刊, 2017（1）: 67.
② 柳冬妩.《台静农全集》订补［J］. 鲁迅研究月刊, 2016（5）: 15-19.

鲁迅域外传播研究

中国鲁迅研究走向世界的新的开端

——写在"中国鲁迅研究名家精选集"韩文版出版之际

2017 年 12 月 15 日，来自中韩两国 30 多位鲁迅研究专家及各界人士会聚在韩国外国语大学，共同庆祝"中国鲁迅研究名家精选集"韩文版的正式出版，并举行韩中鲁迅研究对话会。会议举行的日期恰逢中国的习近平主席与韩国的文在寅总统在北京举行首脑会谈，可以说这套"中国鲁迅研究名家精选集"丛书韩文版的出版也是纪念中韩建交 25 周年的一个很有意义的活动。在此要特别感谢北京师范大学出版集团安徽大学出版社的朱丽琴副总编和卢坡副编审，正是他们的辛苦努力才使这套丛书顺利面世，并获得了新闻出版广电总局的"经典中国国际出版工程"的资助翻译成韩文出版。

一、中国鲁迅研究要肩负起推动国外鲁迅研究的重任

从 1913 年 4 月恽铁樵点评鲁迅的《怀旧》算起，中国鲁迅研究至今已经有一百多年的历史了，其间虽然因社会风云的变幻而经历了很多的曲折，但是仍然涌现了一大批著名的专家学者，取得了一大批重要的学术成果，并在 20 世纪 80 年代逐渐发展成为一门具有重要影响的学科"鲁学"。在某种程度上也可以说，中国的鲁迅研究是具有中国风格、中国气派、中国精神的一门学问。遗憾的是，中国的鲁迅研究的丰硕成果在国际鲁迅研究领域还不具有广泛的影响力。

需要指出的是，鲁迅不仅是中国现代先进文化的杰出代表，也是享誉世界的大文豪。近一百年以来，鲁迅的作品被翻译成众多的外国文字在世界各地出版发行，外国学者也通过研究鲁迅来了解现代中国，产生了一大批的鲁迅研究成果，成为国外中国学研究的一个重要组成部分。但是，一个无法否认的现实就是，近二十年来的国外鲁迅研究相对比较冷清，鲁迅研究队伍显得青黄不接。随着国家"推动中国文化走出去"、增强中华文化"软实力"等文化战略的提出，中国鲁迅研究者应当把鲁迅研究工作与国家当前的"推

动中国文化走出去"的文化战略紧密结合起来，肩负起推动国外鲁迅研究的重任，通过鲁迅研究方面的学术交流，一方面促进鲁迅在国外的传播与研究，另一方面也通过鲁迅展示中华文化的"软实力"，促进中外民间文化交流。

在这样的背景下，为了纪念中国鲁迅研究诞生一百周年，我策划并主编了"中国鲁迅研究名家精选集"（10卷本，包括孙玉石、钱理群、杨义、王富仁、张梦阳、杨剑龙、张福贵、孙郁、黄健、高旭东等10位中国当代著名鲁迅研究学者的鲁迅研究成果精选集）这套丛书，并由北京师范大学出版集团安徽大学出版社在2013年正式出版。这套丛书出版后，获得了良好的社会反响，《光明日报》《文艺报》《中华读书报》等媒体都发表了相关书评予以推荐，并在2014年获得了国家新闻出版广电总局的"经典中国国际出版工程"的资助，由韩国著名的汉学家朴宰雨教授组织十多位韩国鲁迅研究学者共同承担翻译成韩文的工作。

二、韩国不仅是鲁迅先生的著作走向世界的起点，而且也是中国鲁迅研究著作走向世界的新的起点

1927年8月，流亡在中国的韩国青年学生柳基石（1905年1月—1980年11月，朝鲜人，于20世纪30年代中期加入中国国籍。笔名青园，后来因为崇拜鲁迅而改名为柳树人）把鲁迅先生的《狂人日记》翻译成韩文在韩国的《东光》杂志上发表，这是鲁迅先生的著作首次被外国人翻译成外文在外国正式发表，标志着鲁迅先生的著作正式从中国走向了世界。虽然目前还不清楚柳树人的这个译本在1927年发表之后在韩国引起的社会反响，但是据洪昔杓教授在《柳树人与鲁迅——〈狂人日记〉翻译与韩思想纽带》（韩国《中国文学》第77辑，2013年出版）一文中的调查，柳树人翻译的《狂人日记》在1936年6月又一次刊登在《三千里》杂志第7卷第5号上，"这反映了韩国读者对鲁迅作品的需求。《三千里》创刊于1929年6月，最多时卖过一万本，为鲁迅作品的韩国传播起到了很大的作用"。

因为中国和韩国相似的历史背景，韩国的知识分子对鲁迅的著作产生了强烈的精神共鸣，不仅翻译了大量的鲁迅研究著作（近期即将完成全部《鲁迅全集》的翻译工作），而且也涌现出了一大批的鲁迅研究学者。可以说，鲁迅先生的著作在韩国产生了广泛而深远的影响，甚至通过李泳禧等韩国知识分子的介绍而影响了韩国七八十年代的民主运动，在一定程度上促使韩国从军阀政府转型为现代民主国家。

在鲁迅先生的《狂人日记》被翻译成韩文在韩国发表九十周年后的今天，"中国鲁迅研究名家精选集"被以朴宰雨教授为首的十多位韩国鲁迅研究学者翻译成韩文在韩国著名的昭明出版社正式出版，这也是中国鲁迅研究学者的著作首次以丛书的形式被翻译成外文在外国著名的出版社正式出版，在某种程度上也可以说，韩国也是中国鲁迅研究著作走向世界的新的起点，我们希望总结这次"中国鲁迅研究名家精选集"韩文版的成功经验，今后继续推动这套鲁迅研究丛书的英文版、俄文版、日文版、阿拉伯文版等其他语种的翻译和出版工作。我们期待中国与世界各国的鲁迅研究学者联合起来，继续推动鲁迅在世界的传播和研究，共同为鲁迅研究做出更大的贡献。

三、要弘扬鲁迅先生倡导的"文字之交"的精神，用文艺来促进不同国家人民之间的理解，从而构建人类命运的共同体

1936 年 7 月 21 日，鲁迅先生在得知他的小说集《呐喊》即将被捷克汉学家普实克博士翻译成捷克文将在捷克出版的消息之后，很高兴地撰写了《〈呐喊〉捷克译本序言》一文，他指出："自然，人类最好是彼此不隔膜，相关心。然而最平正的道路，却只有用文艺来沟通，可惜走这条道路的人又少得很。"[①] 从这一段话也可以看出鲁迅对中外文化交流的一个重要观点，即重视各国之间的"文字之交"，就是希望通过文学作品的翻译来促进不同国家人民之间的交流和理解。鲁迅本人也是身体力行了这一观点，在某种程度上也可以说，鲁迅也是现代中国与世界各国"文字之交"的先驱和杰出代表：他通过文学创作来表述现代中国，通过翻译把世界各国的文学作品介绍给中国的读者；而世界各国的汉学家通过翻译鲁迅的作品和研究鲁迅，从而在一定程度上把现代中国介绍给世界各国读者。因此，鲁迅所倡导的"文字之交"，不是单向的，而是双向的，重点在于世界各国之间通过文学作品的相互引进和输出，逐渐形成不同国家之间的文化交流，从而促使各国人民"彼此不隔膜，相关心"。另外，鲁迅重视"文字之交"的观点与十九大报告提出的构建人类命运共同体的观点有相似之处。十九大报告指出："要尊重世界文明多样性，

---

① 鲁迅.《呐喊》捷克译本序言［M］//鲁迅. 鲁迅全集：第六卷. 北京：人民文学出版社，2005：544.

以文明交流超越文明隔阂、文明互鉴超越文明冲突、文明共存超越文明优越。"① 这里的"文明交流、文明互鉴、文明共存"在一定程度上都是要通过文化交流特别是"文字之交"来实现的，而"人类最好是彼此不隔膜，相关心"的结果就会形成人类命运的共同体。

毋庸讳言，中韩两国建交25年以来，两国之间的各种交流也不是一帆风顺的。在当前中韩两国之间因为布置"萨德"系统而出现问题时，更要弘扬鲁迅先生所倡导的"文字之交"的精神，用文艺来推动两国人民之间的文化交流。需要特别提及的是，今年也是朴宰雨教授等韩国鲁迅研究学者在中韩1992年正式建交后首次访华25周年，他为中韩两国鲁迅研究学者之间的交流搭建了良好的交流平台，两国鲁迅研究学者也通过他组织的多次学术研讨会而结下了深厚的友谊。现在，以朴宰雨教授为首的韩国鲁迅研究学者把这套"中国鲁迅研究名家精选集"翻译成韩文在韩国正式出版，就是对鲁迅先生所倡导的"文字之交"的精神的继承和弘扬，更彰显出这套丛书出版的现实意义：以鲁迅研究来推动中韩两国的文化交流。正如鲁迅先生在《故乡》中所说："其实地上本没有路，走的人多了，也便成了路。"② 可以说，以朴宰雨教授为首的韩国的中国文学研究学者一直在走韩中文学交流的"路"，致力于通过文学研究和翻译来促进韩中两个国家民众的相互了解。相信朴宰雨教授等韩国鲁迅研究学者也会为韩中文学交流走出一条康庄大道。

（原刊《上海鲁迅研究：鲁迅与翻译》卷，2019年7月）

---

① 习近平. 决胜全面建成小康社会夺取新时代中国特色社会主义伟大胜利——在中国共产党第十九次全国代表大会上的报告［M］. 北京：人民出版社，2017：59.
② 鲁迅. 故乡［M］//鲁迅. 鲁迅全集：第一卷. 北京：人民文学出版社，2005：510.

鲁迅：中外文明互鉴的重要媒介

——近十年来鲁迅在国外传播与研究状况的扫描

（2011—2021）

2011 年 10 月 18 日，10 多位来绍兴参加纪念鲁迅诞辰 130 周年国际学术研讨会的外国鲁迅研究学者在绍兴正式成立了国际鲁迅研究会。综观 2011 年至 2021 年鲁迅在国外传播与研究的概况，可以看出鲁迅在国外的传播与研究逐渐告别此前零散化、区域化的状态，呈现出有组织、跨国化的趋势，这与国际鲁迅研究会成立之后所策划、组织的一系列学术活动有很大的关系。

一、近十年来国外出版的鲁迅作品的重要译本

近十年来，一方面国外的出版社重版了一些鲁迅作品的译本，另一方面国外的出版社也出版了一批由熟练掌握汉语的外国鲁迅研究学者从中文直接翻译的鲁迅作品的新译本。

1. 韩文版《鲁迅全集》的出版

2007 年，刘世钟、李珠鲁、洪昔杓、李宝璟等 12 位研究中国文学的韩国学者组建了"鲁迅全集翻译委员会"，经过 11 年的不懈努力，终于在 2018 年 4 月将《鲁迅全集》从中文直接翻译成韩文并由韩国绿雨出版社出版，这也是《鲁迅全集》继日文版之后在国外出版的第二个外文译本。韩国梨花女子大学洪昔杓教授（国际鲁迅研究会理事）指出："韩文版《鲁迅全集》以人民文学出版社 1981 年版与 2005 年版《鲁迅全集》为底本，参照 2005 年版进行详细注解，并根据韩国读者的实际情况予以调整和添加。"[①] 韩文版《鲁迅全集》首印 1000 套已经销售完毕，2019 年又重版了第 1 到第 10 卷。值得一提的是，这 12 位韩国学者有很多人在 2011 年加入了国际鲁迅研究会，成为国际鲁迅研究会的骨干力量。

[①] 洪昔杓至笔者邮件。

2. 重版以前的译作

在国际鲁迅研究会的推动下，一些语种的鲁迅作品集得以重新出版。

2015 年，国际鲁迅研究会与德国杜塞尔多夫孔子学院等机构合作举办鲁迅研讨会，德国杜塞尔多夫孔子学院为此与瑞士联合出版社合作，将德国波恩大学顾彬教授（国际鲁迅研究会顾问）主持从中文直接翻译成德文的《鲁迅选集》重版，这也是该书在 1994 年出版之后，首次重版，对于推动鲁迅在德语国家的传播与研究具有重要的意义。

此后，为了纪念鲁迅逝世 80 周年，俄罗斯圣彼得堡大学罗季奥诺夫教授（国际鲁迅研究会理事）将此前俄罗斯翻译家从鲁迅的作品集《呐喊》《彷徨》《故事新编》《野草》中所翻译的 21 篇小说和散文，重新校订译文，并撰写了介绍鲁迅生平及文学成就的《序言》，编辑成《鲁迅：阿 Q 正传》一书，由俄罗斯海波龙出版社在 2016 年出版。这本书也是 1991 年苏联解体之后，俄罗斯出版的第一本鲁迅作品选，对于推动鲁迅在俄罗斯的传播与研究具有重要的意义。另外，埃及艾因夏姆斯大学哈赛宁教授（国际鲁迅研究会理事）对鲁迅作品的阿拉伯文译本进行校订，并撰写了介绍鲁迅生平及鲁迅在非洲传播与影响的《序言》，编辑成《鲁迅短篇小说选》，由埃及图书总局出版社在 2016 年出版。这本书也是埃及乃至阿拉伯国家从 20 世纪 80 年代以来所出版的唯一的一本《鲁迅短篇小说选》。

3. 鲁迅作品新的译本

2015 年，法国鲁迅研究学者魏简（国际鲁迅研究会会员）将自己新翻译的鲁迅散文诗集《野草》与自己此前翻译出版的鲁迅小说集《彷徨》（2004年）和《呐喊》（2010 年）合并在一起，由法国巴黎高等师范学院出版社出版了《鲁迅的小说和散文诗》一书，这本书首印 800 册已经销售完毕，同时也出版了电子书。魏简的这本鲁迅作品的译作带有很强的学术研究色彩，包含了译者引言、注释、每一篇小说的分析、后记等内容，显示出魏简对鲁迅作品的研究水平，此外，魏简的这本译作由他本人独立完成全书的翻译工作，有效地避免了此前出版的鲁迅作品的法文译本因为有多位翻译者分别翻译而存在的翻译内容不一致的问题。

2017 年，印度尼赫鲁大学海孟德教授（国际鲁迅研究会理事）将鲁迅作品《野草》直接从中文翻译成印地语，由印度通用图书公司出版了《野草》的印地语译本和英语译本的对照本，这也是鲁迅的《野草》被首次从中文直接翻译成印地语出版，另外，《野草》的英语译本也纠正了此前在印度及欧美国家出版的4个《野草》英语译本中存在的一些翻译方面的错误。此后，海孟德教授又将鲁迅的小说《狂人日记》从中文直接翻译成印地语，由印度通用图书公司在2018年出版。海孟德教授的这两本译作在出版后分别举行了关于鲁迅作品《野草》和《狂人日记》的小型学术研讨会，从而进一步推动了鲁迅作品在印度的传播。

值得一提的是，巴西州立坎皮纳斯大学出版社和该校孔子学院合作将鲁迅的作品《朝花夕拾》翻译成葡萄牙语，并以中文和葡萄牙语对照的方式，在2021年出版，这有助于鲁迅作品在拉丁美洲的传播。

二、近十年来国外出版的有代表性的鲁迅研究著作

近十年以来，日本、韩国、美国、法国、澳大利亚、英国等国的鲁迅研究学者出版了一些鲁迅研究著作，但是限于资料，这里只能介绍其中有代表性的两本研究著作和两本研究资料集。

1. 藤井省三著《鲁迅》

东京大学的藤井省三教授（国际鲁迅研究会副会长）是日本鲁迅研究第三代学者中的领军人物，他撰写的《鲁迅》一书在2011年由岩波书店出版，首印20000册，很快就销售一空，同时该书的电子版的销售也延续至今。该书不仅描述了鲁迅在绍兴、南京、东京、仙台、北京、上海的生活和文学实践，而且也从跨文化的角度，用"日本与鲁迅""东亚与鲁迅""鲁迅与现代中国"等章节分析了鲁迅在日本、东亚各国和中国的接受情况。该书出版之后，也引起了国外研究者的重视，陆续出版了韩文译本和中文译本（中文译本书名《鲁迅的都市漫游》）。

2. 洪昔杓著《鲁迅与近代韩国》

洪昔杓教授是韩国中青年鲁迅研究学者的杰出代表，他不仅参与《鲁迅全集》韩文版的翻译工作，而且在近几年陆续出版了《近代韩中交流的起源》（2015）、《鲁迅与近代韩国》（2017）、《韩中文学对话》（2021）等学术著作。这几部著作均涉及鲁迅在韩国的传播与研究的问题，其中《鲁迅与近代韩国》一书以与鲁迅有过交往或翻译、研究过鲁迅作品的韩国人士吴相淳、柳树人、梁白华、丁来东、金台俊、申彦俊、李陆史、金光洲、李明善等为中心，用新发掘的史料，指出上述韩国近代知识分子把鲁迅作为重要的精神资源，他们对鲁迅的接受具有社会主义思想倾向和无政府主义思想倾向这两大思想谱系。可以说，洪昔杓的这本著作是鲁迅对韩国近代知识分子的影响这一研究课题的集大成之作，充分显示出韩国鲁迅研究的学术水平。

3. 陈顺妍、张钊贻等编著的《鲁迅与澳大利亚》

2016 年，国际鲁迅研究会与澳大利亚悉尼大学陈顺妍教授等合作准备在悉尼大学举办一次鲁迅研讨会，这次研讨会虽然因为经费问题最后没有能够举办（后来在 2017 年转移到复旦大学举办），但是陈顺妍教授与自己指导过的博士生张钊贻教授（国际鲁迅研究会副会长）为配合这次会议编辑的《鲁迅与澳大利亚》一书却顺利出版了，这本书的内容比较宽泛，收录了澳大利亚的鲁迅研究学者，以及曾经在澳大利亚工作过的各国鲁迅研究学者所撰写的关于鲁迅的文章，共计 20 多篇，在一定程度上展示出了澳大利亚鲁迅研究的历史和现状。可以说，这本书的出版有助于推动鲁迅在澳大利亚的传播与研究工作。

4. 王润华等编著的《鲁迅在东南亚》

2017 年，马来西亚南方大学资深副校长王润华教授（国际鲁迅研究会顾问）等合编的《鲁迅在东南亚》一书由新加坡世界科技出版公司八方文化创作室出版。该书按国别划分章节，从文学、政治、社会文化的角度分析鲁迅对新加坡和马来西亚、印尼、越南、泰国、菲律宾等国家的影响，以及鲁迅作品被翻译成马来文、印尼文的概况，并附录了《鲁迅与东南亚的相关专著与单篇论文、翻译出版品及大专学位论文目录》，可以说这本书是学术界首次较大规模地搜集、整理鲁迅在东南亚国家传播与研究的文献资料，不仅总结了鲁迅在东南亚各国传播的历史，而且也在总结历史的基础上提出了建构"东南亚鲁迅学"的设想，将会进一步推动鲁迅在东南亚各国的传播与研究工作。

三、近十年以来国外举办的重要的鲁迅研讨会

近十年以来，国际鲁迅研究会先后与印度、美国、韩国、德国、奥地利、马来西亚等国家的有关机构联合举办了多次鲁迅研讨会，有力地推动了鲁迅在上述国家的传播与研究工作。

1. "东亚与鲁迅"研讨会

2013 年 4 月 5 日—6 日，国际鲁迅研究会与哈佛大学东亚系、费正清中国研究中心及哈佛燕京学社等机构联合举办了"东亚与鲁迅"研讨会，来自亚洲、北美洲、欧洲、大洋洲的 29 位学者在会议上发表了鲁迅研究论文，重点讨论了鲁迅在东亚及东南亚各国的影响。这次会议不仅是哈佛大学首次为一位中国现代作家举办的研讨会，而且也是 20 世纪 90 年代以来在美国举办的首次鲁迅研讨会，从而扩大了鲁迅在世界中国学研究领域的影响。值得一提的是，会议主席王德威教授为了准备这次会议，还特别为东亚系的博士生开设了"东亚与鲁迅"的课程，10 多位博士生以此为题撰写了课程论文，从而促使这些青年学者开始关注鲁迅、研究鲁迅。

2. "鲁迅：东西方科学文化的对话"研讨会

2016 年 7 月 2 日到 5 日，国际鲁迅研究会、德国杜塞尔多夫孔子学院和北京外国语大学全球史研究院共同举办的"鲁迅：东西方科学文化的对话"学术研讨会在德国诗人海涅的故乡杜塞尔多夫市举行，来自中国、德国、韩国、日本、印度、奥地利、丹麦、葡萄牙等 10 多个国家的 30 多位学者参加了这次会议。与会学者提交的论文不仅在鲁迅史料研究领域有新的史料发现，而且对鲁迅的思想研究和作品研究都有所深化和拓展。总的来说，鲁迅本人的思想和创作深受西方科学和文化的影响，鲁迅本人也是东西方文化对话的一个集大成者和杰出的代表。而本次会议是德国时隔 30 年再次举办关于鲁迅的研讨会，对于进一步推动德国乃至欧洲的鲁迅研究工作，促进当代的东西方文化交流具有重要的意义。

四、中国鲁迅研究著作走向世界的新的起点

"中国鲁迅研究名家精选集"丛书（10 卷，安徽大学出版社 2013 年出

版）在 2014 年被列入国家新闻出版广电总局设立的"经典中国国际出版工程"之中。韩国外国语大学朴宰雨教授（国际鲁迅研究会会长）组织 10 多位韩国学者将这套丛书翻译成韩文，由韩国昭明出版社在 2017 年出版。这套丛书也是中国鲁迅研究学者的著作首次以丛书的形式被翻译成外文在外国著名的出版社正式出版，可以说，韩国不仅是鲁迅作品走向世界的起点（1927 年8 月，韩国的《东光》杂志刊登了鲁迅的小说《狂人日记》的韩文译本，这是鲁迅的著作首次被外国人翻译成外文在外国正式发表，标志着鲁迅的著作正式从中国走向了世界），也是中国鲁迅研究著作走向世界的新的起点。中外鲁迅研究学者通过学术交流不仅可以形成鲁迅研究的学术共同体，而且也可以促进中外文化的交流和互鉴。

五、鲁迅是中外文明互鉴的重要媒介

鲁迅重视各国之间的"文字之交"，就是希望通过文学作品的翻译来促进不同国家人民之间的交流和理解。可以说，鲁迅也是现代中国与世界各国"文字之交"的先驱和中外文明互鉴的重要媒介：鲁迅通过文学创作来描述现代中国，通过翻译把世界各国的文学作品介绍给中国的读者；而世界各国的汉学家不仅通过翻译鲁迅的作品和研究鲁迅来研究现代中国，而且帮助世界各国的读者通过鲁迅及其作品来了解现代中国。而鲁迅的重视"文字之交"的观点也与中共十九大报告提出的构建人类命运共同体的观点有相似之处。文明交流、文明互鉴、文明共存在一定程度上都是要通过文化交流特别是"文字之交"来实现的，而鲁迅所希望的"人类最好是彼此不隔膜，相关心"① 的结果就会形成人类命运的共同体。

（原刊《人民日报》（海外版），2022 年 10 月 20 日。本文撰写得到了朴宰雨、张钊贻、洪昔杓、罗季奥诺夫、魏简、梁海军等学者的资料支持，特此致谢！）

---

① 鲁迅.《呐喊》捷克译本序言［M］//鲁迅. 鲁迅全集：第六卷. 北京：人民文学出版社，2005：544.

韩中文学交流的重要收获

——评全炯俊著《超越语言的文学：韩国学者视角下的中国文学》

1984 年 12 月，正在首尔大学中文系读博士的全炯俊在韩国的《外国文学》杂志发表了他的第一篇关于中国现代文学的论文《鲁迅小说和五四运动》，由此走上了鲁迅及中国现代文学研究的学术道路，后来陆续出版了《对现当代中国文学的理解》（1996），《现当代中国的现实主义理论》（1997），《东亚视角下的中国文学》（2004），《武侠小说的文化意义》（2004），《从代理满足到现实批判：韩国武侠小说作家及作品》（2012），《超越语言的文学：韩国学者视角下的中国文学》（2013）等学术专著，此外还编著了《思想解放运动：中国文艺争论史 1》（1988），《文学与政治（中国现代文学全集第 20卷评论集）》（1989），《现代代表诗人选集（中国现代文学全集第 19 卷诗集）》（1989），《作家论丛书鲁迅》（1997），《投枪与匕首（鲁迅散文选）》（1997）等著作，并将鲁迅的《阿 Q 正传》、王蒙的《活动变人形》等中国文学名著翻译介绍到了韩国。全炯俊教授后来担任首尔大学中文系教授，不仅以他丰硕的研究成果促进了韩国读者对于鲁迅及中国现代文学的了解，而且也培养了一批研究中国文学的青年学者，为韩中文学交流打下了良好的基础。

2015 年，全炯俊教授的高足杨磊博士把《超越语言的文学：韩国学者视角下的中国文学》一书翻译成中文在中国出版，这本书收录了全炯俊教授在20 世纪 90 年代以来关于鲁迅及中国现当代文学研究的 14 篇论文，代表了他近期对于鲁迅及中国现当代文学的最新研究成果。在多次拜读之后，我深感这是一本对于韩中文学交流具有重要意义的著作。

一、独特的研究视角

我和全炯俊教授相识于 2005 年在沈阳师范大学举办的"中韩鲁迅研究对话会"上，后来又多次聆听他在一些会议上发表的鲁迅研究的高见，因此对于他近几年的鲁迅研究论著有所了解。这本书中收入了 3 篇鲁迅研究论文，

《关于韩国 90 年代的〈狂人日记〉》一文是 2011 年他在绍兴举行的鲁迅研讨会上的发言，《文字文化与视觉文化：文化研究的鲁迅观一考察》一文是 2012 年他在哈佛大学鲁迅研讨会上的发言，这两篇论文我都有幸在现场聆听了，现在重读，仍然有新鲜之感。

　　《关于韩国 90 年代的〈狂人日记〉》一文主要研究韩国作家柳阳善在 1992 年发表的小说《狂人日记》所受到鲁迅的同名小说的影响，指出"1990 年代韩国的《狂人日记》是知识分子良心的表现，同时也是一种参与现实和一种政治性的抵抗。也许这才是鲁迅的《狂人日记》与 1990 年代韩国的《狂人日记》相会的深层意义所在吧。"① 但是，全炯俊的研究视角不仅仅停留于两篇小说的相似性，而是着重于以这两篇小说为例，指出韩中文学交流的重要意义："鲁迅的文学与韩国文学之间的内在联系的精华所在不是翻译或研究成果，而是韩国文学作品。"② "'韩国的鲁迅'的真正内容恰在于此。'鲁迅的世界性意义'中最重要的层面也将在这里发现。为解释这一创造性空间的秘密，韩国的中国文学研究者与中国的韩国文学研究者需要携手相助。"③

　　《通过王蒙与金芝河再次考察〈狂人日记〉》一文有别于王富仁等中国研究者的认为"狂人"与鲁迅不同的观点，通过对中国作家王蒙的小说《活动变人形》中人物形象的分析和对韩国诗人金芝河的诗歌《无花果》中的意象分析，指出鲁迅小说中的"狂人"与作家鲁迅之间有着相似性："《狂人日记》序文中的'我'与日记中的'我'存在以下关系：这两个'我'都是作者鲁迅的分身、是作者内面的另一个自我。其中，序文中的'我'是反省的自我，日记中的'我'是被反省的自我。"④ "从上述研究中我们可以得出一个结论：对自己滞留日本时期的活动和回国后到经历辛亥革命为止，进行总体反省，这就是《狂人日记》的深层意义。"而"鲁迅是通过《狂人日记》

---

① ［韩］全炯俊. 关于韩国 90 年代的《狂人日记》［M］//全炯俊. 超越语言的文学：韩国学者视角下的中国文学. 杨磊，编译. 北京：世界知识出版社，2015：27.
② ［韩］全炯俊. 关于韩国 90 年代的《狂人日记》［M］//全炯俊. 超越语言的文学：韩国学者视角下的中国文学. 杨磊，编译. 北京：世界知识出版社，2015：27.
③ ［韩］全炯俊. 关于韩国 90 年代的《狂人日记》［M］//全炯俊. 超越语言的文学：韩国学者视角下的中国文学. 杨磊，编译. 北京：世界知识出版社，2015：27.
④ ［韩］全炯俊. 文字文化与视觉文化：文化研究的鲁迅观一考察［M］//全炯俊. 超越语言的文学：韩国学者视角下的中国文学. 杨磊，编译. 北京：世界知识出版社，2015：34.

中进行的深刻而丰富的自我反省之后，才塑造了《狂人日记》之后的鲁迅"①。全炯俊教授的上述研究观点在中外学者关于《狂人日记》的大量研究成果中不仅彰显出了"狂人"形象的复杂性，而且也富有新意，体现出研究者的深厚的学养。

　　总的来说，全炯俊教授的这两篇关于《狂人日记》的文章都从独特的研究视角，进一步深化了鲁迅的小说《狂人日记》的研究。

二、熟练的鲁迅笔法

　　鲁迅在 1925 年 4 月 8 日致许广平的书信中指出："我所谓'女性'的文章……一到辩论之文，尤容易看出特别：即举出对手之语，从头至尾，一一驳去，虽然犀利，而不沉重，且罕有正对'论敌'的要害，仅以一击给予致命的重伤者，总之是只有小毒而无剧毒，好作长文而不善于短文。"② 可以说，鲁迅的很多论争文章都是采用了这封信中所说的"正对'论敌'的要害，仅以一击给予致命"的写作方法。全炯俊教授也采用了鲁迅的这种写作方法，对中国当代文学研究者的一些观点提出了有力的疑问，从而在一定程度上促进了韩中文学交流。

　　在美国执教的华裔学者周蕾教授在《原始的激情》一书中提出了"视觉科技的威胁成了鲁迅文学的新的'起源'"的观点，全炯俊教授在《文字文化与视觉文化：文化研究的鲁迅观一考察》一文中抓住了周蕾的核心论据上的矛盾，从而对她的这一观点提出了有力的疑问："周蕾对静止的幻灯片和动态的电影都用 flim 一词概论，从而将幻灯片的视觉效果等同于电影的视觉效果来支撑自己的论证，这是她的一种论证策略。周蕾的夸张是为了构筑新的神话。正是所谓她所说的'20 世纪初，对中国知识分子来说，电影的登场意味着一种语言符号和文学符号开始丧失地位的瞬间'这个神话。这种说法为鲁迅文学的起源设立了一个新的'起源'。也就是说，幻灯片事件中所受到的视觉科技的威胁成了鲁迅文学的新的'起源'（而历来对鲁迅文学的'起源'

　　① ［韩］全炯俊 . 文字文化与视觉文化：文化研究的鲁迅观一考察［M］//全炯俊 . 超越语言的文学：韩国学者视角下的中国文学 . 杨磊，编译 . 北京：世界知识出版社，2015：42.
　　② 鲁迅 1925 年 4 月 8 日致许广平的书信［M］//鲁迅 . 鲁迅全集：第十一卷 . 北京：人民文学出版社，2005：476.

都解释为通过幻灯片事件觉醒到应该改造中国人的精神）但是，鲁迅在看示众的幻灯片之前就已经接触到幻灯这个媒体了（正如幻灯片之前就已经认识到要改变国民精神一样），鲁迅在这之前就已经看到不少有关微生物、时事、风景的幻灯片。那么，鲁迅在看这些幻灯片时也受到同样程度的视觉冲击吗？显然并非如此。所以在这里，重要的是，当时的幻灯这个媒体同中国人的病态国民性这个内容结合为一体这一点。应该说两个要素的结合使冲击效果达到了最高值。有可能鲁迅单独强调幻灯片事件的原因就在此。"① 可以说，全炯俊教授不仅敏锐地抓住了周蕾教授在这篇文章中存在的知识方面的硬伤，用合理的史实纠正了周蕾观点的错误，而且也进一步批驳了当前盛行的文化研究中存在的视觉文化高于文字文化的错误倾向。

而《20世纪90年代中国文学的新状态与新阐释（2）——从新阐释的观点看新时期文学史与新状态文学》一文则抓住了中国学者戴锦华教授在《重写女性：八九十年代的性别写作与文化空间》（发表于1996年）一文中存在的把张艺谋的电影《红高粱》中的一些情节和莫言的小说集《红高粱家族》中的一些情节混为一谈的错误，通过列举张艺谋的电影《红高粱》和莫言的小说集《红高粱家族》中存在的大量情节的不同之处，从而对戴锦华的这篇文章的主要观点提出了疑问："现在我们可以说，戴锦华的文学史阅读是建立在对文本的有意误读基础上或至少是包含着一部分有意误读的，未必不可能是首先在女性主义观点上构成论述框架，然后再寻找与之相符合的文本或将文本向与之相符合的方向阐释，或者是首先对电影《红高粱》做了解读，然后将之套用在了小说《红高粱》上。我不赞成的，正是用电影《红高粱》代替小说《红高粱》的暴力做法。"② 应当说，全炯俊教授正确地指出了戴锦华教授这篇文章中所存在的主要错误，他的批评因此也是尖锐有力的。

需要指出的是，全炯俊教授在这本书中收录的几篇质疑中国学者和美国学者的文章，并不是单纯为了否定这几位学者的观点，而是通过质疑来进一

---

① ［韩］全炯俊．文字文化与视觉文化：文化研究的鲁迅观一考察［M］//全炯俊．超越语言的文学：韩国学者视角下的中国文学．杨磊，编译．北京：世界知识出版社，2015：81．

② 全炯俊．20世纪90年代中国文学的新状态与新阐释（2）——从新阐释的观点看新时期文学史与新状态文学［M］//全炯俊．超越语言的文学：韩国学者视角下的中国文学．杨磊，编译．北京：世界知识出版社，2015：132．

步深化对中国现当代文学中的某些问题的研究，从而共同推动韩中学者之间的文学交流。

三、继承鲁迅的精神

全炯俊教授长期参加韩中文学交流活动，书中收录了他在韩中作家、翻译家会议上的发言《韩中及中韩翻译家的课题》《韩中文学相遇的意义所在》，另外还收入了他与一批中国当代著名作家的对话（如《与北岛的对话》《与苏童的对话》）以及他在莫言获诺贝尔文学奖的当天接受韩国媒体采访时所发表的谈话《与莫言所获诺贝尔文学奖有关的几个问题》等几篇文章，不仅充分显示出他对中国当代文学的熟悉，而且也充分显示出他对韩中文学交流的重视。

鲁迅先生在 1936 年 7 月 21 日撰写的《〈呐喊〉捷克译本序言》一文中说："自然，人类最好是彼此不隔膜，相关心。然而最平正的道路，却只有用文艺来沟通，可惜走这条道路的人又少得很。"① 全炯俊教授身兼中国现代文学研究者和韩国文学批评家两种角色于一身，他以全炯俊的本名来发表关于鲁迅及中国文学研究的成果，而以成民烨的笔名发表关于韩国文学研究的成果，致力于韩中两国文学的交流。正如他在韩中两国作家对话交流的第一次会议上所说："我以成民烨这个笔名来评论韩国文学的时候一直在参考中国文学，而以全炯俊这个本名来研究中国文学的时候又不断地参考韩国文学。"② 可以说，全炯俊教授以鲁迅研究为基础，涉及中国现当代文学研究和韩国当代文学研究，一直在走韩中文学交流的"路"，致力于通过文学研究来促进韩中两个国家的民众相互了解。正如鲁迅先生在《故乡》中所说："其实地上本没有路，走的人多了，也便成了路。"③ 相信全炯俊教授等韩国的中国文学研究者会为韩中文学交流走出一条康庄大道。

在某种程度上可以说，全炯俊教授的《超越语言的文学：韩国学者视角下的中国文学》一书在 2015 年出版，不仅是对鲁迅先生所倡导的通过文艺交

---

① 鲁迅.《呐喊》捷克译本序言［M］//鲁迅.鲁迅全集：第六卷.北京：人民文学出版社，2005：544.

② 全炯俊.韩中文学相遇的意义所在［M］//全炯俊.超越语言的文学：韩国学者视角下的中国文学.杨磊，编译.北京：世界知识出版社，2015：10.

③ 鲁迅.故乡［M］//鲁迅.鲁迅全集：第一卷.北京：人民文学出版社，2005：510.

流来促进不同国家和民族的了解这一精神的继承，而且也是对鲁迅先生逝世80周年的一个最好的纪念。在当前中韩两国之间出现问题时，更要弘扬鲁迅精神，用文艺来推动两国人民之间的文化交流。因此，也更彰显出全烱俊教授这本著作的现实意义。

（原刊《上海鲁迅研究：鲁迅与出版》，上海社科院出版社 2018 年 4 月出版）

柳树人翻译的《狂人日记》译本研究

一、柳树人与鲁迅及其《狂人日记》

检索有关研究资料，可以看出李政文撰写的《鲁迅在朝鲜人民心中》一文首先介绍柳树人（1905年1月—1980年11月，原名柳基石。朝鲜人，于20世纪30年代中期加入中国国籍）与鲁迅（1881年9月—1936年10月）交往及翻译《狂人日记》的经过，该文涉及柳树人的主要内容如下：

另外，据朝鲜友人柳树人回忆，他说："我和许多朝鲜青年在一九二〇年初在延吉道立第二中学读书的时候，通过进步教师读到了刊载在《新青年》上的《狂人日记》，最初我们读不懂，读了几遍后，激动得我们几乎也要发狂了，那时认识到，鲁迅先生不仅写了中国的狂人，也写了朝鲜的狂人。从那时起鲁迅先生成了我们崇拜的第一位中国人，我的心里产生了拜见鲁迅先生的念头。"（柳树人谈话记录）

……

柳树人是一九二五年在北京拜见鲁迅先生的又一位朝鲜人。柳树人，一九〇五年生于朝鲜，一九一一年来华，早年就读于延吉道立第二中学（中国学校），一九二〇年九月进关。一九二四年毕业于南京华中公学，并加入朝鲜知名人士安昌浩组织的民族主义革命团体。同时进入北京朝阳大学读经济学。一九二五年春，在时有恒的陪同下到鲁迅寓所拜见了鲁迅。当时爱罗光诃［引者按：原文如此］在场。这一次，他向鲁迅先生表示了自己用朝鲜文翻译《狂人日记》的想法，得到了鲁迅先生的鼓励。过了几个月，柳树人带着《狂人日记》朝文稿又拜访了鲁迅，爱罗先诃［引者按：原文如此］和周作人在场。鲁迅先生说："我不懂朝鲜文，有哪些不清楚的可以问。"

一九二九年，柳树人在南京任《东南日报》总编时，他为翻译《阿Q正传》又去上海拜访过鲁迅，因鲁迅先生有病未能见到。柳树人在一九二九年曾参加过我国文学大论战，他有两篇文章被收在李何林编的《中国文艺论》

（1930）一书里。一九四五年回国，不久又侨居我国直到现在。

　　……

　　但我们知道鲁迅的《狂人日记》的第一个朝鲜文版是由柳树人翻译，发表在"一九二六年汉城出版的《东光》杂志上"（柳树人笔录)[1]。

　　从这篇文章中出现的"（柳树人谈话记录）""（柳树人笔录）"等内容来看，李政文在写作这篇文章时应当采访过柳树人，并未加考证地采用了柳树人所说的有关内容。后来也有一些文章未加辨析地采用柳树人的说法，以致造成了柳树人与鲁迅会见并得到鲁迅的支持来翻译《狂人日记》的说法流传较广。其实，从事鲁迅研究的学者会很容易地看出柳树人所说的会见鲁迅的时间和在场见证人都存在明显的错误。首先，据时有恒（1905—1982）的回忆，他是在 1927 年 10 月中旬第一次给鲁迅写信后不久，鲁迅在 10 月 15 日收到信后邀请他见面，这是两人第一次见面。[2] 因此，时有恒不可能在 1925 年春陪同柳树人拜访鲁迅。其次，爱罗先珂是在 1922 年 2 月 24 日开始在八道湾居住，1923 年 4 月 16 日离开北京回国，因此，爱罗先珂不可能在 1925 年春天时和鲁迅、柳树人一起见面。再次，鲁迅与周作人在 1923 年 7 月 19 日正式决裂，鲁迅在 8 月 2 日移居砖塔胡同，从此鲁迅与周作人形同陌路，两人不可能又一同在 1925 年春夏期间会见柳树人。（附带指出，柳树人翻译的《狂人日记》是在 1927 年发表在《东光》杂志上的。）

　　另外，韩国的洪昔杓教授在《无政府主义思想与韩中知识分子的思想纽带——柳树人与鲁迅、时有恒的交往》一文中介绍了柳树人的人生经历：

　　柳基石，从 1920 年代中期使用笔名"柳絮"，1930—1940 年代使用另一笔名"柳树人"。1905 年他出生于韩国黄海道金川郡，后移居江原道伊川郡。8 岁那年，他跟家人一起迁往中国北间道，1918 年入延吉道立第二中读书，1924 年 6 月毕业于南京华中公学，同年入北京朝阳大学。从 1925 年开始，他积极投入韩国独立运动，并作为无政府主义运动的理论家和实践家开展了各种活动。[3]

---

① 李政文 . 鲁迅在朝鲜人民心中［J］. 延边大学学报 . 1980（3）：51–53.

② 时有恒 . 我与鲁迅先生［M］//时有恒 . 时有恒文选 . 北京：中国社会出版社，2003：129.

③ 洪昔杓 . 无政府主义思想与韩中知识分子的思想纽带——柳树人与鲁迅、时有恒的交往［J］. 鲁迅研究月刊，2014（12）：51.

从上述内容可以得知，柳树人是在 1924 年 6 月之后才来到北京读书的，而爱罗先珂已经在 1923 年 4 月回国，所以，柳树人也不可能在 1925 年春与时有恒一起在北京同时见到鲁迅、周作人、爱罗先珂。那么，是否存在柳树人在爱罗先珂停留北京期间，特别是爱罗先珂从 1922 年 2 月 24 日到 1923 年 4 月 16 日之间在八道湾居住时，在北京同时见到鲁迅、周作人和爱罗先珂呢？但是，目前还没有发现相关的资料可以确证这一种可能。

值得注意的是，从洪昔杓的文章中可以看出柳树人在《三十年放浪记》中记载了韩国无政府主义者李又观在 1923 年 3 月访问鲁迅的经过："李又观访问鲁迅是爱罗先珂回国的一个月前，在《三十年放浪记》中，柳树人具体记述了李又观与鲁迅来往的情况：'又观在北京时，与鲁迅颇有往来，常在鲁迅家里，认识了盲诗人爱罗先珂。受到爱罗先珂的影响，开始研究安那其主义。后来，终于变成了一名著名的安那其主义者。'①"但是"却只字未提翻译鲁迅作品和访问鲁迅的内容"。洪昔杓认为："或许这是因为《三十年放浪记》完成于 1960 年代的中国，那时正是'文化大革命'的动乱年代，不独参考资料匮乏，记述也可能受到各种限制。因此，书中大部分是有关韩国独立运动和作者自己活动的内容，叙述带有遗书色彩，似乎已无更多精力关心其他事情。"②笔者认为，即使在"文化大革命"的时代背景下，鲁迅在中国也具有崇高的政治地位，柳树人在这样的背景下在回忆录中记载自己与鲁迅会见，以及翻译鲁迅的作品，也不会给他带来负面的影响。因此，柳树人为何没有在带有遗书性质的回忆录中提会见鲁迅以及翻译鲁迅作品的事情，的确令人费解。

总之，从现有的史料来看，柳树人上述与鲁迅在 1925 年春会见的说法，是完全错误的。因此，柳树人是否会见过鲁迅并得到鲁迅的支持来翻译《狂人日记》，在目前没有发现新的可以印证的史料的情况下，就只能存疑了。

二、柳树人翻译的《狂人日记》译本分析

1927 年 8 月，朝鲜京城（汉城）出版的《东光》杂志上刊登了署名"青

---

① 柳基石. 三十年放浪记：柳基石回忆录 [M]. 任元彬，译. 首尔：（韩国）国家报勋处，2010：155-156.

② 这篇翻译文的最后写着"—完—青园译，一九二七年、六月十一日 京津车于 (在上海津车)"。

园"翻译的《狂人日记》，"青园"就是柳树人。从译文的结尾可以看出柳树人是在同年 6 月 11 日从北京开往天津的火车上完成的《狂人日记》的翻译。从现有的资料来看，柳树人翻译的《狂人日记》是鲁迅作品中最早由外国人翻译成外文并在国外发表的一篇，在一定程度上也可以被视为鲁迅的作品正式从中国走向世界的开端，因此，柳树人的《狂人日记》译本具有重要的文学史价值，值得深入研究。但是，目前韩国只有洪昔杓教授在 2013 年发表的《柳树人与鲁迅——〈狂人日记〉翻译与韩思想纽带》这一篇文章涉及柳树人的《狂人日记》译本，不过，这篇文章详细论述了鲁迅、时有恒、柳树人之间的交往，以及柳树人翻译《狂人日记》的内在动机，但是他没有对柳树人的《狂人日记》翻译本进行仔细的、全面的分析，只是在论文结尾部分简单提了一下：

柳树人翻译刊登的《狂人日记》翻译情况怎么样呢？把 1927 年 8 号在《东光》杂志上登载的翻译文与原文对照的话，柳树人连一个词语都没有漏掉，忠实于原文翻译的，并把作品的意义准确地转达给读者。当然在词语的选择上难免有生硬的地方，但这是因为他八岁就随家人去了中国读了中学和大学，所以使用流利的韩国语比较难。而且由于在短时间内翻译的，没有充分的修改时间也是一个重要的原因之一。①

此外，洪昔杓教授还具体指出了柳树人译本在人名翻译上的问题，以及出版社校对上出现的差错。但是上述洪教授的观点存在如下的问题：首先，通过核对柳树人译本与《狂人日记》初刊本和初版本的结果，可以看出柳树人的译本中漏译的词语和句子不少，误译也很多。虽然从整体来看柳树人的译本是忠实于原文翻译的，但是细节部分转达意思模糊，歪曲原文的也不少，这些问题虽是细节部分，但都加在一起就不是细节问题了。其次，柳树人八岁去中国的说法也是不对的。据《三十年放浪记》一书中的记载，柳树人是在 1915 年 10 岁时全家搬到了间岛②，即现在的延边地区。柳树人在 10 岁去了中国，没有在韩国受到良好的语言教育，他的韩国语水平因此不是很高。

综上所述，《狂人日记》柳树人译本的批评研究还有待于更深入和细致的

① ［韩］洪昔杓：柳树人与鲁迅——《狂人日记》翻译与韩思想纽带［J］.（韩国）中國文學（第 77 辑），2013：127.
② 柳基石. 三十年放浪记：柳基石回忆录［M］. 任元彬，译. 首尔：（韩国）国家报勋处，2010：24.

研究。需要说明的是，本文的误译分析仅仅是把 1918 年《新青年》版和 1923 年《呐喊》版《狂人日记》的文本与柳树人发表在《东光》杂志上的翻译本对照之后（本文引用的《狂人日记》中的文字均来自这两个版本，本文引用的柳树人的译文均来自《东光》杂志 1927 年 8 期，不再一一注明出处），把确实存在误读原文的部分找出并列举出来，并没有把韩国语的规范语法错误、韩国语方言要素和韩国语的分写法等修辞上的问题包括进来。

（一）柳树人译本译错的内容（字、词、句、段）

通过对比鲁迅的原文与柳树人的译文，可以看出译文中多处译错了原文中的一些关键性的文字和词语，从而造成译文的意思在多处存在明显的错误。

1. 译错了一些关键的字，使句子的意思与原文不符。

例①皆余昔日在中學校時良友

柳树人译（以下简称柳译）그는 나의 전일 중학시대의 良友였다．（他）

分析：因为柳树人把小说中的兄弟理解成弟弟一个人，所以导致下句中的"皆"翻译成了"他"。

例②我還記得大哥教我做論，無論怎樣好人，翻他幾句，他便打上幾個圈……況且是要喫的時候。

柳译：형님이 나 보고 작문을 하라고 할 때 내 가 아무리 좋은 사람이라도 공격만 하면 잘 지었다고 동그라미를 막 쳐주고……또 먹으려고까지 할때야．（叫我做论）

分析：柳树人把"教"和"叫"弄混了，造成了译文的意思与原文不同。另外柳树人把"要喫"翻译成"야"，但从文章脉络来看翻译成"잡아 먹으려고"可能会更合适。

例③狼子村現吃。

柳译：낭자촌에서 자조 잡어먹었고．（狼子村常吃）

分析：柳树人把"現吃"翻译成"常吃"，意思与原文明显不同。

2. 译错一些关键的词语，使句子的意思与原文不符。

柳树人在翻译一些关键性的词语时多处出现了明显的错误，具体种类大致如下：

（1）译错了一些常用语

例①你真會……說笑話。

柳译：당신도 참……웃으음 말도 하우.

分析：柳树人把"说笑话"直译成"说笑话"，与原文的意思不符，应该翻译成"开玩笑"。

例②不但太平無事，怕還會有人見情。

柳译：아주 태평무사할 뿐아니라 아마 구경하는 사람까지 있을 것이다.（看热闹）

分析：柳树人把"见情"翻译成"看热闹"，是明显的错误。"见情"的意思是"别人对自己有好处从而心里感激"，所以应该翻译成"아마 고마워할 사람도 있을 것이다"

例③這是他們的老譜。

柳译：이것은 그들의 유명한 장끼다.（拿手好戏）

分析：柳树人把"老谱"翻译成"拿手好戏"，但是，"老谱"是指"老办法"，因此，译文不太符合原文的意思。

（2）译错了一些人名、病名和职业名称

例①古久先生/赵贵翁/陈老五/陈老五/老五/盘古

柳译：고선생 /조영감(조늙은이)/진가/진노우(老五)/노우/판고

分析：柳树人对于人名的翻译不仅有错误，而且翻译方法也不统一。如把"古久先生"中的"久"和"赵贵翁"中的"贵"字在翻译时省略了，翻译成"古先生"和"赵老头"。另外，中文名翻译成韩国语时有两种译法，一种是按汉字读音法拼写，另一种是按韩国语读法拼写，韩中建交以前常用汉字读音法拼写，韩中建交以后一般用韩国语读法拼写。柳树人翻译的《狂人日记》是 1927 年出版的，当时按汉字读音法拼写比较常用。但是柳树人自己没有原则，把这两种译法混合起来使用，给读者带来了阅读的混乱。如翻译"陈老五"时，有时翻译成"진가"，有时翻译成"진노우（老五）"。"진노우（老五）"翻译得也不规范，汉字读音法和韩国语读法混在了一起。或者译成"진가네 다섯째"，或者译成"천라오우"，应选一种方法。

例②迫害狂

柳译：밋치광

分析：柳树人把"迫害狂"翻译成"疯子"，"迫害狂"在当时来说是新词语，柳树人可能还没找到更恰当的韩国语，所以就用了笼统的"疯子"一词。其实"迫害狂"和"疯子"在症状上还是有区别的。

例③其實我豈不知道這老頭子是劊子手扮的。

柳译：기실 내가 웨 이 늙은이가 <u>사형집행리</u>같은 솜씬줄을 모를까？（手艺）

分析：柳树人把"劊子手扮的"翻译成"劊子手一样的手艺"，好像是把"手扮"作为一个词来理解的。柳树人的这个误译到了第五章"劊子手扮的"重复了一遍。

（3）译错了一些名词

例①這只是一條<u>門檻</u>，一個<u>關頭</u>。

柳译：이것이 오직 <u>길</u>이요 또한 <u>관문</u>이라．（一条路，一个关头）

分析：柳树人把"门槛"错误地翻译成"路"，使句子的意思与原文不符。

例②今天纔曉得他們的<u>眼光</u>，全同外面的那夥人一模一樣。

柳译：오늘이야 그들의 <u>눈</u>이 아주 밖앗 사람과 같은 것인줄 알았다．

分析：柳树人把原文中的"眼光"翻译成"眼睛"，意思有误。

例③看我兩眼，可見他也<u>同謀</u>，早已接洽。

柳译：나를 힐끗힐끗 보는 것이 그의 <u>동무</u>인 것 같다. 미리 무슨 <u>연락</u>이 있었을 것이다．（像是他的同志/好像早已有联络吧）

分析：柳树人把"同谋"翻译成"同志"，"同谋"是贬义词，而"同志"是褒义词，所以没能很好地表达出原文的意思。

（4）译错了一些动词

例①<u>分隔多年</u>

柳译：<u>난우</u>인지？（也许是难遇）

分析：柳树人把"分隔多年"译成"也许是难遇"，一方面，"难遇"在当时也不是普遍使用的词语，另一方面，原文中的"分隔多年"与"难遇"在意思上有明显的差异。

例②至於我家大哥，也毫不<u>冤枉</u>他。

柳译：나의 형님까지도 조금도 그를 <u>원망</u>하지 안을 것이 분명하다．（连我大哥都肯定不会埋怨他的。）

分析："冤枉"在韩国语中有两种意思，一个是"埋怨"，一个是"委

307

屈"。柳树人是按"埋怨"的意思翻译的，是对原文的误读。

例③老五不答應，走了；<u>停一會</u>，可就來開了門。

柳译：노우는 대답도 안하고 가다가 <u>멈추고</u> 와서 문을 열었다．（站住）

分析：原文中的"停一会"是指"过了一会"，但柳树人理解成把脚步停下，所以译成"站住"，意思有误。

例④闭了眼睛，摸了好一会，<u>呆</u>了好一会；便张开他<u>鬼眼睛</u>说

柳译：눈을 감고 얼마동안 어르만지며 <u>바보짓을 하더니</u> 그 <u>귀신같은 눈을</u> <u>뜨며</u> 말하기를 （做了傻事/鬼一样的眼睛）

分析：柳树人把"呆"理解为"做了傻事"，把"鬼眼睛"理解为"鬼一样的眼睛"，在翻译方面存在一些问题。原文中的"呆"是指"停留"的意思。而"鬼眼睛"虽然可以理解为"鬼一样的眼睛"，但从韩国读者的角度来看，翻译为"阴凶的眼睛"更为恰当。

（5）译错了一些修饰语

例①他的年紀，比我大哥<u>小的遠</u>。

柳译：그의 나이는 내형 보다도 <u>젊은데</u>．（比我大哥小）

分析：柳树人把原文"小的远"翻译成"小"，虽然不算错误，但是与原文的意思有差异，把差距弱化了。

例②所以連小孩子，也都<u>惡狠狠</u>的看我。

柳译：그래서 아이들까지도 나를 <u>밉게</u> 보는 것이다．（讨厌的）

分析：柳树人把"恶狠狠"翻译成"讨厌的"，与原文的意思有差异，把程度弱化了。

例③今天全沒月光，我知道<u>不妙</u>。

柳译：오늘은 달빛이 조금도 없는 것을 보니 <u>나는 자미없는 줄을 알았다</u>．（我知道没有意思）

分析：原文中的"不妙"，就是指有一种不祥的兆头。柳译的"没有意思"是明显的误译。

例④我<u>橫豎</u>睡不著。

柳译：<u>가로 누어</u> 잠을 일우지 못하고．（我横着躺着）

分析："横竖"在原文中做副词，指"反正"的意思，而柳树人翻译成"横着"，也可能是对中文理解力不足导致的。

（6）译错了一些成语

例①惟人名雖皆村人，不為世間所知，<u>無關大體</u>，然亦悉易去。

柳译：오직 인명(人名)은 다 촌사람의 이름이 되어 세상이 모르는바 대체상 관계없는 것은 다 고치었다.

分析：原文中的"无关大体"的意思是"对全局不产生影响"。而柳树人翻译成"大体上没有关系的都改了"，也就是说有关系的没改，没有关系的都改了，这就歪曲了原文的意思。

例②便把他<u>兜肚連腸</u>的吐出。

柳译：그저 벌서붙어 토해 내었다. （已经）

分析：柳树人翻译时把"兜肚连肠"理解成"已经"，是明显的错误。

例③有的是<u>仍舊青面獠牙</u>，抿著嘴笑。

柳译：더러는 <u>이를 악문 프러덕한 낯</u>에 입을 다물고 웃고 있다.

分析：柳树人把"青面獠牙"翻译成"咬紧牙，用青色的脸"。但是"青面獠牙"是指"脸上泛着青色，外面露着长牙"。

3. 译错了一些句子，使译文与原文不符。

（1）删掉了原文句子中的部分内容

例①但是我有勇氣，他們便越想喫我，<u>沾光一點這勇氣</u>。

柳译：그러나 내가 용기가 있을사록 그들은 나를 더욱 잡아먹으려고 한다. <u>용기에 눌리어</u>. （被勇气压住）

分析："沾光一点这勇气"的意思是，狂人认为因为自己有勇气，所以他们就越想吃他，从而分得一些勇气。而柳树人却翻译成"被勇气压住"，与原文的意思正好相反。

例②他們可是父子兄弟夫婦朋友師生仇敵和<u>各不相識的人</u>，都結成一夥，<u>互相勸勉</u>，<u>互相牽制</u>，死也不肯跨過這一步。

柳译：그러나 그들은 부자 형제 부부 친구 사생(師生)원수와 <u>모든 사람이 다 한동류가</u> 되어 서로 권면하고 <u>서로 끌려</u> 죽더라도 이 한걸음을 넘<u>겨드</u>되지못한다. （所有的人/结成一类/互相吸引）

分析：首先柳树人把"各不相识的人"漏译了。其次"结成一伙"，"互相牵制"都翻译得不太恰当。

（2）译错了原文中的关键的内容

例①他們的祖師李時珍做的「本草什麼」

柳译：마료스숭 리시진의 지은 「물에서」(本草)

分析：首先柳树人把"祖师"翻译成"马聊师"，把"本草什么"翻译成"在水中"后加括号写了本草，是明显的错误。

例②满面笑容，对了我点头。

柳译：웃는 낯으로 나를 대하여 머리를 숙였다 . （满面笑容，向我低了头。）

分析：柳树人把"点头"翻译成"低头"。

例③現在想起來，實在還教人傷心，這真是奇極的事！

柳译：지금 생각 해도 사람을 슬프게 하는 것이 참 좋아라 하겠다 . （这真是让人高兴的事）

分析：柳树人好像不明白"奇极"是什么意思，所以翻译成了"高兴"，是明显的错误。另外，这句译文从韩国语语法的角度来说也不通。

例④他未必不和在飯菜裡，暗暗給我們嚛。

柳译：그가 반찬을 만들어 가만히 우리를 먹이지나 않았을 수가 없다 . （他做好饭菜，不可能暗暗不给我们吃。）

分析：柳树人好像不明白这句话的意思，所以完全翻译错了原文的意思。

例⑤即使生得多，也會給真的人除滅了，同獵人打完狼子一樣！——同蟲子一樣！

柳译：산 대야 참사람한테 멸망을 받을 것입니다. 산양꾼이 이리를 보면 쏘아 죽이는 모양으로—버레와 한가지로 . （即使活着）

分析：柳树人把"即使生得多"翻译成"即使活着"，是明显的错误。在韩国语中"生"还有"活"的意思，也许柳树人对汉语语法不熟，所以他忽略掉了补语，只翻译了动词"生"的意思。

（3）改动了原文句子的句式

例①黑漆漆的，不知是日是夜。

柳译：시껌한 낮인지 밤인지 모를 때 . （不知是黑漆漆的白天还是夜晚）

分析：柳树人把"不知"放到"黑漆漆"的前边来翻译，结果导致了译文的意思与原文明显不同。

例②當初，他還只是冷笑，隨後眼光便兇狠起來，一到說破他們的隱情，

310

那就满脸都變成青色了。

柳译：처음에 그는 코웃음을 하다가 후에는 <u>눈을 부릅뜨는 것이 그들의 비밀을 다 폭로시킴으로 낯빛을 붉힌 것이다</u>.

分析：柳树人没有把"一……就……"句型翻译出来，另外，"凶狠""隐情""青色"等词语翻译得不恰当。

例③<u>一片吃得，整個的自然也吃得</u>。

柳译：한점을 먹자면 통으로 말없이 먹을 것이다.

分析：柳树人没有翻译出"……吃得，……也吃得"句式，另外，柳树人的译文，从韩国语语法的角度来看也不通。

例④<u>有嘍過人的孩子，或者還有</u>？救救孩子……

柳译：<u>사람을 먹어보지 못한 아이가혹 아직도 있을 것이다</u>. 아이를 건지자……

分析：柳树人把"或者还有？"的疑问句，译成陈述句，与原文的意思不符。

（4）对原文中的某些句子断句不准确

例①<u>我詛咒喫人的人，先從他起頭；要勸轉喫人的人，也先從他下手</u>。

柳译：<u>나는 사람 잡아먹는 자를 주저한다. 그에게 붙어 시작하여 사람 먹는 사람들에게 권고하련다. 위선 그에게 붙어하자</u>!（我诅咒吃人的人。从他起头，要劝勉吃人的人。先从他开始。）

分析：柳树人没断好这句话，所以导致译文的意思与原文不同。另外，"诅咒"应该翻译成"저주하다"，可是写成了"주저하다"，这可能是打字时出现了差错。

例②<u>也同蟲子一樣，有的變了魚鳥猴子，一直變到人</u>。

柳译：<u>또 벌레로 고기 원숭이로 변하여 사람으로까지 변하고</u>.（又变成了虫子、鱼、猴子）

分析：柳树人没把"也同虫子一样"断开来翻译，另外漏译了"鸟"。

（5）对原文中的某些句子的理解完全不对

例①<u>然已早愈，赴某地候補矣</u>。

柳译：<u>그의 가형（家兄）은 벌써 나아서 某地에候補로 떠났노라</u> 하여.

分析：柳树人在译文中多加了一句原文中没有的"他的家兄"。因为曾经病过的人是弟弟，所以病愈后去某地当候补的人说成"家兄"是不对的，可能柳树人对狂人的兄弟关系没弄清楚。

例②原來也有你！

柳译：본시 네가 그놈이로구나！（原来你就是那个家伙啊！）

分析：柳树人把"原来也有你"翻译成"原来你就是那个家伙啊！"，是完全错误的。原文中的"原来也有你"是狂人发现吃人的一伙中也有哥哥，而感到惊讶的一幕。

例③如果還能過意不去……

柳译：아직도 그렇다면……（依然那样的话）

分析：柳树人把"过意不去"翻译成"依然那样"，明显理解错了原文的意思。

（二）柳树人译本删掉的内容（字、词、句、段）

柳树人在翻译时漏译或删掉了原文中的一些内容，从而造成译文与原文在内容方面有明显的差异。

1. 删掉的字

例①持歸閱一過。

柳译：받아서 펴처보니 .（持过来翻开一看）

分析：原文一共有三个动词，即"持""归""阅"，但柳树人的译文是"持""翻""看"，少了"归""阅"的动作，多了"翻"的动作。

例②進了書房，便反扣上門，宛然是關了一隻雞鴨。

柳译：글방으로 들어가니 닭을 가두듯이 돌이어 문을 건다 .

分析：柳树人翻译时把原文中的"鸡鸭"，只翻译了"鸡"，省略了"鸭"。

例③一碗菜，一碗蒸魚；

柳译：한접시 나물 한접시 물ㅅ고기가 들어왔다 .

分析：柳树人的译文漏掉了"蒸"这个字。

2. 删掉的词语

例①日前偶聞其一大病。

柳译：일전에 나는 문득 중병의 소식을 듯고 .

分析：因为柳树人一直把兄弟两个人当成一个人，所以翻译时把"其一"省略掉了。

例②至於書名，則本人愈後所題，不復改也。

柳译：또 책 이름은 본인이 지은 것이니 더 고칠 것도 없다．（至於書名，則本人所題，沒什麼可修改的。）

分析：柳树人的译文省略了"愈后"俩字，"不复改也"的意思是"没有修改"，而柳翻译成了"没什么可修改的"。

例③他們這群人，又想喫人，又是鬼鬼祟祟，想法子遮掩，不敢直捷下手，真要令我笑死。

柳译： 저 무리들이 사람을 먹지 못해 애를 쓰며 또 별별 수단으로 직접은 손을 쓰지 못하는 것이 참 나로서는 우스워 못견듸겠다．

分析：柳树人译文中漏译了"鬼鬼祟祟"和"遮掩"这两个词。

例④便說不但該殺，還當食肉寢皮。

柳译：죽여야 맞당하고 고기까지 먹어야 옳다고 하였다．（还当食肉）

分析：柳树人译文中漏译了"寝皮"这两个字。

例⑤我認識他們是一夥，都是喫人的人。

柳译：내 알기에 그들은 다 사람을 잡아먹는 사람들이다．

分析：柳树人译文中漏译了"是一伙"。

3. 删掉一些句子中的分句

例①他趕緊回過臉來，點點頭。

柳译：갑자기 그는 낯을 돌린다．

分析：柳树人译文中漏译了"点点头"。

例②我立刻就曉得，他也是一夥，喜歡喫人的；

柳译：나는 대번에 그 역한 동무인줄 알고．（我立刻晓得，他也是同志。）

分析：柳树人译文中漏译了"喜欢吃人的"。

例③後來因為心思不同，有的不喫人了，一味要好，便變了人，變了真的人。

柳译：후로 마음이 달라저서 더러는 사람을 먹지 않고 사람으로 변하고．

分析：柳树人译文中漏掉了"一味要好"和"变了真的人"这两句内容。

例④他們豈但不肯改，而且早已佈置；預備下一個瘋子的名目罩上我。

柳译：그들은 회개커녕 벌서 미친 사람이라는 일음을 빌어 나에게 뒤집

어씌운다 .

　　分析：柳树人译文中漏译了"而且早已布置"和"预备下一个"这两句内容。

　　4. 删掉的句子

　　例①不妨獻諸舊友

　　分析：柳树人译文中漏译了这一句话。

　　例②一夥裡面，也會自喫。

　　分析：柳树人译文中漏译了这一句话。

　　例③三. 晚上總是睡不着。凡是須得研究，纔會明白。

　　分析：第三章第一段话被删掉，有可能是柳树人删掉了；不过，从杂志的上下文来看，也有可能是排版时出现错误，把这一段话漏掉了。

　　三、柳树人译本的翻译方法不统一

　　从柳树人的译本中可以看出，柳树人基本上都是按照直译的方法，对《狂人日记》的原文进行逐字逐句的翻译，希望把《狂人日记》的内容介绍给韩国读者，但是他对于自己不理解的某些词语，或感到不好翻译成韩文的词语，采取了音译的方法，甚至不做翻译，直接引用原文中的汉字，这不仅造成了译本在翻译方法上显得不统一，而且也会使译本的意思不好被读者理解，从而影响译本的传播效果。

　　1. 直译或音译原文中的某些词语

　　例①可愛可憐的樣子

　　柳译：사랑스럽고 가련한 양자가

　　分析：柳树人直接把"样子"一词翻译成汉字音"양자"，但是查了韩国国语词典也没有查到"양자樣子"一词，"양자"在当时的韩国语中也并不是常用的。

　　例②不要亂想，靜靜的養幾天，就好了。/不要亂想

　　柳译：생각을 어지럽게 하지 말고 종용히 몇날만 양하면 낫지요 . /난상（亂想）을 하지 말고

　　分析：柳树人把前一个"乱想"翻译成"想得乱糟糟"，但是没有翻译后一个"乱想"，而是直接把汉字直译以后又加括号标明了原文中的汉字。其实文中的"不要乱想"就是"不要胡思乱想"的意思，柳树人把前一个"乱

想"的意思翻译得不准确。

2. 直接引用原文中的某些词语

例①某君<u>昆仲</u>

柳译：某君둘째는（老二）

分析：柳树人可能是感到不好把"某君"这个词语翻译成韩文，所以就没有翻译原文中的"某君"，在译文中直接使用了汉字。另外他对于"昆仲"一词的意思理解错误，把"昆仲"当成兄弟姐妹中的老二。

例②既然可以易子而食，<u>便什麼都易得</u>，什麼人都喫得。

柳译：「易子而食」을 하는 바에야 무슨 사람인들 먹지 못하랴?

分析：柳树人漏译了"便什么都易得"一句，另外，没有翻译"易子而食"这个词语，直接使用了汉字，而且加了引号。

四、结论

在柳树人的《狂人日记》译本发表 91 周年之际，我们应当从文本翻译的角度和文本传播的角度来客观评价这个译本的价值和作用。

首先，从文本翻译的角度来说，当时年龄只有 22 岁的柳树人因自身的韩文和中文水平均不高，对《狂人日记》原文的理解不太准确，造成译本中出现了比较多的错误，所以这个译本不能算作一个较为准确的译本。《狂人日记》的原文约 5000 字，而柳树人译本中存在的错误近百处，不仅翻译错了原文中的一些关键的字、词、句子，而且在翻译方法上也不统一，由此造成了译本在内容方面与原文有较明显的差异。附带指出，鉴于柳树人的译本存在如此多的翻译错误，特别是翻译错了一些关键性的字、词、句，很显然他不可能在翻译时得到鲁迅的帮助，由此也可以证明前文中引用的柳树人的回忆：鲁迅先生说"有哪些不清楚的可以问"，是不可靠的。

其次，从文本传播的角度来说，柳树人的这个译本是世界上第一个发表的《狂人日记》的外文译本，对于《狂人日记》在韩国的传播做出了重要的贡献。柳树人的译本不仅在一定程度上表达出了柳树人的愿望：通过翻译《狂人日记》来启蒙韩国国民，而且也开启了《狂人日记》在韩国乃至世界传播的先河。虽然目前还不清楚柳树人的这个译本在 1927 年发表之后在韩国引起的社会反响，但是据洪昔杓教授的研究，柳树人翻译的《狂人日记》在1936 年 6 月又一次刊登在《三千里》杂志第 7 卷第 5 号上，"这反映了韩国读者对鲁迅作品的需求。《三千里》创刊于 1929 年 6 月，最多时卖过一万本，为鲁迅作品的韩国传播起到了很大的作用"①。另外，据统计，在柳树人的译本之后，韩国又出版了近 20 种的《狂人日记》的韩文翻译本，可以说，世界上翻译《狂人日记》次数最多的国家就是韩国，这或许是《狂人日记》在世界传播史上的一个独特现象。笔者认为这种现象的出现，不仅与《狂人日记》是鲁迅的代表性小说有关，更与韩国有着与中国相似的近代历史背景有关，韩国的翻译者和读者更容易对鲁迅通过《狂人日记》所表达的主题产生精神共鸣，而这也要感谢柳树人首先把《狂人日记》介绍到韩国，影响到后来的翻译家和学者从事《狂人日记》的翻译和研究工作。

总之，柳树人翻译的《狂人日记》虽然在翻译层面存在较多的错误，但是作为世界上第一个《狂人日记》的译本仍然具有重要的历史价值。

（本文是与金英明合著，原刊《文艺争鸣》2018 年 7 期。本文的撰写得到了韩国梨花女子大学洪昔杓教授的大力支持，特此致谢！）

---

① ［韩］洪昔杓：柳树人与鲁迅——《狂人日记》翻译与韩思想纽带 ［J］.（韩国）中國文學（第 77 輯），2013：128.

藏品捐献者研究/
中外鲁迅研究学者研究

我所认识的周海婴先生

近日整理书柜，偶然捡出一本《周海婴纪念集》，这才想到今年的 4 月 7 日是周海婴先生逝世 10 周年。记得在 2011 年 4 月 7 日早上八点半左右，我刚到所供职的北京鲁迅博物馆就得知周海婴先生在早晨 5 点 36 分病逝的消息，不禁大吃一惊。因为周海婴先生在 1976 年鲁迅研究室成立时就一直担任顾问，并从 2009 年 6 月 10 日开始担任北京鲁迅博物馆的名誉馆长，所以单位的领导就组织全馆职工筹备悼念周海婴先生的工作。4 月 11 日，我和全馆职工一起赴八宝山送别周海婴先生。我当时考虑到周海婴先生逝世产生了较大的社会反响，国内众多的媒体刊登了大量的纪念文章，所以想等一段时间再写一篇回忆文章。

我是在 2000 年 7 月到北京鲁迅博物馆从事研究工作的。随着孙郁先生在 2002 年 4 月重回北京鲁迅博物馆担任业务副馆长并在 2003 年主持北京鲁迅博物馆的全面工作，北京鲁迅博物馆举办的学术活动和文化活动越来越多，周海婴先生也多次应孙郁先生之邀参加这些活动并发表讲话，我也因此在这些活动上多次见到过周海婴先生。但我真正与周海婴先生直接联系是在 2003 年年初编选《鲁迅的五大未解之谜》一书时。

2001 年是鲁迅先生诞辰 120 周年，国内陆续出版了多部关于鲁迅的图书，其中以倪墨炎先生和陈九英女士合著的《鲁迅与许广平》（上海书店出版社 2001 年出版）一书和周海婴先生所著的《鲁迅与我七十年》（南海出版公司 2001 年出版）一书产生的社会影响较大，其中《鲁迅与我七十年》一书不仅引发了鲁迅研究界的一些学者之间的论争，而且也引发了党史界、电影界的人士参与论争。我在 2001 年曾经编选出版了《聚焦鲁迅事件》（福建教育出版社 2001 年出版）和《网络鲁迅》（人民文学出版社 2001 年出版）这两本书，并取得了较好的社会反响，因此就从 2002 年开始考虑编选一本围绕《鲁迅与许广平》和《鲁迅与我七十年》这两本书产生的论争的文章选集。我写了一个《鲁迅的五个未解之谜》选题策划书直接邮寄给人民出版社文化编辑室主任刘丽华女士，不料很快就收到刘老师的回信，同意出版这本书。当时我并不认识刘老师，只是知道她是著名的出版人，所以就不知天高地厚地直接写信给她，根本没有想到她能看中这个选题，并且把书名修改为更精彩的《鲁迅的五大未解之谜》。我迅速搜集、整理了围绕这两本书所发生的论争的相关文章，确定了大致入选篇目，下一步就是联系各位作者取得授权。

我知道围绕这两本书的论争很激烈，其中的一些作者已经因为这次论争而断交、反目，因此很担心一些作者特别是周海婴先生不同意自己的论争文章编入这本书之中。我所拟定的"鲁迅的五个未解之谜"包括"鲁迅与许广平定情之谜""鲁迅死因之谜""鲁迅的丧葬费用之谜""'鲁迅活着会如何'之谜""鲁迅与周作人失和之谜"，其中第一个"鲁迅与许广平定情之谜"虽是由《鲁迅与许广平》一书引发的，但是周海婴先生是引发这次论争的关键人物，并且涉及鲁迅与许广平的个人隐私问题；后四个"谜"都是由周海婴先生的《鲁迅与我七十年》这本书引发的。围绕这五大未解之谜，拟编入周海婴先生的10篇文章，可以说能否选入周海婴先生的文章是决定这本书编选成败的重要因素。

我首先给周海婴先生写信，考虑到周海婴先生估计对我没有印象，所以就在信的开头介绍了自己是北京鲁迅博物馆的研究人员，为了保存当代鲁迅研究论争的史料才决定编选这本书，然后详细介绍了这本书的情况，以及拟编入书中的文章的目录，并列出选入周海婴先生撰写的这10篇文章的理由。因为听说周海婴先生不好打交道，所以我当时也考虑了万一周海婴先生不同意选用他的文章，为了这本书的出版，就只好采用从周海婴先生的文章中摘选部分语句的形式来补救的方法。不料没有多久我就收到了周海婴先生寄来的同意选编他这10篇文章的授权书。这极大地鼓舞了我的士气。我于是通过师友的帮助又陆续征集到了何满子先生、严家炎先生、黄宗英女士、黄修己先生、倪墨炎先生、陈漱渝先生、周正章先生、陈锟先生、贺圣漠先生、陈晋先生、王锡荣先生、秋石先生、刘绪源先生、谢泳先生等人同意选编文章的授权书，至此《鲁迅的五大未解之谜》一书所选用文章的版权问题都顺利解决了，可以交稿给出版社了。这本书在2003年10月出版之后取得了较好的社会反响。我通过这本书的编选，不仅加深了对鲁迅生平研究中存在的五大疑难问题的了解，而且也奠定了我与著名出版人刘丽华老师继续合作的基础。

2005 年 10 月，我注意到图书市场出现了一批文化史方面的图书，另外考虑到 2006 年是鲁迅先生逝世 70 周年，我因此萌发了撰写一本《鲁迅文化史》的设想，并写了一个选题策划书发给刘丽华老师。刘老师收到我的选题设想之后，专门让我到人民出版社的办公室面谈这本书的写作计划，并决定在 2006 年出版这本书。考虑到《鲁迅文化史》这本书主要描述从 1906 年到 2006 年这 100 年期间，鲁迅在国内外的社会反响，所以我和刘老师商量之后决定争取请周海婴先生为这本书写一篇序言，从而扩大这本书的社会影响。我在 2006 年 9 月抱着试试看的心情，写了一封长信给周海婴先生，介绍了这本书的主要内容，并附上了全书的章节目录。

不久我就收到了周令飞先生发来的邮件，告知周海婴先生收到了我的来信，经过考虑，决定把《鲁迅是谁?》这篇文章作为《鲁迅文化史》一书的序言。在 2006 年，周海婴先生及周令飞先生作为鲁迅的家属多次发表题为《鲁迅是谁?》的演讲，在社会上产生了强烈的反响，所以用这篇在社会上引起强烈反响的演讲稿作为序言对《鲁迅文化史》一书来说当然是非常重要的。因为一些原因，这本书推迟到 2007 年 5 月才出版。在书终于出版之后，我特地写信给周海婴先生感谢他的提携，不久周海婴先生来信邀请我和刘丽华老师在某日上午到他家面谈半小时。于是我和刘老师就在约定的时间带着一些《鲁迅文化史》的样书拜访周海婴先生。这也是我唯一一次拜访周海婴先生，记得他说作为鲁迅的后代，感谢东方出版社（《鲁迅文化史》当时用东方出版社的名称出版）出版了《鲁迅文化史》这样一本全面梳理百年以来鲁迅在国内外传播与研究状况的图书。

另外，他还特地说东方出版社用《鲁迅是谁?》这篇演讲稿作为序言是有勇气的，因为这篇演讲稿在发表后曾经引起较大的争议，遭到一些人的攻击。最后，周海婴先生还勉励我多做鲁迅研究，并欢迎我把鲁迅研究文章寄给他阅读一下。我后来把自己在研究鲁迅生平时发现的许广平女士的谈话记录写成两篇文章寄给周海婴先生，其中一篇文章是利用新发现的许广平访问李立三的谈话记录，来证明许广平在《鲁迅回忆录》中写到鲁迅与李立三会见时的谈话内容没有像朱正先生后来所批评的那样是造假，而是较为完整地引用了这份谈话记录的内容。我后来收到周海婴先生签名惠赠的许广平女士所著的《鲁迅回忆录（手稿本）》（长江文艺出版社 2010 年出版）时，注意到我新发现的许广平女士的谈话记录都收入该书的附录之中。这或许也可以算是周海婴先生对我研究工作的一种肯定吧。

此后我也几次在鲁迅研究会议上见过周海婴先生，其中最值得记述的是在 2009 年 11 月 16 日举行的"鲁迅思想系统研究"项目讨论会上。2009 年 9 月，周海婴先生给中共中央写了报告希望国家有关机构支持开展"鲁迅思想系统研究"项目，后来中央领导做了批示，将这一项目列为国家社科基金特别委托项目进行研究。11 月 16 日，上海鲁迅文化发展中心作为这个项目的承担单位召集了北京鲁迅博物馆、上海鲁迅纪念馆、绍兴鲁迅纪念馆以及同济大学的有关专家举行了"鲁迅思想系统研究"项目的讨论会。周海婴先生以项目负责人的身份介绍了这个项目的背景及研究设想，希望将项目的研究成果作为 2011 年鲁迅先生诞辰 130 周年的献礼。

当时这个项目分为两个子课题：同济大学鲁迅研究中心牵头完成"鲁迅思想系统研究"子课题。上海鲁迅纪念馆牵头完成"鲁迅社会影响调查报告"子课题。我得知"鲁迅社会影响调查报告"子课题只研究鲁迅在国内的传播和研究情况，就结合自己撰写《鲁迅文化史》一书的体会，提出鲁迅是有着世界影响的伟大作家，因此建议"鲁迅社会影响调查报告"子课题增加鲁迅在域外传播及研究的调查报告，并毛遂自荐说可以联系国外的鲁迅研究学者来承担这部分内容的撰写工作。周海婴先生同意了我的建议。我在这次会议之后就联系了韩国的朴宰雨教授撰写了鲁迅在韩国的传播与研究的调查报告，并通过朴教授联系了捷克的高利克教授撰写了鲁迅在捷克的传播与研究的调查报告，新加坡的王润华教授撰写了鲁迅在海外华文世界的传播与研究的调查报告，日本的藤井省三教授撰写了鲁迅在日本的传播与研究的调查报告，美国的寇致铭教授撰写了鲁迅在英语国家的传播与研究的调查报告，瑞士的冯铁教授撰写了鲁迅在德语国家的传播与研究的调查报告，俄罗斯的罗季奥诺夫教授撰写了鲁迅在俄罗斯的传播与研究的调查报告。我也联系了意大利的安娜·贝雅蒂教授撰写了鲁迅在意大利的传播与研究的调查报告，埃及的哈赛宁教授撰写了鲁迅在阿拉伯世界的传播与研究的调查报告，以及曾经在法国留学的南京大学的高方教授撰写了鲁迅在法国的传播与研究的调查报告。这样就大致梳理出了鲁迅在世界主要国家的传播与研究的概况。但在"鲁迅社会影响调查报告"子课题基本完成的时候，周海婴先生却在 2011 年 4 月 7 日不幸病逝，没有能够实现把"鲁迅思想系统研究"这一课题的研究成果作为鲁迅先生诞辰 130 周年献礼的愿望。

2011年9月，"鲁迅思想系统研究"项目子课题"鲁迅社会影响调查报告"的研究成果《鲁迅社会影响调查报告》一书由我帮助联系到人民日报出版社出版（另一子课题"鲁迅思想系统研究"研究成果《鲁迅思想系统研究》一书于2016年由人民日报出版社出版）。参加撰写鲁迅在域外传播与研究调查报告的安娜·贝雅蒂教授、王润华教授、朴宰雨教授、寇致铭教授、冯铁教授等外国学者也应邀来到鲁迅先生的故乡绍兴参加在9月25日举行的纪念鲁迅先生诞辰130周年国际学术研讨会。与会的外国学者决定在撰写鲁迅在域外传播与研究调查报告的基础上，发起成立国际鲁迅研究会，并推选朴宰雨教授担任会长。在国内外鲁迅研究界同人的支持下，国际鲁迅研究会陆续在亚洲、欧洲、美洲的多个国家举办了10次鲁迅研讨会，从而有力地推动了鲁迅在域外的传播与研究工作。

记得在1996年10月，周海婴先生曾经在北京鲁迅博物馆建馆40周年的会议上呼吁国内鲁迅研究界加强与国外鲁迅研究界的学术交流，但是他的这一呼吁当时并没有引起有关方面的重视。我想，国际鲁迅研究会在2011年9月在绍兴正式成立并在国外陆续开展鲁迅研究学术活动，或许可以在一定程度上实现周海婴先生的这一愿望吧！我也很欣慰能为推动鲁迅在域外的传播与研究贡献一份力量。

（原刊《中华读书报》，2021年3月24日）

王富仁与北京鲁迅博物馆的学术联系

——以两个有关王富仁鲁迅研究工作的资料为中心

（按：王富仁教授在 2004 年为纪念李何林先生诞辰 100 周年，向北京鲁迅博物馆捐献了李何林半身铜像。）

王富仁教授是当代著名的鲁迅研究专家，他在 1982 年考入北京师范大学，师从北京鲁迅博物馆首任馆长李何林先生攻读中国现代文学专业的鲁迅研究方向的博士学位，因此也与北京鲁迅博物馆有了学术渊源。

笔者近日查到王富仁教授在攻读博士学位期间的两个材料，并参考王富仁教授的有关论著对这两个材料做一些注释，以此来作为对王富仁教授的纪念。

一、王富仁最初的《博士论文选题及写作计划》

王富仁教授在 1984 年 10 月 31 日完成了博士学位论文《中国反封建思想革命的一面镜子——〈呐喊〉〈彷徨〉综论》的答辩，他也被称为新中国培养的第一个鲁迅研究博士。但是，他最初拟写的博士论文题目却并不是这一个。

笔者见到过一份《中国现代文学专业鲁迅研究博士生培养计划》的照片①，这份材料写在信纸上，共 5 页，第一页是由北京师范大学杨占升先生（担任王富仁和金宏达的副导师）亲笔撰写的《中国现代文学专业鲁迅研究博士生培养计划》，第二、三页是博士生王富仁亲笔撰写的《博士论文选题及写作计划》，第四、五页是博士生金宏达亲笔撰写的《论文写作计划》。具体内容如下：

---

① 杨占升. 中国现代文学专业鲁迅研究博士生培养计划［R/OL］.［2016 - 11 - 19］.
http：//www. kongfz. cn/9420581/pic/.

中国现代文学专业鲁迅研究博士生培养计划

一、培养目标

坚持又红又专、德智体全面发展的方针，要求掌握马列主义、毛泽东思想的基本原理，具有较强的科学研究和教学工作能力，能在本学科领域做出有创造性的新成果。掌握两门外语。

二、学习计划

学习期限暂定两年，在此期间根据需要，

1. 自学《马、恩、列、斯、毛论历史唯物主义》

2. 自学马列主义经典作家的文艺理论著作

3. 进一步系统学习鲁迅著作及有关的研究成果

4. 巩固提高第一外语水平，翻译若干篇学术性论文，初步掌握第二外语

5. 博士论文写作计划

A 王富仁、金宏达的博士论文题目及计划见附页

B 每学期汇报讨论 2~3 次

博士论文选题及写作计划

学校　　　北京师范大学

系别　　　中文系

专业　　　现代文学

方向　　　鲁迅研究

姓名　　　王富仁

一、选题内容及提纲

选题　鲁迅与世界文学潮流

大纲

第一章　民族文学孕育了鲁迅

第二章　鲁迅与世界现实主义文学潮流

第三章　鲁迅与世界浪漫主义文学潮流

第四章　鲁迅与世界现代主义文学潮流

第五章　鲁迅与世界无产阶级革命文学运动

第六章　结语

二、写作计划

第一学期　选定题目，列出提纲，初步搜集资料，做好写作的准备

第二学期　完成第一、二两章的写作任务

第三学期　完成第三、四两章的写作任务

第四学期　完成第五、六两章的写作任务

八三年元月一日

论文写作计划

中文系现代文学专业博士研究生　金宏达

一、选题：鲁迅文化思想研究

二、内容：研究鲁迅文化思想的内容、特点、体系的形成和发展，鲁迅与传统文化的关系，鲁迅与中国近、现代主要思想家文化思想的联系与区别，鲁迅对旧文化的批判和对新文化的贡献，鲁迅的文化思想与他的道路、文艺观及创作的关系等等。

三、阅读基本范围

（1）鲁迅全集及有关资料、研究论著；

（2）马列主义经典著作；

（3）传统文化及文化思想研究论著；

（4）中国近、现代思想史及有关论著；

（5）外国近、现代哲学、思想史及有关论著

四、时间安排

（1）1983年上学期——鲁迅早期文化思想背景状况研究

（2）1983年下学期——鲁迅前期文化思想研究及"五四"新文化运动研究

（3）1984年上学期——鲁迅后期文化思想研究及鲁迅文艺思想总体研究

所欲解决的问题在其中穿插进行研究；

最后汇集、成稿，总字数约十五万~二十万字

一九八三年元月五日

从上述内容可以看出，王富仁最初拟写的博士学位论文的题目是《鲁迅

与世界文学潮流》，金宏达拟写的博士学位论文题目是《鲁迅文化思想研究》，这两个人的博士学位论文选题应该是已经得到导师李何林先生和副导师杨占升先生、郭志刚先生等的同意之后，才由杨占升先生把两人的博士学位论文题目和写作计划正式上报给学校存档。后来的情况是，金宏达的博士学位论文选题没有改变，而王富仁的博士学位论文题目却完全改变，最后以《中国反封建思想革命的一面镜子——〈呐喊〉〈彷徨〉综论》为题获得博士学位。笔者曾向金宏达先生询问王富仁教授改换博士学位论文题目的原因，金宏达先生说王富仁改换博士学位论文题目的主要原因是原来的博士学位论文题目在写作时间上来不及，而改换后的博士学位论文题目是王富仁"储思已深"的，可以在两年内写出来。

的确，王富仁在他 1981 年完成的硕士学位论文《鲁迅前期小说与俄罗斯文学》中就已经指出了陈涌《论鲁迅小说的现实主义》一文的不足，并提出了鲁迅小说是"中国思想革命的一面镜子"的观点：

鲁迅小说与中国革命运动的紧密联系我们不须再做详细的说明，这在五十年代初陈涌同志的《论鲁迅小说的现实主义》一文就做过相当深刻的阐发。从他的论述中得到的结论是，除了中国革命的领导权问题之外，几乎所有我国民主革命的重大问题都在它的艺术画卷里得到了形象表现。我觉得需要补充说明的只是，它不仅是中国资产阶级民主主义政治革命的一面镜子，更是中国思想革命的一面镜子，而在这一方面的意义，将随着中国革命的广泛、深入的开展而逐渐显示出它的深刻性来。①

另外，王富仁在硕士毕业后还没有攻读博士学位之前就应樊骏先生之邀撰写了《中国反封建思想革命的一面镜子——论〈呐喊〉〈彷徨〉的思想意义》，发表于《中国现代文学研究丛刊》1983 年第 1 期，可以说，王富仁对《呐喊》《彷徨》的研究已经为他后来撰写的博士学位论文《中国反封建思想革命的一面镜子——〈呐喊〉〈彷徨〉综论》奠定了坚实的基础，实际上，这篇文章后来也成了王富仁博士学位论文第一章的主干。

总而言之，王富仁在长期思考的基础上撰写题为《中国反封建思想革命的一面镜子——〈呐喊〉〈彷徨〉综论》的博士学位论文，可以说是比较容易的。

---

① 王富仁. 鲁迅前期小说与俄罗斯文学 [M]. 西安：陕西人民出版社，1983：26-27.

二、王富仁致陈涌的一封书信（1984 年 4 月 18 日）和两本签名的著作

笔者曾经在旧书店购买到两本王富仁教授签名送给著名文艺理论家陈涌先生的著作：《鲁迅前期小说与俄罗斯文学》（陕西人民出版社 1983 年 10 月出版）、《中国鲁迅研究的历史与现状》（浙江人民出版社 1999 年 3 月出版）。王富仁教授在这两本书的扉页上都题写了一些文字，在《鲁迅前期小说与俄罗斯文学》一书扉页上的题字是：

敬请陈涌先生指教

　　　　　　　　　　　　　　　　　　　学生　王富仁八四年四月

在《中国鲁迅研究的历史与现状》一书扉页上的题字是：

敬请

陈涌先生　教正

　　　　　　　　　　　　　　　　　　　　　　　　学生

　　　　　　　　　　　　　　　　　　　　　　　　王富仁

　　　　　　　　　　　　　　　　　　　一九九九年十一月十八日

值得一提的是，在这本《鲁迅前期小说与俄罗斯文学》中还夹着王富仁教授在 1984 年 4 月 18 日写给陈涌先生的一封书信，全文如下：

陈涌先生，您好！

我是您的一个不知名的学生，中学时代我便拜读了您的《论鲁迅小说的现实主义》一文，至今已不下二十遍矣，它是我学习鲁迅小说的基本教科书，我每试写一篇关于鲁迅小说的文章，都首先再读一次您的这篇杰出的鲁迅论著。当然，在反复学习的基础上，现在我的观点与先生有了某些差异，想先生会原谅学生的或者是有些可笑的这种标新立异的举动，但在一系列基本点上，我仍然是从先生的作品中学习的，您的深湛的马列主义的理论分析，您的高屋建瓴的宏观的研究方法，您的现实主义的、社会学的研究方向，您的把思想性与艺术性有机结合起来的论述方式，乃至您的语言风格，我都曾反复地进行摹仿、学习，主观上我是以先生为楷模的，虽然我现在还难以做到，但我愿沿着先生为我们开辟的这个方向而努力前进。先生的文章使我坚信一点，只有在马列主义理论分析的基础上，才能真正把鲁迅研究提高到一个新水平。当我初步走上鲁迅研究道路的时候，正是人们试图从各种途径获得鲁迅研究新突破的时候，这种愿望当然是很好的，尤其在"四人帮"利用鲁迅把鲁迅研究推向了机械论的绝境的时候，人们的这种愿望不无合理之处，但同时也伴随着对马列主义理论分析的某些失望情绪，但我始终认为，只有坚持马列主义的理论分析，才能够真正全面地把鲁迅研究提高到一个新水平。这种信念，我是从先生的文章中获得的。虽然我自己做得并不好，但我始终从主观上坚持着这个基本方向，并且决心沿着这个方向不断前进。请先生常常给以指导和帮助。很多人誉我为您的学生，我感到自豪，但却觉得有玷于您的名声，您也不会承认我这一个不成器但又有悖于先生的学生的，但无论如何，我私人极愿意向先生学习，做先生的一个真诚的学生。

现奉上我在硕士研究生学习期间写的一本小册子，请先生不吝赐教。

此上

顺颂

著安

王富仁

四月十八日

另外，在这封信的结尾还有用圆珠笔书写的几个字：

北京师范大学中文系

（博士研究生）

这几个字不是王富仁教授的笔迹，大约是陈涌先生在收到王富仁的这封信之后所写的，注明来信者的身份。笔者由此推测，这封信很可能是王富仁教授第一次给陈涌先生写信。

从这封书信的内容可以看出，王富仁教授重点表达了自己对陈涌先生的尊敬之情，自称是陈涌先生的私淑学生，以陈涌先生为楷模，愿意沿着陈涌先生开辟的鲁迅研究道路继续前进，但是另一方面又委婉地提出自己的鲁迅研究观点与陈涌先生的鲁迅研究观点有了某些差异。

王富仁教授是在1982年到北京师范大学师从李何林教授攻读博士研究生的，在1984年10月31日通过博士学位论文答辩，从时间上推算，王富仁教授在写这封信时估计已经快完成了博士论文的写作，他在这时致信陈涌先生，大约是想得到陈涌先生的指教。目前尚不清楚陈涌先生是否给王富仁教授回信，并与王富仁讨论鲁迅研究的问题，特别是王富仁的博士论文中关于鲁迅研究的观点问题。

不过，从许子东教授在王富仁教授逝世后发布在微博上的消息可以看出，他在 80 年代曾经跟随樊骏先生、王富仁教授一起登门拜访过陈涌先生，相谈甚欢。虽然三人拜访陈涌先生的具体时间不详，但由此也可以看出，王富仁教授在写这封信之后，和陈涌先生有了学术联系。

王富仁的博士学位论文摘要以《〈呐喊〉〈彷徨〉综论》为题在《文学评论》1985 年第 3、4 期连续发表之后，在鲁迅研究界引起了较大的争议。王富仁在 1985 年 12 月 25 日撰写的《自我的回顾与检查（代自序）》一文中对此进行了回应：

我的博士学位论文摘要发表之后，有些同志认为我的观点与陈涌同志的观点是完全对立的。对此，我要说明几句。陈涌同志那篇著名的《论鲁迅小说的现实主义》，我是在高中时读到的，它帮助我形成了对鲁迅小说的最初的整体性理解。甚至我写作这篇博士学位论文，每写一篇关于鲁迅小说的文章，我都要重新读一遍陈涌同志这篇文章。我想，我读它至少不下二十遍。我说这些，绝无讨好陈涌同志的意思，恭敬不如从命，真正的讨好是不发表与陈涌同志观点相左的文章。我的目的在于说明我与陈涌同志的不同，绝非在绝对意义上的对立，而是在我充分吸收了陈涌同志创造性研究成果之后，从另一个不同的角度研究鲁迅小说的结果。陈涌同志是在身经中国新民主主义政治革命之后，带着对这个革命的热情和对这个革命的理解研究鲁迅小说的。他第一次给鲁迅小说的研究带来了历史的整体感和阔度感，但这到底仅仅是一个维度，并且是一个与鲁迅致力的方向不完全相同的角度，陈涌同志那时还较少可能体会到中国现代政治革命与思想革命在紧密联系的同时存在着的各自不同的特点和规律，这样，他就有可能把自己原本正确的认识推到它使用的界域之外而造成片面性，就有可能把原本联系着的不同因素以倒置的方式表述出来。这样一些缺点，只有通过鲁迅当时所致力的主要方向才能得到纠正。我改换了一个角度，重点突出了从这个角度所能发掘到的东西，对陈涌同志以及他的后来者研究文章中的部分缺点做了纠正或补正，但对原有的大部分成果，我是并不否认的。

是不是仅从我这个角度，或仅从我和陈涌同志这两个角度就能穷尽鲁迅小说的内涵了呢？是不是我便不存在片面性、便获得了终极性的真理了呢？我从来没有这样认为。我在文中明确指出，我的研究还是单侧面的，还是浅层次的。我认为，最近汪晖同志对我和陈涌同志的综合批评是完全正确的。他写道：

用社会生活的有机联系的观点理解鲁迅小说的整体意义，这是《呐喊》《彷徨》研究取得巨大成功的关键。但是，这种研究模式的弱点恰好也在：它把鲁迅小说的整体性看作是文学的反映对象的整体性，即从外部世界的联系而不是从内部世界的联系中寻找联结这些不同主题和题材小说的纽带。"镜子"模式难以从内部提供《呐喊》《彷徨》作为统一创作主体的创造物所必须具备的统一的基调和由此产生的语气氛围，也没有追寻到任何一部艺术史诗固有的内在精神线索及其对作品的基本情感背景和美学风格的制约作用。换言之，鲁迅小说不仅是中国近现代社会这一外部世界情境的认识论映像，而且也是鲁迅这一具体个体心理过程的总合或全部精神史的表现。……鲁迅小说作为作家心理史的自然体现，必然具有贯穿始终的精神发展线索——这是"镜子"模式完全忽略了的。①

应当说，王富仁在上述文章中基本澄清了他的博士学位论文中关于鲁迅小说的观点与陈涌先生关于鲁迅小说的观点之间存在的学术联系，以及观点的差异，但是这并没有能够平息他的博士学位论文在鲁迅研究界所引发的争议和批评。

1987 年 3 月 7 日，北京鲁迅博物馆主办的《鲁迅研究动态》编辑部召开在京部分作者撰稿座谈会。陈涌先生、孙玉石先生在会议发言中较为严厉地批评了王富仁的鲁迅研究观点，一个是王富仁在博士学位论文中的观点，一个是王富仁在"鲁迅与中外文化"学术研讨会上宣读的论文的观点。王富仁在会议现场听到了这些严厉的批评，有些震惊，于是就在 3 月 19 日撰写了题为《关于鲁迅研究中马克思主义方法论的几个问题》的长文进行回应。他在文章中这样说道：

当陈涌同志与我均在场，我从来未曾全面否定过陈涌同志的重大贡献而陈涌同志对我的《镜子》一书持全盘否定态度且有涉政治原因的时候，孙玉石老师对陈涌同志的片面性未置一词而单方面批评我的片面性，我则不能不为己一辩。②

（笔者按：王富仁在文章中明确说明：陈涌同志把我的某些观点同当前批

---

① 王富仁. 自我的回顾与检查（代自序）[M] // 王富仁. 先驱者的形象——论鲁迅及其他中国现代作家. 杭州：浙江文艺出版社，1987：19-20.

② 王富仁. 关于鲁迅研究中马克思主义方法论的几个问题（上）[J]. 鲁迅研究动态，1987（6）：10.

判的"全盘西化"的某些提法等同起来，继之发言的孙玉石老师显然也这样理解我的观点。)

王富仁运用马克思主义的理论观点，从"关于绝对真理和相对真理""整体与部分、否定之否定"两方面反驳了陈涌先生和孙玉石先生的批评，并再次强调：

一、我并没有完全否定陈涌同志的鲁迅研究，我是在承认陈涌同志在他的方向上已取得了比较完满的研究成果而认为重述这些成果已无多大必要的情况下才另找蹊径的。也就是说，我认为陈涌同志的研究成果是具有真理性的研究成果，是包含着绝对真理内核的，但它像所有具体的真理一样，并不就是绝对真理，对鲁迅小说的思想意义还可以从另一方面进行挖掘。二、我对鲁迅小说反封建思想意义的重视，并不是在后来发展起来的思想潮流的冲击下才产生的，不是"随风转"的结果，而是在研究鲁迅小说与俄罗斯文学关系的时候，从对鲁迅小说自身的学习自然产生的……三、我在那时而不是后来便说明了对鲁迅小说思想意义研究重心所可能发生的转移，并且说明了这种转移所依据的客观历史条件，不论它是否正确，都说明我后来的文章并非故作狂言，而是我自己的思路发展的合逻辑性的结果。①

随着时代环境的变化，这一场由王富仁的博士论文所引发的批评与争论最后也就不了了之。

1993年，王富仁教授应北京鲁迅博物馆《鲁迅研究月刊》副主编王世家先生之邀，撰写了总题为《中国鲁迅研究的历史与现状》的系列文章在《鲁迅研究月刊》1994年第1～6期、8～12期连续刊登，后来结集为《中国鲁迅研究的历史与现状》一书，由浙江人民出版社在1999年3月出版。王富仁在1999年11月18日曾经把该书签名寄送给陈涌先生。

王富仁教授在这本书中把陈涌先生列为马克思主义务实派的代表，并对陈涌先生的鲁迅研究做出了高度的评价：

陈涌这篇近三万字左右的论文（按：《论鲁迅小说的现实主义》）要比初读它时所体验到的粗略含义重要得多，它标志着中国马克思主义务实派的鲁迅研究从一般的马克思主义理论框架向更切近现实的毛泽东思想理论框架

---

① 王富仁. 关于鲁迅研究中马克思主义方法论的几个问题（上）[J]. 鲁迅研究动态, 1987(6): 6.

的转移。这种转移给更细致更具体地分析鲁迅小说并将之与鲁迅小说的审美感受结合起来提供了更大的可能性。

……

显而易见，毛泽东对中国社会各阶级的分析对于用马克思主义阶级论研究鲁迅小说提供了最合适的理论框架。我认为，这就是陈涌在鲁迅小说研究中做出了甚至冯雪峰也无法代替的重大贡献的原因。它决定了整整四分之一个世纪中中国知识分子接受并理解鲁迅的思维模式，依靠这种思维模式，那个时代的知识分子才有可能更深入地进入鲁迅小说的思想世界和艺术世界，使鲁迅小说及鲁迅的前期作品安全地驶过了历次文化批判的狂风激浪，成为在中国文化界唯一一个从本质上不属于马克思主义思想体系的独立思想体系。鲁迅也以一个完整的思想家和文学家的面貌站立在中国社会上。①

相对于陈涌先生在 1987 年全盘否定王富仁的博士论文，并冠以"全盘西化"的高帽，王富仁在 1994 年发表的这篇长文中对陈涌先生的鲁迅研究仍然做出了高度的评价，虽然这些评价有些超乎历史史实，但也由此也可以看出王富仁教授的学术良知。北京鲁迅博物馆原副馆长王得后先生一直支持王富仁的鲁迅研究工作，他在 1995 年 7 月 19 日为该书撰写的《序》中特地指出：

但富仁不以鲁迅的是非为是非，不以自己的利害为利害，他力求客观而公平地写出历史状况及各派的得失，不宽厚是做不到这一点的，尤其是对攻击过他的学派。②

这里提到的"攻击过他的学派"就包含了马克思主义务实派的代表陈涌先生对王富仁的批评。

另外值得一提的是，王富仁教授在把这本书送给陈涌先生时，仍然在签名时自称"学生"，从中也可以看出王富仁教授依然非常尊敬陈涌先生。

三、结语

王富仁教授不幸逝世，是中国鲁迅研究界的一个重大损失。睹物思人，翻阅上述两份有关他的鲁迅研究工作的材料，不仅可以回顾他与北京鲁迅博物馆的学术渊源和学术交流，也可以从中感受到他从事鲁迅研究工作的一些

---

① 王富仁. 中国鲁迅研究的历史与现状 [M]. 杭州：浙江人民出版社，1999：112-113.
② 王得后. 序 [M]//王富仁. 中国鲁迅研究的历史与现状. 杭州：浙江人民出版社，1999：5.

历史细节，并从中得到一些启示。我们后来的鲁迅研究学者不仅要学习王富仁教授的高尚学术品格，而且也要像王富仁教授追随陈涌先生从事鲁迅研究工作那样，沿着他所开辟的鲁迅研究方向继续前进，从而推动中国鲁迅研究迈上一个新的台阶。

（原刊《文艺争鸣》2017年第7期）

安娜·贝雅蒂（中）在 2004 年意大利马切拉塔大学举办的鲁迅研讨会上发表演讲

"我想再看看中国"

——忆意大利汉学家安娜·贝雅蒂女士

今年年初，我和斯洛伐克的汉学家马力安·高利克（Marián Gálik）教授联系，请他撰写一篇英文的鲁迅研究论文。高利克教授在回信中告诉我他正在撰写一篇悼念老朋友安娜·贝雅蒂女士（Anna Bujatti）的文章，没有时间写作鲁迅研究论文了。那一刻我才知道安娜·贝雅蒂女士已经在 2013 年 12 月永远地离开我们了。

我和安娜·贝雅蒂女士是在 2004 年 11 月在意大利马切拉塔大学主办的鲁迅研讨会上认识的。那时我在时任中国意大利文学研究会会长的吕同六先生的推荐下，跟随中国作协的吉狄马加和张同吾两位先生参加这次会议。这是我第一次参加国外的学术会议，有些紧张，虽然知道参加这次会议的安娜·贝雅蒂女士、埃斯多瓦·马茜女士等都是意大利著名的汉学家，翻译过众多的鲁迅作品，但是在下榻的宾馆里和她们见面时，却担心自己的英语不够流利而没有向她们请教。不过，我在会议上聆听了安娜·贝雅蒂女士所做的关于《朝花夕拾》的报告后，对她的观点提出了一些疑问。因为时间的关系，安娜·贝雅蒂女士只做了一些简短的回应，但是在会议休息时，她特地找到我，用意大利语再次详细地阐述了她的观点，并请意大利莱切大学的朱西·塔姆布瑞欧博士把她的观点翻译成中文告诉我。我虽然还不能完全同意安娜·贝雅蒂女士的学术观点，但是对她的学术观点有了较为深入的了解，并对她严谨认真的学术研究态度产生了由衷的敬意。

在第一天的会议结束时，主办会议的菲利普·米格尼尼教授安排与会的学者参观马切拉塔城中的利玛窦的故居。大约是因为和安娜·贝雅蒂女士通过一次讨论已经有所熟悉吧，我在参观途中向她请教了一些关于但丁和鲁迅比较研究的问题。安娜·贝雅蒂女士也认为但丁对鲁迅有所影响，并用不太流利的中文讲起了她翻译和研究鲁迅的一些往事，并特别表达出对鲁迅的欣赏。我由此才知道安娜·贝雅蒂女士也是一个鲁迅的"粉丝"，在中国留学期间曾经参观过北京鲁迅博物馆，并花费了许多心血把鲁迅的一些作品翻译成意大利文在意大利出版，有力地推动了鲁迅在意大利的传播。最值得一提的是，安娜·贝雅蒂女士从中文翻译了鲁迅的全部旧体诗，这也是鲁迅的旧体诗首次被从中文译成意大利语。

次日，在从下榻的宾馆到会场的路上，我注意到安娜·贝雅蒂女士手里拿着一本书，就询问这本书是否是鲁迅的著作。安娜·贝雅蒂女士很高兴地告诉我这是她翻译的一本鲁迅作品选，并把书中的李桦先生的木刻插图翻出来给我看，用中文说插图采用的是李桦先生的木刻作品。出于职业的缘故，我就询问这本书现在在意大利是否还能买到，希望能把这本意大利语的鲁迅著作带回去收藏在北京鲁迅博物馆。安娜·贝雅蒂女士说这是她在 70 年代翻译出版的鲁迅著作，她本人也只有这一本了，不过意大利的一家出版社正在准备重新出版这本书。过了一会儿，安娜·贝雅蒂女士又说就把这本书送给北京鲁迅博物馆吧，请您带回去收藏在北京鲁迅博物馆。我接过这本书，翻开一看，书里面还有安娜·贝雅蒂女士用铅笔写的许多批注，这应当是安娜·贝雅蒂女士颇为珍惜的一本书了。回国后，我把这本书交到北京鲁迅博物馆，并讲述了安娜·贝雅蒂女士捐献这本书的经过，时任馆长的孙郁先生也颇为感动，特地嘱托资料收藏部门给安娜·贝雅蒂女士寄去了感谢信和收藏证书。

此后，我和安娜·贝雅蒂女士的联系也很少，只是在每年新年来临时给她发去新年的祝福。直到 2009 年 10 月，我才又和安娜·贝雅蒂女士有了更多的联系。当时周海婴先生向中央申请了"鲁迅思想系统研究"的课题，其中的一个子课题是"鲁迅社会影响调查报告",包括"鲁迅在海外的影响调查报告"。我知道韩国外国语大学的朴宰雨教授等国外鲁迅研究学者筹备成立国际鲁迅研究会,于是就向周海婴先生建议由朴宰雨教授牵头来组织各国鲁迅研究学者共同撰写"鲁迅在海外影响调查报告"。我在规划课题时想到应当请亲身经历了鲁迅在意大利传播历程的资深汉学家安娜·贝雅蒂女士来撰写"鲁迅在意大利的影响调查报告",但是又很担心安娜·贝雅蒂女士不愿意承担这个任务:一方面是因为她已经年过七旬,恐怕没有精力来承担这个研究任务;另一方面是因为课题所能提供的报酬对海外学者来说是微不足道的。但是安娜·贝雅蒂女士回信欣然同意承担这个研究任务,按照规定的时间提交了一份精彩的研究报告,并在报告中指出:"事实上,如今鲁迅的在场感比以往任何时候都更强烈……我们不只要纪念一位过去的伟人,我们还要为一位活在当下的伟人而庆贺:他始终并且仍将给我们以厚赠。"① 这也是意大利学者撰写的鲁迅在意大利传播的第一手研究报告,提供了很多不为中国鲁迅研究者所知的材料,具有重要的学术价值。

再次见到安娜·贝雅蒂女士是在 2011 年 9 月在上海和绍兴两地陆续举行的纪念鲁迅诞辰 130 周年的学术会议上。安娜·贝雅蒂女士苍老了许多,走路也不太稳当,而且好像听力也不好。当我走到她的面前问候她时,她已经认不出我了。我用英语说起在意大利马切拉塔举行的鲁迅会议上和她见面的经历,她这才认出我来,并告诉我她因为照顾年迈的家人已经很多年没有到中国来了,这次到中国是想借此机会再次看看中国,看看一些中国的老朋友,看看鲁迅的故乡。

在这次学术会议上,朴宰雨教授邀请与会的各国鲁迅研究专家一起开会商量成立国际鲁迅研究会的事情。虽然在会议之前,朴宰雨教授就已经和 14 个国家和地区的 50 多位鲁迅研究者通过邮件联系达成了成立国际鲁迅研究会的共识,但是与会的各国学者在讨论这一议题时却有不同的意见,虽然都同意成立国际鲁迅研究会,但是一些学者认为现在成立国际鲁迅研究会的时机还不成熟,还需要继续做一些筹备工作。在会议即将结束之时,我作为学会的发起人之一,觉得如果不能在纪念鲁迅诞辰 130 周年之际在鲁迅的故乡成

---

① [意] 安娜·贝雅蒂. 鲁迅在意大利. [M] // 徐钺,译. 周令飞主编. 鲁迅社会影响调查报告. 北京:人民日报出版社,2011:323.

立国际鲁迅研究会，那么今后将很难再找到一个这样的良机，于是就再次阐述了成立国际鲁迅研究会的必要性和紧迫性。我印象中我发言的时间大约有20分钟，而且语速可能也比较快。安娜·贝雅蒂女士虽然不能完整地听清楚我的发言，但是她显然明白了我的意思，于是她接下来就用不太流利的中文讲话，表示同意加入国际鲁迅研究会，并表示愿意和高利克教授、谢列布里亚科夫教授等一批各国资深的汉学家担任学会的顾问。安娜·贝雅蒂女士是与会的各国学者中资格最老的，她的讲话对与会的各国学者产生了明显的影响，于是大家开始讨论学会成立后的组织机构等问题。国际鲁迅研究会也终于在鲁迅的故乡绍兴正式宣告成立了。

　　国际鲁迅研究会成立之后，在会长朴宰雨教授和各国鲁迅研究学者的共同努力下，先后和中国传媒大学、印度中国研究所及尼赫鲁大学、美国哈佛大学、韩国外国语大学及全南大学等高校合作举办了四次国际鲁迅研究会的学术论坛，有力地推动了世界各国的鲁迅研究。我们考虑到安娜·贝雅蒂女士的身体状况，没有邀请她参加这些会议，不料在筹备出版学会的会刊和第五次学术论坛时却得到了她不幸逝世的消息。我想安娜·贝雅蒂女士在天堂中看到国际鲁迅研究会的良好发展态势，也会感到很欣慰的，因为她也是一个鲁迅的"粉丝"，她生命中的最后一次出国远行就是到中国再次"看看中国，看看中国的老朋友，看看鲁迅的故乡"。

（原刊《中华读书报》，2014 年 11 月 12 日）

海孟德：印度的鲁迅粉丝

我第一次见到印度尼赫鲁大学的海孟德·阿德拉卡（Hemant Adlakha）教授是 2011 年 10 月 18 日晚上在绍兴举行的国际鲁迅研究会筹备会上。因为参加这次会议的各国学者对成立国际鲁迅研究会有些不同意见，希望能等到时机成熟时再成立，我比较着急，因此用了近 20 分钟的时间阐述成立国际鲁迅研究会的重要意义。我刚讲完，就听到一个声音说，"现在应当成立国际鲁迅研究会"。我循声望去，看到一个身着印度传统服饰的学者正在微笑着看看大家。稍后有几位学者也表示现在可以考虑成立国际鲁迅研究会，于是，大家开始讨论国际鲁迅研究会的组成人员、学会的领导层、注册、下一步的工作计划等，由此，国际鲁迅研究会就在 2011 年 10 月 18 日晚上正式成立了。但是，由于会议期间事务繁多，我和海孟德教授还没有时间交谈。

我真正认识海孟德教授是在 2012 年 11 月 12 日在印度新德里举行的国际鲁迅研究会第二次学术论坛上。在筹备这次会议前，我发邮件给海孟德教授，希望能在新德里举办鲁迅研讨会的同时也能和北京鲁迅博物馆合作举办一个鲁迅展览，两个活动共同组成一个"印度鲁迅文化周"。海孟德教授联系了印度尼赫鲁大学、德里大学，以及印度中国研究所等有关机构之后，表示有关机构可以提供经费共同举办一个丰富多彩的"印度鲁迅文化周"，并特别希望能邀请北京大学的钱理群教授参加这次会议。

印度对华友好的左翼知识分子特别尊敬钱理群教授，我向钱理群教授转达了印度学者的邀请，钱理群教授克服种种困难，最终和我们北京鲁迅博物馆的代表团一起来到印度。当我们中国学者一行六人从新德里机场一出来就感受到了"印度鲁迅文化周"的热烈氛围，不仅是因为印度 20 多摄氏度的气温，更主要是因为来接机的尼赫鲁大学的几位学生都穿着印有鲁迅先生头像的 T 恤衫，这使我们感到非常亲切和激动。

次日中午，海孟德教授驱车来到我们住宿的宾馆看望钱理群教授等参会的中国学者，我和海孟德教授交谈后才得知在印度举办一个关于中国作家的学术研讨会是多么困难，因为印度和中国两国之间的学术交流受制于两国之间较为冷淡的外交关系，最为明显的例子，就是尼赫鲁大学和北京大学合作建设的尼赫鲁大学孔子学院，虽然成立孔子学院的协议已经签订 10 多年了，但是至今也无法在尼赫鲁大学正式挂牌成立孔子学院。他很欣慰，这次通过印度外交部的高级官员最终为中国学者办理了会议签证，使得会议可以顺利举行。

13 日下午，国际鲁迅研究会第二次学术论坛暨"印度鲁迅文化周"在印度国际俱乐部的会议室正式开幕，来自印度各地的中国文学及中国问题研究学者，以及来自中国、韩国、日本、法国、意大利、德国等 8 个国家和地区的鲁迅研究学者近百人会聚一堂，共同研讨鲁迅话题。中国驻印度大使馆临时代办丁锡军先生莅临大会致辞，高度评价这次鲁迅研讨会议在印中两国文化交流史上的重大意义。紧接着，由北京鲁迅博物馆制作的鲁迅生平展览也在国际俱乐部的展览厅开幕，与会的嘉宾一同参观展览。晚餐后，尼赫鲁大学中文系的部分高年级学生在国际俱乐部的礼堂演出了鲁迅作品改编的话剧《阿 Q 正传》的片段，《药》的片段，并放映了鲁迅作品改编的电影《伤逝》。14 日全天在尼赫鲁大学举行学术报告会，尼赫鲁大学的校园内到处张贴或涂画着政治波普画，使参会的各国鲁迅学者感受到了浓烈的左翼文化氛围。总的来说，这次"印度鲁迅文化周"非常成功，得到了参加这次会议的各位外国鲁迅研究学者的好评，而这与海孟德教授的辛苦组织是分不开的。这次"印度鲁迅文化周"唯一的遗憾是，海孟德教授虽然安排好了在泰戈尔的故乡加尔各答举办鲁迅展览，但是我们因为公务护照的签证时间只有 5 天，所以未能到泰戈尔的故乡举办鲁迅展览。

此后，我就和海孟德教授熟悉起来，通过聊天才知道他在印度师从著名的华人学者谭中先生学习中文，先后在北京语言大学、北京大学、中国人民大学等大学留学，专业研究领域是中国政治，并曾经到苏州考察中国的公民治理模式。但是，他在学习中文的过程中阅读过鲁迅的小说，由此留下了深刻的印象，近几年在研究中国政治之余，开始大量阅读鲁迅的作品，并开始做一些鲁迅研究。令我印象深刻的是，海孟德教授曾经对我说过这样一句话："我喜欢鲁迅。"考虑到作为中国邻邦的印度虽然有近 12 亿人口，但从事中国研究的学者加在一起也没有一百人，懂中文的人也不多，因此，我向海孟德教授表达了一个愿望：希望他能在专业研究之外，抽出一些时间推动鲁迅在印度的传播与研究。

2015年，海孟德教授来北京访问，我们再次见面。他高兴地告诉我，为了纪念《野草》出版90周年，他正在和一位印地语学者合作，准备首次从中文直接把鲁迅先生的《野草》翻译成英语和印地语在印度出版，另外，他也在指导一位研究生撰写鲁迅与印度著名作家普列姆昌德比较研究的博士学位论文。我为他在印度开展的传播和研究鲁迅的工作所取得的成绩感到高兴，他却有些无奈地说，这几年随着印中外交关系的好转，印度尼赫鲁大学学习中文的学生也越来越多，但是学生一毕业就会很容易找到报酬丰厚的工作，因此也就很难找到愿意继续读中文专业的研究生并研究鲁迅的学生了。而他的老师谭中先生也希望他要把主要的精力放在他的专业领域中国政治问题研究上来，不要花费大量的精力来研究鲁迅。对此，他只能向谭中老师保证虽然花费大量的精力研究鲁迅，但是不会完全放弃中国政治问题研究。

2016年年初，国际鲁迅研究会原定在某国举行的鲁迅研讨会因故没有能够与合作方达成协议，面临着当年无法举办一次鲁迅研讨会的困难。我给海孟德教授发邮件说明了这个问题，他很快回邮件说，欢迎国际鲁迅研究会再次来印度举办鲁迅研讨会，可以结合《野草》的英语译本和印地语译本在印度的出版举办一次鲁迅研讨会。我很感动他对学会工作的支持，我们学会自成立以来，一共在中国、印度、美国、韩国、德国等国的大学举办了七次学术论坛，而海孟德教授一人就承担了两次学术论坛的承办任务，要知道印度还是一个经济比较落后的国家，大学的科研经费有限，举办一次国际学术研讨会比较困难。后来，鲁迅文化基金会提出要在11月12日赴印度举办"鲁迅与泰戈尔对话会"，希望能与印度有关大学合作举办。我把这个意思转告了海孟德教授，他说《野草》的译本因为翻译的难度较大，肯定无法在11月初出版，不过他可以配合鲁迅文化基金会在印度的文化交流活动，把原定的会议主题改为"鲁迅与泰戈尔对话会"。我再次对他的支持表示感谢，并表示歉意，因为他又要花费时间和精力来调整会议的筹备工作。

2016年9月，海孟德教授来北京参加纪念鲁迅先生诞辰135周年暨逝世80周年国际学术研讨会，并在题为《今日中国社会与鲁迅先生：我来说两句话》的发言中对鲁迅在当代中国处于边缘化的现状表示了担忧："对我这个外国人来说，我很难了解和理解今日中国为何对鲁迅有这么大争议？我以为鲁迅比起任何其他现代派作家都更处于中国现代思想讨论的中心。"海孟德教授的发言引起了与会各国学者的共鸣，大家都对鲁迅在当代中国乃至世界的传播现状表示担忧。

11 月 12 日，"鲁迅与泰戈尔对话会"在尼赫鲁大学举行，会议由国际鲁迅研究会、鲁迅文化基金会和尼赫鲁大学、德里大学这两所印度最顶尖的大学的中文系来共同主办，除了远道而来的中国、俄罗斯、澳大利亚、韩国、日本等国的著名鲁迅研究学者，印度研究中国文学的著名学者基本上都参加了，中国驻印度大使馆的文化参赞张志宏先生也代表中国大使馆致开幕辞，可以说，这次会议也取得了圆满的成功，对于推动中国和印度的文化交流具有重要的意义。

回国后不久，我就收到海孟德教授的邮件，得知他准备把他主办的这两次鲁迅研讨会的部分论文编选为一本鲁迅研究论文集在印度的一家著名的出版社正式出版，并且已经获得学校的同意准备在尼赫鲁大学中文系开设一门鲁迅研究课程，这样就可以引导更多的印度青年学生学习鲁迅的作品，并通过鲁迅的作品来更深入地了解中国，从而推动印中这两个邻邦之间的文化交流（尼赫鲁大学中文系的毕业生有很多人担任政府官员及驻华的外交官）。我的眼前再次浮现出海孟德教授说"我喜欢鲁迅"的情景，不仅为海孟德教授在印度推动鲁迅传播与研究的工作所取得的进步感到高兴，而且也期待他在鲁迅传播与研究方面取得更大的成就。

（原刊《中华读书报》，2017 年 5 月 10 日）

代跋：

只有让藏品"活"起来才能让鲁迅在观众中"活"起来
——北京鲁迅博物馆建馆六十年的一点反思

北京鲁迅博物馆建馆于 1956 年，收藏了许广平女士和周海婴先生捐献的大量的鲁迅遗物，鉴于鲁迅在 20 世纪中国的崇高地位，可以说北京鲁迅博物馆也是国内最重要和最有代表性的作家纪念馆。在北京鲁迅博物馆即将迎来建馆六十周年之际，回顾其发展历程，不仅要点赞它为传播鲁迅所做出的不可磨灭的突出贡献，也要正视它在发展历程中出现的一些不足和错误。

一、鲁迅藏品展览：多次在鲁迅故居的展览中遮蔽了一些重要的历史事实，某些历史事实甚至从 1956 年遮蔽到现在

北京鲁迅博物馆中除了有常设的鲁迅生平展览（通常每隔十年做一次较大的修改。目前仍在展览的鲁迅生平展是在 2006 年制作完成的，但是该展览只是在 1996 年制作完成的鲁迅生平展的基础上做了小规模的修改），还有鲁迅在西三条故居生活场景的展示。鲁迅故居从 1949 年 10 月正式开放以来一直是观众参观的热点，并且也可以说是北京鲁迅博物馆（按：北京鲁迅博物馆是在鲁迅故居的基础上在 1956 年建立的，在"文革"期间一度闭馆）中最受观众关注的地方。但是，鲁迅故居在展示方面存在着明显的遮蔽鲁迅的现象。一个众所周知的事实就是，鲁迅故居从 1949 年 10 月正式开放一直到 1986 年，都没有标明鲁迅夫人朱安女士的卧室，甚至曾经把朱安女士的卧室标为"鲁迅藏书室"，把朱安女士使用过的一些生活用品封存在资料库房中，向观众隐瞒了鲁迅先生还有一个曾经在这个小院生活过 20 多年的夫人朱安女士的历史事实。在多位鲁迅研究者的呼吁下，北京鲁迅博物馆终于在 1986 年改正了这个明显遮蔽鲁迅生平史实的现象，把这间名不副实的"鲁迅藏书室"更名为"朱安女士卧室"，并把长期收藏在文物库房中的一些朱安女士使用过的物品重新按照原貌进行展示。

此外，在鲁迅故居的展览中还有一个被长期遮蔽的鲜为人知的历史事实。读者从鲁迅先生的名篇《藤野先生》一文中可以知道，鲁迅在西三条故居中书房的东墙上挂着一幅藤野先生赠送的照片，现在观众参观北京鲁迅博物馆中的鲁迅故居和中国现代文学馆中的鲁迅书房还可以看到这个场景。但是很少有人知道在藤野先生照片的下方还同时摆放着一张俄国作家安特莱夫（现通译为安德烈耶夫）的照片（鲁迅在 1926 年 5 月 5 日的日记中记载收到陈炜谟寄来的一张安特莱夫照片，大概是从此之后就把这张照片摆放在自己的书桌上）。现在北京鲁迅博物馆中还保存着许寿裳在 1937 年所拍摄的鲁迅故居中"老虎尾巴"书房的照片，从照片中可以清楚地看到藤野先生的照片下方还摆放着安特莱夫的照片。另外，当时和鲁迅来往密切的许钦文先生和许羡苏女士的回忆文章都提到鲁迅在"老虎尾巴"书房中还摆放着安特莱夫的照片。但是北京鲁迅博物馆在 1956 年正式开放时，当时的管理者认为安特莱夫是一位有颓废倾向的作家，为了维护鲁迅的光辉形象，就在布展时撤下了安特莱夫的照片。遗憾的是，虽然随着时代的发展，国内学术界对安特莱夫的评价已经比较正面，而且也不断有学者研究鲁迅所受到安特莱夫的深刻影响，但是鲁迅故居中至今仍然没有摆放出安特莱夫的照片，而这张带有鲁迅题字的安特莱夫的照片仍完好地保存在鲁迅博物馆的资料库中。

总之，鲁迅藏品展览应当尊重历史，弘扬鲁迅先生所提倡的反对"瞒和骗"的精神，这样才能客观地展示出鲁迅的真实形象。

二、鲁迅藏品研究：对某些具有重要史料价值的藏品的整理和研究还不够深入和全面

北京鲁迅博物馆收藏了大量的鲁迅及与鲁迅有关的同时代人的遗物，总数近 10 万件，但是因为种种原因（特别是对研究者查阅资料有一些限制条件），许多有价值的藏品没有得到充分的利用和研究，在一定程度上造成了这些藏品的价值被淹没和浪费，从而使人们包括鲁迅研究者对鲁迅生平和创作中的一些问题缺乏正确的认识。

例如，现在鲁迅研究界认为现存鲁迅留下来的最早的手迹是鲁迅在 1897年 7 月手抄的《二树山人写梅歌》（这幅手迹收藏在绍兴鲁迅纪念馆），但是北京鲁迅博物馆的文物库房中保存着一个鲁迅手写的《拟购书目》，这幅鲁迅手迹是周作人在 20 世纪 60 年代捐献给北京鲁迅博物馆的，从周作人为这个

《拟购书目》所写的说明文字中可以看出这幅手迹是鲁迅在 1897 年以前撰写的。据笔者对书目中的这些书籍的出版时间的考证，这个《拟购书目》应当写在 1894 年 4 月鲁迅从亲戚家避难回到家中之后到 1896 年 12 月之间，因此也应当是现存最早的鲁迅手迹了，从中可以看出少年鲁迅对美术的热爱。遗憾的是，鲁迅的这幅手迹在周作人于 20 世纪 60 年代捐给北京鲁迅博物馆之后，并没有得到北京鲁迅博物馆和鲁迅研究者的重视，以至于关于鲁迅留下来的年代最早的手迹是鲁迅手抄的《二树山人写梅歌》的说法一直没有得到更正。

再如，鲁迅在日本弘文书院留学时同宿舍的同学沈瓞民在 1961 年捐给北京鲁迅博物馆一封鲁迅（信末署名：周树人）等六人在 1904 年春联名给他的书信，但是这封信一直没有得到正确的研究。沈瓞民在 1961 年 9 月 23 日的《文汇报》上发表了《回忆鲁迅早年在弘文学院的片断》一文，该文回忆了鲁迅在弘文书院的生活片段，并披露了这封信的内容。虽然鲁迅研究者对这篇文章很熟悉，但是没有人对这封信进行深入的研究。曾经参加 1981 年版《鲁迅全集》编注工作的朱正先生在 1982 年所做的一次题为《鲁迅传记资料中有真伪问题——1982 年在一个现代文学教师进修班上讲》的讲课中对沈瓞民的这篇回忆文章提出了疑问，大约是因为这个原因，人民文学出版社 1981 年版和 2005 年版的《鲁迅全集》都没有收入这封书信。但是，据笔者对这封书信原件的研究，可以从鲁迅亲笔署名"周树人"这一点认定这封信不仅是现存年代最早的鲁迅书信（1981 年版和 2005 年版的《鲁迅全集》中收录的最早的鲁迅书信是鲁迅在 1904 年 10 月 8 日在仙台撰写的致蒋抑卮信，而这封鲁迅等六人联名的书信应当写于 1904 年 3 月中下旬），而且按照《鲁迅全集》的"编辑体例"（由《鲁迅全集》收录鲁迅和茅盾联名致伊罗生的三封书信的事实可以看出，《鲁迅全集》收录书信的要求是有鲁迅的署名，无论是亲笔签名还是他人代为签名）应当作为鲁迅书信收入《鲁迅全集》之中。这封信的价值不仅在于它有鲁迅的亲笔签名和疑似鲁迅在书信正文空白处添加的一些文字，更在于它是现存最早的有鲁迅署名的书信，同时也是鲁迅在南京矿路学堂和弘文学院的同学们留存至今的极少的手稿之一，是反映鲁迅和他的同学们当时生活和思想情况的一个很好的物证。

总的来说，虽然北京鲁迅博物馆的工作人员和国内外的一些鲁迅研究者在鲁迅藏品研究方面做出了很多有价值的成果，但是因为种种原因，这些藏品还有进一步深入研究的价值。通过研究这些保存下来的和鲁迅有关的藏品，可以了解鲁迅生平和创作中的一些历史细节，从而有助于人们准确地理解和认识鲁迅的生平和创作。

三、鲁迅藏品传播：在出版鲁迅书信时删掉了一些书信的附件，从而人为地破坏了鲁迅书信的完整性

作家纪念馆传播作家的一个重要手段就是对作家留下来的文稿进行整理和出版。鲁迅先生留存下来的手稿绝大多数都收藏在国家图书馆、北京鲁迅博物馆、上海鲁迅纪念馆、绍兴鲁迅纪念馆，基本都是国家一级文物；散在民间收藏家和国外的手稿较少。其中，鲁迅留下来的书信和日记基本都收藏在北京鲁迅博物馆，因此，北京鲁迅博物馆也承担了文物出版社在 1978 年出版的《鲁迅手稿全集》的编辑工作，以及人民文学出版社 1981 年版和 2005 年版的《鲁迅全集》"书信卷"的编注工作。

翻阅北京鲁迅博物馆编辑的《鲁迅手稿全集》"书信部分"，可以看到该书的编辑"凡例"中指出："五、鲁迅书信手稿的有些附件，作为书信内容的补充，附在原信之后，并在目录上标明附件的内容。"①《鲁迅手稿全集》"书信部分"收录的鲁迅书信的附件形式多样，有的是他人的书信，有的是鲁迅的翻译文稿，有的是图像，有的是书目。但是，《鲁迅手稿全集》"书信部分"并没有完全收录保存下来的鲁迅书信的附件，只是从这些附件中选择了一部分编入鲁迅书信之中。

笔者又查阅了人民文学出版社 1981 年版的《鲁迅全集》和 2005 年版的《鲁迅全集》，发现这些版本的《鲁迅全集》之中虽然已经收入了其中的一些书信的附件，但是仍然还有一些附件没有被收入这些版本的《鲁迅全集》之中。另外，2005 年版的《鲁迅全集》书信部分在收录鲁迅书信的附件时，标准很不统一，如收录了鲁迅在 1927 年 8 月 2 日致江绍原书信中附录的两则剪报，但是没有收录鲁迅在 1935 年 8 月 31 日致徐懋庸信的附件中的《大公报》《小公园》副刊的剪报；在注释中收录了鲁迅在 1926 年 12 月 29 日致许广平信和在 1927 年 1 月 5 日致许广平信中所附录的孙伏园致鲁迅的两封信（按：

---

① 《鲁迅手稿全集》编辑委员会编. 鲁迅手稿全集：书信第一卷［M］. 北京：文物出版社，1978：2.

前信完整，后信残缺，只有一半），但是没有收录鲁迅书信附录的另一些书信。此外，2005 年版的《鲁迅全集》在收录鲁迅书信的部分附件时还存在一些问题，如有时只是摘要引用附件的内容，而不是全文引用附件的内容，这种编辑处理方式也值得商榷。

需要特别指出的是，鲁迅书信所附录的附件不是毫无价值的，通过其中的一些附件内容，可以更好地认识鲁迅、理解鲁迅。例如，通过鲁迅书信中附录的周海婴致祖母的书信，可以看出鲁迅在家庭生活中所体现出的慈父的一面，从中可以感受到鲁迅对海婴的疼爱。另外还有一些书信的附件则提供了一些历史细节，可以帮助我们更准确、全面地认识鲁迅生平中的一些历史事实。

总的来说，北京鲁迅博物馆收藏的鲁迅书信的附件都是鲁迅原来书信的一个组成部分，应当和鲁迅的这些书信一起收入《鲁迅全集》之中，并在信末加注说明，这样才能保证鲁迅书信的完整性，从而准确全面地向读者传播鲁迅。

四、结语

国际博物馆协会在 2007 年 8 月 24 日通过的新修订的《国际博物馆协会章程》对博物馆做了如下的定义："博物馆是一个为社会及其发展服务的、向公众开放的非营利性常设机构，为教育、研究、欣赏的目的征集、保护、研究、传播并展出人类及人类环境的物质及非物质遗产。"① 结合这个定义，可以说北京鲁迅博物馆的目标定位就是"为教育、研究、欣赏的目的征集、保护、研究、传播并展出"鲁迅文化遗产的一个向公众开放的非营利性常设机构。鉴于鲁迅的遗物基本上都已经被收藏在国内六家鲁迅纪念馆及国家图书馆之中，征集鲁迅遗物的工作已经越来越少了，所以，北京鲁迅博物馆的主要任务就是"为教育、研究、欣赏的目的保护、研究、传播并展出"鲁迅的文化遗产（包括物质及非物质遗产）。笔者认为，北京鲁迅博物馆在迎来建馆六十年之际，要按照国际博物馆协会对博物馆的定义来回顾并总结建馆六十年来的经验和教训，要充分利用好收藏的大量鲁迅藏品：1. 通过对这些藏品的深入全面的研究，不仅可以更好地认识并保护这些藏品，而且也可以更好

---

① 陈刚. 智慧博物馆——数字博物馆发展新趋势 [J]. 中国博物馆，2013（4）：6.

地传播并展示这些藏品，真正地让这些藏品"活"起来；2.通过对这些藏品的客观展示，不仅可以用带有作家生活信息的实物来还原历史场景，增强展览的吸引力，而且也可以使观众通过藏品来形象地感知鲁迅，拉近观众与鲁迅之间的距离，从而深化对鲁迅的传播，真正地让真实的鲁迅在观众中"活"起来。同样，国内的作家纪念馆在今后的发展过程中，也要吸收北京鲁迅博物馆建馆六十年以来的经验和教训，真正地把工作重心放在与作家有关的藏品的征集、保护、传播与展出等方面，充分地利用好藏品，让藏品真正地"活"起来，用藏品来形象地展示出作家生活和创作过程中的一些历史细节，从而发挥出作家纪念馆在传播作家的文化遗产方面不可替代的核心作用。总之，作家纪念馆只有让藏品"活"起来，才能让作家在观众中"活"起来。

（原刊《雨花》，2016年第9期）